한국고대전쟁사 3
부흥운동과 후삼국

임용한

서울마포고등학교, 연세대학교 사학과, 동 대학원 석사, 경희대학교 대학원 사학과 문학박사, 경희대학교 · 광운대학교 · 충북대학교 · 공군사관학교 출강, 충북대학교 연구교수, 경기도 문화재 전문위원, 한국역사고전연구소 소장

저서 : 『조선국왕 이야기』(1 · 2), 『전쟁과 역사』(1 · 2 · 3), 『한국고대전쟁사』(1 · 2), 『조선전기 수령제와 지방통치』, 『배낭 메고 돌아본 일본역사』, 『조선전기 관리등용제도 연구』, 『난세에 길을 찾다』, 『세상의 모든 전략은 전쟁에서 탄생했다』, 『경제육전과 육전체제의 성립』(공저), 『광무양안과 진천의 사회경제 변동』(공저), 『광무양안과 충주의 사회경제구조』(공저), 『서울을 읽자』(공저), 『역사의 길목에 선 31인의 선택』(공저), 『역사를 속인 위대한 거짓말』(윌리엄 위어 저, 공역)

홈페이지 : cafe.daum.net/historyins

한국고대전쟁사 3 부흥운동과 후삼국

임용한 지음

2012년 12월 13일 초판 1쇄 발행

펴 낸 이 오일주
펴 낸 곳 도서출판 혜안
등록번호 제22-471호
등록일자 1993년 7월 30일

주　　소 ⓤ121-836 서울시 마포구 서교동 326-26번지 102호
전　　화 3141-3711~2 / 팩시밀리 3141-3710
E-Mail hyeanpub@hanmail.net

ISBN 978-89-8494-459-6   03910

값 19,000원

한국고대전쟁사 3
부흥운동과 후삼국

임용한 지음

혜안

서문

며칠 전 『한국고대전쟁사』 3권의 마지막 교정본을 넘겼다. 이상하게 이런 때는 꼭 예상치 못한 일들이 한꺼번에 몰려들어 정신이 없었다. 글을 마치는 때도 으레 새벽녘이라 커피 한 잔으로 자축할 여유조차도 없었다. 정말 아무 소감 없이 내던지듯이 원고를 출판사로 보내고 드러누웠다.

문득 그것이 아쉬워져서 완간을 기념하는 후기를 남기기로 했다. 이 책은 2008년 11월에 고구려 지역 답사를 시작으로 착수했으니 탈고와 출간에 5년이 걸린 셈이다. 5년 내내 이 책에만 매달린 것은 아니지만 세월의 속도가 너무 무섭다.

하지만 1천년의 역사를 담기에는 5년이 결코 긴 세월이 아니고 분량이 세 권이라고 해도 충분하지도 않다. 그렇다고 해도 아주 작은 전투까지 일일이 기재하지는 않았지만, 적어도 현재까지의 사료를 통해서는 국가 창설기에서 후삼국의 종료까지 상세하고도 완전한 전쟁사를 만들기 위해 노력했다.

완전하다는 것은 내용과 구성에 가능한 최선을 다했다는 의미지, 완벽하고 이론의 여지가 없다는 의미는 아니다. 고대사의 많은 부분이 아직 안개 속에 있다. 전쟁사를 저술하면서 황당하고 곤혹스러웠던 것이 전투가 벌어진 장소를 확증할 수 있는 사례조차 1/10도 되지 않는다는 점이었다. 성의 위치를 밝혀주는 기와 한 장의 출현만으로도 전황 전체를 새로 써야 할 상황이 언제라도 발생할 수 있다.

고대사 서술에서 늘 부닥치는 문제가 정황 증거에 의한 추론이다. 어떤 분들은 이 책이 추론과 추정이 심하다고 한다. 사료가 천 배, 만 배는 남아 있는 조선시대사나 현대사 서술에 비교하면 분명 그렇다고 할 수 있다. 그러나 고대사 서술의 사료적 한계를 감안하고, 고대사의 일반적 서술 수준과 비교하면 결코 그렇지 않다. 우리가 보편적으로 알고 있는 고대사에 대한 지식과 상식들이 얼마나 많은 추론을 통해 성립된 것인지를 모르는 분들이 많다. 그리고 사료가 넘쳐난다고 해도 "역사가의 판단을 배제하고 사료가 스스로 말하게 하라"는 모토는 이미 19세기에 실패한 이상이다. 사료가 모든 것을 증명하고 해명해 주지는 못한다. 역사가들은 사료의 빈공간을 다른 나라의 역사, 인접학문, 인간과 사회에 대한 일반이론을 이용해 메우기 위해 노력한다. 역사가의 추정과 해석은 그 추정이 개인적 상상과 빈곤한 학식으로 채워진 것인지, 올바른 인간이해와 학문적 기반 위에서 세워진 것인지로 판단받아야 한다.

 교과서나 개설에서 배운 내용과 다르다는 지적도 곧잘 듣는다. 그 부분은 장점으로 평가하는 분도 있고, 불안해하는 분도 있다. 개설과 통설은 대체로 그 이전 시기까지 유행하는 학설을 정리한 것이다. 시험 출제에는 그것이 표준안이 될 수밖에 없지만 학자에게 개설은 극복의 대상이지 순종의 대상이 아니다. 그리고 개설과 객관성은 아무런 논리적 연관성이 없다. 객관성과 학문적 진리는 다수결로 판정하는 것이 아니다. 우리가 알고 있는 통설도 처음에는 단 한 사람의 주장에서 시작했다. 하나의 주장을 이해할 때는 그것이 어떤 사료와 어떤 이론, 어떤 시대적·사상적·학문적 배경과 추론 과정을 통해 도출된 것인지를 이해하는 것이 중요하다.

    개인적 생각이지만 우리 역사학은 아직 우리 사회와 시대의 필요를 충당하기에 한참 부족하다. 이 '시대의 필요' 혹은 '사명'이 무엇이냐는 부분에서도 사람마다 생각이 많이 다르지만, 그 역시 학문의 본연적 특성이다. 한 명의 역사가에게 중요한 것은 미래적으로 얼마나 정당한 사명감을 가지고, 얼마나 매진할 수 있느냐의 문제다. 세상의 모든 저서들이 그렇듯이 이 책의 내용 역시 시간이 흐르면 다시 쓰여지고 교정되어야 할 것이다. 그러나 역사가의 사명이라는 부분에서 나는 정당했다는 평가를 받고 싶고, 그것을 위해 노력하고 있다.

2012년 6월 임용한

글싣는 차례

서문 4

제1장 끝나지 않는 전쟁 10
1. 갈등과 전쟁 18
2. 돌아온 설인귀 33
3. 초조한 계절 36
4. 마지막 겨울 49
5. 난타전 56

제2장 살아남은 사람들의 이야기 80
1. 양들과 바람과 전설 82
2. 두 개의 운명 95
3. 영광의 장군들 99
4. 머나먼 천문령 113

제3장 천년의 벽 122
1. 균열의 시작 124
2. 삼대의 반란 133
3. 두 명의 밀항자 142

제4장 갱, 군인, 그리고 토호 156

1. 다시 세운 황룡사 9층탑 162
2. 반란 군단 173
3. 부석사의 칼자국 181

제5장 제1라운드 208

1. 전쟁의 시작 211
2. 나주의 반란과 신라의 각성 215
3. 타오르는 강 233
4. 궁예의 변신 242

제6장 용호상박 258

1. 철원의 쿠데타 261
2. 조물성 전투 276
3. 호랑이가 싸우는 법 288
4. 공산성의 대회전 297
5. 전략가 견훤, 화려한 부활 302
6. 역전과 반전 319
7. 일리천의 함성 334

주 346

경기도 연천군 대전리산성 전경

668년 11월 5일 서라벌 거리는 쏟아져나온 인파로 들끓었다. 문무왕과 신라군이 평양을 함락하고 서라벌로 개선했다. 축하와 환호로 가득찬 연등 행렬은 밤이 깊도록 이어졌다. 다시 만난 부부와 연인은 재회의 기쁨을, 살아 돌아온 병사들은 넘쳐나는 여인들 속에서 생존자에게 주어지는 특혜를 누렸다. 그러나 그 소란한 밤의 뒤편 곳곳에서는 깊은 슬픔과 불안이 숨쉬고 있었다. 종전 선언을 환호로 맞이할 수 없는 사람들이 너무나 많았다. 긴 전쟁 동안 너무나 많은 사람들이 죽었다.

 안압지 물가에서 벌어진 지도부의 만찬에서도, 그 분위기가 아무리 흥청망청하고, 마침내는 모두가 술에 취해 나가떨어졌다고 하더라도, 가슴속에 꿈틀거리는 슬픈 추억은 어찌할 수 없었다. 고인이 된 무열왕도 딸과 사위를 잃었다. 김유신도 사위이자 조카인 반굴을, 품일은 아들 관창을 희생시켰다. 가족만이 아니다. 모든 장수들이 수십 년간 자신을 따르던 장수와 젊은 청년들의 죽음을 보았다. 아무리 뻔뻔하고 무능했던 장수라도 그 기억은 평생을 괴롭힌다. 그들의 가족과 유족도 너무나 많아서 돌보아주기는커녕 위로의 말을 던지기에도 벅찼다.

 같은 날 밤, 지구의 1/4쯤을 돌아 장안의 밤을 맞이하고 있었을 고구려와 백제의 왕족들도 회한의 잔을 기울이고 있었을 것이다. 그래도 그들과 가족들은 속마음이야 어떻든 세계 최고의 도시에서 저택을 마련하고 유복하게 살고 있었다. 그러나 그들을 따르던 많은 병사들은 아직 시신도 수습하지 못한 채 백골이 되어 누워 있었다.

 하지만 순박한 백성들은 평화가 온 것만으로도 만족했다. 200년에 걸친

제1장 끝나지 않는 전쟁

 지독한 갈등의 최대 희생자는 백성들이었다. 전쟁은 너무 길었다. 애국심, 탐욕, 동료애, 복수, 어떤 말로도 더 이상 이 기나긴 전쟁을 그들에게 납득시킬 수 없었다. 전란은 종식되었다. 병사들은 땅으로 돌아왔고, 들판에 방치된 주검들은 치워지기 시작했다. 마을의 지도자들은 병사 징발과 군수품 조달 대신 개간과 경작지 분배안을 놓고 머리를 싸매기 시작했다.

 그러나 살아남아서 하루의 생활을 다시 시작해야 하는 사람들은 마치 하룻밤의 긴 악몽에서 깨어난 듯, 일상의 생활이 이상할 정도로 아무것도 달라진 것이 없다는 사실에 당혹스러워할 것이다. 가족과 매일같이 마주하던 마을 사람 몇몇이 보이지 않고, 마을의 몇 집은 빈집이 되고, 팔과 다리를 잃은 사람이 늘었지만, 마치 어제 하다가 잠깐 중단한 일을 계속하듯이 일상이 다시 시작되었다. 울며 불며 해후의 정을 나누던 건넛집의 부부는 다시 고래고래 싸우기 시작했고, 비쩍 말라서 돌아온 촌정 집의 막내아들은 빠르게 바람둥이로 돌아갔다.

 간혹 밭두렁에 홀로 앉아 있게 될 때나 무너져 버린 친구의 초가를 지나갈 때면 "살아 돌아가기만 하면……"이라는 단서를 달고 다짐했던 수많은 맹세와 삶의 소중함에 대한 깨달음이 문득문득 스쳐갈 때도 있었다. 하지만 조금만 지나면 사람들은 그 생각조차 떠올리지 않으려고 하게 될 것이다. 성벽을 타고 오르고, 얼어붙은 길로 수레를 밀던 기억은 언급조차 하지 않게 될 것이다. 그리고 살아남은 자들에게 주어지는 최고의 선물은 망각임을 깨닫게 될 것이다.

신라왕경 복원모형. 가운데 월성이 자리잡고 그 뒤로 거대한 황룡사탑이 보인다.

긴 전쟁이 끝났다.

서기 669년 2월 21일, 문무왕은 사형수 외에 모든 죄수를 석방하는 대사면령을 내렸다. 국채와 사채도 모두 탕감하거나 원금만 갚게 했다. 장수와 전공자들은 파격적으로 특진시키고, 많게는 1천 석까지 지급하는 포상을 했다. 일반 전사자들에게도 획기적인 보상을 했다. 소감 이상에게는 포 100필, 종자로 따라와 전사한 사람에게도 포 20필을 주었다. 1필을 쌀로 환산한 가격을 정확히 알 수 없지만, 조선시대를 기준으로 보면 100필은 7석, 20필은 2석 정도였다. 조선시대에는 전사한 병졸에 대한 보상 규정이 쌀과 콩을 합쳐 5석에서 3석(군관은 5석, 일반 사병은 3석이었다)을 주고, 유가족에 대해 5년 동안 세금을 면제하던 것—그것도 토지세, 공물 등 기본 세금은 그대로 두고 가호에서 노동력을 직접 징발하는 잡역을 면제하는 것이었다—이었다. 삼국시대와 조선시대에 쌀의 단위생산고를 비교할 수 없어서 엄밀하게 비교할 수는 없지만, 조선시대보다 800년 전이라는 사정을 감안하면 상당히 후한 편이라고 할 수 있다.

그러나 우리가 생각하듯이 이 기쁨이 통일의 기쁨은 아니었다. 문무왕의 교서는 통일이나 영토 확장에 대한 환희가 아니라 생존과 드디어 찾아온 평화에 대한 안도감으로 가득차 있다.

> 지난날 신라는 두 나라 사이에 끼어 잠시도 편안한 날이 없었다. 병사들의 해골은 들판에 쌓였고, 몸과 머리는 서로 떨어져 먼 곳에서 뒹굴게 되었다. 선왕께서는 백성들이 참혹하게 해를 당함을 불쌍히 여겨 왕족의 몸으로 바다를 건너 중국에 들어가 조회하고, 황제께 군사를 청하셨다. 이는 본래 두 나라를 평정하여 영원히 싸움을 없게 하고, 몇 대에 걸쳐 쌓인 원수를 갚으며 백성들의 가냘픈 남은 목숨을 보전하고자 하심이었다. (『삼국사기』 권6, 신라본기6 문무왕 9년 2월 21일 문무왕 교서)

행여나 이 문구를 고구려나 백제는 잔인한 국가였고 신라는 피해자였다는 의미로 이해할 필요는 없다. 삼국 중 어느 나라가 도덕적 명분을 지니느냐는 논쟁은 의미도 없고 판정도 불가능하다. 백제나 고구려가 최후의 승자가 되었어도 똑같은 말을 했을 것이다. 국가는 민족을 단위로 이루어지고, 하나의 민족은 하나의 국가를 만들어 다른 민족과 대항해야 한다는 생각은 세계적으로 근대에 와서나 생긴 개념이다.

언어와 문화가 같다는 것이 서로 이해하고 협력할 수 있는 소지를 보다 많이 제공하는 것은 사실이지만, 그것이 전부도 절대적인 것도 아니다. 지금도 기업 간에는 외국기업과 합종연횡을 맺고, 생사를 건 전쟁을 벌이고 있다.

삼국은 수백 년 간 생존을 위한 전쟁을 해 왔다. 전쟁이 길어지면 모두가 피해자가 된다. 희생자는 늘어나고 유가족의 슬픔과 분노만 쌓여 간다. 자식을 잃은 슬픔은 평생토록 지워지지 않는다. 가장이 죽으면 가족은 돌보아줄 사람이 없다. 그로 인한 가난은 또 다른 고통과 비극을 낳는다. 그들의 기억에는 자기방어적 폭력과 명분만 남고, 전쟁의 상처와 서로를 미워하는 마음은 한 세대 두 세대를 이어진다. 그리고 야심가와 선동가들은 필요할 때마다 이 상처를 꺼내 이용한다.

그러나 이렇게 역사의 교훈을 중얼거리는 것도 사치다. 안타깝게도 죽은 자와 피해자의 행렬은 아직 끝나지 않았다. 종전의 기쁨은 잠깐이었다. 신라의 안팎으로 새로운 전쟁이 시시각각으로 다가오고 있었다.

밖에서 오는 전쟁의 주범은 당나라였다. 영토욕이 끝이 없던 당나라는 백제의 옛 땅에 눈독을 들였다. 그들은 공주에 웅진도독부를 설치하고 백제 땅을 직접 통치하려고 했다. 하지만 백제에 주둔시킨 병력이 너무 적었다. 그 사이에 신라가 백제 땅과 백제인의 마음을 잠식해 들어갔다.

당나라는 백제 통치가 여의치 않자 669년 1월 평양의 안동도호부에서 법안法安이라는 승려와 당나라 관리를 서라벌로 파견했다. 그들의 목적은 신라에 자석을 요청하기 위해서였다. 현대인의 상식으로는 이해하기 힘들지만, 이 시대에는 창칼에 다친 내상을 치료하고 지혈하는 데 자석을 사용했다. 부러진 창날이나 화살촉, 금속 파편을 찾아내는 데는 자석이 효과적일지도 모르겠다. 하지만 자석은 그 이상의 용도가 있었다. 상처가 감염되는 원리를 몰랐던 시절이다. 아마 쇠로 인해 생기는 2차 감염이 쇠가 지닌 나쁜 기운 때문이라고 추정했을 것이다. 그렇다고 상처를 헤집으면 감염이 더 심해진다. 그런데 자석은 쇠를 잡아당기는 성질이 있으므로 2차 감염이나 내출혈을 일으키는 쇠의 기운도 빨아낼 수 있다고 믿었던 것 같다. 문무왕은 자석 두 상자를 마련해 장안으로 발송했다.

그런데 겨우 자석을 구하기 위해 법안이 경주까지 왔을까?

법안이 방문한 진짜 목적은 백제를 포기하라는 협박이었다. 놀란 문무왕은 자석과는 별도로 부랴부랴 사신단을 편성했다. 책임자는 김유신의 동생 각간 김흠순과 파진찬 김양도였다. 김양도는 최고의 중국통으로 평양성에서 소정방에게 군량을 전해주었고, 다섯 번이나 당나라에 사신으로 간 경험이 있었다.

당나라의 요구는 명백한 약속 위반이었다. 당 태종은 "고구려와 백제를 평정하면 평양 이남과 백제 영토는 모두 신라에게 주겠다"고 약속했었다.[1] 그러나 비밀회담이 그렇듯이 문서가 남아 있을 리도 없었고, 있어도 개의치 않았을 것이다. 장안에 도착한 김흠순과 김양도는 고종이 신라 정복까지도 고려하고 있다는 사실을 알고 당황했다. 선전포고의 일환으로 김흠순 일행도 구금되었다. 감옥에 갇힌 것은 아니고 가택 연금 상태였던 것 같다. 김흠순은 신라에 당나라의 침공 계획을 알릴 방법을 모색하다가 서안 근교에 위치한 종남산 지상사至相寺에서 의상대사가 수행중인 것을 알아내고 밀사를 보냈다. 승려 이전에 신라왕족이기도 했던 의상은 급거 귀국해서 조정에 이 첩보를 알렸다.[2]

670년 정월에 당 고종은 김흠순에게 칙서를 주어 귀국시켰다. 칙서에는 신라와 백제의 국경을 재조정하라는 명령이 들어 있었다. 솔직하게 말하면 백제 땅을 다 토해 놓으라는 것이었다.[3] 당에 김흠순과 함께 파견되었던 김양도는 끝내 돌아오지 못하고, 장안의 감옥에서 죽었다. 김양도는 통일전쟁에 참전했던 신라의 고급 장군 중에서는 가장 비극적인 인물이 되었다. 그의 부인인 보량은 그보다 연상이었는데, 김양도가 전사했다는 오보를 듣고 자살했다고 한다. 이것이 중국에서 사망한 뒤의 이야기인지 이전에 그가 종군할 때의 사건인지는 확실하지 않다.

이러는 동안 요동의 정세도 심상치 않게 돌아가고 있었다. 668년 고구려가 망한 뒤, 요동도안무사 겸 당나라의 우승상으로 승진한 유인궤는 당의 행정제도에 따라 고구려를 도독부와 주, 현으로 구획하는 사업을 추진했다. 그 초안은 남생과 이적이 만들었다.[4]

하지만 고구려도 완전히 평정된 것이 아니었다. 대당전쟁의 상징적 존재와도 같은 안시성은 671년까지 항복하지 않았다. 여타 지역도 저항 의지가

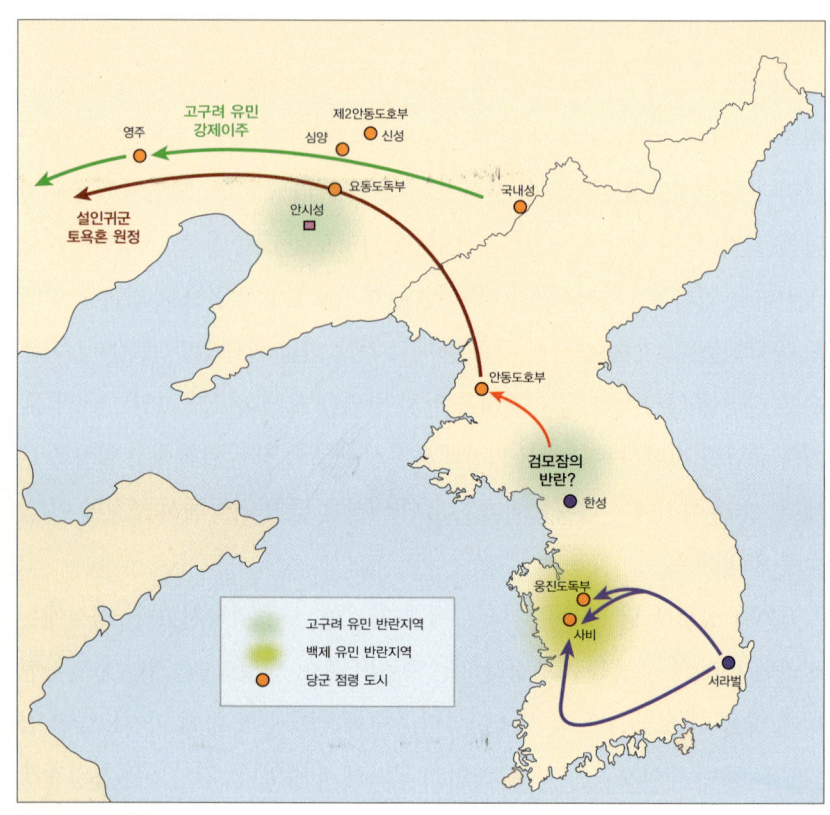

삼국통일 후의 정세도

만만치 않았다. 당은 고구려를 완전히 평정하기 위해 고구려 주민과 고구려에 우호적인 말갈족을 중국 내지와 변방으로 강제 이주시켰다. 설인귀는 이 사업을 위해 평양에 있던 안동도호부를 신성으로 옮기기까지 했다.[5] 669년 4월에만 38300호, 적어도 20만~30만 명이 넘는 고구려인이 중국 남부지방과 서부로 강제 이주되었다.

내쫓기는 사람이 있으면 들어오는 사람이 있다. 고구려인이 떠난 자리에 중국인이 들어왔다. 정든 땅을 외국인에게 내어주고, 안전보장도 확실하지 않은 낯선 땅으로 떠나야 한다는 현실이 고구려인의 남은 애국심에 불을 질렀다. 이주가 시작되기 두 달 전쯤, 이주 준비로 어수선한 중에 대형(고구려 관등, 14위 중 2위) 검모잠이 수림성에서 고구려 유민을 모아 반란을 일으켰다.

검모잠의 반란은 사건이 발생한 순서가 뒤섞여 있어 진행 사항을 파악하기가 쉽지 않다. 반란을 일으킨 지역도 오리무중이다. 수림성을 경기도 파주로 보는 견해도 있는데, 이들이 단기간에 평양을 습격한 것을 보면 한반도 안이었던 것 같기도 하고, 신라군이 검모잠 반군 토벌을 구실로 압록강 이북으로 들어가는 것을 보면 만주 지역 같기도 하다.

하여간 검모잠의 반란은 성공했다. 반군은 평양을 점령하고 평양에 남아 있던 안동도호부의 관원을 모두 살해했다. 법안도 피살되었다. 어쩌면 당나라가 안동도호부를 신성으로 옮긴 이유가 이주 사업을 진행하기 위해서가 아니라 검모잠의 봉기와 평양 점령 사건 때문일 수도 있다.[6]

세력 기반을 확보한 검모잠은 서해 사야도에 은신해 있던 안승을 찾아 왕으로 삼았다. 안승은 중국 기록에서는 안순安舜으로도 기록되었다. 안승의 신분도 연정토의 아들(『삼국사기』 신라전), 보장왕의 서자(『삼국사기』 고구려전), 보장왕의 외손(『신당서』)으로 설이 다양하다. 이것은 반란군이 옹립한 왕에게서 흔히 나타나는 현상인데, 여러 지역의 고구려 유민을 규합하다 보니 그때 그때 현지 사람들에게 제일 자극적인 족보를 내세웠을 것이다. 연개소문파에게는 연정토의 아들이 효과적이었고, 정통 고구려 세력이나 연개소문 일가를 좋아하지 않는 집단에게는 보장왕의 서자가 설득력이 있었다. 양쪽 집단을 다 아우르려면 나이가 맞지 않기는 하지만 보장왕의 외손이면서 연정토의 아들이 되면 된다.

백제의 소유권이 불분명한 상황에서 고구려에서도 반란이 일어났고, 당나라와 신라의 밀월 관계도 깨졌다. 갑자기 세상이 혼란스러워졌다. 누가 적이고 누가 아군이며, 누가 누구와 손을 잡아야 하는 것일까?

1 갈등과 전쟁

남송의 대유학자 주희朱熹(주자)가 제일 고심했던 저서가 역사책인 『자치통감강목』, 그 중에서도 삼국시대 부분이었다. 주희는 조조의 위나라, 손권의 오나라, 유비의 촉한, 이 삼국 중에서 누구를 정통으로 하느냐는 문제로 무척 고민했다.

주희는 힘이 센 나라가 아니라 도덕적으로 정당한 국가가 승리하는 것이 역사의 진리라고 믿었다. 이 과감한 공식은 정말 맞는 듯했다. 정말이든 조작이든 모든 역사책에 망한 나라는 다 문제가 있고, 새 왕조를 세운 사람은 난세와 도탄에 빠진 백성을 구하기 위해 일어선 영웅으로 이미 포장되어 있기 때문이다. 그런데 유독 삼국시대가 여기에 맞지 않았다. 주희는 유비에게 마음이 기울었지만, 삼국지의 승자는 한나라 황제를 제거하고 황제가 된 조조의 위나라였다.

고민 끝에 주희는 정통론이라는 독특한 방법을 창안했다. 누가 최후의 승자가 되었든지 간에 후대의 역사가가 도덕적 기준에 따라서 정통성을 부여해서 계통을 정리하면 된다는 것이다. 그야말로 역사가의 무서움을 과시한 셈인데, 정통 유학자들 중에서도 이 방식에는 고개를 갸우뚱한 분들이 많았다.

억지 이론 같지만, 주희의 고민에도 이유가 있다. 역사 속의 사실을 평가할 때, 도덕과 윤리는 결코 뺄 수도 무시할 수도 없는 잣대다. 그런데 평화로운 시대, 합리와 상식이 통하는 시기에는 도덕적 기준을 적용해서 사건들을 평가해도 큰 어려움이 없다. 그러나 삼국시대와 같은 전쟁과 격동의 시기에서는 도덕으로 모든 것을 평가하기가 심히 곤란해진다. 주희의 노력에도 불구하고 조조의 매력은 오늘날까지도 전혀 죽지 않았다.

그러면 역사와 도덕을 어떻게 결합시켜야 할까? 역사가는 도덕적 기준으로 조조를 비난하기 전에 조조가 조조가 되고, 조조가 승리할 수밖에 없는 역사의 장이 만들어진 구조와 과정에 대해 먼저 관심을 가져야 한다. 조조도 한나라 중기에 태어났다면 평범하고 충성스러운 관료로 일생을 마쳤을지도 모른다. 반대로 삼국지라는 난세의 현장에서는 간웅과 냉혈한이라는 모습 외에는 존재할 공간이 없었다.

말이 났으니 하는 말이지만, 소설 삼국지가 만들어 낸 간웅 조조와 바보 내지는 성인군자 유비라는 도식 자체가 허구다. 조조, 유비, 손권은 통치자라는 기준으로 보면 친형제처럼 닮았다. 출신 배경도 삼국지는 대조적으로 설정했지만, 상당히 유사하다. 그들이 서로 달라 보이거나 좀 다르게 행동한 이유는 그들이 처한 정치적 환경이 달랐던 탓이다. 특히 유비가 착하게 보인 이유도 유비가 지역 기반이 제일 약하고 오랫동안 떠돌이 생활을 해서 구성원 간의 의리와 상생의 원리가 제일 오랫동안 작동했던 탓이다.

갑자기 이런 이야기를 하는 이유는 서기 670년에 발발한 나당전쟁이 오늘날의 한국 사회가 예민하게 반응하는 민족감정과 애국주의의 아노미 상태에서 시작하기 때문이다.

669년 검모잠의 반란이 터지자 당은 좌감문위대장군 고간을 동주도 행군총관, 우영군위대장군 이근행을 연산도 행군총관으로 임명해 요동으로 파견했다. 고간은 일찍부터 돌궐 전쟁과 고구려 전쟁에 종군했던 인물로 다른 장군에 비해 개성이 두드러지지는 않지만, 검소하고 충성스러우며 꾀가 있는 인물이었다고 한다.

당나라는 검모잠의 반란을 대수롭지 않게 여겼다. 고간을 파견하면서 정작 안동도호부의 주력군인 설인귀와 그의 군단 2만 명을 토욕혼(티벳 지역인 청해성 일대의 초원지대에 거주하던 민족으로 유목민족인 선비족의 일파)으로 파견했다.

그러자 백제 건으로 당나라에 분노하고 있던 신라가 덜컥 고구려 부흥군과 동맹을 맺고, 만주로 뛰어들었다. 670년 3월 신라의 사찬 설오유와 고구려의 태대형 고연무가 인솔하는 신라·고구려의 연합군 2만 명이 압록강을 건넜다. 설오유의 인적 상황은 미상이다. 다만 674년 서라벌에서 벌어진 대규모 열병식에서 아찬 설수진이 이정의 육화진법을 시연했다는 기록이 있다.7 설수진과 설오유가 다 설씨고 관등도 비슷한 것을 보면 부자관계나 인척관계일 가능성이 있는데, 이들 집안이 병법과 전술에 능통한 가문이었다고 생각된다.

신라군의 출동 이전에 검모잠이 먼저 신라에 사신을 보내 연합을 제의했다. 설인귀군이 빠진다는 정보도 보냈을 것이다. 당나라로서는 생각지 못한 신라의 야심차고 당찬 반격이었다. 연합군의 목표는 명확하지 않지만, 만주를 차지하려면 요동성과 천리장성 라인을 장악해야 한다. 게다가 안시성이 아직 항복하지 않았다. 안시성의 반군과 합류해서, 신성 - 요동성 - 안시성 방어선을 회복한다면? 이것은 원대하고 궁극적인 구상으로 정말 이런 구상을 했는지는 확실하지 않다. 일단 신라의 국력이나 경제력으로 봐도 쉽지 않은 과제였고, 이런 식으로 고구려를 부활시켜서 신라에게 좋을 것

‖ 당군 지휘관의 개성 ‖

고구려 원정중에 가증이라는 관료가 군량 조달의 책임을 맡아 요동에 다녀왔다. 가증이 고종에게 귀환 보고를 하자 고종은 가증에게 장수들에 대한 인물평을 요청했다. 가증의 평은 다음과 같았다. 이적은 태종의 구신으로 꼼꼼하게 모든 것을 살피고 점검하는 능력과 그 우국충정은 따라올 자가 없다. 방동선은 맹렬한 투사는 아니지만 군을 엄격하게 유지하고 관리하는 능력이 탁월하다. 설인귀는 그 용맹이 전 군에서 따라올 자가 없다. 계필하력은 신중하고 통솔력이 있으나 앞에 나서기를 기피하는 단점이 있다. 고간은 검소하고 충성스러우며 꾀가 있다. 가증의 평가에 대해 고종도 동의했다고 한다.

이적의 묘에 있는 당나라 무인상

도 없다.

그러나 달리 생각하면 어차피 고구려의 옛 땅은 신라가 차지하고 있지도 않다. 삼국통일이라고 하지만 신라가 실제로 정복한 땅은 백제 땅이고, 그 이상의 욕심을 내지도 않았던 것 같다. 요동에서 고구려 유민이 고구려 땅을 회복하거나 고구려가 부활하면 당나라는 다시 고구려 정복전을 일으켜야 한다. 애초에 당나라가 백제를 점령해서 신라에게 던져주기로 한 이유도 고구려 정복을 위해서였다. 신라의 고구려 부흥군 지원은 그때의 초심으로 돌아가라는 시위다. 고구려에 만족하고 백제 땅까지는 욕심내지 마라. 만약 그렇게 하면 우리는 고구려 부흥을 지원하겠다는 메시지다.[8]

당나라 입장에서 신라와 고구려가 연합한다면 수·당 두 왕조의 운명을 걸고 겨우 끝을 낸 고구려 정복전쟁이 종전 2년 만에 재발한다는 악몽의 선포였다. 그런데 설인귀의 병력을 빼버린 탓에 요동에 병력이 없었다. 유일한 가용 병력이 영주(지금의 차오양)에 자리잡은 이근행의 말갈족이었다.

말갈족은 오랫동안 고구려의 든든한 동맹이었지만, 부족집단이 그렇듯이 모두가 고구려편은 아니었다. 고구려와 가장 친했던 백산부는 고구려가 망하자마자 중국 내지와 골돌, 안거골, 호실 등 주로 간도 지방의 외곽으로 철저히 분산되어 존재 자체가 사라졌다. 그나마 남아 있던 일부 세력은 나중에 발해와 흑수말갈로 편입되었다.

반면 고구려와 격하게 대립했던 속말말갈족의 일부 세력은 581~600년 사이에 수나라에 투항했다. 이 집단은 부여성 서북쪽으로 돌아서 나왔다고 하는데,[9] 천리장성을 북쪽으로 우회해서 국경을 넘는 긴 장정을 한 듯하다. 영도자는 추장 돌지계突地稽였고 인원은 1000호 정도였다. 영주에 정착한 이들은 양제의 고구려 원정에 참전했다. 수말 내전기에는 하북성으로 들어가 이세민군에 투신했다.

이 공으로 돌지계 집단은 준한족이 되어 황제로부터 이씨 성을 받았고, 장

● 말갈족의 분포도

말갈은 여진족의 선조로 길림성 송화강을 중심으로 동쪽으로는 간도, 북쪽으로는 흑룡강, 우수리강을 경계로 만주 여러 지역에 거주했다. 수십 개의 부족이 있었는데, 6~9세기 사이에 대표적인 부족은 백돌부伯咄部, 안거골부安車骨部, 불황부拂涅部, 호실부號室部, 백산부白山部, 흑수부黑水部, 속말부粟末部였다. 각 부 간의 거리는 대략 2, 3백 리였다. 『당서』의 기술을 토대로 하면 이들의 위치는 다음과 같다.[10]

(1) 백돌부 : 속말부의 북쪽에 살았다. 현재의 길림성 서란현舒蘭縣과 흑룡강성 오상五常 일대인 납림가拉林可 유역에 분포했다. 병사는 7천 명이었다.

(2) 안거골부 : 백돌부의 동쪽에 있었다. 흑룡강성 영안 – 목단강시를 중심으로 목단강 유역에 살았다.

(3) 불황부 : 백돌부의 동쪽으로 지금의 흥개호興凱湖 유역에 살았다.

(4) 호실부 : 백돌부의 동쪽으로 소련의 연해주에 분포했다.

(5) 흑수부 : 말갈족 중에서 제일 유명하고, 싸움을 잘하기로 유명했던 부족이다. 안거골부의 동북쪽으로 말갈부족 중 최북단에 거주했다. 송화강과 흑룡강 합류지점, 흑룡강 하류에 거주했다. 실건하를 경계로 남부와 북부로 분할되며 모두 16개 부락이 있었다.

(6) 백산부 : 고구려와 가장 친밀하고 고구려의 속국이었다고 기록된 부족이다. 속말부의 동남쪽, 지금도 간도 조선족의 중심인 연길, 훈춘 등 연변 지역에 분포했다. 이곳은 만주에서도 조선과 지형이 제일 유사한 곳이다. 병사가 3천이었다. 안시성 전투에 고구려군과 함께 참전했다가 모조리 살해당한 말갈족 3천은 흑수말갈이 아니라 이 백산말갈이었다고 보는 견해도 있다.

(7) 속말부 : 지금의 지린 시를 중심으로 장백산 북쪽 송화강 유역에 살았다. 병사가 7천이다. 고구려의 성장기에 북위와 교류하면서 고구려와 갈등을 벌였고, 이 갈등으로 돌지계가 수나라 영역인 영주(조양)로 이주했다.

성 안쪽인 유주 창평성(지금의 베이징 창핑 구)에 거주하면서 만주의 위험세력, 돌궐과 고구려, 말갈족을 견제하는 임무를 맡았다.

이 돌지계의 아들이 이근행이다. 이근행은 무예가 뛰어나고 용맹한 장수였다. 그러면서도 한화에 완전히 성공했는지, 신중하고 정치력과 지도력도 있었다. 이근행은 부친 때부터 축적한 군사력과 재력으로 요동의 세력가가 되었다. 그러나 당은 그를 이용하면서도 경계했다. 고구려 원정 내내 당은 그가 최전선에서 활약할 기회를 주지 않고, 후방의 지원 업무만 맡겼다. 이근행은 군량 수레를 호송하며 같은 이민족 출신인 계필하력의 무용담과 설인귀의 신화가 만들어지는 과정을 보고만 있어야 했다. 고구려가 멸망하자 설인귀는 좌무위대장군에 안동도호부의 도호가 되고 계필하력은 행좌위대장군이 되었지만, 이근행은 특별한 승진을 하지 못했다.

나당전쟁이 발발하기 직전 당은 그를 영주도독으로 발령했다. 그는 자기 부락의 병력 수천 명을 이끌고 부친의 추억이 있는 땅에 도독이 되어 귀환했다. 돌지계가 창평성으로 떠난 뒤 영주에는 거란족과 나중에 발해를 건국하는 대조영 세력(고구려와 말갈족의 혼합집단으로 추정된다)이 들어왔다. 그런데 대조영 세력이 요동과 중원을 연결하는 요지인 영주에 정착했다는 것은 당나라가 이들을 위험하지 않거나 혹은 당에 협력적인 집단으로 분류했다는 의미가 된다. 중국 기록에서는 이들을 돌지계와 같은 속말말갈족이라고 했다.

이근행이 영주도독이 되어 돌아왔을 때도 대조영 세력은 여전히 영주에 살고 있었다. 두 파로 나뉘어 있었는데, 우리 학계에서 고구려계로 보는 그룹의 리더는 걸걸중상이었고, 말갈계의 리더는 걸사비우였다. 이들이 고구려 부흥군 진압에 참여했는지는 확인할 수 없지만, 이근행이 출전한 이상 그랬을 가능성이 높다.

신라와 고구려의 연합군이 압록강을 넘자 당은 너무 급해서 전술의 금기

봉황성 전경

를 깨고 되는 대로 병력을 축차적으로 투입했다. 먼저 말갈족 일부를 보내 봉황성으로 추정하는 개돈양에서 저지선을 폈다. 4월 4일에 벌어진 결전에서 신라군은 목을 베어 죽인 숫자를 알 수 없었다고 할 정도로 대승을 거두었다.

봉황성(개돈양)을 지나면 안시성까지는 거의 평지라 진격이 쉽다. 그러나 연합군이 승리의 여세를 몰아 이 지역을 완전히 돌파하기 직전에 이근행의 주력이 도착했다. 다시 전투가 벌어졌고, 연합군이 패배하고 말았다. 요동의 고구려 유민을 규합하기 직전, 최후의 고비에서 연합군이 패배해 버렸다. 꿈이 좌절되자 악재가 또 하나 터졌다. 고구려 부흥군의 내분이다. 안순이 검모잠을 살해하고 신라로 망명했다. 이 사건이 신라가 뒤에서 조종한 것이었는지, 고구려 부흥군의 자멸적 내분이었는지는 분명하지 않다.

신라군과 고구려 부흥군은 한반도로 후퇴했다. 이근행이 추격해 들어왔다. 신라군은 북쪽에서 당군을 저지해서 국토를 최대한 확보하려고 했지만, 이근행에게 계속 밀렸다. 이근행은 고·당전쟁에서 내내 후방을 지켰던 한을 풀고, 당 조정에 자신의 존재를 과시하려는 듯 무섭게 몰아붙였다.

대비천 풍경

그를 고무시킬 만한 사건도 터졌다. 개돈양 전투가 벌어졌던 4월, 토욕혼으로 간 설인귀가 대비천大非川(지금의 중국 간쑤 성 서남쪽 청해 티벳 자치구의 청해호수 남쪽이다. 현재 지명은 사주옥하沙珠玉河) 전투에서 토번군에게 패배(토번과 토욕혼은 종족이 다른데, 당시 토욕혼은 토번의 속국이었다), 당군 10만을 잃는 대참패를 당한다.

이 전투는 중국 전쟁사에서 회자되는 대패전이다. 설인귀가 평생 쌓아올린 공적이 한순간에 물거품이 되었다. 설인귀도 포로가 될 판이었는데, 토번의 명장 가르친링論欽陵이 아량을 베푼 덕에 강화를 맺고 간신히 살아 돌아왔다. 가르친링이 지휘부를 놓아준 이유는 마음이 좋아서가 아니라 중국을 지나치게 자극하고 싶지 않았기 때문인 듯하다. 분노한 당 조정에서는 설인귀를 처형해야 한다는 여론이 비등했지만, 유독 설인귀를 좋아했던 고종의 비호로 서민으로 강등되는 데 그쳤다.

설인귀의 패전은 이근행에겐 복음이었다. 그 정도의 참패면 다시 일선에 복귀하기란 힘들다. 요동 전쟁의 경험자인 이적은 죽고 계필하력은 늙었다. 게다가 청해고원의 전투에서 설인귀뿐 아니라 요동에서 맹위를 떨쳤던 아사나도진의 돌궐 기병대, 소정방 부대까지 전멸했다. 이제 당나라는 요동에 파견할 병력도 없다. 요동에 남아 있는 믿을 만한 군대는 이근행의 말갈족뿐이

|| 청해호와 청해고원 ||

청해호 남쪽은 청해남산이라는 단층지구가 장벽처럼 솟아 있다. 대비천은 이 단층지구의 남쪽 산기슭과 평야가 만나는 지점을 흐른다. 이 대비천을 따라 지구대처럼 긴 회랑이 형성되어 있으며, 지도에는 잘 보이지 않지만 초원지대 안쪽으로 흐르는 작은 지류들이 있다. 그래도 우리나라의 골짜기와는 달리 이 회랑의 폭은 상당히 넓다. 하지만 돌과 모래밖에 없는 대단히 척박한 스텝 지역이라 식량을 구할 곳이 없다. 대비천, 특히 지류들은 우기 외에는 와디처럼 거의 마른 하천으로 진흙탕과 물웅덩이로 이어진다. 식량이 떨어진 설인귀군은 수백 킬로가 되는 이 회랑을 되짚어 나와야 했다.

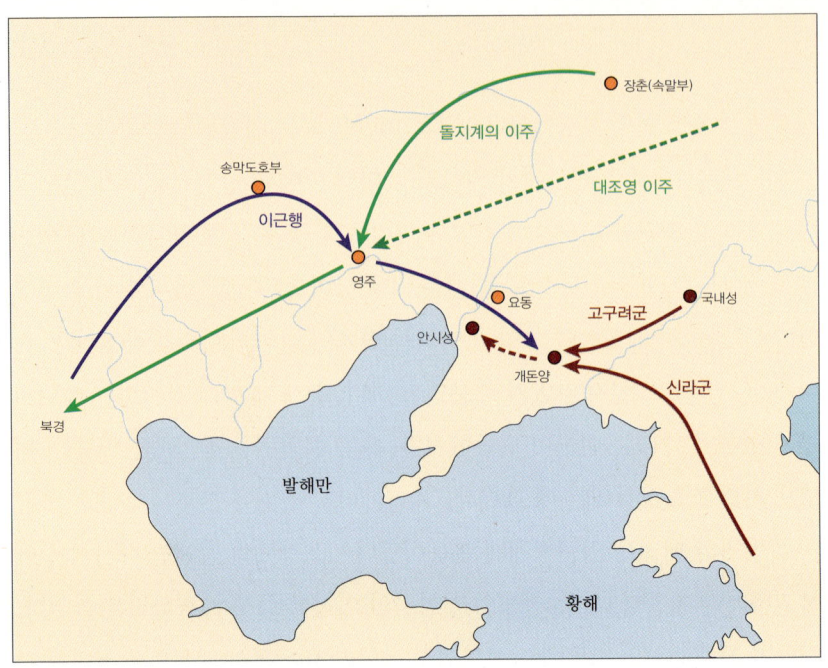

669년 요동의 정세 지도

었다. 이근행은 싱싱한 자기 부족의 군대와 영주도호부의 고구려·말갈·거란족으로 구성된 병력까지 보유하고 있다. 만주의 패자가 될 수 있는 절호의 기회였다. 이근행이 적극적이 되지 않을 수가 없었다.

신라는 무섭게 공세적이 된 이근행을 저지해야 했지만 북방전선으로 보낼 병력이 없었다. 개돈양 패전의 소식이 알려지면서 백제 유민의 봉기가 우려되었기 때문이다. 670년 7월 문무왕은 웅진도독부에 사절을 보내 화친을 청했다. 이때 웅진도독부의 책임자가 누구였는지는 모르겠는데, 당의 영향력이 약해지고, 백제계 신하들이 장악하고 있었던 것 같다. 당나라 관원이 지배하고 있었다면 신라가 화친을 청할 수도 없기 때문이다. 당나라도 의자왕의 아들 부여융을 웅진도독부로 파견하려는 구상까지 하고 있을 때였다.

신라 입장에서 보면 핵폭탄급 파괴력을 가졌을 부여융의 복귀는 끝내 실현되지는 않았다. 당은 그의 배신을 우려했던 것 같다. 부여융이 막상 웅진도독 겸 대방군왕으로 책봉 받은 때는 한참 후인 의봉 연간 즉 나당전쟁이 종료되는 시점인 676~678년 사이였다. 이때는 신라가 완전히 웅진을 점거해서 부여융이 부임할 수도 없었다. 그는 웅진도독과는 무관한 요동에 있는 고구려 안동도호부로 파견되었고, 그곳에서 살면서 형식적인 지위만 유지했다.

신라가 웅진도독부에 사신을 보내 화친을 제의한 데는 부여융의 귀국 논의가 작용했던 듯하다. 이 시점에서 신라가 웅진도독부의 잔존 세력에게 내세울 카드는 부여융이 오면 백제의 구세력이 다시 득세할 것이라는 불안감뿐이었다. 당나라는 이미 의자왕과 고위 귀족들을 중국으로 데려갔다. 웅진도독부를 세우고, 백제 땅과 관원을 재편하면서 백제의 왕족과 지배층 중에서도 방계로 소외받던 계층이나 왕족 밑의 차상위 계층을 중용했을 것이다. 신라는 이들에게 분명 이렇게 말했을 것이다. "부여융이 오면 그대들의 지위는 옛날로 돌아간다. 지금 우리와 화친하면 현재의 위치를 보존해 주겠다."

웅진도독부는 신라의 제안을 거절했다. 하지만 한편으로는 불안했던지 딱 부러지게 거절하지는 못하고, 사마司馬로 있던 예군을 서라벌로 파견해 신라의 실정을 염탐하게 했다. 정세가 애매해서 그들도 결단이 쉽지 않았다. 부여융이 돌아올 바에야 신라의 말대로 신라쪽에 붙는 게 나을 수도 있다. 그러나 이근행군이 밀고 내려오면 신라가 멸망할 수도 있었다. 그러면 자신들도 당에게 숙청당할 것이다. 고구려와 백제도 버티지 못한 당군의 공격을 신라가 막아낼 수 있을까? 그들로서는 유리한 쪽에 붙어야 했고, 그러자면 작금의 정세에 특히 이근행과의 전황에 대한 정확한 정보가 필요했다.

그러나 웅진도독부는 큰 실수를 했다. 이렇게 대립되는 상황을 두고 선택을 강요받을 때, 흔히 하는 실수가 논리에 빠져 시간이라는 요소를 놓친다는 것이다. 북방전선의 상황은 아주 좋지 않았고, 신라에게는 시간이 없었다. 그들에겐 최선의 상황이 아니라 당장의 결정이 중요하다. 즉 이판사판이란 것이다. 웅진도독부가 망설이자 신라는 협력 제안을 바로 포기하고 백제 공격에 전력을 투입하기로 한다. 오랜 전쟁과 언제나 위태위태했던 통일전쟁기의 경험 덕분인지 신라의 지도부는 모험을 할 줄 알고, 결단력이 있었다.

김품일, 문충, 중신, 의관, 군관, 천관(군관의 아들), 천존, 죽지 등 통일전쟁기의 원로와 2세대 장군들이 총출동했다. 신라군은 신속하게 진격해서 백제의 63개 성을 점령했다. 이 전역에서 맹활약을 펼친 장수가 천존과 〈모죽지랑가〉의 모델인 죽지, 그리고 군관과 문영이었다.

이 공세는 웅진을 직접 공격하는 것은 아니고 외곽을 쓸어 백제 유민의 결집을 방해하고 웅진을 고립시키는 것이었다. 천존과 죽지는 7개 성을 빼앗고 2천 명을 죽였다. 군관과 문영은 12개 성을 빼앗고 7천 명을 살해했다.『삼국사기』는 이 전투에서 신라군이 죽인 군사를 오랑캐[夷]라고 묘사했다. 오랑캐라는 말을 상대(적)라는 의미로 사용한 것일 수도 있지만, 이 시기 민족의식의 수준을 보여주는 것이라고 할 수 있다. 신라만이 아니고 삼국시대에 삼국은 서로를 이렇게 인식했다.

한편 신라는 항복해 온 안승의 고구려 유민도 대 백제 전쟁으로 돌렸다. 안승은 4천 호 정도를 인솔하고 신라로 들어왔는데, 신라는 그에게 익산을 영지로 내려주었다. 674년에는 안승을 보덕국의 왕으로 책봉했고, 680년에는 문무왕의 동생인 의관의 딸과 결혼시켰다. 익산은 무왕의 근거지로서 익산천도설이 제기되고 있을 정도로 백제의 요지다. 지정학적 구조로 보면 익산은 웅진과 사비의 바로 남쪽에 붙어 있다. 웅진도독부로 보면 목 밑에 놓인 칼이었다. 보덕국으로 인해 웅진도독부는 신라쪽으로 치고 나가기도 힘들고, 무엇보다도 남쪽으로 진출해 곡창인 호남지방으로 반신라운동을 확산시키는 길이 차단되었다. 당시 신라군은 금강 북쪽, 한강과 임진강 유역에 집중 배치되어 있었다. 웅진도독부가 호남의 동조를 끌어냈다면 신라는 정말로 큰 타격을 받았을 것이다.

그러나 보덕국이 이를 저지했고, 같은 이유로 신라는 안승에게 정성을 다했다. 익산을 영지로 받은 안승은 최근에 발굴된 왕궁리의 저택에 거주했던

보덕국의 위치(좌)와 왕궁리 유적 모형(우) 신라는 안승을 대우하여 익산을 영지로 주었고 그는 최근 발굴된 왕궁리의 저택에 거주하였던 것 같다.

것 같다. 이 저택은 거의 궁전의 구조를 갖추고, 북쪽에 공방까지 두고 있었다.

670년 백제에 대한 공세는 성공적으로 진행되었지만 이것은 북방군단의 노고와 희생을 전제로 한 것이었다. 그동안 지휘관 설오유에게 간 정부의 훈령은 "증원군을 보낼 수 없다. 최대한 시간을 끌며 현 위치를 사수하라"는 내용뿐이었을 것이다. 안승의 고구려 유민부대까지 백제 전선으로 빼돌리는 판이었다. 그들이 사기를 잃지 않고 배신감에 치를 떨지 않도록 하기 위해 "국가의 운명이 너희에게 달렸다. 백제 전선이 안정될 때까지 너희가 버텨줘야 한다"는 식의 비장한 교서도 내렸을 것이다.

그러나 처음부터 이들은 희생양이었을 가능성이 높다. 요동을 점령하면 다행이지만 사실 천리장성 방어선을 확보했다고 해도 신라의 능력으로는 후속부대를 보낼 수가 없었다. 이기든 지든 그들은 애초부터 조국을 위한 희생양으로 선택된 군단이었다. 백제 전선에는 품일, 천존, 죽지 등 신라의 고급 지휘관이 대거 참전했다. 원래 신라는 군단급 지휘관으로 김씨 이외의 인물을 임명하는 경우가 없었다. 그럼에도 불구하고 이 북방군단의 지휘를 설씨에게 맡겼다는 사실 자체가 이 군단의 목적과 운명을 대변해 준다.

북방군단은 치열하고 필사적인 방어전을 펼쳐야 했다. 설오유의 일기나 이 전쟁에 참전했던 누군가의 종군기가 남아 있다면, 강력하고 기동력이 뛰어난 적에게서 받는 중압감, 계속되는 패전과 후퇴로 인한 사기 저하, 중앙정부의 지원이 거의 끊긴 상황에서 후퇴하고 방어선을 구축하면서 어느 편으로 붙을지, 언제 배신해서 등을 찌를지 모르는 말갈부족과 고구려 지역민을 끊임없이 회유하고, 그들로부터 지원을 끌어내야 하는 지휘부의 고충으로 가득 채워져 있을 것이다.

우리는 전쟁에 대한 기록도 소략하지만 남아 있는 기록도 승리한 전쟁과 결과만을 강조하는 습관이 있다. 조선시대의 문신과 선비들이 허황된 논쟁, 현실과 괴리된 담론에 쉽게 빠지는 것도 그들 잘못만은 아니다. 그들이 읽었던 역사책이 결론과 평가만 나열하고, 역사가 진정으로 보여주어야 할 이야기, 피와 땀과 눈물이 점철된 이야기는 쏙 빼놓은 탓이 크다.

지휘관의 신분이 낮다는 것도 치명적이었다. 김유신이나 죽지 같은 레벨의 장수가 참전했더라면 이 전투를 기리는 비나 향가, 화랑의 무용담이라도 전해졌을 것이다. 그러나 그럴 기회도 없었다. 그 덕에 우리는 설오유 군단에 대해서도 한 줌의 기억조차 간직하지 못하게 되었다. 하지만, 이 북방군단의 장병들이야말로 나당전쟁의 전 기간을 통해 최고의 영웅들이었다.

다시 백제 땅으로 돌아오자. 671년 1월 추수를 끝내고 보급을 챙긴 신라군은 최후의 목표인 웅진을 향해 진격했다. 신라군은 웅진 남쪽에서 백제 또는 백제와 당나라 연합군과 격돌했다. 당군의 존재는 확실하지 않지만, 최소한 웅진도독부를 관리하기 위한 약간의 관리와 병력은 있었을 것이다. 아무리 국제정치가 무상하다지만 6년 전까지만 해도 신라와 한편이 되어 백제를 멸망시켰던 당군이 이제는 백제와 함께 신라군과 싸우게 되었다.

북방군단에겐 야속하게도 이 최후의 전투에서 신라군은 패전하고 말았다.『삼국사기』는 이 전투의 승패는 논하지 않고, 신라군 당주 부과가 전사했다고만 서술했다. 패전한 전투를 묘사하는 전형적인 수법이다. 부과는 서라벌 사량부 출신이다. 동생 취도는 젊은 날에 출가해서 승려가 되었다. 무열왕 때 신라와 백제의 전쟁이 절정에 달하자 환속해서 군인이 되었다. 그는 정예부대인 삼천당에 소속되어 싸우다가 백제와의 전투에서 장렬하게 전사했다. 형인 부과는 당주가 되어 이번 원정에 참전했다가 전사했다. 전투 후 공과에서 부과가 전공 1등으로 뽑혔다.[11]

부과 형제의 분전에도 불구하고, 이번 겨울에 백제 정복을 끝내려던 신라군의 시도는 실패로 돌아갔다. 북방군단에는 올해도 증원은 없다. 다음 해까지 버티라는 전갈을 보내야 했다.

‖ 모죽지랑가(慕竹旨郎歌) ‖

去隱春皆林米	간 봄 그리워
毛冬居叱沙哭屋尸以憂音	모든 것이 서러이 시름하는데
阿冬音乃叱好支賜烏隱	아름다움 나타내신
貌史年數就音墮支行齊	얼굴에 주름살 지려 하옵니다
目煙廻於尸七史伊衣	눈 돌이킬 사이에나마
逢烏支惡知作乎下是	만나뵙도록 기회를 만드리라
郎也慕理尸心未行乎尸道尸	죽지랑이여, 그리운 마음에 가는 길
蓬次叱巷中宿尸夜音有叱下是	다북쑥 우거진 마을에 잘 밤이 있으리까
(원문『삼국유사』)	(해독 양주동)

죽지가 죽은 후 효소왕 때 죽지의 낭도였던 득오곡이 그의 무덤에 가서 그에 대한 고마움과 추억을 노래한 향가. 이 배경에는 통일전쟁 후 급속히 몰락한 화랑의 비애가 반영되어 있다고 보고 있다.

전황이 신라에게 불리하게 돌아가자 우려했던 대로 반란과 배신이 터졌다. 670년 한성주 총관으로 통일전쟁에도 참전했던 수세가 백제와 내통했다가 발각되어 처형되었다. 671년 봄에는 말갈족 일부가 설구성(위치 미상)을 공격했다. 다행히 성을 사수하고, 퇴각하는 말갈족을 쫓아가 300여 명을 살해하기까지 했지만 제2, 제3의 사태가 발생하지 않는다는 보장이 없다. 아니나 다를까 당군이 웅진으로 원병을 파견했다는 첩보가 돌았다. 놀란 신라는 대아찬 진공 등을 옹포(위치 미상. 공주 근처의 나루터일 가능성도 있다)로 파견해 당군의 진로를 차단했다. 그러나 이 차단은 성공하지 못했다. 6월에 최소 1만 이상의 당군이 사비 근방까지 진출했다. 이 부대는 당군과 백제군의 혼성부대로서 먼저 웅진에 들렀다가 다시 남하했던 것 같다.

　이들이 사비로 내려온 이유는 가림성의 백제 부흥군과 합류하기 위해서였다. 사비의 부흥군은 사비가 아닌 가림성에 있었다. 사비를 점거하면 상징성은 크겠지만 사비는 너무 개방적인 지형이어서 전투에는 불리하였다. 당군은 이 가림성의 반군과 합세해서 사비 일대를 완전히 장악하고자 했던 것

가림성 앞 들판

같다. 반군의 기세가 오르면 지금까지 방관하던 백제 세력이 대거 결집할 수도 있다. 게다가 백제와 당나라 군대가 웅진 한 곳에만 모여 있으면 식량과 물자 조달도 과부하가 걸린다.

위기의 순간에 신라를 구한 사람이 장군 죽지였다. 김유신의 부장으로 통일전쟁 초기부터 종군했던 죽지는 먼저 가림성 근처 들판의 곡식을 짓밟아 초토화시켰다.

당군이 가림성의 반군과 합류해도 비축미가 충분해야 백제군을 증원할 수 있다. 더 중요한 효과는 사비 주민과 당군의 분열이다. 추수할 곡식이 없으니 사비 주민들이 당군을 맞이하면 자신들이 굶어야 한다. 인간은 정말 극단적이어서 명분에 모든 것을 바치기도 하고, 반대로 쉽게 이기적이 되기도 한다. 신라가 아무리 밉고, 국가와 민족, 대의명분이 아무리 중요해도 당장 식량이 없으면 원망이 당군으로 간다.

이렇게 안전장치를 확보하고 죽지는 석성(부여군 석성면 일대로 추정한다)으로 진군해 당군과 부딪혔다. 신라군은 5300명을 죽이고, 백제 장군 2명과 당나라 중견 장수급인 과의果毅(종5~6품) 6명을 생포하는 대승리를 거두었다. 나당전쟁이 발발한 이래 최초의 승리였다. 그러나 기쁨도 잠시 신라 조정에 청천벽력 같은 소식이 전해졌다.

2 돌아온 설인귀

7월 26일 임윤법사라는 승려가 당나라의 사신으로 서라벌에 왔다. 그가 들고 온 편지에 설인귀가 계림도 총관이 되어 요동전선으로 복귀한다는 내용이 들어 있었다. 그의 관할이 '계림도'라는 것은 신라까지 정복하겠다는 의미였다.

설인귀가 대비천에서 대패하기는 했지만, 중국 주변의 민족들, 특히 돌궐족같이 기병전술을 위주로 하는 민족들은 여전히 그를 두려워했다. 원래 싸울 때 제일 두려운 상대가 겁이 없거나 무모해서 무슨 짓을 할지 예측할 수 없는 사람이다. 기병을 이끌면 예측 불가능한 범위가 훨씬 더 넓어진다. 훗날 설인귀는 그의 마지막 전쟁을 돌궐족과 치른다. 돌궐족 사령관이 당군 사령관이 설인귀라는 말을 듣자 이미 죽지 않았느냐고 되물었다. 그러자 설인귀가 전열 앞으로 나와 투구를 벗어 얼굴을 드러냈다. 주름진 노장의 얼굴이었지만, 그의 모습을 본 돌궐족은 바로 항복했다.

그래도 대비천에서 10만을 잃은 장수가 일선에 복귀했다는 것이 정말 의외인데, 고종이 설인귀를 너무 좋아했다. 예전에 설인귀가 황궁 경비를 맡았는데, 야밤에 산사태가 일어나면서 물이 궁전을 덮쳤다. 사람들은 달아났지만 설인귀는 목숨을 걸고 경보를 울렸다. 물이 고종의 침실까지 덮쳤는데, 고종은 설인귀의 경보 덕에 미리 피난할 수 있었다. 고종은 이 은혜를 잊지 않았다.[12] 대비천의 참패에 대해서도 고종은 설인귀의 잘못이 아니라고 비호했다.[13] 요동 지방에서 그의 명성은 여전히 무시할 수 없었고, 만주 토착민인 이근행이 만주를 장악하는 것도 견제해야 했다. 설인귀는 요동으로 복귀하자마자 신라의 배신을 나무라고 항복을 권하는 친서를 발송했다.

설인귀의 친서는 쓸데없이 장황하지만, 결론은 간단하다. "신라가 계속 반항하면 고간의 당나라 기병과 이근행의 말갈족, 강남지방의 수군, 유주와 요동의 군대를 동원해서 일제히 신라를 침공하겠다"였다. 지금까지 당군은 고간과 이근행의 병력뿐이었지만, 자신과 함께 토욕혼 정벌로 빠져나갔던 병력을 전선에 복귀시키고(실제로 살아 돌아온 병력은 거의 없었다) 본토에서 징발한 증원군까지 투입하겠다는 협박이었다.

그런데 바로 이 다음 구절에서 설인귀는 이해할 수 없는 발언을 한다. "(군대가) 사방에서 구름처럼 모여들고, 배를 나란히 하고 내려가 험한 곳에 의지하여 요새를 쌓고 땅을 개간하여 농사를 짓는다면 이는 왕에게 있어서 고칠 수 없는 가슴속 깊은 병처럼 될 것이다."

이 말은 본토 병력까지 동원해서 신라를 침공한 뒤 요새를 쌓고 지구전을 펴겠다는 것인데, 심각한 모순이 있다. 대병력을 동원한 뒤에 소수 병력이 사용하는 전술을 사용하겠다는 것이다. 설인귀가 제발이 저려 실수를 한 것일까?

그러나 설인귀가 노련한 요동전선의 전문가로서 자신의 식견을 과시하고 있다고도 볼 수 있다. 미국과 이라크 전쟁이 보여주듯이 전쟁에서 승리하는 것과 지배하는 것은 다르다. 안동도호부와 웅진도독부의 허무한 몰락이 말해주듯이 당나라가 한반도까지 직접 지배하기란 쉽지 않았다. 신라가 믿고 있는 것도 이 약점이었다. 그래서 설인귀는 요동과 한반도로 진군해 요지를 차고 앉아서 장기전으로 괴롭히겠다고 한 것이다. 그렇게 되면 신라는 고구려와 백제의 영토에서 조세를 거둘 수 없고, 고구려와 백제의 유민들은 신라에 복속하지 않을 것이다. 한마디로 신라가 욕심을 너무 부리다가 얻은 것도 잃어버릴 수가 있다. 하여간 당나라 덕분에 고구려와 백제의 침공 위협에서는 벗어나지 않느냐? 신라와 신라 왕실의 기득권을 보존하고 싶다면 지금 얻은 것에 만족하고, 당에 복속하라는 것이다.

설인귀의 협박성 전술은 확실히 위협적이었다. 하지만 다른 사람이 그랬다면 신라가 그 말을 믿었을지도 모른다. 하필 설인귀인 것이 문제였다. 그는 천하에 소문난 용장이다. 그가 이런 전술을 구사한다는 것은 어떤 의미일까? 신라는 눈치를 챘다. 그는 병력이 없다. 설인귀의 친서는 긴 해프닝으로 끝났다. 신라는 저항을 결정한다.

3 초조한 계절

　672년, 전쟁 3년째, 남북전선의 전황이 모두 결정적 전기를 마련하지 못하고 교착 상태가 되었다. 신라가 판세를 바꾸려면 하루바삐 웅진을 장악하고, 가림성의 반군을 토벌해야 했다. 그래야 북쪽으로 군대를 돌릴 수 있다. 2월에 신라군이 다시 가림성으로 출격했다.

　가림성(성흥산성)은 현재의 부여군 임천면의 주산인 성흥산에 있다. 성흥산은 높이도 해발 268m에 불과하다. 요즘은 산에 나무가 너무 많아 산의 지형을 파악하기가 힘든데, 산 아래서 보면 어디서나 볼 수 있는 평범한 산처럼 보인다. 그러나 산에 올라 성벽에 서서 보면 성 바로 아래쪽이 수직에 가까운 급경사다. 우리나라 산의 정상부가 대개 가파르기는 하지만 가림성의 비탈은 절벽에 가깝다.

　성의 둘레는 1350m로 표준적 규모다. 너무 넓으면 관리가 힘들고, 방어에 병력이 많이 필요하다. 좁으면 병력을 수용할 수 없다. 성안에는 우물이 3개가 있다. 개수는 적은 편인데, 남아 있는 우물을 보면 수량이 풍부하고 지금

가림성 원경

가림성의 성벽 거의 수직에 가까운 급경사를 보여준다.

도 물이 나온다. 성벽은 정상부를 둥글게 감고 있으며 석축과 토축이 섞여 있다. 돌출한 치나 옹성이 없다는 것이 단점이지만 성벽 아래 경사가 급하고 산 자체가 굴곡이 있어서 치의 역할을 해 준다. 그래도 삼년산성이나 온달산성처럼 훌륭한 치가 있으면 더 좋겠지만 성벽 아래 경사가 거의 절벽 수준이라 사실 추가적인 시설을 하기가 불가능하다.

산 전체가 급경사여서 성으로 접근하는 길은 성문으로 통하는 좁은 능선 길뿐이다. 겨우 한두 명이 나란히 서서 오를 수 있는 좁은 길로 공격군이 접근해야 하므로 집중공격이나 공성구를 이용한 공격이 쉽지 않다. 그나마 제일 접근하기 편한 곳이 지금 주 등산로가 되어 있는 남문 쪽이다. 남쪽에서 올라가면 중간에 중봉이 하나 있다. 현재 매점과 주차장이 있는 이곳이 약간

가림성 남문쪽 제일 접근이 쉬운 곳이지만 이곳으로 올라가려면 커다란 바위가 양쪽으로 에워싸고 있는 협로를 통과해야 한다. 이 협로는 완벽한 방어구조를 형성하고 있어 공격하는 쪽에게는 매우 까다롭다.

의 공간을 제공한다. 공격기지로 사용하면 딱 좋은 곳이지만 성에서 보면 완전히 감제가 되어서 있을 곳이 못 된다. 게다가 이곳을 지나 남문으로 올라가려면 커다란 바위가 양쪽으로 에워싼 협로를 통과해야 한다. 이 바위 성벽은 일부러 성을 쌓아도 이 이상은 잘 쌓을 수 없겠다 싶을 정도로 완벽한 방어구조를 형성한다. 양쪽으로 튀어나온 화강암 암벽이 치 역할을 해 준다. 각도와 구조도 좋아서 약간의 목책과 방어시설을 설치하면 실제 치보다 더욱 완벽한 방어시설이 된다. 게다가 우측은 완전한 절벽이라 가운데 오솔길로만 통과가 가능하다. 마지막으로 정상부의 성벽에서도 이곳이 완벽하게 감제되므로 공격군은 이 바위 성과 정상부에서 쏟아지는 화살을 맞으며, 거의 한 줄로 돌진해서 이곳을 통과해야 한다.

　동문, 서문 쪽은 이런 자연 성벽은 없지만 성문으로 가는 접근로가 능선길이라 폭이 좁고 양쪽이 거의 절벽이다. 이런 길로 돌진해서 성을 공격하려면 단호한 용기와 신속성이 필요하다. 조금 아쉽다면 이쪽도 지형적 제약 탓에 성벽이 단조롭다. 진입로가 대단히 좁기는 하지만, 그곳에 방어력을 집중시킬 구조적 장치가 없어서 수비군의 병사 역시 단호한 투지와 결의로 이 통로를 막아야 했다. 이곳에서 전투가 벌어진다면 투석기와 각종 공성구, 수성구가 활약하는 화려한 장면은 펼쳐지지 않아도, 좁은 공간에서 공격용 수레나 바리케이드를 맞부딪히며, 용사와 용사가 육탄으로 격돌하는 치열한 전투가 벌어졌을 것이다.

그 치열했을 전투는 신라군의 패배로 끝났다. 그 사이에 북쪽 전선은 계속 축소되어 8월에 고간의 군사 1만과 이근행의 군사 3만이 평양까지 진출했다. 압록강을 건너 길어도 10일이면 올 수 있는 거리를 근 3년을 저지했으니 북방군단도 최선을 다하기는 한 셈이었다. 그러나 아무리 과정이 훌륭해도 전쟁은 결과로 평가받는다. 평양마저 떨어졌으니 대동강 북쪽, 고구려 유민의 협력은 이제 기대할 수 없게 되었다. 신라는 이제 백제의 반쪽과 신라만으로 당군과 싸워야 한다. 대동강이 무너지면 다음 방어선은 임진강이다. 신라군과 고구려군은 평양과 임진강 사이에 위치한 백수성(황해도 재령이나 경기도 파주로 보는 견해가 있다)에 방어사령부를 설치하고 결사항전의 각오를 다졌다.

『삼국사기』에는 고간의 침공이 671년 8월과 672년 8월, 두 번에 걸쳐 행해진 것으로 기록하고 있다. 두 번의 시기와 병력이 똑같아서 한 번의 침공을 두 번으로 중복해서 기록한 것으로 보기도 한다. 그러나 병력은 원래 정확한 수치가 아니라 대강의 수치고, 고간의 사단이 추수철에 계속 침공했다면 병력과 시기가 반복되는 것이 이상한 일도 아니다. 침공이 두 번이었다고 보면 671년의 침공이 실패로 끝난 데는 신라 수군의 분전이 결정적이었다. 이 해 10월 6일 신라의 전함이 당의 곡물수송선 70여 척을 공격해서 전멸시키고, 낭장 겸이鉗과 이대후耳大侯, 그리고 병사 100명을 생포했다.[14] 이들은 틀림없이 산동에서 대동강 하구로 오던 식량수송선이었을 것이다. 신라가 당군의 전술을 파악하고 약점을 제대로 요격한 것이다.

672년 두 번째 침공에서는 이런 행운이 따르지 않았다. 평양의 당군은 8개의 진영을 설치했다. 진영마다 해자를 깊게 파고, 보루를 높이 쌓았다. 오랜 전쟁으로 양군은 서로를 잘 알고 신중해진 듯하다. 신라군도 백수성에서 출진해서 한시성, 마읍산 등에 진영을 설치했다. 마읍산은 과거 평양을 포위했던 소정방의 군대가 진을 치고, 고구려군의 포위에 맞섰던 결전장이다. 이제 당군이 그 산을 공격하게 되었으니 그때의 참전용사가 보면 세월의 희롱을 보는 듯했을 것이다. 그러나 덕분에 산의 지형이나 공격 방향은 속속들이 알 수 있었다. 당군은 공격에 성공해서 노병의 추억이 어린 산을 탈환했다.

마읍산이 떨어지자 당군은 신라군의 거점인 백수성 전방 500보 앞(900m)까지 진출했다. 여러 기록으로 보면 고대전쟁에서 양군이 대치하는 거리는 500보가 표준이었던 듯하다. 북방군단의 체력이 한계에 달한 시점에서 오랫동안 고대하던 신라의 증원부대가 드디어 가세했다.

증원부대는 사령관의 신분부터가 달랐다. 총사령관 김의복은 왕족으로 상주와 하주의 군사 책임자를 역임하고, 과거 고구려, 백제 원정에 참전했었다. 부사령관 춘장은 염장의 셋째 아들로 25대 화랑 출신이다. 여기에 대아찬 효천, 사찬 의문, 산세, 능신, 두선 등 주요 지휘관 모두가 사찬인 설오유보다 상급 신분이었다. 우리 역사에서 드물게 노블리스 오블리제만은 확실했던 시기라 김유신의 둘째 아들 원술도 비장이 되어 이 부대에 종군했다.

신라의 구원병이 출현한 데는 특별하고 극적인 사정이 있었다. 671년이 저물 무렵 신라가 드디어 웅진도독부를 제압하는 데 성공했던 것이다. 이 극적인 상황 전개는 미스터리다. 이 해 웅진 공격은 분명 실패로 끝났다. 그러나 북쪽은 신라군단, 남쪽은 보덕국에 의해 고립된 웅진도독부가 기운이 빠지면서 끝내 항복했던 모양이다.『삼국사기』지리지에 의하면 신라가 사비·웅진 지역을 소부리주로 개편한 것이 671년이었다. 또 671년 11월에 웅진도독부의 당나라 사람과 백제인 2천여 명이 47척의 배를 타고 일본으로 건너갔다는 기록이 있다.

672년 2월의 가림성 공격은 웅진 점령의 개가를 업은 연속공세였다. 이 공격 역시 실패로 끝났지만, 그 뒤로 그럭저럭 이 지역을 평정하면서 여름이 가기 전에 사비도 확보한 듯하다. 전투에 이기지 못해도 전쟁에는 이기는 사례는 많다. 신라의 지도부로 보면 극적인 타이밍이었다. 덕분에 8월 당군의 평양 공세에 맞추어 간신히 지원부대를 파견할 수 있었던 것이다.

백수성에 도착한 지원군은 9서당(이때는 아직 9서당이 모두 창설되지는 않았지만 편의상 9서당이라고 한다)을 포함한 신라의 최정예 주력부대였다. 설오유 부대에게도 압승을 거두지 못했던 당군으로서는 곤란한 상대였다. 그러나 신라군도 마음이 급했다. 몇 년 간 백제 전역에서 상당히 무리를 했고, 쉴 틈도 없었다. 게다가 신라는 2개의 전선을 장기적으로 운영할 능력이 없었다. 벌써 3년째 이어지는 전쟁으로 비축미도 거의 바닥났다. 672년의 식량 사정은 심각해서 백성들에게는 춥고 배고픈 겨울이 예보되어 있었다.[15] 전사자보다 많은 아사자를 눈앞에 두고 있는 상황이라 신라군 지휘부는 전투를 서둘렀다. 최대한 빨리 승부를 보아야 겨울에 굶어죽을 백성을 한 명이라도 더 살릴 수가 있었다.

마음이 급한 신라군은 수성전을 포기하고 야전으로 나갔다. 위치는 미상이지만 신라군은 대방 들판, 당군은 석문 들판에 주둔했다. 신라군 중에 장창당이라는 신설 부대가 있었다. 이 전투 직전에 창설된 부대였다. 장창당은 장창의 특성과 임무상 많은 훈련을 받은 정예부대임이 분명하다. 그러나 신설 부대라 다른 부대와 함께 작전을 해 본 경험이 적었다. 대군을 편성하다 보면 종종 이런 일이 발생하는데, 전체적인 팀웍과 조직력, 지휘체제가 충분히 숙련되지 않았던 것 같다.

당장에 장창당이 신설 부대의 티를 냈다. 그들은 본대와 떨어져 주둔했다가 고간의 부대와 조우했다. 당군도 신라의 본대가 대방 들판에 있는 것으로 알고 방심하고 지나가다가 조우한 것인지, 고립된 부대를 노리고 온 것인지는 모르겠으나 정황으로 보면 전자의 경우 같다.

장창당이 장창이라는 단일 병종으로 구성된 부대인지, 장창이 특화되었을 뿐 기병, 궁병 등 기본 병종을 다 갖춘 부대인지도 분명하지 않다. 전술적

1515년의 마리냐노 전투를 묘사한 무덤의 부조 장창병과 기마병 간의 전투를 잘 보여준다.

상식에 의하면 단일 병종의 부대가 다른 병종의 지원을 받지 못하고 혼자 싸우는 것은 아주 위험하다. 궁병과 기병의 엄호가 없으면, 창병부대는 적의 화살받이에 불과하다. 장창부대는 느리고, 측면과 후방이 약해서 평지에서 궁기병을 만나면 손 쓸 방법이 없다. 그러므로 장창부대가 완편된 적군과 만났을 때, 적이 바보짓을 해주지 않는 이상 단독으로는 절대로 이길 수 없다. 당군은 병력 규모로 볼 때 고간이 인솔한 당군 주력으로 분명히 완편된 부대였다.

다행히 장창당은 창병만 있는 부대는 아니었음이 분명하다. 693년에 장창당은 비금서당으로 이름을 바꾼다.[16] 장창당이 바로 서당으로 전환했다는 것은 이들이 장창으로만 무장한 부대가 아니라는 증거다. 하지만 9서당의 다른 부대들은 다 처음부터 무슨 무슨 서당이라는 명칭을 받고, 서당마다 창병도 보유했을 텐데, 유독 이 부대만 장창당이라는 명칭을 오래 유지하는 것을 보면 이 부대가 특별한 장창과 기술로 무장한 창병을 거느렸던 것도 틀림없는 사실인 듯하다.

장창부대는 방패를 들고, 창을 앞세우고 전진하는 부대로 대 보병전이나 대 기병전에서 모두 유용하다. 일반적으로 보병 집단전에서 검보다 창이 유리하다. 대 기병전에서는 기병 돌격을 저지할 수 있는 거의 유일한 무기다. 창과 창, 창과 말이 부딪히는 전투에서는 창이 길거나 하나의 타격 지점에 여러 개의 창을 집중시킬 수 있는 쪽이 유리하다. 그래서 장창이 요구되는데, 간단한 아이디어 같지만, 장창을 장착하는 게 생각처럼 간단하지 않다. 장창이 고도의 숙련을 요구하기 때문이다. 창이 길면 적보다 먼저 찌를 수 있지만 창은 길어질수록 무겁고 끝이 흔들려 조준하기가 어렵고 부러지기는 쉬워진다. 창의 약점은 창의 안쪽 공간이다. 적이 창의 공격을 피해 창날 안쪽으로 일단 들어오면 방법이 없다. 그런데 장창은 심하게 흔들리고 둔해서 적을 찌르기 쉽지 않고, 창이 길수록 안쪽 공간도 넓어진다. 이런 이유로 장창병은 힘과 고도의 훈련을 필요로 한다. 고로 장창당은 최고 수준의 정예부대일 수밖에 없다.

전투 상황은 설명이 없지만 놀랍게도 장창당은 고간의 당군에게 완승을 거둔다. 장창당이 잡은 포로만 3천 명이었다. 고간의 당군이 1만 명이었으니 고간군을 거의 전멸시킨 셈이다. 이후로 고간은 역사책에 다시는 등장하지 않는다.

장창당의 승전보를 들은 신라군은 흥분했다. 자만감이 신라군을 휩쓸었다. 당군은 오합지졸이다. 지금까지 승리는 신라군의 주력이 아니었던 덕이다. 이제 주력부대가 참전했고, 신라군도 오랜 전쟁으로 베테랑 전사들이 되어 있었다. 그러나 아무리 자신감에 충만했다고 해도 이때는 무언가가 잘못되어 있었거나 무언가에 홀렸던 듯하다. 신라군의 지휘관들은 공을 세우기 위해 서로 분산해서 진을 설치했다. 제발 나에게 덤벼다오였다.

여기서 신라군은 중요한 착각을 한다. 고간의 부대가 당군의 주력이 아니었다. 진짜 주력인 말갈·거란족으로 구성된 3만의 이근행 부대는 신라군이

깔아준 기회를 놓치지 않았다. 신라군은 분산되었을 뿐 아니라 진영을 옮기느라 진이 정비되지 않았다. 노련한 말갈 기병이 빈 틈으로 파고들었다. 행여나 놀란 신라군이 본래의 자리, 처음의 포메이션으로 되돌아가려고 했다면 그것은 더 극악한 실수였다. 이럴 때는 차라리 전멸을 각오하고 제자리에서 버티거나 공세적으로 나가 주어야 한다. 그래야 적을 저지하고 다른 부대에게 시간을 벌어줄 수 있다.

신라군의 손실은 끔찍했다. 대장군 효천이 전사하고, 사찬 의문과 산세, 아찬 능신과 두선, 일길찬 안나함, 양신 등이 전사했다. 대장군이 전사했다는 것은 전방의 중앙 군영이 피할 틈도 없이 공략 당했다는 의미다. 신라군이 진을 분산 배치하는 바람에 공간이 열렸다. 말갈 기병은 전방의 부대에게 먼저 덤벼들어 포위공격을 하기보다는 열린 공간을 이용해서 후방으로 진출해 대장군 효천이 있던 전방의 중심 군영을 분쇄하고, 전방으로 진출한 부대의 퇴로를 끊었다. 용감하고 우수한 기병부대가 선호하는 기동전의 전형이다. 신라군 본진이 엄청난 피해를 입고 전방부대가 고립된다. 기병은 탈출할 수도 있지만, 보병은 전멸을 피할 수 없다. 구체적인 피해 수치는 알 수 없다. 당나라 기록에는 671년에 고간이 천산泉山 전투에서 신라군 2000명을 포로로 잡았다고 했는데, 이 천산 전투가 백수산 전투인 것 같기도 하지만 연도가 다르다. 이보다 더 큰 피해를 입었을 수도 있다.

신라군이 붕괴할 때, 비장 원술이 나서서 적진을 향해 돌격하려고 했다. 그러나 하인으로 따라온 담릉이 일단 후퇴하고 후일을 기약해야 한다며 말고삐를 놓지 않았다. 예전에 김유신 휘하에서 싸웠던 비녕자의 아들 거진은 비슷한 상황에서 하인의 손을 베고 말을 타고 달려나갔다. 그러나 원술은 차마 그러지는 못했다.

원술이 그렇게 살아서 돌아오자 김유신은 엄청나게 분노했다. 김유신은 문무왕을 만난 자리에서 원술을 반드시 죽여야 한다고 부탁하기까지 했다.

원술의 외삼촌이기도 한 문무왕이 극진히 말려서 겨우 살아났다. 하지만 원술은 가문의 명예를 훼손시킨 죄로 다시는 본가로 복귀하지 못했다.[17]

원술의 일화는 세속오계의 하나인 임전무퇴와 화랑도 정신의 상징으로 간주되어 왔다. 논자에 따라서는 김유신이 지나치게 비정한 아버지라고 비난하는 경우도 있다. 하지만 이 글에서는 좀 다른 관점에서 원술의 일화를 살펴보고자 한다. 임전무퇴는 많은 분들이 생각하는 것처럼 죽어도 후퇴는 없다는 맹목적인, 혹은 영웅적이거나 헌신적인 계율이 아니다.[18] '모든 병사는 후퇴 명령이 내리기 전에는 자기 자리를 사수해야 한다'는 규칙은 과거와 현재를 불문하고 모든 군대에서 통용되는 불멸의 원칙이다. 하지만 명령이 있다면 어떤 군대도 후퇴는 가능하다. 임전무퇴도 이 범위 안에 있다. 김유신 자신도 퇴각한 적이 있고, 승리를 위해서는 작전상 후퇴도 적절히 활용해야 한다. 그러나 후퇴란 명령과 통제, 명예와 전의를 상실하지 않고 물러서는 행동이다. 영화에서 보듯이 "후퇴!"라는 고함과 함께 뒤를 향해 달려가는 행동은 후퇴가 아니라 도망이다.

옛날 전쟁에서는 대형 유지가 중요했으므로 후퇴할 때도 대형을 유지해야 한다. 조선 세종·세조 대에 편찬한 『오위진법』에서 규정한 후퇴 요령은 20보(약 24m) 후퇴했다가 적을 향해 되돌아서고, 다시 20보 후퇴하는 방식이었다.[19] 이런 요령은 옛날에도 비슷했을 것이다.

상호 엄호도 필수다. 50명, 100명으로 구성된 대와 대, 부대와 부대가 서로 교대로 돌아서고 엄호하면서 퇴각한다. 질서정연한 퇴각이 불가능할 정도로 위급한 상황이면 후위의 유격군[游兵]이 출동하거나 전위의 부대, 후퇴 명령을 받지 못한 부대가 죽음을 각오하고 버텨야 한다. 말처럼 쉬운 일은 아니다. 그러나 전쟁사를 보면 강한 군대, 승리하는 군대는 이렇게 했고, 혼자 100명의 적과 맞부딪히더라도 자기 위치를 사수하는 영웅적인 병사가 언제나 있었다.

원술의 죄는 임전무퇴를 외치며 돌격하지 않은 죄가 아니라 후퇴 명령이 없는데도 진지를 사수하지 않고 물러선 죄였다. 명령을 받았다면 김유신이 개인적 체면 때문에 원술을 죽이려 했다고 해도 죽일 수 없다. 김유신이 원술을 죽이고자 한 이유는 가훈을 지키지 않은 죄도 있지만 그에 앞서는 이유가 왕명을 욕되게 했다는 것이다. 왕명을 어겼다는 것은 법을 지키지 않았다는 뜻이고, 그때 상황에 적용하면 후퇴 명령이 없었다는 것이다. 그러자 문무왕은 원술은 비장에 불과한데 혼자에게만 중벌을 내리는 것은 불가하다고 반대했다. 전황으로 봐서 사령부가 붕괴되면서 공식적인 후퇴 명령을 전달할 상황도 아니었고, 더 높은 직급의 장수들도 후퇴 명령 없이 자의적으로 후퇴했을 것이다. 그러니 원술만 처벌하는 건 부당할 수도 있다.

그래도 고위 지휘관 중에 전사자가 많은 것을 보면 임전무퇴를 실현한 부대가 없지는 않았던 듯하다. 그래서 김유신이 원술에게 더 화가 났는지도 모른다. 이때 신라군은 진법을 무시하고 분산되어 있었던데다가 전장이 들판이었기 때문에 누군가가 진을 사수해도 적의 진격을 저지할 수는 없었다. 이럴 때 적의 진격을 저지할 수 있는 방법은 진지 사수가 아니라 역공, 특히 기병 돌격이다. 돌격해 오는 적 기병과 충돌해서 시간을 늦추거나 보병을 습격해 주의를 분산시키고 공격의 흐름을 끊는다. 원술은 가문이나 지위로 봐서 기병일 가능성이 높다. 그러나 원술은 이 돌격을 시행하지 못했다. 그래서 김유신이 분노했을 것이다. 군법으로는 무죄일 수 있으나 가문의 정신에는 어긋난다.

그 가문의 정신이라는 것이 선택받은 가문의 엘리트 의식도 아니다. 지금까지 수십 년간 김유신 형제들은 전쟁을 수행해 왔고, 수많은 용사와 병사들을 희생시켜 왔다. 지휘관은 죽을 줄 알면서도 병사들에게 돌격 명령을 내려야 하고, 부당한 희생을 강요

신라군의 투구 경주 안압지 출토

해야 하는 자리다. 그렇기 때문에 자신이나 자신의 가족에게 그 부당한 순간이 닥쳤을 때는 일부러라도 더더욱이 회피해서는 안 된다. 얍삽하게 생각하면 그래야 병사들의 신뢰와 존경을 받을 수 있다는 계산적 행동일 수도 있다. 그러나 그런 이해타산을 떠나서 진정한 리더라면 그 순간을 각오하고 헌신하는 마음가짐이 필요하다. 김유신 집안은 통일전쟁을 통해서 망명왕족에서 신라 최고 가문으로 올랐고, 자신의 조카가 신라의 국왕이 되었다. 원술로 보면 억울하겠지만, 김유신의 입장에서 보면 원술의 행동은 그가 그동안 내렸던 수많은 명령들, 희생들에 대한 배신과 다름이 없다. "결국 당신은 당신의 영광을 위해 병사들을 희생시켰고, 당신의 가족에 대해서는 이중적 잣대를 적용했구나"라고 비판해도 할 말이 없기 때문이다.

다시 전투 현장으로 돌아오면, 신라군이 후퇴하자 이근행은 이 기회를 놓치지 않고 거세게 쫓아왔다. 무이령이란 고개에 도착하자 일길찬(신라의 7관등) 아진함이 자신이 적을 막겠다고 자원했다. "공 등은 힘을 다해 빨리 떠나가라. 내 나이 일흔이니 지금이야 말로 내가 죽을 날이다." 무이령은 개성 북쪽의 우이령으로 추정하기도 하는데,[20] 어디든 고개는 적을 잠시 저지하기에 유리한 곳이었다.

아진함은 거창 출신이다. 거창은 신라와 백제가 내내 격전을 벌이던 격전지다. 나이로 보아 통일전쟁에도 여러 번 참전하고 죽을 위험도 여러 번 넘겼을 노장은 그렇게 생을 마감했다. 그가 전사하자 아들도 따라서 죽었다.

이 참사의 원인은 앞서 말한 대로 신라군의 무모한 행동이었다. 그러나 그 배경에는 보다 근본적인 원인이 도사리고 있다. 첫째는 소규모 전쟁에서는 강하지만, 대규모 병력을 운용하는 전쟁에서는 당나라군에 비해 신라군이 서툴렀다는 것이다. 각 부대의 지휘관들이 제멋대로 나가 진을 쳤다는 상식 밖의 행동도 평소에 이런 대규모 진형과 통제를 연습해 보지 못했던 탓일 가능성이 크다.

두 번째는 지휘부의 자질이다. 최고 지휘관이었던 의복은 하주 장군, 상주 장군, 서당 총관 등 군의 요직을 두루 거친 인물이다. 그런데 그는 661년 사비성 공격에 참전했다가 회군하는 길에 고부군에서 백제 부흥군의 기습을 받아 참패하고, 장비마저 상실해서 백제 부흥군이 재무장할 수 있게 해주었던 장본인이다. 한 번 패전했다고 무능력자로 몰아세울 수는 없지만, 패전에도 질이 있다. 경력으로 보면 그는 실전에서 무능한 지휘관이었음이 분명하다.

백수성 전투에서도 군의 분산을 방치한 것은 그의 안목 내지는 통제력의 한계를 보여준다. 신라왕실과 김유신 일가의 노블리스 오블리제는 훌륭한 편이었지만, 소수의 진골이 관과 군의 고위직을 독점하는 데서 나오는 폐단을 방지할 수는 없었다.[21] 그 약점이 이런 결정적인 순간에 터지고 만 것이다.

춘장의 인선도 실수였다. 춘장은 윗사람에게는 순종하고 아랫사람에게는 너그러운 나무랄 데 없는 인격자였다. 나중에 재정을 담당한 창부와 국왕을 보좌하는 집사부의 최고 책임자인 중시를 맡았다가 679년에 사직했다.[22] 중시는 오늘날 청와대 비서실장인데, 자기 스스로 이런 직책이 자신의 적성에 잘 맞는다고 말했다고 한다.[23] 경력과 그의 발언을 보면 그는 참모형 인재고 재정·보급 등 관리직에 재능이 있었다. 그렇다면 부사령관으로서 아주 적절한 인선인 것 같다. 하지만 군 전체가 팀웍과 조직력이 부족하고, 지휘관 의복도 실전 능력이 떨어지는 장군이었다는 상황에서는 그렇지 않다. 춘장의 적성으로는 의복의 단점을 커버해 줄 수가 없었다.

패전 소식이 날아들자 놀란 문무왕은 바로 김유신에게 달려갔다. 전쟁에서 패전을 할 수도 있지만 그 규모가 너무 컸다. 설오유의 부대만으로도 그럭저럭 저지하던 적군에게 몇 배 규모의 정예부대가 붕괴하고 만 것이다. 그러나 백전노장 김유신도 방법이 없었다. 일단은 요소 요소의 요새에 박혀 수비를 굳히는 수밖에 없다는 것이 김유신의 대답이었다.

군사적인 방책은 답이 없었지만, 비군사적 분야에서 최후의 방법이 한 가지 있었다. 신라는 주저 없이 그 방법을 채택했다. 당나라에 비는 것이다. 문무왕은 671년 수군이 붙잡았던 수송선 장교와 병사, 억류했던 웅진도독부의 관리 등 포로 170명을 모두 석방하고, 당 고종에게 사죄의 글을 올렸다. "신이 죽을 죄를 짓고 삼가 아룁니다"로 시작되는 길고 낯 뜨거운 사죄문은 "저는 머리를 조아리고 또 조아리며 죽어 마땅하고 또 마땅합니다"로 끝난다.[24] 그리고 은 33500푼, 구리 33000푼, 금 120푼과 비단, 고급 마포 등 최대한의 예물을 바쳤다. 아마 당군의 장수들에게도 적지 않은 뇌물을 보냈을 것이다. 설인귀의 도드라진 개성 중 하나가 "뇌물을 밝힌다"였다.

4 마지막 겨울

달랑 이런 사과문 한 장으로 당의 한반도 전략과 설인귀와 이근행의 욕망, 말갈병의 탐욕을 저지할 수는 없었다. 하지만 시간은 벌 수 있었다. 문무왕의 반성문을 자세히 읽어 보면 굴욕을 느낄 정도로 민망한 대사로 가득하지만, 백제 땅을 반환하겠다거나 하는 구체적인 내용은 한 마디도 없다. 조금만 노련한 외교관이라면 신라의 술수를 금세 알아차렸을 것이다. 문제는 그래도 신라 국왕이 성의를 표했고, 뇌물도 받았으니 현지 지휘관이 그대로 무시할 수가 없다는 사실이다. 중국의 특징이 황제를 정점으로 하는 집권적 국가체제라는 점이다. 뛰어난 장점이지만 장점이 크면 단점도 커진다. 그 단점 중 하나가 경직된 행정체제다. 이런 문서가 오면 황제에게 일단 보고를 해야 뒤탈이 없다. 이런 점은 한국도 마찬가지였지만, 중국은 땅이 지나치게 넓었다. 한국이라면 어디서든 닷새면 보고가 가능했지만, 평양에서 장안까지는

〈왕회도〉에 묘사된 신라 사신의 모습

최특급 연락망을 가동해도 두 달 이상은 족히 걸렸다.

설인귀도 시간끌기 작전인 줄 알았겠지만, 프로 정신이 투철해서 받은 뇌물만큼 보답을 했을 가능성이 있다. 요동으로 복귀하기 위해서 나름 평생 모은 재물도 많이 소모했을 것이고, 은퇴 직전이라 노후자금도 필요했다. 그런데 공격을 멈추려면 명분이 필요했고 문무왕의 친서는 좋은 명분이었다.

또 하나 생각해 볼 수 있는 원인이 말갈군의 약탈적 속성이다. 이근행은 부족단위로 구성된 말갈과 거란군을 이끌고 있다. 이렇게 부족에서 징발한 용병 수준의 군대는 중국 본토에서 온 직업군인이나 농민군과 달리 왕조에 대한 충성심이 부족하다. 그들의 군기와 전투 의욕을 보존하려면 주기적으로 현지 조달이라고 부르는 약탈을 허용하는 수밖에 없다. 더욱이 이들은 기병이 많아서 소위 현지 조달 능력은 당군에 비해 탁월하다. 이런 군대가 평양에 진입했으니 휴식 기간을 주지 않을 수 없었을 것이다.

정확한 이유가 무엇이든 간에 위기의 순간에 당군의 진격이 거짓말처럼 멈췄다. 신라는 귀중한 시간을 벌었다. 하지만 얻어낸 시간은 겨우 한 계절, 672년과 673년 사이의 겨울뿐이었다. 이 시간 내에 신라는 당군과 싸울 수 있는 조건과 전력을 만들어 내야 했다. 바로 이런 점에서 특기할 만한 사건이 발생한다. 백제인으로 편성된 백금서당의 탄생이다. 이 역시 671~672년 사이에 백제의 고토를 확보하고 웅진도독부를 축출한 대가라고 할 수 있다.

고구려인으로 구성된 황금서당은 683년(신문왕 3)에야 탄생하지만, 고구려군은 이미 합류해 있었다. 그럼에도 불구하고 백금서당처럼 고구려인 군단을 편성하지 않은 이유는 신라의 직접지배권으로 들어온 백제와 달리 고구려군 출신들에게는 어느 정도 자율성과 기존의 편성을 유지해 주어야 했기 때문일 것이다. 일례로 보덕국만 해도 일종의 망명정부로서 독립성을 보장받았다. 이들은 독자적으로 일본에 사신도 보냈는데, 12년이란 짧은 생존기간 동안 아홉 번이나 사신을 파견했다(물론 신라는 감시의 끈을 놓지 않아서 아홉 번 중 일곱 번은 신라가 보덕국 사신을 호송해 주었다).25

673년 봄, 휴식을 취한 이근행이 남하를 시작했다. 신라군은 대동강 다음 방어선인 임진강 도하지점에서 당군을 맞았다. 호로하 서쪽이라고도 했으니 경순왕릉이 있는 고량포 북쪽의 능선, 또는 좀 더 멀리 비정하면 고량포 서쪽 임진강변의 고지인지도 모르겠다. 그러나 남하하려면 호로하의 여울목을 이용해야 하므로 여기서 멀지 않은 곳일 것이다. 이 일대의 고지는 모두 한국전쟁 때도 격전이 벌어졌던 군사요충들이다.

임진강 방어선은 백제와 신라가 수백 년간 고구려의 남침을 저지했던 유서 깊은 국경선이었다. 그 역사는 신라군에게 무언가 기대감을 제공하기에 충분했다.

호로하 고량포 쪽에서 본 모습. 멀리 보이는 산이 감악산이다.

하지만 임진강 방어선의 상징적인 루트인 호로하(『신당서』에서는 발노하라고 했다)에서 벌어진 전투에서 신라군은 백수성 전투보다 더 끔찍한 패배를 당했다. 포로와 사상자가 만 명이 넘었다. 백제 정복 때 신라가 동원한 총병력이 5만이었다. 요동전선에 출동했던 군대가 만 명이었고, 석문 전투의 증원군, 이번의 사상자를 포함하면 3만 이상의 손실을 입었다는 계산이 나온다. 적게 잡아도 신라군 군사력의 절반이 날아갔다.

신라의 충격은 상상을 초월하는 수준이었다. 겁에 질린 신라는 미친 듯이 축성 작업에 돌입했다. 673년 9월에만 국원성, 북형산성, 소문성, 이산성 등 8개 성을 동시에 준공했다. 축성 지역은 북에서 남쪽으로 내려오는 주요 루트와 경주와 경주 외곽의 요충들이다. 『삼국사기』 기록의 부실함을 생각하면 이보다 훨씬 많은 축성 사업이 진행되었다고 보아야 할 것이다. 이제 남은 방법은 버티기 작전뿐이었으므로 수도와 수도로 오는 길을 겹겹이 강화한 것이다.

김유신의 묘(경주시 충효동)와 동상(경주시 황성공원)

방어전을 제안한 김유신은 호로하 패전이 있은 지 두 달 후인 7월 1일에 파란만장한 삶을 마감했다. 향년 79세로 고대사회의 기준으로 보면 대단한 고령이긴 했다. 그는 입지전적인 성공 스토리를 이루었고, 영웅의 자리에 올랐지만, 마지막 순간은 불행했다. 그가 평생에 걸쳐 이룩한 대업이 무너져내리는 정도가 아니라 신라 왕조의 운명까지도 바람 앞의 촛불이었다. 김유신이 죽기 한 달 전 문무왕이 문병을 와서 병석의 외삼촌에게 물었다. "만일 피할 수 없는 상황이 닥친다면 백성들을 어떻게 하며, 사직을 어떻게 해야 좋겠습니까?" 그야말로 죽어가는 선장에게 당신이 사망한 후 배가 가라앉으면 어떻게 해야 하느냐고 묻는 격이었다.

김유신은 소인을 멀리하고 군자를 가까이하며 조정을 화목하게 하고 백성을 사랑하라는 식의 원론적 대답만을 남겼다. 무언가 솔직한 말을 했지만 기록을 남기지 않았을 수도 있다. 그러나 김유신이 정말로 원론적인 대답만 남겼을 가능성도 있다. 만약 그랬다면 그 발언의 숨은 뜻은 최후의 순간을 걱정하지 말고 국가의 미래를 보는 원대한 구상과 원칙을 고민하라는 의미였다고 생각된다. 여기에는 신라의 안위와 미래에 대한 확신이 놓여 있다. 타당한 근거가 있든 없든 문무왕에게는 어떤 위로나 계책보다도 힘이 되어 주는 태도였다. 그러나 내색은 하지 않았지만 김유신의 속은 타들어가고 있었는지도 모른다.

신라가 파멸의 위기에 처하자 아찬 대토가 당에 붙어 모반을 꾀했다. 그의 음모는 발각되었지만, 이 사건이 지니는 상징성은 컸다. 모든 상황이 최악으로 치닫고 있었다. 그나마 호로하 전투로 당군도 피해를 입어 다시 공세를 준비하는 데 잠시 시간이 걸렸다. 가을이 가기 전 한족과 말갈, 거란족으로 구성된 당군이 임진강으로 다시 쇄도했다. 이 전투를 『삼국사기』는 이렇게 전하고 있다.

왕봉 오늘날 고양시 행주산성 일대의 이름이 왕봉현이어서 아마 행주나루 부근이었을 것으로 보인다.

당의 군사가 말갈, 거란 군사와 함께 북쪽 변경을 침범했다. (우리가) 아홉 번을 싸운 끝에 이겨 2천여 명을 목 베었다. 당군 중 호로, 왕봉王逢의 두 강에 빠져 죽은 자는 이루 셀 수 없다. (『삼국사기』 권7, 문무왕 13년)

전투가 벌어진 곳은 호로하와 왕봉이다. 호로하는 지금까지도 여러 번 나온 호로고루성 앞 여울이다. 왕봉은 경기도 고양시 행주산성 일대의 지명이 왕봉현이어서 행주나루 부근으로 판단된다. 호로에서 왕봉까지로 이어지는 전장은 한국전쟁 때 백선엽 장군이 이끌던 1사단의 전적로와 일치한다. 1950년 6월 25일 북한군과 1사단은 고량포와 호로하 여울목 일대, 예전의 칠중성 고지, 파주의 봉서산에서 맞대결을 펼쳤다. 동쪽 전선을 맡은 사단이 무너져 후퇴하는 바람에 체계적인 후퇴와 순차적인 방어전이 시행되지 않았지만 1사단의 계획상으로는 임진강이 무너지면 다음 2차 방어선은 봉일천, 그 다음이 한강 행주나루였다. 그리고 이 사이에 임진왜란 때 벽제관 전투가 벌어졌던 숫돌고개 등 여러 고개가 있다.

● **나당전쟁과 일본**

나당전쟁은 의외로 복잡한 국제전이었다. 한족, 말갈족, 거란족이 참전하고, 백제와 고구려의 유민도 도호부의 당나라 세력, 백제·고구려의 구귀족은 당나라편이 되고, 다른 사람들은 신라편이 되어 당나라에 함께 저항했다. 이 와중에 보덕국은 백제와 싸웠다.

정세는 복잡하지만 동원한 병력은 통일전쟁기보다 훨씬 적었다. 그래서 더더욱 외교문제와 국제관계에 예민했을 수도 있다. 병력이 적어서 작은 변화도 힘의 추를 바꾸어 놓을 수 있었기 때문이다.

이런 상황에서 중대한 변수가 일본이었다. 당, 도독부, 백제와 고구려 유민, 신라는 서로 일본을 자기 편으로 끌어들이거나 불가침을 유도하기 위해 공을 들였다. 664년 4월 웅진도독부는 관리 30여 명과 백제 유민 100여 명으로 구성된 대규모 사절단을 일본에 파견했다. 이들의 목적은 당연히 대신라 전쟁에 지원을 요청하는 것이었다. 665년 7월에는 당에서도 백제 유민을 포함한 사신단을 파견해서 백강 전투의 원한을 씻고 당과 일본이 주기적으로 사신을 교환하는 데 동의하는 성과를 이끌어 냈다. 그러나 웅진도독부에 대한 군사 지원은 얻어내지 못했다.

위기를 느낀 신라도 적극적으로 대일본 외교에 나선다. 신라는 백강 전투 이후 일본과 국교 단절 상태였으나 668년 9월 문무왕이 일본에 사절을 파견했고, 11월에는 일본이 답례사절을 신라에 파견했다. 이로써 신라와 일본 간의 국교도 회복되었다. 또한 신라는 보덕국의 사신 파견을 독려하고 지원했다.26 일본은 신라·백제·당·보덕국과 다 우호관계를 맺으며, 끝내 군사 개입은 하지 않고 실리를 취하는 태도를 견지하였다.

완도 청해진공원 조각(부분)

무인기와 로봇이 등장하는 미래전쟁에서는 달라질지도 모르겠지만, 적어도 고대로부터 한국전쟁 때까지 전적지는 놀랄 정도로 비슷하다. 백선엽 장군이 회고록에서 1사단이 평양으로 진공할 때 청일전쟁 때 일본군이 진격한 루트를 참고했다고 했다. 사실 그 길은 천 년 전, 신라군과 유인궤군이 걸어갔던 길이기도 했다.

이런 전쟁사의 경험을 참고하면 "호로에서 왕봉까지"라는 기사의 단서가 열린다. 신라군은 임진강에서 파주 - 고양을 거쳐 봉일천, 혹은 행주나루까지 계속 밀리면서 싸웠다. 당군 사망자가 2천 명이라고 했지만 신라군은 더 많은 전사자를 냈을지도 모른다. 그러나 중요한 것은 붕괴하거나 궤멸하지 않고 악착같이 방어전과 소모전을 폈다는 것이다. 그래서 전쟁에서는 끝까지 포기하지 않고 싸우는 것이 중요하다. 뭔가 극적인 장면과 주인공이 없어서 지금껏 주목받지 못했지만, 이 방어전은 나당전쟁 중에 제일 극적인 승리이자 전환점이었다.

5 난타전

673년 겨울 당군이 전략을 변경했다. 정통적인 진격로를 따라 선 굵게 쳐 내려오지 않고, 부대를 나누어 여러 성들을 공략하기 시작했다. 한족으로 구성된 당병은 고구려 지역의 우잠성(황해도 금천)을 공격해서 점령했다. 대양성(강원도 금강군 현리)과 동자성(경기도 김포군 하성면으로 비정)은 말갈, 거란족에게 함락되었다. 전쟁의 양상이 몽골 같은 유목기병이 잘 사용하는 약탈전쟁 형태로 바뀌었다. 갑작스러운 변화였다. 하지만 조금만 들여다보면 설인귀가 보낸 친서에서도 언급했던 예고된 변화였다.

　이 무렵 당의 전쟁 수행 능력이 한계에 달했다. 당의 대외전쟁사는 크게 2기로 나눌 수 있다. 1기는 사방의 이민족을 향해 활발한 정복전을 펼친 시기로 그 정점이 고구려 정복이다. 하지만 이 원정들은 어마어마한 재정과 병사를 희생시켰다. 겉으로는 화려한 성공을 거두었지만, 주변 민족들도 슬슬 당군의 전술에 적응해 갔고, 그들도 변화하기 시작했다. 원정의 성공과 무관하게 만주, 티벳, 미얀마(운남) 등지로 출정한 젊은이들은 장거리 이동과 풍토병으로 사망했다.

　　당신은 청해 근처를 와보지 못했는가?
　　옛날부터 백골을 거두어 주는 이도 없다네
　　새 귀신은 괴로워서 원망하고, 묵은 귀신은 통곡하네
　　하늘은 흐리고 비가 젖어들어 우중충하구료 (두보, 〈병거행〉)[27]

　이 시는 당나라 시인 두보가 토번 전투에 동원된 병사들의 원한을 노래한 것이다. 또 한 명의 대시인 이백의 대표작 〈장한가〉는 출전 전날 전쟁터로 아들을 떠나보내는 모친의 잠 못 이루는 밤을 모티프로 한 것이다. 백낙천은 시 대신 한 편의 글을 남겼다. 그는 장안 외곽의 신풍현에서 오른팔이 불구인 노인을 만났다. 노인은 자신이 불구가 된 사연을 이렇게 소개했다.

　　"운남 정벌을 위해 한 집에 장정이 세 명 있으면 한 명을 징발했다. 그러나 운남은 기후가 좋지 않아 병사들이 거의 돌아오지 못했다. 나는 징병 명부에 오르자 돌망치로 팔꿈치를 부러트려서 징병을 면제받았다. 덕분에 (징병자 중에서) 나만이 60여 년간 살아남았다. 추운 밤에는 부러트린 팔꿈치가 아파서 잠도 잘 수 없지만 후회는 하지 않는다."[28]

당나라는 영토를 너무 확장한 덕에 특별한 대외원정이 없을 때라도 변방에 상주시키는 병력이 항상 10만은 필요하게 되었다. 처음에는 설인귀의 성공신화 같은 꿈과 모험을 좇아 군문에 입대하는 젊은이들이 많았다. 하지만 전장에서 돌아오는 젊은이가 점점 줄어들자, 병역기피가 늘어나고 군의 질이 떨어졌다. 반면 당군에게 패배하고 복종했어도 주변 이민족들의 잠재적인 위험은 전혀 가시지 않았다. 반란의 위험이 상존하는 땅에서 변방 수비대를 분산시키는 것은 위험했다. 당군은 수비대를 도호부나 군진에 집중배치해야 했다. 덕분에 10만 대군이라고 해도 전체 면적에 비하면 점점 박혀 있는 것에 불과했다. 이들로는 땅을 지키고 주변 민족을 제압할 수가 없었다.

그래서 병모라고 해서 일종의 모병제가 등장했다. 모병한 병사의 이동거리를 줄이기 위해 병모는 전국에서 고르게 하는 것이 아니라 전선에 가까운 외방 지역에서 시행했다. 단련이라고 해서 아예 부락단위로 일정한 병력과 군수를 확보해서 군사도시를 조성하기도 했다. 전국에서 병력을 모아 끌고 오던 초기 원정과 달리 인근 지역에서 징발하는 병사의 비중이 높아지자, 군과 지휘관, 병사들 간에 지역적 유대가 높아져 갔고, 슬슬 독립적 세력으로 변해 갔다. 지나친 대외전쟁이 군벌을 양산한 것이다.

당나라 조정은 군벌의 위험성을 알았지만, 다른 방법이 없었다. 무엇보다도 군사의 질과 훈련 수준에서 이런 직업군인과 잠깐씩 와서 근무하는 부병과 상대가 되지 않았다. 특히 병농일치의 삶을 사는 유목민족과 대치하는 변방에서는 전투력을 높이기 위해 부병 대신 지휘관이 키운 전문 병사로 대치하라고 정부가 권장할 정도였다. 그러나 이들은 전투력이 높은 대신 봉건영주처럼 독립된 군사력을 조장할 위험이 있다. 이근행의 신라 공격도 이런 위험한 군단을 동원한 전쟁이었다. 그러나 당은 이런 위험을 알면서도 주변 민족에 대한 공격에 중독이라도 된 것처럼 대규모 원정을 자제하지 못했다.

이것이 제2기의 원정이다. 고구려 원정만 해도 만주 땅에 고구려와 말갈,

여산 화청궁 이곳에서 현종과 양귀비의 로맨스가 시작되었다. 안록산은 양귀비의 양자가 되어 현종의 신임을 얻은 뒤 반란을 일으켰다.

거란을 아우르는 고구려제국이 들어서서 중국을 위협하는 상황을 방지한다고 시작한 전쟁이었지만, 백제와 신라 땅까지 욕심을 내서 나당전쟁을 일으켰다. 그리고 나당전쟁 중에도 청해 원정, 토번 원정, 돌궐 원정, 운남 원정을 계속하였다.

알고 보면 중단하려고 해도 중단할 수가 없었다. 당은 주변 민족에 대한 학살 위에 세운 왕조였다. 힘을 가진 자일수록 무력 사용을 자제해야 한다. 피의 업보는 한 세대, 두 세대가 가도 쉽게 지워지지 않는다. 한번 피를 뿌리면 원한이 쌓이고, 그 불만과 저항을 억제하려면 계속해서 무력으로 누를 수밖에 없다. 주변 민족의 반발과 원정의 악순환이 한번 시작되자 그치지를 않았다.

이 과정에서 지방군단의 군벌화는 계속 진행되었다. 마침내 8세기 중엽부터는 아예 한 사람이 지역의 정치와 병권을 장악하는 절도사 체제가 성립한다. 절도사의 세력이 커지자 그들의 칼이 한순간에 장안으로 향했다. 대표적인 사건이 당나라의 전성기에 발생해서 당 왕조의 운명을 바꾼 안록산의 난이다. 누적된 피의 업보와 악순환이 당나라 자신을 덮친 것이다. 당이 허무하게 멸망한 다음에야 중국은 힘의 사용은 악순환을 낳는다는 진리를 깨달았다.

나당전쟁기는 1기에서 2기로 전환하는 과도기적 시기였다. 이근행의 부대가 절도사 군단으로 이행하는 대표적 형태다. 나당전쟁 내내 당군은 한족 병사보다 이근행의 말갈, 거란족 군사의 비중이 높았다. 고간, 유인궤, 설인귀의 한족 군대는 병력이 의외로 적었다. 그래서 당군의 공세는 자주 끊기고, 승리를 해도 다음 공세까지 준비기간이 길어졌다. 문무왕의 실속없는 사과문이 곧잘 먹혀 들어간 것도 이런 사정 때문이었다. 그래서 당군의 전술이 강타가 아닌 잽에 의존하게 되었던 것이다.

또 하나 중요한 요인이 이근행이 이끄는 말갈·거란 부대의 속성이었다. 말갈·거란 사회는 부족단위의 사회로 구성되며 농민과 유목민이 섞여 있었다. 이들은 사납고 날쌔지만 인구부족과 병농일치라는 태생적 약점으로 1년 내내 종군하기가 쉽지 않다. 이근행의 병력이 3만 내외였으므로 병모(모병제)를 통해 장기 복무가 가능한 병력으로 차출해 왔다고 해도 부족과 부락과 협상을 벌여야 하고, 자원자도 농한기에만 넘쳐나기 때문에 보충병을 충당하기가 쉽지 않았다.

더욱이 이런 부족군, 유목민 부대의 자원자들은 약탈이 없으면 의지가 발동하지 않는다. 주기적으로 약탈과 휴식, 교체 기간을 주어야 했다. 이것이 당군과 이근행의 군단이 3년간 지지부진한 이유였다. 그나마 673년의 호로하~왕봉 전투를 기점으로 이제 체력이 거의 고갈되고 있었다.

지휘체제에도 문제가 있었다. 당군은 이근행 군단의 1/3 수준이었다. 설인귀나 고간이 아무리 노련한 장수라고 해도 자기 부대의 작전 능력과 범위가 이근행보다 떨어지는 데야 이근행을 통제할 방법이 없었다. 총공세 때도 한족과 말갈족은 따로따로 움직였고, 자기 방식대로 싸웠다. 증거는 희미하지만 전쟁 양상을 보면 후기로 갈수록 이런 경향이 더 심해지는 듯하다.

당군의 사정이 그렇다고 해도 문무왕까지 최후의 순간을 각오하고 있던 그 해에 신라군의 갑작스런 분전을 어떻게 설명할 수 있을까? 673년 겨울에 신라가 외사정外司正이라는 지방관을 신설해서 전국에 배치했다는 기록이 있다. 주에 두 명, 군에 한 명이었다. 외사정은 명칭으로 보면 지방의 감찰과 사법을 맡은 관원인데, 고려 초기까지도 이런 직책의 지방관은 항상 조세와 군역 징발 임무를 겸했다.29 675년 봄에는 중앙관청과 지방관에게 구리로 관인을 만들어 배포했다. 이것은 신라가 전쟁중에도 전국에 관원을 파견하고 행정체계를 잡아갔다는 사실을 말해 준다. 국가권력이 지방관을 파견하는 것이야 쉬운 일이고, 어떤 분들은 지방관, 조세, 감찰 운운하면 성급하게 착취라는 단어부터 떠올린다. 그러나 일방적인 지배와 착취는 결코 쉽지도 않고 가능하지도 않다. 지방관 파견과 행정망의 정비는 현지 주민의 도움 없이는 불가능하다. 백제인 서당이 창설되고 지방관이 파견되었다는 것은 백제인들도 현실을 인정하기 시작했다는 증거다. 여기에 당나라의 침공이 이민족보다는 같은 민족이 낫다는 원초적 민족주의를 발생시켰을 가능성도 있다.

그런 증거의 하나가 충남 연기군 비암사에서 발견된 아미타삼존불비상이다. 이 불상에 새겨진 문자로 보면 이 불상은 연기 지역의 세력가였던 전씨가 발원해서 만든 것이다. 그런데 전씨는 신라의 관등과 백제의 관등을 함께 적고 있다. 이것은 백제의 지방귀족이던 전씨가 신라의 관등을 받고 신라의 지배체제에 포섭되었음을 말해 준다. 그런데 이 상을 만든 해가 신라가 외사정을 파견했다는 673년이었다.

계유명전씨아미타삼존불비상 국보 106호. 충남 연기군 비암사에서 발견된 비상으로 신라 지방행정망의 정비를 보여준다.

김인문의 묘와 귀부 김인문은 신라로 귀국하지 못하고 당에서 사망했다. 그의 묘는 무열왕릉 앞에 있으며 귀부는 무열왕릉의 것을 모방했다.

671년 사비와 웅진을 제압하고 소부리주를 설치한 후 2년 만에 신라는 행정망까지 재건하는 데 성공했다. 이로써 신라는 충청, 호남 평야의 군량과 인력 자원에 대한 효과적인 징발체제를 가동할 수 있게 되었다. 673년 외사정을 파견한 기사 바로 다음에 "일찍이 태종무열왕이 백제를 멸망시키고, 군역 징발 제도를 없앴으나 이때 다시 부활시켰다"는 기사가 등장하는 것이 그 증거다.

병사를 징발했으면 다음은 훈련이다. 674년 8월과 9월 경주에서 신라는 대규모 사열식을 시행하고, 이정의 육화진법까지 도입하여 훈련시켰다.[30] 당군에 필적하는 대부대 단위의 전술훈련이었다. 이런 훈련을 하려면 상당히 많은 병력을 지방에서 모아야 하고, 병력을 지탱할 물자와 군량이 필요하다. 신라의 재정 사정도 대단히 좋아진 것이다.

이런 사정 때문인지 전쟁이 끝나지 않았음에도 674년부터 신라의 태도가 갑자기 여유로워진다. 사실 674년의 신년은 무섭게 시작했다. 당 고종은 문

안압지 복원모형과 안압지에서 출토된 유물

무왕에게 내렸던 관작을 없애 버리고, 당에 억류해 둔 문무왕의 동생 김인문을 신라왕으로 책봉하여 귀국시켰다. 신라 내부에서 분열을 일으켜 보려는 시도였다. 그러나 신라는 여기에 넘어가지 않았다. 김인문은 신라로 들어오지 못하고 돌아갔다. 고종은 김인문을 다시 임해군공으로 강등했다. 남은 방법은 정공법뿐이었다. 계통이 서지 않던 지휘부를 혁신해서 유인궤를 계림대총관으로 삼고 위위경 이필과 우령군대장군 이근행이 보좌하도록 했다.

하지만 이렇게 새로 편성한 당군이 다시 전선에 등장하는 데는 꼬박 1년이 걸렸다. 1년의 평화! 당군은 멀리 물러가고, 신라는 기운을 회복하니 이 해의 분위기는 지금까지와는 완연히 다르게 태평하고 여유로웠다. 봄에 신라는 대규모 궁궐 조성 공사를 시행했다. 이때 만든 궁이 안압지다.

지금의 안압지는 연못만 남아 있고, 건물들은 장식들이 빠져 있어서 과거의 모습을 연상하기에는 좀 부족하지만, 원래의 안압지는 화초로 조경공사를 하고 동물원까지 조성했다. 1970년대에 안압지를 발굴하여 키웠던 동물

남산신성비 591년에 신성을 지을 때 세운 비. 축성에 참여한 인물들의 출신지, 이름, 관계 등을 기록하여 고대판 건축실명제의 예로 불린다.

의 실체를 알게 되었다. 다행히 안압지의 바닥이 뻘층이어서 뼈와 목공품까지도 보존이 되었는데, 출토된 뼈에는 호랑이, 기린, 낙타, 곰, 소, 말, 돼지, 개, 노루, 산양, 사슴, 멧돼지, 앵무새, 공작, 꿩, 오리, 닭, 기러기, 거위 등이 있었다. 일부는 먹이나 가축으로 사용한 동물 같지만, 작은 새나 뻘층에 묻히지 않았던 동물까지 포함하면 더 많은 동물이 있었을 것이다. 다만 이 동물들이 처음 안압지를 만들 때부터 있었던 것은 아니고 후대에 계속 유입되었을 가능성이 있다.

그러나 그렇다고 해도 긴 전쟁이 끝나지도 않았고 바로 작년까지만 해도 군대와 식량이 없어 쩔쩔매던 판국에 이런 호화 시설을 건립하는 행동이 옳다고 볼 수는 없다. 오늘날 같으면, 혹은 신라가 패망했더라면 주나라 걸왕, 진시황의 폭정에 비견되며 엄청난 비난을 받았을 것이다. 문무왕은 이후에도 전쟁 기간 동안 계속 궁궐을 웅장하게 키워 나가고 증축하고 새로 지었다. 경주 방어를 위한 성도 계속 쌓거나 증축했다. 679년에는 남산의 신성을 증축했고, 신라 사찰 중 최고 걸작 중 하나인 사천왕사를 완공했다.

681년에 참다 못한 의상대사가 직언을 했다. "들판에 초가집을 짓고 살아도 올바른 도를 행하면 복업이 열리고, 그렇지 않으면 사람을 힘들게 해서 성을 쌓아도 이익되는 바가 없습니다."[31] 의외로 문무왕은 의상의 충고를 순순히 받아들였는데, 권력자가 갑자기 종교인의 말에 순종할 때는 대개 건강이 좋지 않을 때가 많다. 한 달 후인 7월 1일에 문무왕이 사망했다.

문무왕은 평가가 좋은 왕이다. 그는 무열왕보다 더 힘든 전란의 시기를 보냈고, 내부의 정치적 상황도 생각보다는 복잡하고 위험했다. 그는 투지와 지혜로 그 과정을 넘어갔다. 긴 고통을 생각하면 만년의 사치도 이해가 가지 않는 바는 아니지만, 이 부분은 상당한 비판을 피하기는 어렵다. 그러나 어쨌든 이것이 1500년 전의 사회였고, 진시황보다 더 독했던 한 무제가 영웅이 된 것처럼 승자는 역사에서 그런 비난을 피해 갔다.

다시 앞으로 돌아가서 675년 마침내 유인궤의 군대가 전선에 출현했다. 신라는 신라대로 힘든 와중에도 이정의 병법까지 도입해서 군대를 조련해 두었다. 심기일전한 두 나라는 임진강에서 다시 부딪혔다. 유인궤는 칠중성에서 신라군을 깨뜨렸고, 말갈병을 배에 태워 임진강 방어선을 우회했다. 『당서』에서는 이 말갈부대가 신라군을 많이 살상했다고 했다. 여러 번 강조했지만, 이런 표현은 당군이 임진강 방어선을 돌파하지 못했다는 뜻이다. 고로 실제로는 패전이었다. 유인궤는 본국으로 송환되었고, 신라군은 황해도 일대까지 북상했다.

유인궤마저 실패하자 당이 가진 힘의 한계가 더욱 분명해졌고, 만주 군벌로서 이근행의 비중은 더욱 확고해졌다. 현실을 인정한 당은 이근행을 안동진무대사로 임명했다. 1.5기에서 2기 방식으로 한 걸음 더 나간 것이다.

사천왕사 터와 녹유사천왕상전 사천왕사는 경주 낭산 아래, 나당전쟁중에 국가의 안전을 빌기 위해 창건하였다. 『삼국유사』에는 당군은 쳐들어오는데 절을 지을 시간은 없어서 천으로 절을 만들고 풀로 신상을 만들어 세우자 당나라 수군이 바로 폭풍에 침몰했다고 한다. 이곳에서 발견된 녹유사천왕상전은 신라의 대표적 조각가 양지의 작품으로 섬세함과 유연함이 중국에서도 보기 힘든 걸작이다.

승진을 했으면 능력을 보여야 한다. 야망의 끝에 선 두 남자 설인귀와 이근행이 남하를 시작했다. 신라도 9군을 동원했다. 이 9군은 9서당으로 볼 수도 있지만, 9서당은 아직 확립되지 않았다. 9는 중국에서 완전수를 의미하므로 전국에서 징발한 병력을 총동원했다는 의미다.

설인귀의 당군이 먼저 다가왔다. 당군의 목표는 671년 원술의 비극이 탄생한 천성(백수성)이었다. 설인귀는 육군과 수군을 동원해서 수륙병진책을 폈다. 설인귀는 대비천에서 군량 고갈로 참패를 당했던 터라 군량 문제에 예민해졌던 것 같다. 대비천 전투에서 설인귀는 지형이 험하고 길이 좁은 것을 보고 보급기지를 후방에 조성하고 자신은 과감하게 진격해서 속전속결로 전쟁을 끝내려다가 거꾸로 당해 버렸다. 티벳군은 성에 웅거해서 설인귀군을 붙잡아두고, 별동대를 뒤로 보내 보급부대를 없애 버렸었다. 산이 험하고 길이 좁은 한반도 지형은 그때의 악몽을 되살리기에 부족함이 없었다.

신라군도 이전의 실패를 교훈삼아 들로 나오지 않고 백수성에 들어앉아 농성했다. 설인귀는 성을 포위했는데, 문훈이 지휘하는 신라군이 공세로 나

대왕암 『삼국유사』에 문무왕을 동해 가운데 있는 큰 바위 위에 장사지냈다고 한다. 현재 감은사 앞바다에 있는 대왕암이 문무왕의 능이라고 하고 있다. 그러나 명확하게 확인되지는 않았다. 경주에서 문무왕의 비가 발견된 것으로 봐서 문무왕의 능이 경주에 있었을 가능성도 높다.

가 설인귀를 격파했다. 문훈이 성에서 나온 부대인지 지원군인지는 확실하지 않다. 신라군은 1400명을 목 베고, 병선 40척, 전마 1천 필을 얻었다.

설인귀를 격퇴한 신라군은 사기가 올랐고, 더 공세적이 되었다. 29일 신라군은 이근행군이 주둔한 매소성(매초성 또는 매소천성이라고도 한다)을 공격했다. 백수성 전투 이후 태백산에 들어가 은둔 생활을 하던 원술도 명예 회복을 다짐하며 이 전투에 참전했다. 이근행의 병력은 무려 20만이었다고 하는데, 이는 믿기 어려운 숫자다. 그러나 노획한 말만 30380필이었다고 하니 이전의 약 3만 병력보다는 많았던 것은 분명한 듯하다. 거란 기병은 보통 기병 1명당 3~4필의 말을 거느렸다. 그러므로 3만 필이면 최소한 기병 규모가 1만은 된다. 물론 이 밖에도 수송용 말들이 상당히 많다. 하지만 노획한 말이 전부가 아니었을 것이고 기병은 보병보다 도주하기 쉽다는 점을 감안

감은사지 「삼국유사」에 의하면 문무왕이 죽어서 동해의 용왕이 되어 신라를 지켰다는 전설이 생겼다. 그래서 세운 절이 감은사다. 감은사 석탑은 완벽한 균형미를 구현한 신라 석탑의 완성형이며, 최고의 걸작으로 알려졌다.

하면 아무리 적어도 3만 명 이상은 되었다고 판단된다.

안타깝게도 이 역사적인 전투는 그 위치가 미상이다. 매소성의 위치에 대해서는 경기도 양주군 주내면의 양주산성, 주내면 남방리의 남방리산성, 연천군 청산면의 대전리산성, 파주군 오두산성 등 여러 가지 설이 있지만 어디든 확실한 증거가 없다. 다만 우리는 습관적으로 산성을 선호하는 경향이 있는데, 삼국시대에는 행정구역에도 성이라는 명칭을 붙이는 경우가 많았다. 말갈과 거란족은 산성보다 평지를 선호하는 경향이 있고, 이근행은 지금 공세로 나온 상황이어서 산성에 웅거하지는 않았을 것 같다.

양군의 대결은 공성, 수성전이 아닌 정면대결이었다고 생각된다. 『신당서』에서는 세 번을 싸워 오랑캐(신라)를 모두 패배시켰고,

연천 대전리산성 한탄강을 감제하는 지역으로 지금도 군사요충으로 나당전쟁의 획을 긋는 매소성 전투의 격전지로 비정되고 있다. 신라는 이 전투에서 대승을 거둔다. 아래 사진의 산성에서 내려다보이는 곳이 한탄강과 전곡읍이다.

이 패배로 문무왕은 사신을 보내 사죄했기에 문무왕의 관작을 회복시켜 주었다고 한다. 그러나 그들이 이겼다면 여기서 전투를 끝낼 이유가 없다. 더욱이 이 전투의 결과로 신라가 백제의 땅을 많이 차지하고, 고구려의 남쪽 국경까지 확보했다고 인정하고 있

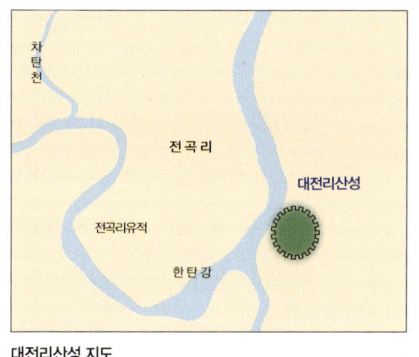

대전리산성 지도

다.[32] 매소성 전투는 신라군의 대승리였다. 신라군은 말 30388필과 그만큼의 병장기를 노획했다. 원술도 용전을 펼쳐 전공을 세우고 포상까지 받았다. 그러나 집으로 돌아온 그에게 모친은 남편의 뜻을 어길 수 없다고 면담조차 허락하지 않았고, 김유신은 이미 사망해서 아무리 큰 공을 세웠어도 재평가를 받을 수 없었다. 김유신 일가로서 원술의 시간은 673년에서 정지되었던 것이다. 원술은 모든 것이 돌이킬 수 없는 상황임을 깨닫고 평생 동안 벼슬을 하지 않고 살았다.

완전히 승기를 장악한 신라는 당나라에 국서를 보내 당나라를 달랬다. 이 국서도 문무왕이 사죄하는 내용으로 되어 있어 중국에서는 매소성 전투에서 신라군이 패배한 증거라고 보는 견해도 있다. 그러나 이번에도 사과만 있지 당의 요구를 들어준다는 말이 없다. 문무왕의 국서는 당에게 전쟁을 그만둘 명분을 주는 것에 불과했다.

그리고 말과 행동이 달랐다. 신라는 안북하를 따라 요새를 설치하고, 철관성을 쌓아 국경 방어를 강화했다. 안북하와 철관은 함경도 지역으로 비정하는데, 정황으로 봐서는 임진강 이북, 황해도 북쪽이나 평양 남쪽일 가능성도 있다고 생각된다.

매소성 전투는 나당전쟁사에서 중요한 획기였다. 이 전투를 끝으로 당군과 말갈군은 더 이상 전면전을 수행할 수 없게 되었다. 당군은 큰 타격을 받은데다가 이근행이 전선을 이탈해 버렸다. 675년 10월 당은 한반도보다는

토번의 침공을 저지하는 것이 더 급하다고 판단했다. 그들은 이근행에게 요동군을 이끌고 청해로 가라고 명령했다. 토번 전선에 투입할 병력이 부족했던 것도 같지만, 요동과 한반도에서 유인궤마저 실패해서 당군의 영향력이 급감한 상황에서 이근행이 나당전쟁을 총괄하게 되는 현실도 불안했다. 그들은 이근행을 요동에 두고 싶지 않았고, 매소성 전투의 패전은 좋은 구실이 되었다.

676년에 청해로 들어간 이근행은 토번을 상대로 대승리를 거두었고, 이 공으로 연국공燕國公에 봉군되었다.[33] 그는 다시 한번 설인귀보다도 자신이 뛰어남을 증명했다. 그러나 그렇기 때문에 당은 더더욱이 그를 요동으로 돌려보낼 수 없었다. 이근행은 다시는 나당전쟁의 전선으로 복귀하지 못하고 감숙성에 주둔하면서 토번군의 침공을 방어하다가 682년에 사망했다.[34]

이렇게 이근행마저 떠났지만, 당나라는 끈질겼다. 설인귀가 지휘하는 당군은 여전히 임진강 북쪽에 주둔하고 있었으며, 말갈족 부대도 일부는 남아 있었다. 그러나 병력의 2/3 이상을 차지하던 이근행이 빠지면서 전쟁 양상은 완전히 게릴라전으로 바뀌었다. 전략 요충을 향해 직선으로 내려오는 정공법은 사라지고, 여기 저기의 성들이 공격받고 약탈당하기 시작한다.

새로운 전쟁의 양상을 보여주는 대표적인 사례가 아달성(이천 또는 강원도 안협이라고 추정한다) 사건이다. 675년 봄 아달성의 장정과 병사들이 마 심기에 동원되었다. 마는 의복재료지만 그 외에도 용도가 다양한 전략물자다. 치열한 전시다 보니 지방마다 각종 물자에 대한 할당량이 떨어졌다. 지방관은 이런 물자를 세금으로 걷기도 하지만 아달성의 마밭처럼 공동경작지를 마련하고, 주민들을 동원한 공동경작을 통해 조달하기도 했던 모양이다.

이 정보가 말갈족 첩자를 통해 유출되었다. 마를 심는 날 장정들이 모두 성 밖으로 나간 틈을 타서 말갈족이 성으로 침입해 노략질을 자행했다. 허겁지겁 남자들이 되돌아왔지만, 이미 성문은 닫혀 있었다. 그러자 경기도 안성 출신의 용사로 아달성에 파견되어 있던 소나가 적을 향해 돌격했다.

> 소나가 분노하여 돌격하니 적은 감히 나오지 못하고 화살을 쏠 뿐이었다. 소나도 화살을 쏘니 서로 간에 나는 화살이 벌떼가 나는 것 같았다. 아침부터 저녁까지 싸우니 소나의 몸에 화살이 고슴도치처럼 박혔다. 드디어 거꾸러져 죽었다. (『삼국사기』 권47, 열전 소나)

이 기록은 소나의 영웅담을 기록한 것이지만, 아달성을 침공한 말갈부대가 아달성을 직접 공격하기는 힘든 소규모 약탈부대였다는 사실도 전해주고 있다. 이것은 전형적인 유목민족식 약탈공격이었다. 그렇다면 본대는 후퇴하고 말갈, 거란족의 잔존 부대가 벌인 만행이었을까? 소나가 아달성으로 가서 근무하라는 명령을 받았을 때, 그는 적국이 가깝다는 이유로 부인을 고향에 두고 갔다고 한다. 이것은 이천 또는 강원도 북쪽이 적국으로 인식될 정도로 당군의 지배 하에 있었음을 말해준다.

이런 약탈전쟁은 전쟁 초기부터 존재했을 것이다. 그러나 이때부터는 전전선에서 정규전이 사라지고 약탈전쟁만 남았다. 이것은 의도적인 전략 변화다. 설인귀는 아직도 미련을 버리지 못하고 있었다. 더 이상 정공법을 사용하기 어렵다는 사실을 깨달은 그는 자신의 편지에서 말한 대로 말갈, 거란 부대를 동원해 여기 저기를 공격하고, 틈을 보아 당나라 육군이나 수군을 내려보냈다.

이런 방법은 앙숙인 두 나라가 국경을 마주하고 있을 때나 봉건영주의 국가들끼리 싸움을 벌일 때나 사용하는 방법이었다. 이런 방식으로는 상대국과 병사들만 괴롭힐 뿐 승리를 얻을 수는 없다. 후대의 사서에서 설인귀는 용맹하지만, 군사들의 노략질과 불법행동을 방임하고 뇌물을 좋아하고, 과도하게 잔혹하게 살육을 자행했다고 평가했다.

설인귀도 할 말은 있다. 손자도 인정했지만 옛날 전쟁은 현지 조달(약탈)을 안 할 수가 없었다. 수송수단이 발달하지 않아 원정 지역이 멀어질수록 군량의 운반 비용이 기하급수적으로 늘어난다. 손자는 점잖은 사람이라 이런 이유만 제시했지만, 병사들의 사기를 진작시키고, 전투의욕을 고취하는 방법도 약탈뿐이었다. 설인귀가 평생 대외전쟁에 종사했다는 사실과 과감하고 빠른 공격을 장기로 하는 그의 전투 스타일 자체가 보급선이 따라오기 어렵고, 전투 일선에서는 병사들의 특별한 각오와 지지가 필요했다는 점을 감안하면 어쩔 수 없는 면도 있다. 나폴레옹 전성기의 프랑스군도 신속·과감한 것으로 유명했지만, 유럽 제일의 약탈꾼이었다. 그래서 전쟁은 잔혹한 것이다.

하지만 목표 달성을 위해 현지 조달을 묵인하는 것과 전략 자체가 괴롭혀서 항복받기인 경우는 다르다. 늙은 설인귀는 정말로 추해지고 있었는데, 대비천 전투로 모든 것을 상실한 그는 어떻게든 신라로부터 양보를 얻어내 명성과 정치적 지위를 되찾고 싶었을 것이다. 그래서 그는 욕망의 끈을 놓을 수 없었고, 최후로 찾아낸 방법이 치졸하게도 끝까지 괴롭히기였다.

그 괴롭힘은 신라에게 적지 않은 희생을 초래했다. 675년과 676년에 아달성 외에도 적목성, 석현성, 도림성이 함락되어 성주와 주민이 살해당했다. 칠중성도 포위되었는데, 소수小守 유동儒冬이 전사하는 희생을 치르고 사수해 냈다. 여기저기서 약탈부대가 출몰하니 국지전도 증가했다. 675년 후반에 신라가 승리한 전투만 18차례, 6047명을 죽이고 말 200필을 노획했다. 그러나 성이 한 개만 함락되어도 죽거나 노예로 끌려가는 사람이 이보다 더 많다. 이런 약탈전쟁은 적의 중심부를 소멸시키지 않는 이상 당하는 쪽이 희생이 더 클 수밖에 없다. 이제부터는 의지와 끈기, 분노의 싸움이었다.

676년 11월 근 일년 내내 잽만 날리던 설인귀가 움직이기 시작했다. 신라는 의외로 완고하고, 고구려와 백제의 잔존세력도 조용하거나 신라편이 되어 있었다. 괴롭히기만으로는 이길 수 없다는 사실이 명확해졌다. 이근행의 이탈과는 별도로 애초에 그가 요동전선에 복귀할 때 구상했던 전략이 잘못되었던 것이다. 설인귀가 힘만 센 장군은 아니었지만, 그의 장기는 근육질의 전쟁이었다. 젊은 날처럼 싸울 수는 없게 된 지금, 적국의 정세와 심리를 이용하는 고도한 전략은 그에게는 맞지 않았다. 그도 은퇴의 시기를 넘긴 것이다.

10월에 토번 전선에서 거둔 이근행의 승전보도 그를 초조

설인귀의 마지막 공세 지도

하게 만들었다. 이로써 만주의 새로운 실력자가 분명해졌다. 이근행이 만주로 돌아오면 설인귀는 설 자리가 없다. 말 그대로 설인귀는 빈털터리가 되기 직전이었다. 설인귀는 당 황실을 감동시킬 극적인 결과가 필요했다. 그는 수군을 이용, 기벌포로 상륙을 시도했다.

> 겨울 11월에 사찬 시득이 수군을 거느리고 설인귀와 소부리주 기벌포에서 싸우다가 크게 패했다. (신라군이) 다시 나아가 크고 작은 22회의 싸움에서 승리하고, 4천여 명을 목베었다. (『삼국사기』 권7, 문무왕 16년 11월)

기록이 너무 간단하지만 설인귀의 전략은 뻔하다. 기벌포는 금강 하구로 추정되는바, 과거 소정방이 상륙해서 백제를 멸망시킨 바로 그 포구다. 설인귀의 목표는 웅진과 사비다. 웅진이나 사비로 진입해서 웅진도독부를 직접 재건하고, 백제를 신라에서 분리해 내려 한 것이다.

● 기벌포 작전에 대한 여러 견해

기벌포 전투의 시점과 설인귀의 참전에 대해 회의적인 비판이 있다.『신당서』에서는 설인귀가 나당전쟁에 종사하다가 상주象州로 유배되었다고 했고,『구당서』의 설인귀 열전에서는 그가 상원上元(당의 연호)중에 상주로 유배되었다고 한다. 상원은 674~676년이어서 이 기록대로라면 설인귀는 675년에는 상주에 있어야 한다. 이케우치 히로시池內宏 등 일본인 학자들은 이 기사를 설인귀가 상원 기간 내내 상주에 유배되었다고 해석하여『삼국사기』의 기록이 잘못된 것이고 기벌포 전투는 671년에 있었다고 본다.

그러나 상원중에 상주로 유배되었다는 기사를 상원 연간 내내 유배되어 있었다는 의미로 볼 필요는 없다.[35] 상원 3년인 676년에 벌어진 기벌포 전투 후에 나당전쟁의 실패를 책임지고 설인귀가 유배되었다고 볼 수도 있고, 그것이 오히려 자연스럽다. 그는 이미 대비천 전투의 패배로 엄청난 비난을 받았는데, 나당전쟁에서도 실패했으니 이번에는 그냥 넘어갈 수 없었을 것이다.

한편 이 작전의 목적에 대해서는 백제 고토 점령작전, 단순 도발전, 백제 잔존세력의 구출전이라는 세 가지 견해가 있다. 백제 고토 점령작전을 위해서는 대규모 병력이 필요한데, 당군의 전쟁 중심이 이미 토번으로 전환해서 이 시점에서 그런 대병력을 동원하기는 어렵다는 반론이 제시되었다. 따라서 이 작전의 목표가 백제 잔존세력의 구출에 있었다고 보는 견해도 있다.[36] 이 견해에서는 22회의 전투도 기벌포에서 수군과 벌어진 전투라고 보았다.

기벌포 전투의 장소가 되었을 오늘날의 금강 하구

전쟁 초기부터 당군은 남하해서 웅진도독부와 합류하려는 시도를 했지만, 끝내 임진강을 돌파하지 못했다. 그래서 설인귀는 수군을 이용해 소정방의 루트를 따라 들이쳤다. 문제는 그 다음 신라군이 무려 22회나 전투를 치르며 당군을 격퇴했다는 기사다. 1회의 전투를 판정하는 기준을 우리는 알 수 없지만, 지금까지 전쟁 기사로 보면 우발적으로 벌어지는 소규모 전투는 포함하지 않는 것으로 보인다. 673년 호로하~왕봉 전투도 9회의 전투에 당군 사상자 2천 명이었다. 그렇게 보면 22회의 전투는 단일 공세의 전투로는 너무 많다. 그렇다면 22회의 전투는 기벌포의 당군만이 아니라 전 전선에서 벌어진 전투라고 보아야 합리적이다. 기벌포 상륙작전과 함께 전 전선에서 전투가 발발한 것이다.

이 상황을 정리하면 설인귀는 양동작전을 구사한 듯하다. 그는 먼저 임진강 쪽에서 말갈부대를 여러 곳으로 침투시켜 신라군의 주의를 돌리고, 신라군을 분산시키려고 했을 것이다. 기동력이 뛰어난 약탈부대가 준동하면 군현의 수비대는 군현 방어에 못박히게 된다. 이 틈에 설인귀는 서해안을 타고 내려가 기벌포로 상륙, 사비나 웅진으로 진격한다. 말갈군이 준동하고 있으므로 신라군은 한성에서 임진강 사이의 군대는 동원할 수가 없다. 할 수 없이 말갈부대의 약탈에서 안전한 서라벌과 남부에서 부대를 동원해 토벌대를 만들어 올려야 할 것이고, 그러려면 시간이 걸린다.

설인귀의 주력을 저지하러 나간 신라군의 수군 지휘관 시득이 겨우 8위의 관등인 사찬이었다. 이것은 시득이 거느리는 함대가 설인귀의 침공을 예상한 대규모 함대가 아니라 이 지역의 경비함대였다는 증거다. 그러니 시득은 당연히 대패할 수 밖에 없었고, 신라군이 설인귀의 양동작전을 파악하지 못했다는 증거가 된다. 그러나 설인귀의 작전에는 아직도 넘어야 할 산이 많았다. 임진강도 돌파하지 못하는 전력으로는 상륙에 성공하고 기습적으로 웅진이나 사비를 점령했다고 해도 백제 땅을 평정하기는 곤란하다. 따라서 설인귀가 아무리 잘 싸워도 자기 힘만으로는 백제 고토를 평정할 수 없다. 그는 백제 구세력의 봉기에 기대를 걸고 있었던 것이 분명하다.

당군이 사비나 웅진에 들어오면 백제의 민심이 다시 흉흉해지고, 여기 저기서 해방군을 구성하려는 용기와 시도가 발생하지 않을까? 웅진도독부를 재건하고 부여융을 데려와 백제 왕가를 복위시키고, 배신자 신라를 응징한 뒤 백제를 한반도의 주역으로 앉히겠다고 선언하는 방법도 있다. 실제로 당나라는 부여융을 돌려보낼 의사가 있었다.

그러나 설인귀가 웅진도독부를 부활시키고, 부여융이 돌아왔다고 해도 백제인들이 당군의 의도대로 움직였을지는 아무도 모르는 일이다. 백제인 중에는 신라군을 더 미워하고, 차라리 당군의 지배를 받거나 흑치상지처럼 당나라로 가고 싶다고 생각하는 사람도 있었을 것이다. 그러나 반대로 백제 멸망 당시 자행된 당나라의 극심한 약탈을 증오하고, 통일된 민족국가를 세우자고 생각하는 사람도 있었을 것이다.

오늘날 삼국시대의 역사는 이상할 정도로 심하게 지역의식과 결합해 있다. 그러나 우리들이 현대적 국가관으로 무장한 채 삼국시대에 우리를 투영하고 있다는 사실을 자꾸 놓친다. 해방 이후 우리는 정권이 어느 지역에 기반하느냐에 따라 수천 억, 수조 원이 지역사회로 들어오고 나가는 시대를 살아왔다. 그러나 이것은 현대에나 가능한 현상이며, 한국 사회의 후진적 구조라는 문제의식으로 풀어야 할 문제지, 삼국시대의 역사와는 무관하다.

삼국시대는 지배층이 워낙 극소하고, 도시 하나를 차지한 왕과 왕경인이 다른 모든 지역의 백성을 차별하고 지배하는 구조였다. 왕족과 왕경인을 제외하고는 내가 어느 나라 어느 지역에 속하든, 누가 왕이 되든 달라질 것이 별로 없다. 다만 마지막 통일전쟁기에는 전면전이 벌어져서 원한과 분노가 쌓이고, 네편 내편 의식이 강해졌을 수는 있다. 그 후유증은 나당전쟁기까지도 크게 남아 있었을 것이다.

그 점을 제외하면 삼국시대는 우리가 생각하는 것처럼 국가의식이나 왕실에 대한 충성도가 강하지 않다. 충성도가 강해 보이는 경우도 그것이 살아 있는 권력일 때다. 충과 의리를 그토록 강조하던 조선시대에도 조선이 망하자 이왕가에 대한 국민의 애정이 어떻게 급변했는지는 우리가 직접 목격했다. 게다가 당은 이민족 침략자였고, 말갈부대는 잔혹한 약탈을 감행하고 있다. 이 이민족과 망해 버린 왕실을 위해 다시 전쟁을 불사할 사람은 조금 남아 있는 왕족과 구귀족, 그리고 어느 사회나 항상적으로 존재하는 약간의 야심가와 모험가, 그리고 아마도 이 수가 제일 많았겠지만 통일전쟁의 후유증과 분노를 결코 잊을 수 없는 상처와 심성을 지닌 일부 사람들뿐일 것이다.

여기서 잠깐 아달성에서 전사한 소나를 다시 조명해 보자. 소나의 고향 안성은 신라와 백제의 접경이고 교통의 요지여서 백제와의 전쟁, 소규모 전투가 그칠 날이 없던 지역이다. 그의 부친 심나는 안성에서 유명한 용사로서 수십 차례의 전투에서 맹활약을 한, 백제 측에서 보면 아귀 같은 장수였다. 그런데 소나는 백제의 수도권인 가림성의 양갓집 딸과 결혼했다. 이때의 양가는 현대의 의미와 달라서 지역 상류층 내지는 귀족가문을 지칭한다. 남녀관계란 변수가 너무 많아서 이 한 가지 사례로 신라와 백제의 화합을 상징하기는 어렵다. 그러나 이것을 사람들이 이미 변화된 현실에 적응하기 시작했다는 의미로 받아들일 수는 있지 않을까? 고구려 유민들은 벌써 신라에 가세했다. 672년에 신라는 백제인으로 구성된 백금서당을 편성했고, 674년에는 총동원령을 발동했다. 안승의 보덕국이 반란을 일으키자 고구려인으로 편성한 황금서당이 진압군이 되어 전투를 벌였다.

이런 가정은 복잡한 논쟁을 낳겠지만 그럴 필요는 없다. 설인귀는 해전에서 승리했지만, 그 이상으로 전과를 확대하지 못했다. 신라군은 사방에서 난타전을 벌이면서 침공군을 몰아냈다. 기병을 이용한 기동전과 유격전은 신라군의 장기다. 여기서 다시 한번 강조하지만 만주 벌판을 차지한 고구려는 기병, 신라와 백제는 보병이 중심이라는 생각은 커다란 오류다. 조선시대까지도 우리나라 군대는 전투 편성으로 보면 보병보다 기병이 많으면 많았지 적지 않았고, 기병 중에서도 기마술과 궁술을 결합한 궁기병이 최고의 특기병이었다. 이 사

기마인물(모사선화) 쌍영총 안길서벽 벽화

실은 한반도는 산이 많아 기병은 적합지 않다는 가설에 대한 확실한 반증이다. 조선군의 마상재는 대단히 뛰어나서 조선통신사를 따라 일본에 가서 시범을 보이기도 했다.

고구려든 신라든 당군과의 전쟁에서 당하는 참패는 오히려 보병의 역할이 증대될 때, 대병력을 동원해 보병과 기병을 넓게 전개하고 싸울 때가 많았다. 쉽게 말하면 병력은 많고, 복잡한 지휘통제가 필요한 전쟁에 약했다. 주필산 전투나 장창단이 대승을 거두고, 통합군의 전투에서는 참패를 했던 백수성 전투를 상기하면 중국군의 장점과 우리의 약점을 확실히 알 수 있다.

하지만 개별 전투원의 역할과 능력의 비중이 높아지는 게릴라전, 단위부대끼리의 전투, 특히 기병전투에서는 누구에게도 밀리지 않았다. 게다가 이곳은 지형과 정보에 확실한 이점을 지닌 홈그라운드. 설인귀의 양동작전은 기습의 효과는 거두었지만 기대하던 백제의 봉기를 유도하지는 못했다. 양동을 위해 내려보낸 기습부대는 신라군이 제일 좋아하는 방식으로 싸워준 꼴이 되었고, 신라군에게 철저히 소탕당했다.

설인귀의 상륙작전을 좌절시킨 또 하나의 요인으로 생각할 수 있는 것이 보덕국이다. 기록에는 이들의 공이 전혀 나오지 않지만 그것은 나중에 신라인들이 의도적으로 삭제했을 가능성이 높다. 보덕국은 사비 바로 아래 익산에 있다. 당군이 금강 하구로 상륙해 사비로 진군하면 보덕국 군대에게 우측

면이 노출된다. 이런 기가 막힌 전술적 상황에서 신라가 보덕국 군대를 동원하지 않았다고 보기는 어렵다. 설인귀는 기습을 노렸지만, 사비 바로 남쪽에 예상치 못한 강력한 군대가 주둔하고 있었던 것이다.

이 침공이 설인귀의 마지막 시도이자 나당전쟁의 종결이었다. 나당전쟁은 이렇게 끝났다. 문무왕이 종전을 선언하는 교서를 발표한 지 8년 만이었다. 진정한 평화, 진정한 평화의 시대가 비로소 찾아왔다.

운천동 사적비 청주 운천사지의 사찰 건립을 기록한 사적비. 685년(신문왕 5)경 청주가 서원경이 될 때 세운 비로 보인다. 이 비문에는 삼국통일과 영토확장을 찬양하는 내용이 새겨져 있어서 이 시기 지배층과 지식인들의 감동과 기쁨을 전해주고 있다.

신라는 백제 땅을 확보했지만 북쪽은 임진강에서 대동강까지 지금의 황해도 지역을 확보하는 데 그쳤다. 꼭 당 태종과의 협약만큼이었다. 평양까지 확보하지 못한 것은 안타깝지만, 당에게 침략의 명분을 주지 않기 위해 조심했던 것인지도 모른다. 당도 압록강 남쪽에는 손을 뗐고, 이 지역은 말갈(여진) 부족들이 잡거하는 땅이 되었다.

오랫동안 삼국의 전쟁사를 장식했던 설인귀의 노력도 여기가 끝이었다. 설인귀의 열전은 나당전쟁의 종결과 관련해서는 침묵하고, 그가 중국 최남단인 상주象州(광서성 상주현)로 유배되었다가 고종의 배려로 복직하여 돌궐 전선에 복귀한다는 기록만 전하고 있다. 아마 나당전쟁의 패배에 대한 책임을 지고 유배되었던 것 같다. 고종의 배려로 유배에서 풀려난 설인귀는 682년 지금의 산서성·감숙성 일대에서 돌궐과 싸워 만 명을 살해하고, 3만의 포로를 획득하는 대전과를 올렸다. 유종의 미를 거두기는 하지만, 과거의 영광과 봉군의 지위는 끝내 확보하지 못하고 그 해에 70세로 사망한다. 사망할 때 그의 관직은 좌영군위대장군左領軍衛大將軍이었다.

678년 18만의 당군이 바람이 거세게 불고 있는 청해고원으로 진입했다. 해발 4000m가 넘는 고원은 막 우기가 끝나가는 참이었다. 우기라고 해도 비는 그리 많지 않았다. 그래도 비가 내린 덕에 평소에는 흘렀다 끊어졌다 하고, 곳곳에 진흙탕, 잘 해야 물웅덩이나 만들어 놓는 수준이던 하천에 제법 물이 흐르기 시작했고, 사막 같은 땅에는 풀들이 가득 돋아났다. 멀리서 가끔 방목하는 말과 양들이 보였다. 하지만 이곳에서 생명의 흔적을 느끼게 하는 것은 그것뿐이었다. 낮에는 덥고, 밤에는 춥다. 하늘의 구름은 두 배는 빨리 움직이며, 날씨는 변화무쌍하고, 건조하고 냉랭하고 바람만 거세게 불어닥치는 황량한 땅에는 곳곳에서 죽음의 기운만이 넘쳐흘렀다.

공기가 희박해 숨쉬기도 힘들고, 사람이고 말이고 조금만 움직이면 기운이 빠지고, 멀쩡하던 사람이 갑자기 쓰러지고, 피를 흘리며 죽어갔다.

한걸음 한걸음을 내딛을 때마다 죽음과 가까워지는 듯했다. 황량하고 변화가 없는 초원은 더 깊은 죽음 속으로 빨아들이는 것 같고, 좌우를 둘러보면 만년설에 덮인 산들이 벽처럼 솟아올라 시야를 가리고 있었다. 이미 수천 미터를 올라왔는데, 더 높이 솟아 있는 산이라니, 그곳은 인간이 발을 딛을 수

제2장
살아남은 사람들의 이야기

도 없는 곳 같았다.

 낯선 자연, 고산병보다 병사들을 더욱 불안하게 만드는 것은 전투의 기억이었다. 정확히 8년 전 바로 이 고원 회랑에서 당나라군 10만이 가르친링論欽陵과 가르찬파論贊波, 소화귀素和貴가 이끄는 토번군에게 전멸하고, 당나라에서 모르는 사람이 없는 전설적인 명장 설인귀가 포로가 되었다.

 모든 장수와 병사들이 공포와 불안에 짓눌리는 분위기 속에서 다른 사람들과 전혀 다른 감회를 느끼는 거한의 장군이 있었다. 당 태종, 이적, 소정방, 설인귀, 고구려와 백제를 침공했던 모든 장수들이 동쪽으로 오기 전에 이 전선을 거쳤다. 사비성을 함락하고, 탑에 승전비문을 새겼던 소정방과 그의 부하들은 몇 년 전 이 땅에서 거의 몰살을 했다.

 고향을 떠나 수천 리 떨어진 타국, 보지도 듣지도 못했던 광활한 대륙을 전전하고 있지만, 가는 곳마다 똑같은 사람들의 흔적이 앞뒤로 놓여 있다. 예상치 못한 운명에 휘말려 이 이상한 땅, 극한의 오지까지 달려왔지만, 마치 벗어날 수 없는 수레바퀴 자국을 따라 돌고 있는 듯한 느낌을 버릴 수가 없었다.

티벳 고원

1 양들과 바람과 전설

백제 부흥군의 장수였다가 당군에 귀순했던 흑치상지(630~689)는 당에 항복해서 절충도위(정4품~정5품)를 제수받았다. 그는 웅진도독이 된 부여융과 함께 665년까지 사비에 머물렀다.[1] 부여융이 실권이 얼마나 있었는지는 모르겠지만, 명목상이라도 부여융이 웅진도독부의 행정 책임자가 되었고, 흑치상지는 군사와 치안을 담당했던 것 같다. 이때만 해도 부여융이나 흑치상지는 비록 백제가 망했지만 자치령이나 속국으로서의 부활을 기대했을지도 모른다. 그러나 당나라는 그럴 생각이 없었다. 백제 땅이 안정되자 그들은 바로 부여융과 흑치상지를 당나라로 소환했다. 665년 장안에 도착한 그들은 장안성 동쪽 지역인 만년현에 거주하게 되었다.

7척 거구에 성문의 빗장을 들어올릴 정도의 장사, 흑치라는 야성적인 이름을 보면 마치 『삼국지』의 장비와 같은 인상을 준다. 1929년 낙양에서 그의 묘지를 발굴했을 때 그와 그의 아들 흑치준의 뼈도 발견되었는데, 흑치상지로 추정되는 큰 뼈는 9척에 가까웠다고 한다.[2] 흑치라는 독특한 성에 대해서도 어떤 연구자는 옻칠을 해서 이빨을 검게 물들여서 흑치라고 불렀다고 보

장안성 시가 모형 장안성은 도심 가운데를 가르는 주작대로를 중심으로 2개 현으로 구분된다. 동쪽 지구가 만년현, 서쪽 지구가 장안현이었다.

았다. 이런 풍속은 일본과 중국 남부 등지에 있었다고 한다.[3]

강인하다 못해 괴기한 인상을 주는 흑치상지의 이미지는 물론 사실이 아니다. 그의 이름도 '검은 이빨 상지'가 아니다. 흑치라는 성은 그의 조상이 받은 영지의 이름에서 기인했다. 흑치상지의 묘지명에 의하면 그의 선조는 백제왕실인 부여 씨의 일파였는데, 그의 조상이 '흑치'를 영지로 받으면서 흑치를 성으로 삼았다고 한다. 이 기록의 신뢰성에 대해서는 의문이 제기되고 있지만, 흑치의 뜻은 검은 이빨이 아니라 발음을 표기하기 위한 차음일 가능성이 높다. 흑치의 위치에 대해서는 덕산, 오산 등지로 보는 견해도 있고, 중국 해남에 있었다고 보기도 하고, 부여의 고토에 있던 지역이라고 하기도 한다. 부여의 고토가 맞다면 온조왕의 외할아버지 연타발의 선조가 환인으로 오기도 전 부여에 살 때의 일이 될 것이다. 그러나 정확한 내력은 현재로서는 확인할 수 없다.

흑치상지는 백제 서부 사람으로 그의 선조들은(묘지명에서는 그의 증조부까지만 언급했다) 대대로 2품 관등인 달솔을 역임했다. 달솔은 병권을 장악하는 직책으로 병조판서에 해당한다. 당군이 침략할 당시 그는 중앙에 있지 않고 외방에 나가 풍달군의 지방관(군장)을 겸임하고 있었다.

석경 『논어』, 『좌전』 등의 유가경전은 한나라 때 확정되었다. 단 여러 가지 판본이 전해져 논란이 되었는데, 후한의 영제가 유교경전의 정본을 확정하고 7경을 돌에 새겨넣었다. 7경은 『역경』, 『경서』, 『시경』, 『예기』, 『춘추』, 『논어』, 『공양전』이다. 현재 시안의 비림박물관에 있다. 오석에 비문은 아주 얇게 파서 새겼는데, 이처럼 얇게 판 이유는 알 수 없다. 오랜 세월에도 불구하고 보존 상태는 상당히 좋다.

흑치상지는 장비 이미지의 용맹한 장수였지만, 거칠고 무식한 장수도 아니었다. 반대로 그는 매우 지적이고 점잖고 수준 높은 교양인이었다. 지금으로 치면 초등학생 시절에 『논어』, 『맹자』는 벌써 떼고 『춘추좌씨전』, 반고의 『한서』와 사마천의 『사기』를 읽었다.

그는 머리가 좋아 전술과 판단이 뛰어났고 리더십도 탁월했다. 당 고종은 흑치상지의 리더십에 대해 부하들에게 어질게 대하지만 아랫사람이 건방지거나 풀어지지 않게 하고, 괜히 폭력을 행사하거나 억지를 행하지 않고도 위엄을 세울 줄 안다고 했다. 상벌은 꼭 원칙에 따라서 수행하며 선을 권장하고 악을 멀리했다고 했다. 그래서 흑치상지야말로 선비이자 군자라고 치켜세우

장안의 거리(복원도) 서시의 풍경. 백제와 고구려의 왕족과 귀족들은 당나라 관리가 되어 장안에서 살았다. 당시 장안은 세계에서 제일 번화한 국제도시 중 하나였다.

고, 군자로 예우했다고 한다.

장안의 만년현으로 왔을 때, 흑치상지는 36세였다. 이때부터 43세까지 흑치상지의 삶은 기록이 없다. 한창 사회의 중견으로 활동할 시기에 그는 무료하고 우울한 삶을 보내야 했다. 그러나 당나라의 기준으로 보면 그는 백제 유민 중에서는 부여융 다음 가는 2인자였다. 이 시기의 그는 부여융과 함께 백제 유민을 관리하고, 웅진도독부의 통치에 직간접으로 간여하면서 보냈던 것이 아닌가 한다.

흑치상지 묘지명 1929년 10월 중국 허난 성 뤄양의 북망산에서 아들 흑치준의 묘지명과 함께 도굴꾼에 의해 발견되었다. 묘에서는 옥, 금동기, 도기도 많이 출토되었는데, 골동품상이 가져가 버렸다. 비의 문자는 모두 1604자다. 묘지명은 현재 난징 박물관에 보존되어 있다.

672년 당나라가 갑자기 그를 충무장군, 행대방주장사로 임명했다. 장사는 도호부의 도독 아래의 지방관이다. 흑치상지를 장군이자 백제 땅의 지방관으로 삼는다는 의미였다. 이 갑작스러운 발령은 671년 웅진도독부가 신라의 공세를 견디지 못하고 붕괴된 데 따른 조치였다. 웅진도독부가 위태로울 때도 당은 부여융과 흑치상지의 백제 파견을 주저하다가 웅진도독부에 남아 있던 당나라 관리와 백제 귀족들이 중국으로 철수하지도 못하고 일본으로 달아나는 지경이 되어서야 흑치상지의 파견을 고려하게 된 것이다. 그러나 흑치상지의 백제 파견은 이루어지지 않았던 것이 분명하다. 부여융까지 웅진도독과 대방군왕으로 임명한 것은 나당전쟁이 종료되는 시점이었다. 이것은 당이 부여융과 흑치상지 등 백제 구세력에게 의심을 거두지 않았다는 증거다.

하지만 흑치상지는 이 기회에 열심히 일해서 충성도와 재능을 인정받았다. 묘지명에서는 지극히 공평하고, 자신에게 주어진 임무를 잘 알고, 사사로운 이익에 신경을 쓰지 않았다고 했다. 이 말은 여러 가지로 해석할 수가 있다. 유능하고 청백하게 일처리를 했다는 의미로 받아들일 수도 있지만, 자신에게 주어지는 의심의 눈길을 알아차리고, 백제의 권익을 추구하는 망명 귀족이 아니라 당나라의 관리로서 당나라의 편에서 업무를 보았다는 의미일 수도 있다.

이 기간 동안 흑치상지는 사지절, 사반주제군사, 사반주자사를 역임하고 상주국相柱國이 되었다. 상주국이란 관직은 아니고 나라에 큰 공을 세운 사람에게 주는 훈작이다. 고대에는 개국공신쯤 되는 인물에게 주는 작위였는데, 시대가 지남에 따라 가치가 조금 낮아졌지만 그래도 커다란 영예였다. 이 과정에서 흑치상지의 노력은 성공했다. 고종은 흑치상지의 이러한 태도를 가상히 여겼고, 당나라 관리들은 그를 좋게 평가했다. 흑치상지는 황제와 고위 관료로부터 믿을 수 있는 사람, 확실한 당나라의 관리라는 신뢰를 얻는 데 성공한다.

그 신뢰는 좌령군장군 겸 웅진도독부사마를 거쳐 제후라는 열매로 돌아왔다. 흑치상지는 부양군 개국공으로 책봉되고, 식읍 2천 호를 받게 된다. 하지만 나당전쟁의 실패로 웅진도독은 쓸모없는 관직이 되었고, 백제로 돌아갈 희망도 없었다. 백제 땅에 대한 당의 미련은 이제 포기 상태고 요동의 건안성으로 옮긴 웅진도독부의 임무는 중국으로 들어온 백제 유민을 관리하는 수준밖에 되지 않았다. 그러자 당은 이 충성스럽고 재능있는 인물을 다른 곳에 활용하기로 한다.

678년 흑치상지에게 양주洋州자사 직이 주어졌다. 양주는 장안 서남쪽 약 200km 거리에 위치한 곳이다. 갑자기 그가 양주로 파견된 이유는 심상치 않았던 토번의 움직임과 관계가 있었다. 양주는 토번으로 통하는 길목이었다.[4] 토번과의 전쟁에 이 외국인 장수를 사용해 보기로 한 것이다. 주변 민족과 끊임없이 전쟁을 했고, 늘 물적·인적 자원이 부족했던 당은 이이제이의 원칙에 따라 이민족 장수를 등용하고 이용하는 데 거리낌이 없었다.

흑치상지의 양주자사 발령은 흑치상지를 백제 부흥군 토벌에 이용했던 유인궤의 천거였을 가능성도 높다. 재상으로 승진한 유인궤는 676년 토번이 감숙성 일대로 침공해 들어오자 조하진수사가 되어 토번 방어의 임무를 맡고 있었다. 그는 흑치상지의 능력을 누구보다 잘 알았으므로 그를 토번 전쟁에 투입하려고 했던 것 같다.

그런데 토번을 토벌하는 전략을 두고 중서령이던 이경현李敬玄이 사사건건 유인궤의 제안에 반대를 했다. 화가 난 유인궤는 그럼 네가 한번 해보라는 식으로 이경현을 토번원정군 사령관으로 추천했다. 이경현은 이부상서, 감수국사, 태자의 스승 등, 문관의 요직을 두루 거친 고관이었지만, 군사 분야 경력은 전무했다. 이 상황에서 이경현이 사령관직을 사양하려면 자신은 군사 분야는 문외한이라고 인정해야 하고, 앞으로 유인궤의 전략에 토를 달 수도 없게 된다. 난감한 상황에서 이경현은 자존심을 택했다.

사령관이 된 이경현의 공식 직함은 하서도 대총관이었다. 원정군의 병력은 18만, 부사령관은 공부상서 겸 좌위대장군 유심례였다. 흑치상지는 편장으로 임명되었다.

청해호수 남쪽에 위치한 청해고원은 활주로처럼 기다란 직사각형 형태를 하고 있다. 양쪽은 만년설이 덮인 아얼진 산과 탕구라 산맥으로 막혀 종단이 불가능하다. 활주로의 끝에서 끝으로 흐르는 가느다란 대비천과 벌판에 가득한 목초 외에는 산도, 도시도, 전략거점도, 식량도 없다. 반면에 이 황량한 회랑은 길이와 폭이 대단히 넓어서 지리를 잘 알고 빠른 부대라면 당군 행렬, 특히 보급부대를 어디서든지 공격하고 도주할 수 있다.

보급을 유지하는 방법은 보급부대를 단단히 감싸고 함께 움직이는 방법뿐이다. 그러나 이렇게 하면 행군이 느려지고 이 추운 고원에서 한없이 시간

청해성 고원지대

을 보내게 된다. 공기마저 부족한 고원의 특성 덕분에 곡물은 50~60년도 저장할 수 있고, 말린 날고기는 신선도를 1년은 유지한다.[5] 하지만 그것도 티벳족의 활동 범위를 넓혀줄 뿐, 당군은 그렇게 오래 버틸 수도, 추위와 고산병을 이겨낼 수도 없다.

 이전 설인귀의 원정 때, 후방에 단단한 요새를 쌓아 보급품을 비축하고, 정예기병으로 적을 습격해 속전속결로 승부를 낸다는 설인귀의 전략은 올바른 것이었다. 그러나 군수를 맡은 곽대봉이 축성 기지를 만들지 않고 그냥 이동했고, 가르친링은 설인귀의 예봉을 당할 수 없자 그를 깊숙이 끌어들인 뒤 수성전으로 시간을 끌었다. 설인귀가 적의 주력을 궤멸시키지도 못하고, 들고 온 식량은 떨어졌을 때, 후방에 있던 보급부대가 토번군의 습격을 받아 증발해 버렸다. 그 결과 천하의 설인귀도 죽음의 함정에 갇혀 버렸다.

 이경현과 흑치상지군의 전술이 명확하지는 않지만, 과감한 돌격과 속전속결로 승부를 내려는 부분은 같았다. 그러나 과거의 실패를 답습하지 않으려고 했던지, 전위와 후위의 간격을 좁히고, 본대가 보급부대를 충분히 감싸고 함께 움직인 듯하다. 다행히 이번에는 토번군이 성에 틀어박히지 않고,

만년설로 뒤덮인 아얼진 산맥

고원으로 나와서 당군을 맞이했다.

당군의 선봉부대는 무장인 부지휘관 유심례가 이끌었다. 유심례는 토번군 진영으로 치고 들어갔는데, 거꾸로 토번군에게 당하고 말았다. 유심례와 부총관 왕효걸은 포로가 되었다. 왕효걸은 어찌하다 석방이 되었으나 유심례는 다음 해까지 억류되었다가 토번군 진영에서 사망했다.

선봉군이 무너지고 있는 동안 유심례를 도와야 할 이경현은 꼼짝하지 않았다. 유심례가 무턱대고 돌격했을 리는 없고, 사전에 약속한 전술이 있었을 것 같은데, 겁에 질린 이경현이 약속을 저버린 것 같다. 이경현은 안전한 곳으로 후퇴하여 진지를 구축하고 방어전을 펴라는 명령을 내렸다. 이경현이 선정한 후퇴 지점은 승풍령承風嶺이란 곳이었다. 그런데 끝난 줄 알았던 우기가 심술을 부려 진창이 된 도랑이 당군의 앞을 막았다. **6** 이곳 토질은 사막 같아서 하천이 흐르면 꼭 해자처럼 땅을 푹 파놓게 된다. 그러나 수량이 부족해서 물이 늘 흐르지 않고 우기에는 차고, 건기에는 말라 들어가면서 부분 부분 고여 있거나 진창을 형성한다. 이 하천이 벽처럼 솟은 산맥과 평지의 경계선을 따라 길게 이어진다. 토번군의 추격을 받는 당군은 어떻게 해서든 고갯길을 따라 올라가 산세를 의지해서 방어전을 펴려고 했는데, 이 와디 같은 하천 (진창이 되어 있는)이 길을 막은 것이다.

그 사이에 이곳 지리에 훤한 토번군이 주변 고지로 올라가 당군의 진영을 압박했다. 전투가 벌어진 지점과 정확한 지형을 알 수 없어서 토번군이 하천 건너편 산지를 점거한 것인지, 당군이 이미 계곡에 들어섰고, 토번군이 이 측면 고지로 진출해서 앞에는 도랑, 옆과 뒤에는 토번군이라는 상황이 벌어진 것인지는 알 수 없지만, 당군은 완전히 불리한 위치에 놓였다. 측면 고지를 장악했다면 당군이 마음을 돌이켜서 싸운다고 해도 불리하고, 강 건너 산지에 올라 있다면 무리해서 하천을 건너도 토번군의 발 아래를 통과하게 된다.

당군에겐 대비천 전투의 악몽이, 토번 쪽에는 그 전투의 쾌감이 군영을 휘감았다. 날이 새면 제2의 대비천 전투가 재현될 것이다. 그날 밤 흑치상지가 결사대 500명을 이끌고 토번군의 본진을 덮쳤다. 놀란 토번군 지휘관 발지설跋地設은 부대를 버리고 달아났다. 흑치상지의 결사대는 토번군 진영을 휘저으며 300여 명을 살해했고, 이 틈을 타서 당군은 철수에 성공했다.

‖ 토번 ‖

토번은 원정에 나선 당군을 맞아 대비천 전투의 악몽을 안기며 당군에 큰 타격을 입혔다. 사진은 오른쪽 위에서부터 시계 방향으로 당시 토번군이 사용한 창, 방패, 투구, 갑옷이다.

흑치상지는 이 공으로 황제로부터 좌무위장군 겸 검교좌우림군이라는 관직을 받고, 금 500냥, 비단 500필을 포상으로 받았다. 그리고 청해호수 동쪽에 위치한, 토번이 당으로 침공해 들어오는 입구인 하원군부사로 임명되었다.

680년 7월, 3만의 토번군이 하원으로 침공해 들어와 양비천에 주둔했다. 양비천은 청해 남쪽에 위치한 하천이다.[7] 당은 한번 더 무능한 이경현에게 10만 군대를 주어 방어하게 했다. 토번의 지휘관은 설인귀를 격파한 토번 최고의 장수 소화귀와 가르찬파였다.

소화귀는 토욕혼의 영주로 티벳족이 아닌 선비족이었다. 토욕혼의 장수였던 그는 당 태종에게 굴복해 당나라의 괴뢰가 되어 가는 국왕에게 실망해서 토번으로 귀화했다. 657년에 토번의 지원을 받아 토욕혼을 침공, 왕을 몰아내고 토욕혼을 토번의 속국으로 만들었다. 토번이 급속히 강해지자 당은 정복군을 파견하는데, 이 부대가 설인귀의 군대였다. 소화귀는 토

토욕혼 기병

번의 명장 가르친링과 함께 대비천 전투에서 설인귀를 격파했다.

부장인 가르찬파는 가르친링의 동생이다. 무술과 용병술이 뛰어나 형과 함께 토번 최고의 장군으로 불렸다. 대비천 전투에서 보급부대인 곽대봉군을 습격해서 전멸시킨 장수가 바로 그였다.

이경현의 10만 당군과 소화귀의 3만 토번군은 황중湟中이라는 곳에서 맞붙었다. 이번에도 당군이 대패했다. 전황은 알 수 없지만 이경현의 무능한 지휘가 패배에 한몫을 했다. 분노한 장병들은 이경현의 통제를 거부했다. 지휘권을 상실한 이경현은 병을 핑계로 사직하고 군을 떠났다.

군은 패배하고 지휘관은 없는 어려운 상황에서 흑치상지가 정예기병 3천 명을 이끌고 토번군 진영을 야습했다. 이런 경우 적장이 방심한 틈을 타서 역

습에 성공했다고 쉽게 평가하곤 한다. 하지만 실전에서 방심을 틈탄 기습이 생각처럼 쉽지 않다. 제대로 된 군대는 방심하지 않는다. 낮에 패전한 군대가 야습이나 기습으로 국면 전환을 노리는 것은 너무나 상식적인 전술이다. 전투 경험이 전혀 없고, 지휘 통제도 엉망인 민병대라면 모를까, 소화귀나 가르찬파처럼 역전의 명장이 지휘하고, 세 배나 되는 적을 가볍게 물리치는 우수하고 노련한 군대라면 승리하자마자 야습을 대비하라는 명령을 내렸을 것이고, 그런 명령이 없어도 고참병들이 알아서 긴장하고 다구쳤을 것이다. 그래서 전투에 실패한 지휘관은 용서받을 수 있어도 경계에 실패한 지휘관은 용서받을 수 없다는 말이 있게 된 것이다.

적군이 제대로 된 군대고, 진영을 잘 갖추고 있다고 가정할 때, 기습, 야습, 매복, 상대의 허를 찌르는 전술은 상대의 방심 덕에 성공하는 전법이 아니라 전투 기술과 기술의 싸움이다. 군대는 수백 개의 예하 조직으로 구성되어 있다. 아무리 장병이 방심하지 않고, 경계 태세를 갖춰도 어느 한 군데, 한 명의 경계병이라도 부실한 곳은 있기 마련이다. 그곳을 예상하고, 적보다 먼저 찾아내고, 그 작은 구멍으로 적의 눈에 띄지 않고 침투하는 능력이 공격 측에 필요한 기술이다. 나폴레옹은 둑을 무너트리는 것은 한 개의 작은 구멍이라고 했다. 그 구멍으로 3천의 기병이 들키지 않고 통과하는 것은 더욱 어려운 기술과 팀웍을 요구한다.

여기서 흑치상지의 3천 기병의 정체에 대해 생각해 보자. 패전으로 겁에 질리고, 주저앉아 있는 병사들 앞에 흑치상지가 등장해서 멋진 연설을 하고, 자원자를 모아서 출동하는 장면은 영화에서는 극적이고 멋있어 보일지도 모른다. 그러나 그렇게 편성한 혼성부대로 야간 기습을 시행하기란 쉽지 않다. 팀웍도 맞지 않고, 신호체계도 익숙하지 않다. 야간 기습은 철저한 기도비익을 요구하므로 귓속말로도 명령을 전달할 수 없다. 척계광의 『기효신서』에서는 기도비익 상태에서는 손에서 손으로 작은 돌멩이나 나뭇가지를 전달해서 명령을 전하는 방법을 소개하고 있다. 나뭇가지는 정지, 돌멩이는 앉기, 작은 화살은 빨리 행군, 긴 화살은 매복을 의미하는 식이다.[8] 이런 신호를 숙지하고 전달하는 훈련만 해도 꽤나 섬세한 조련이 필요하다.

그러므로 이날의 기습에 참가한 3천 명은 패잔병을 수습한 혼성부대가 아니라 흑치상지가 하원군에서 양성한 직할부대일 가능성이 높다(『구당서』에서는 하원군의 군사 정원은 병력 4천 명에 말 650필이었다고 했다[9]). 토번군은 이미 10만이 넘는 당군을 여러 번 격파한 적이 있는 강적이다. 우수한 무사를 선발하고, 공정하게 재능을 평가해서 조직하고, 재정을 투입해서 장병의 생활과 훈련을 지원하고, 군비를 갖추고, 꾸준하게 강하고 체계적인 훈련을 시켜야 이런 강적 사이로 파고 들어가 적진을 헤집는 전투를 수행할 수 있다. 전투는 단 하룻밤이지만 그 승리의 하루는 몇 년간의 노력과 훈련을 통해 이루는 것이다.

그날 밤 흑치상지의 기습 부대가 양비천에 자리잡은 토번군의 본영을 휩쓸었다. 역전의 맹장 가르찬파마저 간신히 몸을 빼서 단신으로 달아났다. 본영이 무너지자 토번군 전체가 후퇴했다. 흑치상지의 부대는 토번군 2천 명을 살해하고 수만 마리의 양과 말을 노획했다. 당 고종은 흑치상지를 하원군경략대사로 승진시켜 이경현을 대신하도록 했다.

하원군을 책임지게 된 흑치상지는 방어 인력을 절감하기 위해 70개의 봉화를 설치해서 운영하고, 둔전(군인을 동원해서 경작하는 토지)을 개간해서 5000여 경의 새로운 경지를 얻었다. 둔전에서 얻은 수입이 백여만 석이었다고 한다. 이런 정책은 독창적인 것은 아니지만, 성공 여부와 효과는 지휘관의 경영 능력과 청렴에 달려 있다. 백여만 석이라는 표현은 과장이겠지만 흑치상지는 둔전에서 막대한 수확을 거두었고, 이 수입을 양심적으로 군비에 투자했다. 681년 흑치상지의 하원군은 1만의 기병을 동원할 재력을 갖추었다.

681년 명예회복을 벼르며 가르찬파가 다시 하원군을 침공했다. 흑치상지는 이 1만의 기병으로 가르찬파 진영을 유린하고, 군량 창고를 불태웠다. 흑치상지는 하원군에서 7년을 재직했는데, 그가 있는 동안 토번은 감히 침공하지 못했다.

686년 흑치상지는 돌궐 전선으로 이동배치되었다. 흑치상지의 후임자는 이근행이었다. 그러나 이근행은 부임 10일 만에 사망하고 말았다.

돌궐 전선에서도 흑치상지는 정확한 판단력과 과감한 기습으로 여러 번 승리를 거두었다. 687년에는 이다조, 왕구언 등과 합동작전을 펴 돌궐의 골돌녹骨咄祿을 궤주시켰다. 이 공으로 연국공으로 봉해지고 식읍 3천 호를 받았으며, 우무위위대장군, 신무도경략대사가 되었다.

이후 회원군경략대사가 되어 계속 돌궐 토벌전에 종사했다. 그런데 돌궐군이 패퇴하자 중랑장이던 찬보벽이 당 조정에 도망치는 돌궐족을 추격하게 허락해 달라는 청원을 올린다. 당 조정은 추격을 허락하면서 흑치상지와 함께 추격하라는 단서를 달았다. 그런데 찬보벽은 이 단서를 무시하고 단독으로 돌궐군을 추격, 무려 2천 리나 단독으로 진군하는 만용을 부렸다. 그 결과는 역포위와 전멸이었다. 찬보벽은 간신히 살아 돌아왔지만 바로 처형되었다. 이 참사는 흑치상지와 무관했지만 애초에 연합작전으로 기획했던 일이라 흑치상지에게도 불똥이 튀어 흑치상지는 전공자에서 제외되었다.

이 사건으로 흑치상지의 명성이 떨어진 틈을 타서 간신 주흥이 측천무후에게 흑치상지를 모함했다. 죄목은 반란을 일으킨 조회절과 모의했다는 것이었다. 흑치상지는 투옥되었고, 얼마 후 옥에서 목을 매고 죽었다. 689년 향년 60세였다. 그의 죽음에 대해서는 처형, 강제자살, 자살 등 여러 해석이 있는데, 『당서』에는 단지 목을 매고 죽었다고만 표현했고, 묘지명도 옥에서 죽었다고만 해서 사인이 명확하지 않다.

측천무후 시절에는 그녀의 자식까지 포함해서 워낙 많은 사람이 숙청되었다. 무후는 정적뿐 아니라 유명한 무장들을 조직적으로 처리했는데, 흑치상지도 모함에 걸린 것인지, 무후의 숙청 대상에 오른 것인지도 분명하지 않다. 698년 그의 맏아들 흑치준(675~706)이 흑치상지의 무고를 호소하는 상소를 올렸다. 무후는 흑치상지를 복권하고, 낙양 북망산에 이장하는 것을 허락했다. 흑치준도 뛰어난 무장으로 토번 전선에 나가 많은 전공을 세웠는데, 31세의 젊은 나이에 병으로 사망했다. 흑치상지의 복권을 끌어낸 지 7년 만이었다.

2 두 개의 운명

676년 두 번째의 종전 선언이 있었던 날, 누구보다도 기뻐하며 안도의 숨을 내쉬었을 사람들이 있다. 부과와 취도 두 명의 형을 전쟁터에서 잃어버린 핍실의 가족들이었다. 3형제는 모두 뛰어난 전사들이었지만 군인 정신이 너무 투철해서 목숨보다는 의무, 군인으로서의 명예를 우선시했다. 핍실의 두 형은 각각 나당전쟁과 통일전쟁에서 탁월한 활약을 펼치고 전사했다. 막내인 핍실은 다행히 이날까지 살아남았다. 가족과 착한 이웃까지도 종전 선언과 함께 안도의 숨을 내쉬며 가슴을 쓸어내렸다.

683년 평화의 꿈이 다시 깨어졌다. 나당전쟁에서 신라에 커다란 도움을 준 보덕국왕 안승은 신라로부터 극진한 대우를 받았다. 하지만 전쟁이 끝나자 보덕국의 이용가치가 사라졌다. 나라 안의 나라란 부담스러운 존재일 수밖에 없다. 신라는 교묘한 술수를 고안했다. 안승을 경주로 불러들여 제3위의 관등인 소판을 주고, 김씨 성을 하사한 뒤 서라벌에 거주하게 했다. 안승을 진골귀족으로 만들어 고구려 왕가를 끊고, 보덕국이 고구려 망명정부라는 명분을 지워버린 것이다.

이 행동이 안승의 배신인지 신라의 협박에 의한 어쩔 수 없는 선택이었는지는 알 수 없다. 그동안 보덕국의 행로를 보면 안승이 리더십이 없는 인물은 아니었을 것 같은데, 그는 자신의 영달만을 생각하는 이기적인 기회주의자였거나 현실주의자였다고 생각된다.

그러나 이런 신라의 조치, 또는 안승의 배신에 보덕국 사람들은 분노했다. 684년 보덕국에 남아 있던 안승의 조카 대문이 반란을 모의했다. 그러나 신라고 대비가 없었을까? 대문의 음모는 발각되고 말았다. 신라는 이참에 본보기를 보이고, 보덕국 주민의 기를 꺾기 위해서 현지에서 처형을 집행했다. 그러나 참혹한 살해 장면이 보덕국 주민을 자극했다. 아니면 대문의 반란음모가 조작이었을 수도 있다. 분노한 주민들이 봉기해 신라의 관리를 죽이고 읍을 차지했다. 실복(신라본기 신문왕 4년조에는 실복이 대문의 다른 이름이라고 했으나 열전 김영윤조에 의하면 실복은 대문이 죽은 후 반란을 지도한 인물이었다)을 지도자로 추대한 보덕국 사람들은 군장을 꾸리고 익산을 탈출했다. 그들이 북쪽으로 행군한 것을 보면 로마를 종단해 알프스 북쪽으로 달아나려고 했던 스파르타쿠스의 반군처럼 북쪽 옛 고구려 땅으로 들어가려는 계획이었던 것 같다.

신라는 이들을 막기 위해 정예부대를 동원했다. 고구려 유민으로 편성한 황금서당도 이 진압군에 포함되었다. 다만 황금서당도 지휘부와 장교에는 신라의 귀족들이 들어갔다. 보덕국 사람들이 가잠성(안성 또는 괴산으로 추정)까지 진출했을 때, 신라군이 앞을 막았다.

보덕국 군대의 강점은 죽음을 각오한 전투 의지와 단결력이다. 이들은 15년 전 검모잠의 봉기 때부터 긴 여정과 오랜 전투를 겪어 온 억센 사람들이었다. 이런 집단과 정면으로 붙으면 이긴다고 해도 희생이 크다. 반면 이들의 약점은 식량과 불안감이다. 가족, 노약자를 포함하고 있어서 오랜 야영 생활을 견딜 수 없고, 식량도 부족하다. 지치면 불안해지고, 이탈자도 발생할 것이다. 여차하면 전염병이 돌거나 내분이 발생할 수도 있다.

신라군 지휘관들은 일단 후퇴하고 장기전으로 가서 한창 악에 받친 기세를 누그러뜨리기로 의견을 모았다. 그런데 황금서당의 보기감으로 참전했던 김영윤이 후퇴 명령을 거부했다. 그는 황산벌 전투에서 관창보다 먼저 전사한 반굴의 아들이었다. 반굴의 아버지가 김유신의 동생 김흠순이고, 부인은 김유신의 딸이었으니 김영윤은 김흠순과 김유신 형제의 후손이었다. 김유신도 낭비성 전투의 영웅담을 지니고 있고, 반굴과 관창에 원술의 사건까지 있었으니 이 집안의 젊은이들에겐 전쟁터에 나가면 일단 한번은 목숨을 걸어야 하는 것이 통과의례가 되어 있었던 것 같다.

과도하게 흥분한 김영윤을 말리기 위해 황금서당의 장교들은 장군들이 결코 비겁하지 않으며, 이 전술이 합리적이고 타당한 계책이라고 설득해 보았지만 김영윤은 막무가내였다.

김영윤은 장기전으로 가자는 작전 자체가 임전무퇴의 정신에 어긋난다고 주장했다. 그리고 황금서당을 이끌고 제멋대로 나가 싸우다가 전사했다. 이런 내막을 모르는 보덕국 병사들은 자신들이 쓰러트린 적장이 신라에서는 전설적인 가문의 후예라는 사실을 알아내고는 더욱 크게 환호했을 것이다. 동시에 그가 이끌고 온 병력이 고구려인 부대라는 사실에 충격을 받았을 것이다. 하필이면 최초의 전투가 고구려인과 고구려인 간의 싸움일 줄이야.

신라의 지휘관들은 김영윤을 대놓고 비난할 수는 없었지만, 적의 기세를 꺾기는커녕 사기만 크게 올려주었다고 투덜거렸을 것이다. 어쨌든 김영윤의 전사는 충격적 사건이었고, 문책이 따라올 우려도 있었다. 이후에 신라군이 처음 의도대로 지연전으로 나갔는지, 할 수 없이 정면대결로 나갔는지는 확실하지 않다. 후자의 경우라면 신라군의 희생이 컸을 것이고, 쓰러지고 부상당한 병사들, 그들을 바라보는 지휘관과 병사들은 김영윤을 다시 한번 원망

왕궁리사지에서 발견된 궁전터 무왕의 궁이 있던 곳이라고 하지만 나중에 보덕국에서 사용했을 가능성도 제기되고 있다.

했을지도 모른다.

한편 이때 귀당에는 핍실이 제감으로 참전하고 있었다. 자신의 군인 경력에서 마지막으로 찾아온 전투가 될 것임을 직감한 핍실은 가족에게 살아서 돌아오지 않겠노라고 이미 공언을 하고 떠나왔다. 그러나 더 비장한 쪽은 보덕국의 전사들이었을 것이다. 가능성이 없는 전투였지만, 그들은 항복하지 않고 싸웠다. 더 이상 구차하고 기만당하는 삶을 살지 않겠다는 결심이었다. 결전의 전날 밤, 그들은 구성원 전체가 핍실과 핍실 가족의 이별 장면보다도 더 비장한 밤을 보냈을 것이다.

전투가 오래 지속된 것 같지는 않지만 보덕국 병사들의 저항은 거셌고, 전장은 격렬했다. 보덕국 병사들의 기세가 대단한 것을 본 핍실은 영웅이 필요한 순간이 왔음을 깨달았다. 그는 단신으로 치고 나가 반군 수십 명을 죽이고 전사했다. 보덕국 사람들은 용감하게 싸웠지만 이길 수는 없었다. 운명의 날, 보덕국은 해체되었고, 생존자들은 남쪽 지방으로 분산되었다. 그날 밤 서라벌은 통일전쟁이 양산한 마지막 유가족들의 기원과 한숨으로 덮였다. 안승은 무엇을 하고 있었을까?

3 영광의 장군들

전쟁은 영웅을 낳는다. 승리한 영웅에게는 명예와 영광까지 따라온다. 군인과 정치가의 구분이 없던 이 시대에 영웅에게 찾아오는 권력은 더욱 달콤하고 강력한 것이었다.

반면에 피를 뒤집어쓰며 현장에서 싸웠던 장병들, 초급 장교와 군관, 병사들 중에는 명예와 영광을 거부하는 사람들도 많다. 역사에 한 줄의 기록도 이름도 남기지 못하고, 자신들의 전공과 수고에 합당한 포상도 훈장도 받지 못한 수많은 용사들, 억울하고 분한 날들이 엄청나게 많았겠지만, 그것과는 별도로 의외로 겸허하게 자신을 낮추는 사람도 많다(전사자와 부상자에 대한 홀대에 대한 분노는 별개다). 드라마로 유명해진 〈밴드 오브 브라더스〉에 이런 구절이 있다. 노르망디 상륙작전부터 종군했던 한 참전용사에게 손자가 와서 묻는다. "할아버지가 전쟁 영웅이라면서요?" "아니 난 영웅들과 함께 있었을 뿐이란다."[10] 그저 노병의 겸손이었을까? 아니다. 전쟁의 참혹함과 그곳에서 벌어졌고, 자신도 감당할 수밖에 없었던 온갖 비인간적인 순간들을 경험한 장병들의 가슴 속에는 전우들이 보여준 극한의 용기와 우정에 대한 경외감과 자신의 전공에 대한 겸손함이 동시에 자리잡게 된다.

이것이 무명의 용사들과 중하급 지휘관들의 나머지 삶이다. 조금은 기괴하고, 불공평하고, 평생토록 전쟁터의 악몽이 꿈에 나타나는 고통스런 삶이지만, 알지 못하는 사이에 그들에게 주어진 보상도 있다. 적어도 이제부터 살펴볼 높으신 누구와 같은 배신과 추락의 나락은 경험하지 않아도 된다는 것이다.

문무왕 말기와 그의 아들 신문왕 시대의 정치사에서는 전쟁 영웅들의 약진이 두드러졌다. 죽지는 신문왕 때까지 재상을 역임했다.[11] 679년 춘장이 집사부의 중시직을 사퇴하자 백제 수복전에 참전했던 천존이 중시가 되었다. 680년에는 천존과 함께 싸웠던 역전의 장군 군관이 상대등이 되었다.

춘장과 군관은 모두 화랑 출신이다. 군관은 이름부터 군관이지만, 전형적인 군인이었다. 체구는 우람하고 위풍당당했고, 성품은 소탈하고 화통했다. 화를 낼 때는 엄청나게 소리지르고 무섭게 화를 냈다. 소년 시절부터 장군이 꿈이어서 병서를 애독했다.[12] 무술도 뛰어나 명사수였고, 힘으로는 당할 자가 없는 장수였다. 전쟁터에서는 침착하고 용기가 있어서 전투 지휘를 잘했다.[13] 정치적으로는 양도의 의형제였다. 양도가 화랑일 때 부제를 지내고, 양도의 후임으로 화랑이 되었다. 대단한 의리남으로 양도를 평생 형님으로 받들었다. 양도의 후임으로 화랑이 되어서도 오직 형님인 양도의 법을 준수하고 그의 뜻을 따랐다고 한다.

통일전쟁 동안 화랑들의 신화가 유포되고, 화랑도의 위상도 크게 높아졌다. 평화의 시기가 오자 그들은 이제 보상을 꿈꾼다. 그거야 인지상정인데, 수없이 전투가 벌어지고 기회가 찾아오는 전쟁터와 달리 정치권과 권력의 파이는 제한되어 있다. 반대로 전쟁터에서는 내가 감당할 수 있는 전선과 병력에 제한이 있지만, 권력에 대한 욕망은 무한집적이 가능하다.

평화가 도래하자마자 화랑도의 전투력이 안으로 향해 파벌 싸움으로 전환했다. 이 전투에서 약진하는 파벌은 남다른 단결력과 목표의식으로 무장한 가야파였다. 역대 화랑의 자기희생과 감투정신에 내내 찬사를 보내오던

『화랑세기』는 군관을 끝으로 갑자기 냉혹해지는데, 이후로 가야파가 화랑도를 거의 장악했기 때문이다.

이 갈등은 문무왕의 후계 자리를 놓고도 벌어졌다. 무열왕을 아버지로 김유신의 누이 문희(문명왕후)를 어머니로 둔 문무왕은 정통 신라왕가와 가야왕족의 결합의 상징이다. 이 연합이 신라의 성공과 생존의 비결이었음은 『화랑세기』의 저자도 부정하지 않는다.

하지만 화랑도의 성공에는 또 하나의 흐름이 있다. 이화랑으로 상징되는 신라 내부에서 성장해 온 신진의 흐름이다. 화랑도가 성공한 비결은 경직된 신라사회에 변화와 소통의 길을 틔웠다는 것이다. 이 소통의 물길을 잡은 집단이 신라의 신세력과 가야파다. 그런데 몰락왕조의 후예들일 때는 가야파의 유입이 소통의 의미가 있었다. 하지만 문무왕의 즉위를 기점으로 가야파가 국가의 중심에 섰다. 이제 그들은 유력한 정치적 파벌이 되었다.

이화랑의 후예들도 완전히 진골에 흡수되었으며 신라정계의 최정상에 자리잡았다. 그런데 사회 내부에서 솟아나는 신세력은 언제나 있다. 사회 위층에서 아래층까지 그들은 연줄을 잡으려고 한다. 가야인은 가야파로 모여들고, 신라인은 다른 한편에 모여 있다. 이렇게 되면 가야파의 파벌적 성격이 눈에 두드러질 수밖에 없다.

가야파는 자신들이 차별받아 왔고, 언제 다시 차별을 받을지 모르는 약하고 억울한 집단이라고 한다. 약한 그들에겐 확실한 안전장치가 필요하다. 그래서 문명태후의 조카이며 가야파의 기수임을 자처했던 흠돌(김유신의 막내 여동생 정희의 아들)은 태자였던 문무왕을 반드시 가야계와 결혼시켜야 한다고 간청했다. "태자(문무왕)가 즉위하고 자의가 왕후가 되면 대권이 진골 정통에게 다시 돌아갈 것이므로 가야파는 위태로울 것입니다." 자의는 진골계로서 부친은 21대 화랑인 선품(구륜과 미실의 딸 보화궁주의 소생), 모친은 이화랑의 후예인 보룡이었다. 이 결혼으로 신라와 가야로 반분된 왕실의 추가 진골 쪽으로 기울 것을 우려해서 태자는 김유신의 딸인 신광을 첩으로 삼았다. 그래도 추가 진골로 기우는 것은 어쩔 수 없다. 흠돌은 자의를 쫓아내고 태자의 첩으로 있는 신광을 태자비로 삼자고 주장했다. 신광의 언니 진광은 흠돌의 부인이어서 이 결혼이 성사되면 가야파뿐 아니라 흠돌 자신의 위상도 크게 달라질 것이다. 문명태후는 흠돌의 의견으로 기울었으나 태자가 자의를 버릴 수 없다고 버텨 성사되지 못했다. 문무왕이 즉위하고 왕후가 되기까지 자의는 정치에 참여하지 않고 마음을 졸이며 조심했다.

문무왕이 자의를 보호한 것이 개인적 사랑 때문이었는지 정치적 판단 때문이었는지는 알 수 없다. 자의는 대단한 미인이어서 태자비가 되기 전에 흠돌이 무척 탐을 냈다고 한다. 김대문은 흠돌의 정치공작에는 가야파의 불안이 내재해 있음을 숨기지 않았지만, 자의에 대한 흠돌의 탐욕도 크게 작용한 것으로 서술했다. 조금 사족이지만 이런 드라마적 구조 때문에『화랑세기』에 대한 의심이 사라지지 않고 있다. 그러나 이것이 위작자의 현대적 심성에 의한 각색인지, 우리가 너무 정제되고 너무 이념화된 중세의 저술에 익숙해서 고대인의 자유로운 서술이 오히려 낯선 것인지는 좀 더 고민해야 할 문제다.

아무튼 자의의 자숙과 조신함을 바라보는 진골들의 심정은 착잡했을 것이다. 흠돌은 화랑도 내부에도 손길을 뻗쳐 가야파 낭도들의 조직을 다지고 다졌다. 다른 사람들이 보기에 가야파가 사병이 되었다고 할 정도였고, 흠돌 스스로도 자신에 대한 비난과 불만이 거세질 것을 의식하고 두려워할 정도였다.

흠돌은 이 비난을 의식해서 27대 화랑을 역임한 후 후임으로 이화랑의 후손인 오기를 천거했다. 오기는 화랑이 되어 봤자 얼굴마담밖에 되지 않을 것이라고 생각하고 거절했으나, 비가야파 낭도들의 간청에 못 이겨 화랑으로 취임했다. 그러나 예상대로 흠돌과 그의 정치적 동지 진공, 흠돌의 아들 흠언, 흠돌의 조카 흥원, 진공의 아들 신공이 모두 화랑도에 깊이 침투해 있었고 가야파 낭도들은 그들에게 개인적 충성을 바쳤다. 김대문은 흠돌·진공·흥원을 '3명의 간악한 인물'이라고 불렀다.

여기까지는 오기와 그의 아들인 김대문의 진술이다(『화랑세기』는 처음에 오기가 저술했으나 완성하지 못한 것을 김대문이 마무리했다고 한다). 흠돌이 글을 남겼다면 신라정계는 여전히 편협하고 배타적이어서 진골이 전횡하는 구조를 방지하고, 자신들의 생존과 신진세력의 순환을 유지하기 위해서는 자신들이 단결해서 버티는 수밖에 없었다고 말할지도 모른다. 이 말에 일리가 없는 것은 아니다. 사회의 구조가 자유경쟁에 의한 소통으로 가려면 20세기까지 기다려야 하기 때문이다.

고대사회의 특수한 권력구조에서는 소수의 친족집단만이 살아남을 수밖에 없다. 진골이든 가야파든 어차피 둘 중 한 팀만이 살아남을 수밖에 없는 구조였던 것이다.[14]

가야파가 화랑을 사병집단으로 만들고 권력을 전횡했다는 비판에 대해서도 흠돌의 영혼은 할 말이 있다.

화랑은 보통 부제에게 계승되었는데, 흠돌은 부제도 아니었던 진골인 오기를 화랑으로 천거했고, 진골인 군관과 교류를 맺었다. 그는 결코 가야파의 전횡을 추구하지 않았다. 단지 신라정계가 다시 진골의 편협한 독재로 돌아갈 위험을 감지하고, 진골과 가야의 연합정권을 계속 유지하기 위해 노력했다고, 자신의 이러한 노력을 가야파의 전횡으로 몰아가는 것 자체가 진골계의 편협함을 보여주는 것이라고 외칠지도 모른다.

실제로 신라중대로 가면 진골 귀족층은 다시 편협하고 규격화된 사회를 선호하는 경향을 보이기는 한다. 그러나 그것은 권력층의 속성이고, 김대문의 글을 보면 김대문도 능력자의 등용에 찬성하고, 기계적인 신분제의 운영 규정에 대해서는 확실히 비판하고, 그 틀을 깨트린 것이 화랑도의 공이었다고 분명히 지적하고 있다. 김대문은 진골계는 왕후, 가야계열은 첩이라는 구도가 신라정계의 올바르고 합리적인 구도라고 생각했던 것 같다. 하지만 흠돌은 이 배분이 불만이었다.

흠돌이 실수한 이유는 그들이 망한 왕조의 후예라는 억울함을 자신들의 정체성과 무기로 삼았다는 것이다. 전쟁기에 그것은 특수한 에너지를 발휘하고, 약자와 억압받는 자의 한을 풀어준다는 명분을 갖출 수 있었다.

그러나 가야파가 잊은 것이 있다. 신라와 화랑도의 성공과 약진은 신라가 서라벌이라는 한계를 벗고, 국가 전체의 힘을 모아낼 수 있었던 데서 기인한다(오늘날과 같은 국가 전체라는 의미는 아니다). 가야파의 활약은 이 큰 그릇 안에서의 한 요소다. 그러나 팔은 언제나 안으로 굽는 법이고, 고통을 겪은 사람들은 자신들이 빠진 사회와 자신들이 가세한 사회라는 이분법으로 사고하기 쉽다. 그래서 국가를 위해서도 자기 개인이 살아남기 위해서도 가야파라는 틀을 벗어 버려야 한다는 생각을 하기가 쉽지 않다.

더 나쁜 점은 그들이 더 억울한 사람들인 가야 주민들을 이용한 결과밖에 되지 않는다는 것이다. 쿠데타를 일으켜 가야왕국을 복원할 생각이 아니라면 혹은 왕권을 장악해서 가야인이 비가야인을 압제하는 구조를 만들고자 하는 것이 아니라면 그들이 고통받아 온 가야인에게 지고 있는 진정한 의무는 신라인과 가야인을 동화시켜 하나의 신라인으로 만들어야 하는 것이다. 그러나 그들은 반대로 가야인의 피해의식과 단결력을 이용해서 자신의 세력 기반으로 만들었다. 가야의 민중 스스로도 이런 행동이 자신들을 보호해 주고 구원해 주는 행동으로 인식했겠지만, 그것은 정당한 행동이 아니다. 사회의 엘리트와 리더라면 민중의 욕구를 이용할 것이 아니라 더 넓은 시각에서 그들에게 올바른 길을 제시하고 인도해야 하는 것이다.

진골과 가야파의 팽팽한 균형은 문무왕 때까지는 지속되었다고 보인다. 무열왕은 문무왕은 자의와 결혼시켰지만, 문무왕의 맏아들 소명태자를 김흠운의 딸과 결혼시키라고 명령했다. 655년 조천성 전투에서 전사한 김흠운은

『삼국사기』에는 내물왕의 후손으로 나온다. 그러나 '흠'자 돌림을 쓰고 있고, 그가 문노의 무리에 속했다는 기록으로 보면 혈연의 한쪽은 가야계와 연결된 듯하다. 무열왕은 진골로 약간 추가 기운다고 해도, 진골과 가야의 동맹을 교묘하게 유지시키려고 했던 것이다.

소명태자가 일찍 사망하는 바람에 이 결혼은 성사되지 않았다.[15] 하지만 가야파에 대한 배려는 여전해서 665년(문무왕 5)에 새로 태자가 된 신문왕(『삼국사기』에는 신문왕을 맏아들이라고 했다)은 흠돌의 딸과 결혼시켰다. 이 결혼은 문명왕후의 뜻이 강하게 작용했다고 한다.

흠돌은 신광을 왕후로 만드는 데는 실패했지만, 더 큰 대박을 쳤다. 신문왕의 아들이 왕이 되면 그의 지위는 조카가 왕이 된 김유신의 지위보다도 더 높아질 것이다.

그러나 그 황홀한 세계로 가려면 커다란 계곡을 건너야 했다. 이번에는 태자(신문왕)가 이 결혼에 불만을 가졌다. 왕비(흠돌의 딸)의 투기 때문이었다고 하지만, 진짜 불만은 가야계에 대한 지나친 배려 때문일 수도 있다.

문무왕과 신문왕은 모두 가야계 왕비를 두는 데 찬성하지 않았다. 대신에 첩으로는 반드시 들이고 총애했다. 그것이 이들이 생각하는 힘의 균형이자 가야계에 대한 배려였다. 신라 땅에서 가야계가 진골을 압도하게 할 수야 없지 않겠는가. 게다가 흠돌의 딸은 아들을 낳지 못했다.

한맺힌 자의왕후도 이제는 큰소리를 칠 수 있게 되었다. 신라의 정치구도로 보면 왕후보다는 태후(실제로는 태후의 집안)가 더 힘이 있었다. 현재의 태후는 진골, 미래의 태후는 아주 잘해야 가야였다. 권력의 추세가 너무 뻔했다. 흠돌은 건너편 신세계로 가기 위해서는 먼저 진골 태후의 지배라는 계곡으로 추락해야 했는데, 그 계곡을 무사히 빠져나온다는 보장도 없었다.

681년 7월 문무왕이 위독해졌다. 그런데 서라벌의 군사력이 가야파에게 몰려 있었다. 최근 몇 대 동안 거의 유일한 진골계 화랑이자 자의왕후의 제부인 오기(자의왕후의 동생 운명과 결혼했다)는 북원경(신라 5소경의 하나. 현재의 강원도 원주)에 나가 있었다. 화랑은 가야파의 사병처럼 되어 있었고, 경호실장 겸 수도방위사령관격인 호성장군護城將軍은 흠돌파인 대아찬 진공이었다. 경호실 및 수도경비사령부에 해당하는 시위삼도侍衛三徒(시위군은 보통 왕이나 궁궐, 수도를 경비하는 부대를 말한다. 모두 3부대로 구성되어 있어서 3도라는 명칭이 붙은 것 같다)도 흠돌파가 장악하고 있었는데, 가야계 낭도들을 투입한 것이 아닌가 한다.

걱정이 된 자의왕후가 오랜 몸사림을 깨고 전면에 나섰다. 북원경에 나가 있던 오기를 불러 호성장군으로 임명했다. 가야계로서는 걱정하던 못, 혹은 잠시 방심했던 못이 튀어나온 셈이었다. 당황한 진공은 왕은 병석에 누워 있어 명령을 내릴 수 없고, 상대등도 결재를 하지 않았다는 이유로 장군직의 인수인계를 거부했다.

이때의 상대등이 바로 그 전해에 상대등으로 임명된 군관이었다. 그의 임명에는 흠돌파의 입김이 작용한 듯하다. 그런데 신문왕의 교서에서 군관은 병부령으로 언급되고 있다. 그 전에 오랫동안 병부령을 역임했거나 어쩌면 병부령을 겸임하고 있었던 것 같다. 수상직과 병권을 양 손에 쥐고 있는 군관의 행동은 정변의 향배를 결정하는 키였다.

그런데 역전의 용사, 불 같은 성격의 군관이 이 중요한 시점에서 우물쭈물하기 시작했다. 그가 방관자적이고 애매한 태도를 취한 것은 『화랑세기』나 『삼국사기』의 기록 모두가 인정하고 있다. 다만 『삼국사기』는 그저 짐작만 할 수 있을 정도로 모호하게 서술한 반면, 『화랑세기』는 무척 상세하게 그 이유와 과정을 서술했다.

양도가 당나라에 사신으로 가다가(군관은 전송하기 위해 함께 가고 있었다) 도중에 점쟁이를 만나 점을 쳤다. 점쟁이가 점을 쳐 보고 말했다. "두 공은 모두 장군과 재상이 될 운을 가졌습니다. 단 비명에 죽겠습니다." 양도공은 웃으며 "대장부가 말가죽으로 송장을 싸야지 아녀자의 손에서 죽는 것이 아니다. 진실로 당연하다"라고 말했다. 양도공은 과연 당나라의 옥에서 죽었다. 군관은 점이 신통하게 맞는 것을 보고 소심해져서 조심했다.(『대역 화랑세기』 22세 양도공, 315쪽)

역사가를 고민하게 만드는 부분이 이런 '우연의 역할'이다. 사소하고 우스운 일, 한순간의 판단 착오로 역사가 바뀐 경우, 적어도 그렇게 보이는 경우가 적지 않다. 이런 부분을 어떻게 서술해야 할까. 모두가 동의하는 대답은 아닐 수 있지만, 대체로 다음의 해석이 정답이 아닌가 싶다. 점과 같은 사소한 일로 사회의 운명이 바뀌지는 않는다. 그러나 뒤틀고 요동치게 할 수는 있다. 반면 개인의 운명은 360도 바꾸어놓을 수 있다.

군관도 이런 운명의 희롱에 걸려든 것인지도 모른다. 그러나 필자가 보기에는 결코 점쟁이의 점괘가 운명의 추가 아니었다. 점쟁이를 만나기 전부터 군관은 전쟁터에서는 불 같은 용기와 성격을 보였지만, 정계와 행정계로 들어오면 옛 법을 유지하고, 관행을 따르고, 주변 사람에게 충직하고 공손했다. 이것은 이미 화랑 시절에 드러난 개성이었다. 그의 너무나 잠잠한 태도에 낭도들이 노래를 지어 불만을 표시하기도 했다. 노래의 내용은 군관은 화랑이 되어서도 양도의 말만 듣고, 양도의 말은 부인 보량에게서 나온다는 것이었다. 이것이 장군이 아닌 정치가로서 김군관의 원래 모습이었다.

인간의 개성과 적성은 대단히 다양해서 군인이면서 뛰어난 정치가나 경영자가 되는 사람도 있고, 차라리 정치가가 되는 게 나은 군인도 있다. 반면 야전에서는 맹수 같던 장군이 정치와 행정계로 들어오면 군관처럼 소심하게 변해 버리는 경우도 있다. 우리는 적성을 나눌 때 결단력이라든가 추진력처럼 뭉뚱그려서 이해하는 경향이 있다. 하지만, 실제로는 추진력도 굉장히 다양한 종류와 영역이 있다. 추진력이라고 해도 환경과 사안에 따라 필요로 하는 지식, 경험, 적성이 다 다르기 때문이다.

흠돌은 군관의 단순한 성격을 알았고, 양도처럼 군관을 다룰 수 있다고 판단하고 그를 상대등으로 앉힌 것 같다. 그러나 흠돌이 양도가 될 수는 없었다. 우직한 군인이었던 군관이 양도에게 충성하도록 만든 소재는 소년 시절부터 쌓아온 우정과 의리였다. 흠돌도 대당총관으로 고구려 전쟁에 참전했었지만, 타고난 정치가라 양도식의 인간관계는 기대하기 어려웠다.

그래도 군관이 정변의 순간에 끝까지 우물거린 것은 이해하기가 어렵다. 이 순간에 점괘의 불안감이 작용한 것일까? 그러나 한국의 현대사나 다른 나라의 정변의 역사를 보아도 군인들이 정변의 순간에 우물거리는 경우가 다반사다. 민간인들의 눈에는 쿠데타 과정이 군사 모드로 이해되지만, 정변은 전쟁의 재현이 아니라 정치의 연장이다. 그래서 군인보다는 정치가, 야전군사령관보다는 소위 정치군인들이 승자가 되는 경우가 많다. 원래 군대는 경직된 조직이라 생각지 못한 상황, 매뉴얼에 없는 상황이 벌어지면 의외로 반응이 늦다. 야전에서 실전 경험이 풍부하고, 대처 능력이 뛰어났던 장군들도 정치판에서는 판단착오를 하는 경우가 곧잘 있다. 더욱이 쿠데타가 전투와 내전을 유발할지 모른다는 걱정이 생기면 장군들은 더 우물거리게 된다. 전쟁의 경험은 진정한 트라우마다. 그래서 그들은 너무 일찍 전쟁모드로 진행한다. 전쟁은 피해야 한다. 어떤 것도 그보다 비참하고 잔인하고 비인간적일 수 없다. 그래서 야전형 장군들은 누가 왕이 되어야 하는가, 누가 더 유능한가라는 문제보다 전쟁의 위험이 더 크게 와서 박힌다. 그들은 정치가 이전에 군인이기 때문이다.

군관이 머뭇거리는 동안 상황은 급박하게 돌아갔다. 흠돌의 목표는 문무왕의 첩인 야명궁주의 아들 인명왕자를 옹립하거나 우선 인명을 세운 뒤 자신이 왕이 되는 것이었다고 한다. 작전 시나리오는 다음과 같았다. 문무왕이 사망하면 문무왕의 사망을 비밀에 부치고, 서울과 외방의 군사를 입성시킨다. 일종의 계엄군을 진입시켜, 궁과 도성을 장악한다. 미리 심어둔 자파 세력을 이용해 시위군도 장악한다. 작전 개시와 동시에 일부 병력은 야명궁주의 집과 군관의 집을 포위해서 야명궁주와 인명왕자를 보호하고, 군관의 배신을 견제한다.

이 계획의 장점은 탄탄하다는 것이다. 시위삼군과 외방 사단을 투입하면 수도를 확고하게 장악할 수 있다. 세계사에 보이는 수많은 쿠데타의 공식이 이러했다. 단점은 군의 동원은 노출이 되고 시간이 걸린다는 것이다. 문무왕이 죽기 전에는 미리 군대를 움직일 수도 없다. 그렇다고 시위군이나 자파 세력만으로 봉기하기에는 불안하다.

문무왕의 사망과 외곽 사단의 진입 사이, 이 시간의 여백이 진골계에게 주어진 마지막 기회였다. 흠돌도 이 부분이 불안했겠지만 대비책은 있었다. 보안의 유지였다. 그런데 바로 이 부분에서 흠돌의 계획이 세계사의 보편성에서 어긋난다. 세계사를 보면 누설되지 않는 쿠데타 계획은 없다. 구조적으로 너무 많은 사람이 얽히고, 쿠데타가 발생할 수도 있는 상황이라는 것은 반대편도 알고 긴장하고 있다. 굳이 비유하자면 쿠데타란 어두운 뒷골목에서 뒤통수를 내려치는 행위가 아니라 링 위에서 권투선수가 서로 마주보고 있는 것과 같다. 누가 먼저 가격에 성공하느냐의 싸움이다. 역사적으로 보아도 쿠데타가 성공한 경우는 기습에 성공해서가 아니라 상대편이 주도 세력보다 느리고 둔하게 움직였던 덕분이다. 그러나 너무 많은 사람들이 쿠데타를 암살과 같은 밤의 음모로 착각한다.

다시 그날 밤으로 돌아가자. 쿠데타의 공식대로 비밀은 누설되었다. 오기의 심복이던 낭두(낭도대의 리더) 한 명이 흠돌 측의 계획을 알려왔다. 8월 8일 오기는 비밀리에 순원, 개원, 당원, 원수, 용원과 그들의 사병을 불러모아 궁을 호위하고, 시위삼도의 대감을 동시에 파면했다.

진골계가 전격적으로 궁을 장악하자 놀란 흠돌은 사병과 동원 가능한 병력을 모아 대궐을 포위했다. 흠돌은 자신을 따라온 병력에게 상대등 군관과 서불한 진복이 인명에게 왕위를 전하라는 문무왕의 밀지를 받았다고 선전했다. 여기서 진복이 등장하는 이유는 그가 군관의 후임인 신임 상대등이었기 때문이다(『삼국사기』는 쿠데타 전에 신문왕이 즉위했고, 서불한 진복을 신임 상대등으로 임명했다고 해서 『화랑세기』의 기술과 약간 차이가 난다).

아직까지는 흠돌의 병력이 우세했다. 그런데 밀지를 받았다는 상대등이자 병부령인 군관이 나타나지를 않았다. 서불한 진복은 뒤늦게 나타났는데, 사병을 인솔해 대궐을 포위한 흠돌파를 공격하더니 포위망을 뚫고 궁 안으로 들어갔다. 흠돌 세력 내부에서 의심과 동요가 발생했다. 흠돌의 병사들 사이에 분란이 발생하자 궁에 있던 누군가가 왕에게 충성할 자는 오른쪽, 반란에 동조할 자는 왼쪽에 서라고 소리쳤다. 그러자 다수의 사람들이 오른쪽으로 달려갔다.

흠돌의 세력은 어이없게 분쇄되었다. 흠돌이 후퇴하자 오기는 병사를 풀어 공격했다. 이때 기다리던 외방 사단이 서라벌로 진입했다. 하지만 이 부대는 흠돌이 아닌 오기의 편이었다. 압도적 병력에 의해 포위된 반군은 흠돌과 진공, 흥원을 사로잡아 바치고 항복했다. 항복을 거부한 이들은 산으로 들어갔으나 정부군에 의해 소탕되었다. 소탕 기간까지 포함해서 사건이 마무리되는 데 3~4일이 걸렸다.[16]

이 사건의 여파로 흠돌은 물론이고 시위군에 속해 있던 흠돌파 간부와 병력 즉 가야파들이 많이 살해되었다. 그 중에는 통일전쟁기부터 종군해 온 장병들, 또는 그들의 일가 친척, 자손들도 꽤 있었을 것이다. 그러나 흠돌파 외에 김유신의 직계들은 다 무사했다. 이것을 보면 흠돌의 세력이 전 가야파를 아우르는 세력도 아니었다.

흠돌의 쿠데타는 의심스러운 점이 없지 않다. 원래 승자 측에서는 단 한번

● 만파식적과 흠돌의 난

『삼국유사』에 실린 전설에 의하면 신문왕이 왕이 된 후 바다의 용이 된 문무왕과 천신이 된 김유신이 동해의 용을 시켜 동해의 한 섬에 대나무를 보냈다. 이 대나무는 낮이면 갈라져 둘이 되고, 밤이면 합해서 하나가 되었다. 신문왕이 이 소식을 듣고 현지에 행차하자 용이 나타나서 이 이유를 이렇게 설명했다. "한 손으로는 소리를 낼 수 없지만 두 손이 마주치면 소리가 난다. 이 대나무도 합쳐야 소리가 난다." 신문왕은 이 대나무로 피리를 만들었는데, 이 피리를 불면 나라의 모든 근심거리가 해결되었다. 그래서 이 피리의 이름을 만파식적이라고 붙였다고 한다.

만파식적의 전설을 흠돌의 난이 상징하는 진골과 가야파 간의 대립을 상징하는 것으로 이해하는 견해도 있다. 낮이면 갈라지고 밤이면 합친다는 것도 국난의 시기에는 합쳤다가 평화기가 오면 바로 대립하는 정계의 속성에 대한 절묘한 은유일 수도 있다. 그래서 문무왕과 김유신은 두 세력이 공존해야 신라가 살 수 있다고 훈계한다. 신문왕은 그 훈계를 받았고 피리를 부니 세상이 안정되었다고 하는데, 이것은 즉위 후에 신문왕이 펼친 화합책을 의미하는 듯하다.

전설의 배경이 무엇이든 만파식적 비슷한 유물이 신라왕가에 전해져 내려오긴 했던 모양이다. 오랜 세월 경주에 보관되던 이 피리는 조선 세조대에 왕실 창고로 옮겨졌는데, 그 이후 사라져 버렸다.

신문왕이 용으로부터 만파식적을 얻었다고 전해지는 이견대. 이견대에서 멀리로 대왕암이 바라다보인다. 이 이견대의 위치에 대해서는 다른 곳이라는 주장도 있다. 왼쪽 사진은 성덕대왕신종의 음통 부분. 한국의 신비한 종 소리는 이 소리울림을 도와주는 음통 덕분이라고 하는데, 대나무 피리 모양을 하고 있어 흔히 만파식적을 형상화한 것이라고 보고 있다.

도 자신이 선제공격을 했다고 밝히는 법은 없다. 그들은 항상 상대가 먼저 음모를 꾸몄고, 자신들은 어쩔 수 없이 대응했다고 말한다. 그런데 흠돌의 난의 발생과 전개 과정이 쿠데타의 공식과도 같은 너무나 전형적인 모습으로 서술되어 있어서 되레 의심이 든다. 흠돌은 쿠데타를 할 마음이 전혀 없었고, 쿠데타를 당하지 않을 만큼 안전장치를 해 두기 위해서 골몰했던 것이 아닐까? 진골 중에서는 가장 친하고 정치에는 소극적인 군관을 상대등으로 앉힌 것도 그런 이유였는지도 모른다.

아무리 문무왕의 사망을 비밀로 했다고 해도 문무왕이 사망한 날이 7월 1일, 쿠데타가 발생한 날이 8월 8일이라는 것도 걸린다. 정말 흠돌이 쿠데타를 하려고 했다면 왜 이렇게 긴 시간 뜸을 들였을까? 오히려 그가 문무왕의 사망을 모르고 있었던 것은 아닐까? 단 이 8월 8일은 『삼국사기』에 기록된 날짜인데, 『삼국사기』의 기술대로면 신문왕이 즉위하고, 진복이 상대등이 된 후에 쿠데타가 발발한 것으로 되어 있다. 하지만 표현이 간결해서 8월 8일이 쿠데타 발생일이 아니라 흠돌 등을 처형한 날일 수도 있다. 쿠데타는 7월중에 발생했고, 신문왕이 즉위하고, 상대등으로 진복을 임명하고, 8일에 이들을 처형했다는 것이다. 그렇지만 이런 추정 하에 쿠데타 날짜를 7월 하순으로 앞당긴다고 해도 문무왕의 사망과 흠돌의 반란 사이의 간극이 너무나 길다.

진골계도 낭두의 밀고가 들어올 때까지 손을 놓고 있었던 것은 절대로 아니다. 마지막 순간에 들이닥친 외방 사단도 진골 측에서 미리 손을 써서 불러들인 부대일 것이다.

진실은 영원히 알 수 없지만, 가능한 결론은 두 가지다. 흠돌이 쿠데타를 일으킬 생각은 없었지만 진골계가 전격적으로 친위 쿠데타를 일으켜 가야파를 숙청하고 그 죄를 흠돌에게 뒤집어씌웠거나 양측이 서로 쿠데타를 준비하며 경쟁했지만, 신라 전체에서 다수일 수밖에 없는 진골계의 펀치가 먼저 적중했다는 것이다.

8월 16일 신문왕은 흠돌의 반란을 진압하고, 이들의 처형을 공표하는 교서를 반포했다. 하지만 숙청이 끝나지 않았다. 며칠 후 신문왕은 흠돌의 음모를 알고도 방관했다는 이유로 군관과 그의 아들 한 명(천관일 수도 있다)을 처형했다.[17] 전쟁 영웅에게 베푼 마지막 아량은 자살이었다.

이 사건의 최후의 피해자는 화랑이었다. 자의태후는 화랑을 폐지하고 낭도들의 명단을 병부로 넘기라고 명령했다. 조선시대로 치면 사병을 혁파하고, 국가에서 낭도를 직접 관리하겠다는 것이었다. 그러나 중신들이 완전한 폐지에는 반대해서 화랑도가 다시 부활하기는 했는데, 지도자를 화랑에서 국선으로 바꾸어 이전처럼 정치적·군사적 엘리트 대신 득도한 인물을 선임하도록 했다. 어떤 사람들은 이것을 화랑도의 슬픈 몰락이라고 보지만, 매일 정치논쟁을 하고, 무사와 젊은이들을 모아 군사훈련을 하고, 전쟁에 대한 환상을 심어주고, 그들을 전선으로 데려가던 조직이 신선의 삶, 신선의 경지를 추구하는 사교 조직으로 바뀌었다는 것도 어찌 보면 그것이 선배들이 흘린 피의 목적이고, 평화가 가져다준 선물이 아닐까?

4 머나먼 천문령

645년 당 태종이 고구려 원정에 실패하고 돌아가던 길이다. 영주營州(현재의 랴오닝 성 차오양 시)에 도착했을 때 한 이민족 족장이 태종의 숙소에 찾아와 배알했다. 태종의 마음이 한창 불편했을 시기에 나타난 이 족장은 부족민을 이끌고 당에 복속하겠다고 말했다. 그의 이름은 굴가窟哥로서 거란족의 추장이었다. 거란족은 영주의 북쪽 시라무렌강 유역에 살던 유목민족이다. 이곳은 몽골과 경계지점으로 거란족도 선비와 몽골의 혼혈민족으로 추정하고 있다. 만주에 거주하는 종족 중에서 제일 유목민에 가까운, 당연히 전투력과 야만성도 최강이라고 불렸다. 모두 8개 부족이 있었으며, 정예병으로 4만 3천 정도의 병력을 동원할 능력이 있었다. 거란족은 약 270년 후 요를 건국하고(916년) 고려와도 혈전을 치르는 대국으로 성장하지만,[18] 이때까지는 독립은 고사하고 형님뻘인 돌궐에게 고통받고 있었다. 당에 귀순한 동기도 이 돌궐의 탄압 때문이었다. 굴가 이전에도 일부 부족은 이미 당과 관계를 맺었고, 고구려 원정에도 참가했다.

태종의 참패는 만주의 여러 부족에게는 독립과 반란을 꿈꿀 수 있는 기회였다. 그런데 굴가는 의외로 태종을 찾아와 귀순 의사를 밝혔다. 태종의 패배로 돌궐의 기가 살아나서 그들에게 보복당할 것을 두려워한 탓일 수도 있는데, 정치적으로는 대단히 현명한 선택이었다. 개인이나 국제관계나 어려울 때 찾아오는 사람이 진정한 친구인 법이다. 태종은 거란인 거주구역을 송막도호부로 지정해서 특화하고, 굴가에게 이씨 성을 하사해서 도독으로 삼는 등 아낌없는 보답을 베풀었다. 이로써 영주에 거주하는 말갈족 돌지계의 후손과 굴가의 후손이 모두 이씨가 된다. 잘못하면 선착한 말갈 이씨의 지배를 받을 뻔도 했던 거란은 이 한 수로 자기 영역을 확보했고, 거란족 내부에서 굴가의 정치적 지위는 상승했다.

한편 굴가보다 먼저 수 왕조에 귀순해서 영주에 정착한 거란집단이 있었다. 그들의 추장이 손오조孫敖曹였다. 말갈족 돌지계의 귀순보다도 빨랐다. 차례로 영주와 영주 북쪽 송막에 거주하게 된 손오조, 돌지계, 굴가는 함께 돌궐과 싸우고, 고구려 원정과 나당전쟁에 종군했다.

굴가의 후손인 이씨 가와 손씨 가는 대대로 당의 관직을 받았고, 서로 사돈을 맺으며 협력관계를 유지했다. 그런데 측천무후 시절인 696년 거란족이 반란을 일으킨다. 영주도독 조문홰趙文翽가 거란족을 가혹하게 대하고 무시했던 것이 원인이었다. 반군의 지도자는 굴가의 손자인 이진충과 이진충의 처남이며 손오조의 증손인 손만영이었다. 거란족은 조문홰를 붙잡아 살해하고 이진충이 무상가한無相可汗으로 등극했다. 군사령관은 손만영이 맡았다.

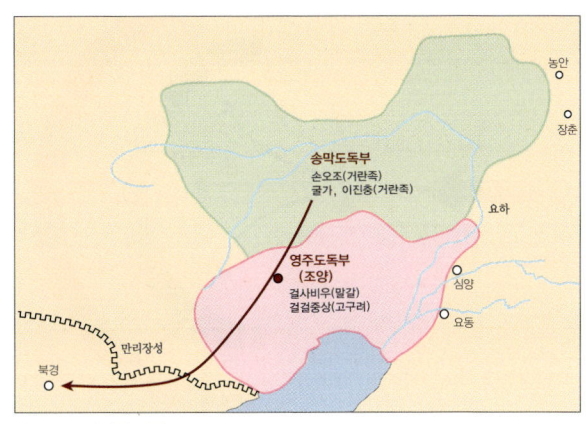

영주도독부와 송막도독부

 당나라는 장현우, 조인사, 마인절 등 28명의 장군을 파견했으나 손만영에게 대패하고 장현우와 마인절이 포로가 되었다. 당군은 다시 18만 명의 대군을 동원하고, 토번 전선에서 활약중이던 왕효걸을 데려와 지휘관으로 삼았다. 왕효걸은 이경현의 원정 때 유심례의 부사령관으로 토번군에게 포로가 되었던 장군이다. 그 뒤로 계속 토번 전선에서 싸우며 산전수전을 다 겪은 노련한 장수였다. 695년 전역에서는 토번 왕국의 주력을 궤멸시키는 대승리를 거두어 지난날의 모욕을 갚았다.

 당군과 거란군은 지난번 전투가 벌어진 지역 부근에서 다시 대결했다. 당군이 진격해 오자 거란군은 협곡에 매복해서 당군을 괴롭혔다. 왕효걸은 정예기병을 앞에 세워 매복한 거란군을 소탕하면서 차근차근 전진했다. 협곡을 돌파하자 거란군 주력이 기다리고 있었다. 왕효걸은 신중하게 방진을 치고 거란군과 대치하면서 후위부대인 소굉휘의 군을 기다렸다.

 협곡과 같이 좁은 지역을 벗어나 넓어지는 지역은 수비군에게는 적절한 요지다. 공격군이 협곡을 나와 부채꼴 모양으로 전개할 때 안쪽 원보다 바깥쪽 원의 원호가 길어진다. 공격군은 일단 전개한 후 교두보를 단단히 하고 후속부대가 올 때까지 버텨야 한다. 문제는 이때 방어선을 좁게 해서 밀도를 높

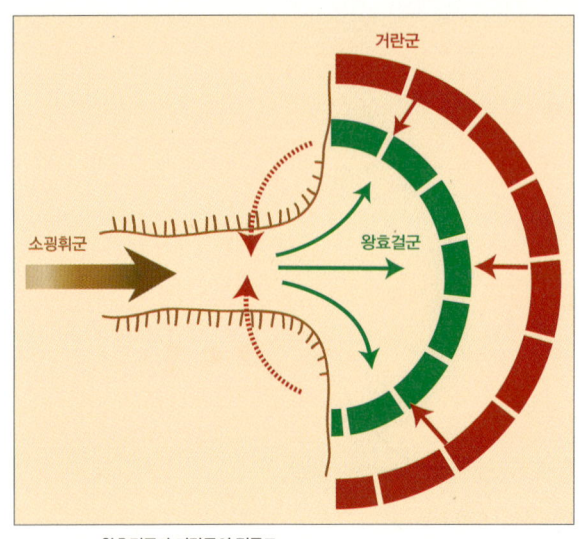
왕효걸군과 거란군의 전투도

이면 후속부대가 들어올 공간이 없다. 가능한 최대로 전개해서 후위부대가 빨리 후속할 수 있는 공간을 확보해야 한다. 이때가 제일 취약하고 위험한 순간이다. 공격군은 이 순간을 놓치지 않을 것이다.

그런데 후위의 소굉휘는 대치중인 거란군의 위세를 보더니 달아나 버렸다. 그가 거느린 군사가 무려 7만이었다. 퇴로인 협곡은 좁고, 거란군이 바보가 아니라면 계곡으로 병력을 보내 퇴로부터 차단했을 것이다. 고립된 당군은 제대로 싸우지도 못하고 무너졌다. 왕효걸은 계곡에 떨어져 죽었다.

왕효걸을 격파하고 자신감을 얻은 거란군은 중원으로 진격을 개시했다. 만리장성을 넘어 유주를 점령하고 하북성으로 밀고 나왔다. 이때 이진충이 갑자기 사망해서 손만영이 이진충의 부족까지 인수해서 대장이 되었다. 이것이 모종의 내분이나 분열을 일으킨 것이 아닌가 싶다. 하지만 그것은 나중의 일이었다. 반군을 인수한 손만영은 하북성 기현을 점령하고 자사와 관리의 가족 수천 명을 몰살시키는 등 전과를 계속 확대했다.

당나라는 다시 30만 대군을 동원했지만, 막상 전세를 역전시킨 것은 당군이 아니었다. 거란군이 하북으로 진입하고, 이진충이 사망할 무렵 거란의 숙적인 돌궐과 해족이 거란의 후방으로 들이닥쳤다. 돌궐 추장 묵철默啜은 송막 부락을 함락하고 손만영의 가족까지 생포했다. 훗날 거란이 중국 침공을 앞두고, 배후 공격의 위험을 제거한다며—전혀 그럴 마음이 없는—고려를 집요하게 침공하는 것이 이때의 아픈 경험 때문인지도 모르겠다.

비슷한 시기에 거란의 장수였던 이해고李楷固와 낙무정駱務整도 당군에 항복했다. 두 사람은 당나라의 관직을 받고 거꾸로 토벌군의 선봉에 섰다. 이들도 거란군에 큰 타격을 가했다. 700년에 장안으로 개선한 이해고는 측천무후로부터 무후의 성인 무씨를 사성받았다. 이해고와 이진충의 관계는 알 수 없는데, 같은 이씨라 모종의 관련이 있지 않은가 싶다. 그가 동족인 거란 반군의 토벌에 앞장설 수 있었던 이유는 거란 반군이 여러 세력의 혼성집단이어서 내부 균열이 컸던 탓이다. 거란의 부족이 이진충과 손만영의 부족으로 분리되어 있고, 고구려 멸망 후 추가로 이주해 온 말갈족과 고구려 유민이 반군에 합세해 있었다.

697년 반란의 실패가 자명해졌다. 손만영은 본대를 버리고, 경기병 수천 명만 이끌고 요동으로 달아났지만, 당군의 매복에 걸려 전멸했다. 손만영은 가노만 거느리고 간신히 탈출했는데, 숲에서 쉬다가 가노에게 살해당했다.

이진충의 반란은 허무하게 끝났지만 새로운 반란이 계속해서 발발했다. 거란군이 붕괴하자 일부는 당에, 일부는 돌궐에게 항복했다. 그러나 고구려 유민과 말갈족은 항복하지 않았다. 그런데 이제부터 벌어지는 사건에 대해서 『구당서』와 『신당서』의 기술이 시간과 순서에 차이를 보인다. 어떤 부분은 확실하게 시간 순서를 무시하고 바꿔서 기록하고 있고, 어떤 부분은 그 순서대로 이해하기에는 상식적으로 납득이 가지 않는다. 그런 부분을 일일이 논증하고 학설을 소개하면서 검토하면 복잡하고 어려워지므로 논증은 생략하고 필자의 판단에 따라 서술을 진행하도록 하겠다.[19]

측천무후는 고구려 유민과 말갈족을 회유하기 위해 고구려 유민의 지도자 걸걸중상乞乞仲象을 진국공에, 속말말갈의 추장인 걸사비우乞四比羽를 허국공許國公에 책봉하고, 사면령을 내렸다. 하지만 이들은 책봉을 거부했다. 화가 난 측천무후는 이해고에게 토벌 명령을 내렸다. 토벌군이 다가오는 사이에 걸걸중상이 사망해서 걸걸중상의 아들로 무용과 용병술이 뛰어났던 대조영이 고구려 유민의 지도자가 되었다.

걸사비우의 부족은 속말말갈로 보는 견해가 정설이다. 이근행의 속말말갈족은 이미 근거지가 유주로 옮겨가 있었는데, 이근행이 영주도독을 역임했으므로 일부가 영주에 있었을 가능성은 있다. 유주에 있던 이근행 후손의 반란 참여 여부는 분명하지 않다.

문제는 이 대조영 집단의 정체다. 『당서』에서는 고구려의 별종別種이라고 애매하게 표현했다. 고구려의 유민인 것은 확실한데, 한국어를 사용하는 집단인지, 말갈족인지, 말갈족이라면 속말말갈인지, 백산부인지, 고구려인과 말갈인의 혼혈집단인지 분명하지 않다. 어느 쪽이든 그들의 과거 국적은 고구려였고, 걸사비우의 속말말갈은 말갈족 중에서 고구려와 사이가 가장 나쁜 집단이었다. 고구려 멸망 후 한 세대가 완전히 지나지 않았고, 그들은 같은 지역에 살고 있다. 이 시간이 두 집단이 같은 적을 마주하고 화해하기에 충분한 시간인지, 반목만 더해 주었을 시간인지도 확실하지 않다. 그러나 이해고가 공격해 들어올 때 두 집단이 긴밀하게 화합하면서 움직이지는 않았던 것은 분명하다.

이해고는 먼저 걸사비우의 말갈과 대결하여 말갈족을 격파하고 걸사비우를 살해했다. 다음이 대조영의 부족이었다. 대조영은 동쪽으로 탈출하면서 주변의 고구려 유민을 끌어들여 세력을 보강했다. 이해고는 맹추격을 해서 천문령에서 대조영을 따라잡았다. 대조영은 고구려 유민과 아마도 걸사비우의 남은 세력으로 추정되는 말갈족을 규합해서 저항했다. 이 전투에서 이해고는 참패하여 겨우 몸을 빼서 도망쳤다.

천문령은 위치가 정확하지 않다. 이 전투가 대조영이 요하를 건넌 뒤에 발발한 것인지, 요하를 건너기 전에 발발한 것인지도 확실하지 않다. 그러나 이해고가 거란족의 항복을 받고 바로 대조영과 걸사비우를 추격했다고 보면

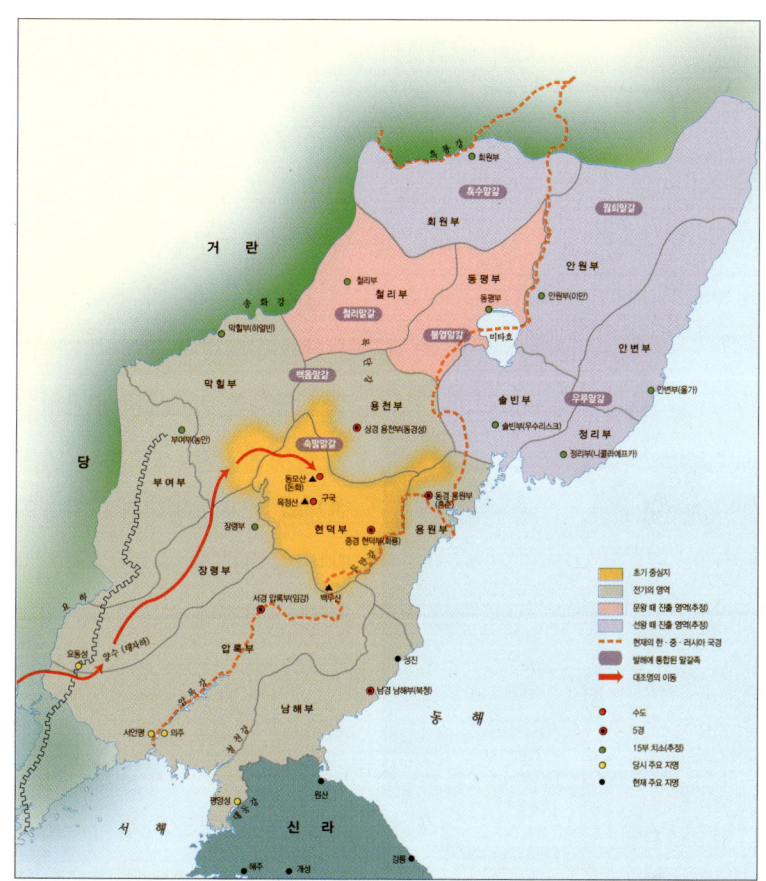

대조영의 이동로와 발해의 건국

천문령은 영주에서 요하 사이 또는 요하 동쪽에서 멀지 않은 곳에 있었다고 보는 것이 타당하다고 생각된다.

당군은 이미 거란족과의 전투로 수십만을 잃었다. 거란 반군도 전멸했고, 천문령에서 이해고의 군단마저 궤멸됨으로써 당은 이제 요동으로 보낼 병력이 없었다. 대조영은 천혜의 기회를 잡았지만, 탄탄대로가 열린 것은 아니었다. 만주에는 여러 말갈부족이 있고, 전혀 사이가 좋지 않은 돌궐족과 해족은 한창 기세가 올라 있었다. 대조영의 병력은 알 수 없지만 군대가 아닌 민

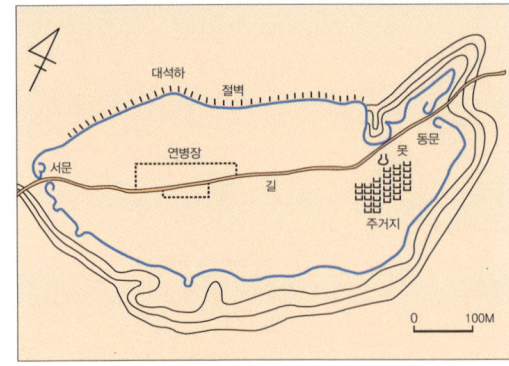

대조영이 정착한 동모산의 약도

발해 석등. 높이 6미터의 거대한 위용을 자랑한다.

간인까지 거느리고, 요동반도를 가로질러 1000km가 넘는 길을 횡단하는 장정은 쉬운 일이 아니다.

이때 또 한 번의 기적이 일어난다. 영주도독부를 점령한 돌궐족은 거란의 잔존세력까지 수용하면서 순식간에 세력이 불어났다. 게다가 그들 앞에는 이진충과 손만영의 반군에 의해 거의 청소가 되어 버린 현재의 베이징 일대와 하북성이 무방비 상태로 놓여 있었다. 당나라의 팽창 과정에서 돌궐족은 여러 차례 무참한 살육을 당했다. 지금 돌궐의 전사들은 그들의 아들 세대였다.

698년 돌궐족은 당나라로 쇄도해 들어갔다. 이들의 기세는 거란족보다 더 대단해서 고대 은왕국 시대부터 이어져 온 유서 깊은 도시 하북성 정주까지 함락당했다. 돌궐은 중원으로 들어가 버렸고, 돌궐의 침공으로 당나라와 만주를 연결하는 도로가 완전히 차단되어 당군의 대조영 추격은 완전히 불가능해졌다.

대조영은 천운에 감사하며 동쪽으로 깊숙이 들어가 태백산 동북쪽, 오루하奧婁河에 정착했다. 오루하의 위치는 목단강 유역으로 보는 견해도 있는데 아직 확실하지 않다. 『신당서』에서는 이 오루하 정착 이후에 천문령 전투가 벌어졌다고 하는데, 정황상 이렇게 보기는 어렵다. 만약 그 순서가 맞다면 오루하는 요하 동쪽에서 가까운 지점이어야 한다. 얼마 후 다시 목단강 상류로 이동한 대조영은 동모산(길림성 돈화현, 오동성敖東城) 아래에 정착하고, 건국을 선포했다.

이 지역은 고구려 제국의 영토이면서 말갈족의 발원지이기도 했다. 망한 나라의 유민이 수 세대 전에 떠났던 고향으로 돌아오는 것은 세계사적으로도 경험하기 힘든 사례다. 동모산을 보았을 때, 그들의 감격이 어떠했을지는 상상하기도 어렵다. 운이 따랐다고 해도 이런 엑소더스를 이끈 대조영의 리더십과 부족의 단결력도 놀라운 것이었다. 당나라와 거란족, 돌궐, 해족, 말갈족 사이에 끼어 살면서 받은 설움과 가혹한 군사동원, 동족과의 전투가 이들을 떠밀고 온 힘이었다.

698년 대조영은 건국을 선포했는데, 처음 명칭은 진국震國이었다. 진국이 성립하자 주변의

발해의 용머리(상)와 녹유귀면장식와(하)
발해 건축장식의 백미로 일컬어진다. 특히 귀면장식와는 도깨비 얼굴을 환조로 형상화한 것으로 치미와 함께 입체성이 매우 부각되어, 장식을 가미한 평면적인 다른 삼국의 기와들과는 대조된다.

고구려 유민들과 말갈의 여러 부족이 모여들어서 국력이 크게 신장되었다. 초기에 벌써 가호는 10만 호가 넘고 수만 명의 병력을 동원할 능력을 갖추었다. 713년 당나라 현종은 현실을 인정하고, 대조영을 발해국왕 물간주도독으로 책봉했다. 이후로 발해가 정식으로 국명이 되었다. 698년에 건국한 발해는 926년 거란에게 멸망하기까지 230년을 지속했다. 우리 기준으로 보면 단명한 것 같지만, 만주나 중국왕조의 기준으로 보면 평균 이상으로 장수한 왕조였다.

저 언덕을 넘어가면 별천지가 있다. 평범한 산길에서 누가 이렇게 말하면 믿는 사람이 있을까? 그러나 한반도를 길게 따라 내려와 거의 끝에까지 이르면 이 말을 믿게 될 것이다. 다만 그 별천지는 어느 시인이 꿈꾸었던 문명과 격리된 이상향이 아니라 현세의 우리들이 바라듯이 부와 광채로 번뜩이는 번화한 거리였다.

기록에 묘사된 내용만으로 보면 8세기의 서라벌은 우리 역사상 가장 화려한 도시였다. 서라벌 시내의 가옥은 거의가 기와로 덮였고, 금입택이라고 불린 저택들은 처마와 기둥, 대문에 금을 입혀 황금빛이 번쩍였다. 거리를 채운 남녀는 중국에서 수입한 고급 비단옷을 입었고, 그들의 옷과 장식, 타고 있는 말에도 금빛 장식물이 주렁주렁 달렸다.

사람과 집으로 빽빽한 도시지만 공기는 맑았다. 골목길과 담장 앞에서는 술익는 냄새와 복사꽃, 오얏꽃 향내를 마음껏 맡을 수 있었다. 모든 가옥이 장작 대신 숯을 때서 연기가 나질 않았다.

문득 뒤에서 강하고 신비로운 향내가 밀려왔다. 사람들이 좌우로 급하게 물러섰다. 붉은 장삼에 금빛을 두른 고승의 행렬이 사람들을 헤치며 천천히 지나갔다. 독경 소리, 대열의 앞에서 휘두르는 향연, 그 어떤 황금빛보다 영험하게 빛나는 불상, 그 뒤로 펼쳐진 광배와 어린 동자승이 받들고 지나가는 불경, 그 행렬은 지금껏 본 어떤 광경보다도 신비롭고 호화스러웠다.

이날 밤 거리에 서 있던 사람들은 그 순간에 자신이 여기에 있었음을 감사해야 했다. 앞으로 천년이 넘도록 이 땅에서 재현되지 않을 화려함과 풍족함을 보았기 때문이다.

고려와 조선은 국가총생산은 신라보다 많았겠지만 이런 사치를 법으로 허용하지 않았고, 지배층이 넓어져 이처럼 부를 독점하지도 과시할 수도 없

제3장 천년의 벽

었다. 거리에 있던 당나라와 아랍, 일본 상인들도 최고라는 말을 되풀이했다. 장안은 서라벌보다 크고 넓었지만, 그곳과는 또 다른 묘한 매력과 정겨움이 서라벌에는 있었다. 거리의 여인들은 최고 인기였다. 장안의 여성들에 비해 그녀들은 단아하고 날씬했으며, 중국 여인들처럼 투박하고 거칠지 않으면서도 내적으로는 굳세고 강건했다.

그러나 어느 골목 구석에서 한 사람이 우울한 눈동자로 그것을 바라보고 있었다. 그의 눈에는 이상하게도 다른 것이 보였다. 화려한 비단옷을 걸치고 걸어가는 청년 남녀의 손목은 가늘어져 있었다. 그들의 선조에 비해 주량은 말도 못하게 세졌지만, 그들은 이제 거친 길은 달리지 못하고, 야전 텐트에서는 잠을 이루지 못한다.

풍족함에 어울리지 않게 불평과 욕구불만은 더 커졌다. 그 중에는 옳은 말도 있지만, 책임의식은 실종되었다. 관청이고 군대고 불만에 찬 젊은이들의 동창회가 되었다. 그들은 이런저런 문제를 지적하고, 불평을 토로하지만 아무도 힘든 일은 하려고 하지 않는다. 그리고 질펀한 술잔치로 젊음의 불만이 가득한 밤을 매조지했다. 그것은 장년층도 노년층도 마찬가지였다. 참 희한한 것이 모든 것을 가진 자들이 그렇게 불평을 토해 내면서, 그 아래, 그 아래 사람들의 불만이 어떨지는 전혀 모른다는 것이다.

조금 후 우울한 그림자는 골목 안으로 사라졌다. 우리는 그가 누구인지 모른다. 그러나 얼마 후에 벌어진 일은 알고 있다. 천국의 종말이다.

1 균열의 시작

경덕왕(재위 742~765년)은 인상적인 치적을 남긴 국왕이다. 그의 치세에 신라 예술의 최대 걸작들이 탄생했다. 불국사와 석가탑, 다보탑, 석굴암, 굴불사와 굴불사 사면석불이 경덕왕대의 작품이다. 완성은 못했지만 에밀레종(성덕대왕신종)의 제작도 경덕왕이 시작했다. 사천왕사에 머물며 피리의 대가였던 월명 스님은 〈도솔가〉, 〈제망매가〉 등 향가문학의 정수를 남겼고, 그와 쌍벽을 이루는 향가작가 충담사도 동시대 인물이다.

불국사, 석가탑, 다보탑, 석굴암 등 신라 예술의 최대 걸작들이 모두 경덕왕대에 탄생했다. 경덕왕은 강력한 전제국가를 꿈꾸었다.

신라하대의 왕릉은 괘석을 두르고, 십이지신상을 부조로 새기는 방식이 유행했다. 이 양식의 시작이 경덕왕의 아버지 성덕왕릉이다. 하지만 이 새로운 양식의 원조 왕릉은 후대의 왕릉과는 비교할 수 없는 수준을 지녔다. 성덕왕릉의 십이지신상은 부조가 아니라 석조 조각상을 만들어 둘렀다. 어쩌다 대부분 머리가 잘려 형체를 잃었지만 부조와는 비길 수 없는 당당하고 훌륭한 작품이다. 제작 비용도 몇 배는 더 든다. 성덕왕릉은 경덕왕이 아니라 그의 형이며 선왕인 효성왕대에 조성되었겠지만, 거의 같은 시대라 할 수 있다. 이처럼 예술이 찬란하게 꽃피웠다는 것은 사회가 안정되고, 부가 넘쳐났다는 의미지만, 과도하게 넘쳐날 때는 뭔가 문제가 있다.

757년(경덕왕 16) 경덕왕은 전국의 지방 군현을 중국식 명칭으로 고쳤다. 2년 후에는 중앙관청과 관직 명칭도 고쳤다.[1] 이 개혁이 명칭만 바꾼 것인지, 명칭 변경은 구실이고 구조적인 개혁을 단행한 것인지는 확실하지 않다. 그러나 목표는 확실하다. 조선시대까지도 중국식 모델을 내세울 때는 언제나 중앙집권화와 국가 권력의 강화가 목적이었다.

목적은 그런데, 갑자기 무언가를 단단히 잡아매려 한다는 것은 몸체에 균열이 생겼다는 의미이기도 하다. 갑작스런 행정개혁과 넘쳐

성덕왕릉과 십이지신상 능에 괘석을 두르고 십이지신상을 부조로 새기는 신라하대의 왕릉 양식은 경덕왕대에 축조된 성덕왕릉에서 시작되었다. 특히 성덕왕릉의 십이지신상은 부조가 아닌 우수한 조각상으로 유명하다.

나는 예술혼, 과도한 부의 사용, 이런 현상에 어울리는 말이 있다. 촛불은 꺼지기 직전에 가장 밝게 빛난다!

신라의 권력은 왕족인 김씨 가가 장악해 왔다. 일족 지배는 집단지배체제다. 시간이 가면 일족은 늘고 촌수는 멀어져 간다. 서로가 나누는 파이의 양과 권력도 작아진다. 이 틈을 노려 왕은 자기 몫을 키워 간다. 공정한 큰어른에서 독단적 지배자로 변모한다. 이런 변화는 두 개의 성향을 낳는다. 하나는 행복했던 옛 시절에 대한 그리움이다. 하지만 일부는 비대하고 특별해진 국왕과 권력의 자리에 전에 없던 욕망을 느낀다. 가족의 평화와 안정, 골육에 대한 애정은 헛된 미련이 된다. 귀족 간에 권력다툼이 격렬해지고 왕위도 도전을 받는다.

경덕왕은 이미 돌이킬 수 없이 커진 그 균열을 보았던 것 같다. 피할 수 없다면 인정하고 이용해야 한다. 그는 강력한 전제국가를 꿈꾸었다. 제도, 종교, 예술 모든 것을 이용해서 힘으로 균열을 덮고, 더 강하게 눌러 버릴 힘과 권력을 획득하려고 했다. 그러나 꿈꾸는 것과 그것을 이룩하는 능력은 별개다. 경덕왕은 꿈을 이루는 대신 터트려 놓았다.

경덕왕의 아들 혜공왕(재위 765~780년)은 늦게 얻은 외아들이었다. 즉위할 때는 겨우 여덟 살, 왕이 어려서 모친인 만월부인 김씨가 섭정을 했다. 균열을 누르던 힘이 갑자기 약해졌고, 신라 정계가 요동치기 시작했다. 혜공왕 치세 동안 정변이 속출한다.[2]

묘하게 거의 5년 주기로 발생한 반란은 황당한 내용을 지니고 있다. 반란의 주모자가 거의 현임, 전임 시중 아니면 상대등이다. 상대등과 시중은 신라의 최고위 관료다. 상대등은 관서가 없는 독립적 존재고, 시중은 최고 행정기관인 집사부의 장이었다. 그래서 상대등은 귀족의 대표자고, 시중은 국왕의 직속으로 이해하기도 했다. 그러나 시중에서 상대등이 되는 경우도 많고, 상대등으로 임명되는 사람이 국왕의 동생, 숙부 등 최인척이거나 최측근

세력이어서 상대등이 국왕과 대립하는 귀족의 수장이라는 생각은 힘을 잃고 있다.

〈혜공왕대의 정변〉

연 도	사 건	비 고
혜공왕 4년(768) 7월	일길찬 각간 대공과 동생 아찬 대렴이 궁궐을 33일 동안 포위. 국왕군에 진압됨	96각간의 난
혜공왕 6년(770) 8월	대아찬 김융의 반란	김유신의 후손으로 추정
혜공왕 11년(775) 6월	이찬 김은거의 반란	768~770년 시중
혜공왕 11년(775) 8월	이찬 염상, 시중 정문과 반란	염상 758~760년 시중 정문 770~775년 시중
혜공왕 16년(780) 2월	이찬 지정의 반란, 궁궐 포위	
혜공왕 16년(780) 4월	상대등 김양상, 이찬 경신의 반란, 지정 진압, 혜공왕 살해	김양상 774년 상대등 취임

고대국가는 아무리 왕이 있고 관료가 있어도 고려, 조선 시대와 같은 수직적 관계가 아니었다. 쉽게 말하면 서양의 봉건시대와 유사하다. 귀족도 여러 이성 집단이 아니라 혈연관계가 가까운 신라왕족의 일부였고, 이들은 각기 지방에 땅과 노비, 직속 세력이 있었다. 그러므로 국왕도 정권을 유지하려면 강력한 영주의 협력이 필요했다. 따라서 혈족끼리 영지와 권력을 분할하고, 그들을 시중, 병부령 같은 주요 관직에 임명해서 협력자로 둔다. 그 중에서도 최고위직이 상대등이다.

그런데 왜 이들이 반란을 일으켰을까? 반란이라고 기록되었지만, 이것은 정치세력들 간에 벌어지는 전형적인 권력투쟁이다. 한 파가 다른 파를 숙청할 때 반란음모를 씌우는 것은 동양 정치의 공식이다. 반란은 상대방을 제거하기 위해 무력동원 같은 비상수단을 사용할 수 있는 명분을 주는데다가 왕족, 재상급 고관은 반란죄로만 처형이 가능하다.

최초의 반란인 각간 대공의 난은 왕족층의 분화가 바탕이 되고, 여기에 경덕왕의 지배층 구조조정 사업의 수혜자와 비수혜자 간의 대립이 더해지면서 폭발한 것으로 보인다. 대공의 지위와 족보는 알 수 없지만 그도 왕족 중에서 큰 세력을 가진 고위 인사였을 것이다. 서라벌에서 대공의 난이 터지자 전국에 나가 있는 김씨 왕족이 서로 편을 나누어 붙었다. 이 내전은 3년간 지속되었으며, 전국의 96각간이 서로 싸웠다고 해서 96각간의 난으로 불리기도 한다.[3] 신라에 왔던 당나라 사신도 이 사태를 목격하고 증언을 남겼다.[4]

대공파가 왕궁을 33일이나 포위했다고 하는데, 이는 단순 포위전이 아니라 왕족들 간의 대립으로 수도가 양분되어 시가전이 벌어진 것 같다. 『삼국유사』에서는 반란의 와중에 남산 신성에 세운 장창이 불에 탔다고 했다. 이것은 왕궁뿐 아니라 남산 등 서라벌 전체에서 전투가 벌어졌음을 말해 준다. 대공이 패배한 후 사량부와 모량부에 비축한 대공의 보물과 재산을 왕궁으로 옮겼다고 했다. 이것도 시가전의 정황을 전해주는데, 고대의 수도가 다 그렇지만 왕족들의 거주지는 구획별로 나뉘진다. 대공의 저택과 근거지는 사량과 모량의 어느 구획에 있었다. 그의 지지자, 다른 왕족, 귀족들도 여기저기 포진했을 것이다.

한 달 간의 시가전이 끝나자 국왕파는 패배한 대공의 재산을 모두 왕궁으로 옮겨갔다. 그것을 보면서 사람들은 중요한 사실을 깨달았다. 승자는 권력과 함께 막대한 부를 획득한다. 그 부는 다시 권력의 원천이 된다. 귀족들은 전국에 영지와 노비가 있고, 그들과 연결된 사병과 지방 유지들이 있었다. 이들도 서로 자기 편의 승리와 지역의 패권, 토지와 노비라는 부의 원천을 두고 충돌했다. 일부는 군대를 모아 서라벌로 상경하려고 했을 것이고, 반대파는 그들을 저지해야 했다. 이렇게 전국으로 확산된 전투는 3년이나 계속되었다.

내전이 끝났지만 한 번 터진 욕망은 그치지 않았다. 신라의 지배층은 김씨를 주축으로 한 골육 간이어서 적과 아군을 나눌 경계와 원칙이 분명하지 않다는 치명적 단점이 있었다. 파벌싸움이 시작되자 불만과 불신이 이들을 덮쳤다.

770년 대아찬 김융의 반란, 실제로는 김융파에 대한 숙청 사건이 터졌다. 『삼국유사』에 김유신이 혜공왕에게 나타나 770년에 자신의 후손이 억울한 죽음을 당했으므로 자신도 이제 신라를 버리겠다고 화를 내는 설화가 전해진다. 김융이 김유신의 후손이거나 이 숙청에 유신의 후손이 연루된 것 같다. 혜공왕은 대신인 김경신을 김유신의 능에 보내 사죄하고, 김유신이 세웠다고 전하는 취선사鷲仙寺에 30결(30~60정보)이나 되는 토지를 하사해 그와 후손들의 명복을 빌게 했다고 하는데,[5] 이것은 숙청 후 수습을 암시하는 듯하다. 하지만 여기에는 또 하나의 진실이 숨어 있다. 워낙 혈연으로 얽힌 집단이다. 김유신 가만이 아니라 누구를 숙청하든 누군가의 친인척 일부가 해당되었다. 억울한 죽음이 발생했고, 분열이 커져 갈 수밖에 없는 구조였다.

그래서 두드러지는 두 개의 그룹이 드러난다. 김은거파와 김양상파다. 김은거 쪽에 신유神猷, 염상, 정문이 있고, 김양상은 이복동생 김경신과 김은거 측이 싫었던 김주원 등 일단의 귀족그룹의 지원을 받았던 것 같다. 그렇다고 이렇게 딱 둘로 구분되지도 않았던 것 같다. 그 내부는 합종연횡, 강경, 초강경, 중도, 관망, 양다리, 기회주의, 방관과 회의, 우물쭈물이 횡행했을 거다. 팽팽한 파벌싸움과 국가의 분열은 엉뚱한 기록을 남겼다. 혜공왕대에 중국행 사신이 1년에 두 번씩이나 파견되었다. 이전에는 잘해야 1년에 한 번이었다. 당나라 측에서도 놀라서 이 일을 기록했을 정도였다.

이때는 신라가 당의 국제질서 안에 있어서 국왕이 즉위하면 당으로부터 즉위를 인정하고 관직을 하사하는 칙서를 받았다. 이런 이야기를 하면 금세 기분 나빠지는 분이 많지만, 현재도 주변국이나 유엔이 정권을 인정하고 않고 하는 경우는 종종 있다. 우리나라는 고립주의의 전통과 식민지 경험의 충격으로 내정과 국제관계를 완전히 분리해서 생각하는 나쁜 버릇이 있다. 모든 개별 국가의 정세는 이웃 나라에 영향을 미친다. 그래서 내정에는 외정도 포함된다. 국력과 힘의 논리가 작용했던 것은 사실이지만, 그렇다고 중국이 내정에 세세하게 간섭했던 것은 아니다. 그러나 피차 간에 완전히 방치할 수도 없고, 필요하면 서로 이용하는 것이다.

국내적으로 정권이 기반이 약하고 어지러울 경우, 종종 강대국이나 주변국의 불인정은 반대파에게 공격의 구실이 된다. 반대로 세력이 백중세일 때는 서로 간에 작은 우위에도 집착하는 법이다. 더 백중세일 때는 불치병 환자가 보약을 찾듯 실효와 경중을 가리지 않고 움켜쥔다.

770년 8월 김융이 숙청되고, 12월에 김은거가 퇴진하고 김정문이 시중이 되었다. 그 다음에 김유신 혼령의 항의사건이 있고, 이 상황의 수습을 김경신이 맡았다. 774년 김양상이 상대등이 되었고, 775년에 전임 시중 김은거와 경덕왕 때 시중을 지낸 염상, 현 시중 김정문이 두 달 간격으로 숙청되었다.

780년 2월 이찬 지정이 반란을 일으켜 궁을 점거했다. 지정의 정체는 모호하다. 김은거파일 수도, 제3세력일 수도 있다. 두 달 후인 4월에 김양상·김경신 형제가 궁으로 들어가 지정을 살해하고 반란을 종결했다. 이 기사는 조금 의심스럽다. 진짜로 반란을 일으킨 사람이 김양상이고, 지정은 혜공왕을 보호하던 친위세력인데, 승자인 김양상이 죄를 덮어씌웠을 수도 있다. 왜냐하면 지정을 제거하는 과정에서 혜공왕과 왕비도 살해되기 때문이다. 지정 측이 혜공왕을 살해했다면 왜 궁을 점거하고 두 달이나 왕을 살려두었을까? 지정도 반군이지만 김양상이 지정을 진압하면서 아예 혜공왕까지 살해했을 수도 있다. 아무튼 정변 후 김양상이 선덕왕으로 즉위했다.

혜공왕의 죽음은 신라 정치사의 중요한 변화다. 신라의 구원자였던 무열왕계가 왕위에서 단절된다. 선덕왕은 내물왕의 후손이었다. 하지만 이 무열왕계와 내물왕계라는 것도 직계 족보로는 그렇다고 해도 생각처럼 대단한 간극은 아니다. 어차피 수도 없이 혼혈이 되었을 테니 말이다.

선덕왕은 6년 만에 사망하는데, 도중에 왕위를 내놓으려고 했고, 사망할 때 자신은 왕이 되려고 한 것이 아니라 주위에서 사태 수습을 위해 자신이 즉위해야 한다고 해서 할수없이 즉위했다고 말했다.6 그의 배후에는 무열왕계의 권력독점에 불만이 많은 귀족세력이 있었던 듯하다. 그러나 이것도 딱 들어맞는 공식인지는 확실하지 않은데, 무열왕계가 거대 계파임은 틀림없지만 무열왕계라는 김주원이 선덕왕의 족자族子라고 하며, 선덕왕의 왕위계승 후보로 등장하고, 뒤로 가면 서로 편이 바뀌기도 하는 것을 보면 무열왕계와 내물왕계, 혹은 전제왕권을 추구하는 무열왕계와 귀족연합세력이라는 구도가 도식적일 가능성이 있다.

성덕대왕신종 경주국립박물관 전시. 반란으로 혜공왕이 죽으면서 무열왕계는 신라왕위에서 단절된다. '에밀레종'이라는 이름으로 더 유명한 성덕대왕신종은 석굴암과 함께 모두 혜공왕 때 완성된 걸작이다.

다만 김양상 측에는 내물왕계를 중심으로 역사적으로 신라정국에서 소외되었던 박씨 등이 좀 더 적극적으로 가세했던 것 같다.

선덕왕이 죽자 연합파의 약점이 드러났다. 권력을 확고히 할 중추적인 세력이 없었다. 무열왕계인 김주원과 선덕왕의 이복동생, 또는 종형제간으로 추정되는 김경신이 대립하다가 김경신이 즉위했다.7 그가 원성왕이다. 원래는 김주원의 왕위계승이 유력했는데, 마침 알천의 물이 불어 건너오지 못하는 바람에 상대등인 김경신이 왕이 되었다고 한다. 이 말이 사실이라고 해도 내부의 사정이 복잡하고 결정적인 힘을 지닌 세력이 없었음을 말해준다.

원성왕은 모친이 박씨로 정치적 배후가 좀 더 넓었다. 그는 신라하대의 왕들 중에서는 능력 있는 왕으로 국학을 중흥시키고, 독서삼품과를 설치해서 사서오경을 시험 보아 인재를 등용하려고 하는 노력을 보였다. 전에는 궁술로 사람을 뽑았다고 하는데, 문보다 무를 중시했다는 의미로 이해할 수도 있지만, 어차피 후보자가 서로 다 아는 사람이므로 최종 후보자가 가위 바위 보를 해서 적당히 뽑았다는 말일 거다. 독서삼품과를 운영한다고 해서 등용의 폭이 크게 넓어진 것은 아니겠지만, 적어도 귀족세력 내에서도 객관적 기준을 마련해서 국가를 운영해 보려는 시도는 의미 있는 것이었다. 그러나 국가의 핵심부는 국왕의 형제와 아들 등 가까운 일족이 장악하는 방식은 변하지 않았다.

그래도 정치 상황이 조금 정리가 되는 듯했는데, 몇 가지 불운이 잇달아 발생했다. 원성왕의 태자인 인겸이 일찍 사망했다. 원성왕은 인겸의 아들 즉 맏손자인 준옹(俊邕)을 궁중에서 기르며 당에 사신으로 보내고, 재상, 시중, 병부령 등 요직을 역임시키면서 후계자 수업을 시켰다. 지속적인 내란과 쿠데타를 경험한 왕은 확고한 장자상속을 통해 불안한 왕권과 정국을 안정시키려고 했던 것 같다. 그러나 기대했던 준옹(소성왕)마저 재위 2년 만에 사망했다. 준옹의 아들 애장왕이 13세에 즉위하면서 장자상속에 대한 집착은 거꾸로 비극을 초래하게 된다.

장손의 요절도 불운이지만 원성왕은 독서삼품과를 운영하면서도 시중, 병부령 등 요직을 모두 아들, 손자들에게 맡겼다. 그가 기대한 체제는 조선시대처럼 장자상속을 통해 국왕의 절대권을 확립하고, 관료군의 지지를 얻어 왕족을 억압하는 체제가 아니다. 그는 장자상속은 철저히 유지함으로써 일족 간의 왕위계승을 둘러싼 분쟁을 없애는 대신 왕을 구심점으로 해서 왕의 가족들이 권력을 독점하는 체제였다. 그러나 이런 체제는 이미 혜공왕대에 붕괴된 것으로 장자상속제로 붙들 수 있는 것이 아니었다. 가능성이 매우 낮지만, 가족 독재라는 편법을 써서 지배구조를 개선하기라도 했다면 다행이었겠지만, 맏아들과 장손의 요절로 그것마저 되지 않았다.

  어린 애장왕을 보좌하기 위해 소성왕의 동생인 언승이 섭정을 했다. 언승은 원성왕부터 시중, 재상, 병부령을 지내는 등 국정에 깊게 참여해 왔다. 이 가족주의 관행이 결국 사단을 냈다. 언승은 이미 상당한 세력을 확보했고, 그것을 버릴 마음이 없었다. 섭정 10년 뒤 애장왕이 청년이 되어 권력을 되찾으려 하자 상대등인 언승은 동생 제옹과 쿠데타를 일으켜 애장왕과 왕의 동생 예명을 살해하고 자신이 왕(헌덕왕)이 되었다.

  지금까지 신라의 정치사를 좀 길게 서술했다. 이 과정을 간단히 정리하면 혜공왕대를 거치면서 신라왕족 중 최대 계파인 무열왕계가 무너지고, 뒤를 이어 수습을 할 것 같던 내물왕계도 조각조각 났다. 여기에 이 외곽에 여러 중소 계파가 있다. 요즘 같으면 연립정권이 서야 할 상황인데, 국왕체제 하에서 연립정권은 불가능하다. 남은 것은 무한경쟁에 가까운 자멸적인 파벌 싸움이다. 둑이 완전히 터져 버렸다.

2 삼대의 반란

원성왕 일가의 비극과 자중지란을 보면서 마음이 설렜을 사람이 있다. 불어 넘친 알천 때문에 왕위를 놓쳤던 김주원의 아들 김헌창이다. 그들은 여전히 최대 계파로서 조심스럽게 세력을 유지하고 있었다. 애장왕 8년(807)에 김헌창은 시중이 되었다. 2년 후 헌덕왕이 쿠데타를 벌일 때, 그들도 협력했거나 방조했던 것 같다. 헌덕왕 5년(813) 1월 김헌창은 무진주(광주)도독이 되었고, 다음 해 8월 수도로 돌아와 시중으로 취임했다. 8년에는 다시 청주菁州(진주)도독이 되었고, 13년에는 웅천주(공주)도독으로 전보되었다.

『삼국사기』의 기록이 워낙 소략해서 시중과 도독을 넘나드는 관력이 특수한 사례라고 단정하기는 어렵다. 그러나 『삼국사기』에 드러난 사례로만 보면 아주 특이한 경우다. 잦은 지방 파견에 김헌창이 불만을 터트렸을 수도 있고, 반대로 김헌창이 자진해서 중앙과 지방을 오갔을 수도 있다. 이 시대의 사회구조로 볼 때, 지방관으로 가도 아무 근거가 없는 곳으로 가지는 않는다. 자신의 녹읍이 있다거나 무슨 기반이 있는 곳으로 간다. 그런 곳이 없었다고 해도 이때의 지방관은 반독립적인 세력으로 폭넓은 재정, 인사, 군사권을 소유하기 때문에 지방관이 되면 금세 그 지역에 인맥을 쌓고 땅과 노비를 축적할 수 있다.

822년 3월, 김헌창이 웅천주에서 독립선언을 하고 장안국을 세웠다. 하필 국명을 기나긴 안정이란 의미인 '장안'이라고 한 것은 종말이 보이는 신라인의 불안한 심정을 알고, 다시 한번 천년왕국의 꿈을 불어넣으려는 의미인 듯도 하고, 그냥 당의 수도 이름을 따서 당의 방해나 거부감을 최소화하고, 당의 지원을 받고 있다는 인상을 주려고 한 것 같기도 하다.

김헌창이 거쳐 갔던 도시와 인근 도시들, 무진주와 완산주, 청주(진주)가 바로 김헌창 편에 붙었다. 이 호응은 김헌창파의 지방관들이 호응한 것만이 아니다. 그런 경우도 있었겠지만, 지방관이 김헌창파가 아니어도 김헌창이 지방에 육성해 놓은 세력들이 동조해서 그 지역을 장악했다. 대표적 사례가 청주다. 김헌창의 후임으로 청주도독이 된 향영은 김헌창파가 아니었지만 진주는 김헌창에게 붙었고 향영은 간신히 밀양으로 탈출했다.

그 외 사벌주(상주), 국원경(충주), 서원경(청주), 금관경(김해)과 보은,

성주 등 주변 요지의 군현이 거의 김헌창 편에 가담했다. 한산주, 패강진, 원주, 밀양, 양산은 김헌창의 난을 미리 감지하고 거병해서 반란을 저지했다. 이 구도는 아주 뚜렷한 분포를 보이는데, 김헌창은 백제 땅에 차고 앉아 삼국시대 신라의 국경을 포위했고, 한성, 원주, 패강진 등 그 바깥 라인은 김헌창을 거부했다. 김헌창

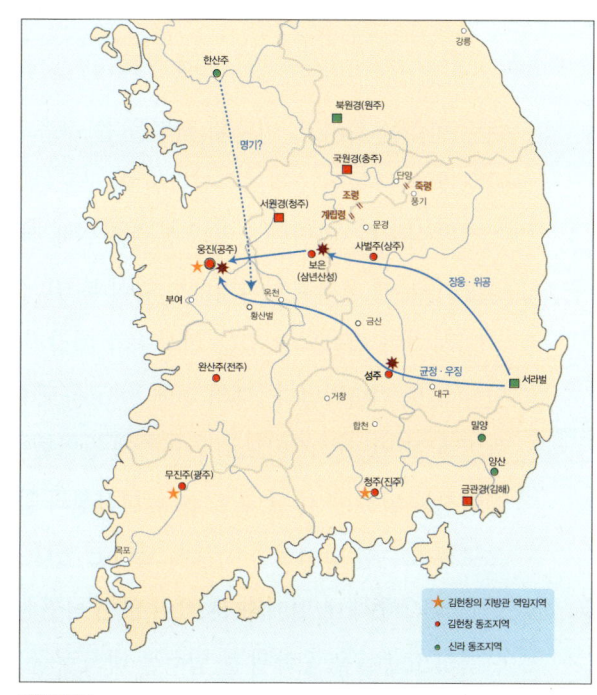

김헌창의 난

에게 치명적이라면 밀양과 양산의 이탈이었다. 그들마저 가세했다면 서라벌을 물샐틈없이 포위했을 것이다.

전황도 상으로 보면 싸울 필요조차 없을 것 같다. 불계승에 가까웠다. 신라는 대마를 다 잃었고, 집을 지을 공간도 없다. 그러나 이 상황에서 김헌창은 공격이 아닌 수비를 택했다. 김헌창의 입장에서 이해해 주면 그는 소백산맥을 이용해서 신라를 단단히 봉쇄하고, 그 사이에 백제 땅을 기반으로 병력과 물자를 집적하고, 장기적으로는 자기 왕국의 힘을 키우려고 했던 것 같다. 그럴듯해 보이지만 전쟁에서 불계승을 노리는 것처럼 어리석은 일이 없다. 적을 몰아세워 항복을 받아내는 것과 전투를 피하고 적을 지도상으로 압박해서 불계승을 얻어내려는 태도는 전혀 다르다. 김헌창의 전략은 위험을 감수하고 승부를 걸 줄 모르고, 편안하고 안전하게 이기려는 귀족의 전형적인 행태였다.

김헌창이 주요 요충을 거의 장악한 것을 보면 엄청난 인맥과 힘이 있었다.

이런 실력을 가지고, 이따위 작전을 쓴 것을 보면 그는 승리자가 될 그릇이 아니었다. 바둑이나 장기판이라면 이 구도는 확실한 우세겠지만, 현실은 장기판이 아니다. 완벽한 서라벌 봉쇄를 위해 전력을 분산한 것이 최대의 실수였다. 덕분에 공세로 나가기에는 힘이 부쳤다.

군사력이 집중되어 있는 한산주와 패강진이 바깥에서 그를 역포위하고 있는 것도 위협이었다. 그의 편에 선 고을도 여러 세력의 땅과 노비, 관련자들이 살고 있었을 것이므로 완벽하게 장악했다고 보기는 어렵다. 이 문제는 김헌창도 알았던 것 같다. 그는 삼년산성과 같은 소백산맥의 요새를 장악함으로써 느슨한 방어선을 지탱해 보려고 했다. 하긴 그처럼 소심한 사람이라면 삼국시대 내내 떨어져 본 적이 없는 삼년산성과 신라의 자랑거리인 소백산맥의 요충들을 공략해 볼 엄두를 내지 못할 것이다. 그러나 아직 신라에는 승부사들이 남아 있었다.

서라벌은 바쁘게 움직였다. 반란은 탐지하지 못했다고 해도 늘 경계는 하고 있었을 것이고, 가까운 일족들이어서 서로의 사정과 병력을 잘 알고 있었던 것이 분명하다. 헌덕왕 측은 김헌창의 의도와 약점을 바로 파악하고 대응 전략을 짰다. 신속한 집중돌파였다.

헌덕왕의 인생 역정은 조선의 세조와 비슷한 분위기를 풍기는데, 다른 부분은 몰라도 정치적·군사적으로는 과감성과 결단성을 보이는 면이 그렇다. 자칫 장기전으로 가서 전국을 무정부 상태로 바꾸어 놓을 수도 있었던 반란에 대해 헌덕왕은 신속하고 과감하게 대처했다.

반군이 옛 신라의 영역을 넓게 포위하고, 남북의 교통요지를 모두 장악했다. 적이 어디로 쳐들어올지 모른다. 이럴 때 겁에 질리면 일단 반군이 공격할 가능성이 있는 진로, 즉 소백산맥을 넘어오는 주요 입구마다 수비대를 배치할 것이다. 이렇게 하면 수비군이 넓게 분산되고, 요지마다 수비대의 병력이 부족해진다. 각개격파를 당할 위험이 있으니 중앙 즉 서라벌에 주력부대를 강력한 예비대로 두고 출동 대기시킨다. 입장을 바꿔 만약 이때 김헌창이 신라의 왕이었다면 그는 분명 이렇게 대응했을 것이다. 전술적으로도 맘에 들고, 예비대란 핑계로 주력부대를 서라벌에 두니 마음도 놓일 것이다. 그러나 이렇게 하면 적이 의도하는 장기전으로 가게 되고, 승부는 필패다.

헌덕왕은 부대를 간단하게 공격군과 수비대로 나눴다. 수비대는 서라벌에 모으고—그것마저 없다면 내부에서 다시 쿠데타가 날 수도 있으니까—, 가용 병력과 지원병을 끌어모아 공세로 나갔다. 주력군은 일길찬 장웅과 잡찬 위공, 파진찬 제릉의 부대와 이찬 균정, 잡찬 웅원, 균정의 아들인 대아찬 우징이 지휘하는 부대로 나뉘었다. 균정 부대가 삼군으로 된 본대고, 장웅 부대는 그보다는 적은 정예부대였던 것 같다. 이들 외에 화랑인 명기, 안락, 이화랑 등이 자기 무리를 이끌고 지원한 지원병 부대가 있었다. 이 화랑들의 재집결은 주목할 필요가 있다. 삼국통일 후 흐지부지하게 명맥을 유지해 오던 화랑도가 다시 군사적 명성과 위력을 회복할 기회를 잡은 것이다. 이들은 그 기회를 놓치지 않았다.

명기는 황산벌로, 안락은 위치 미상인 시미지진(施彌知鎭)으로 진군했다. 명기가 단번에 황산벌로 진군한 것으로 봐서는 이들은 서라벌이 아닌 다른 지역에서 출발한 부대일 가능성이 있다. 특히 반군의 분포로 봤을 때 황산벌로 직행하려면 한성 쪽에서 내려왔을 가능성이 높다. 이들의 임무는 적을 교란하고, 김헌창의 동조세력과 웅진과의 연결을 차단하여 적의 집결을 방해하는 것이었다고 생각된다.

주력인 장웅과 위공, 제릉 부대는 신라의 전설적 요새인 삼년산성으로 향했다. 그곳이 적의 심장이었다. 놀랍게도 장웅 부대는 단숨에 김헌창군을 격파하고 난공불락의 요새를 탈환했다. 잔존 병력은 속리산으로 도망쳤으나 장웅군은 이곳까지 추격해서 적을 섬멸했다. 수비군이 충분한 준비와 전력을 갖추었다면 아무리 결사의 각오로 덤벼든다고 해도 삼년산성을 그렇게

신라의 전설적 요새로 불렸던 삼년산성

단기간에 함락하는 건 쉬운 일이 아니다. 내부의 협력을 얻었거나 김헌창군에게 문제가 있었음에 틀림없다.

그 사이에 균정은 성주에서 적을 격파했다. 이후 장웅군과 균정군이 합류해서 웅진으로 진군했다. 앞서 황산벌로 출발한 명기 부대도 황산에서 합류했을 것이다.

신라군과 김헌창군이 웅진에서 격돌했고, 신라군이 대승을 거두었다. 성 밖에 나와 싸운 걸 보면 김헌창이 공주에 제법 병력을 갖추고 있었음에 틀림없다. 즉 신라군 주력과 싸울 만한 병력은 자기가 끼고 있었다는 것이다. 김헌창은 간신히 성 안으로 달아났는데, 그 성은 공산성이 분명하다.

공산성은 충남 지역 최고의 군사거점이다. 둘레 2.2km 정도의 이 구릉은 1/3은 강이 막고 있고, 육지로 이어진 쪽은 높지는 않아도 강변에서 가파르게 솟아 있다. 그래서 백제 최후의 저항 거점이었고, 조선시대와 임진왜란 때도 관군, 의병, 명군의 주둔지가 되었다. 현재의 공산성은 석성이지만 삼국시대에는 토성이었다. 현재 토성벽이 남아 있는 일부 구간을 제외하고는 성벽의 위치는 크게 바뀐 것 같지 않다. 전반적으로 성벽이 가파르지만, 제

공산성 금서루   김헌창의 난은 이곳 공산성에서 최종 진압되었다. 지금은 석성이지만 당시에는 토성이었고 성벽이 가파른 이 성에서 제일 취약한 지점이라면 지금 토성의 흔적이 남아 있는 금서루 쪽이다. 육지로 공격이 이루어졌다면 이곳이거나 진남루 쪽이었을 가능성이 높다.

일 취약한 지점이라면 지금 토성의 흔적이 남아 있는 금서루 쪽으로 제일 완만하고 성벽 바깥으로 공간이 많아 공격에 가장 유리하다. 다음이 진남루 지역으로 금서루 근처보다는 약간 경사가 있다. 어쨌든 육지로 공격한다면 이곳이 제일 유력한 지역이다.

수군이 자신이 있다면 금강을 타고 와서 만하루 쪽으로 상륙하는 방법이 있다. 다만 이곳은 상륙은 쉽지만 상륙하고 나면 항아리형 분지에 갇힌다. 조선시대에 공산성을 석성으로 크게 개축하면서 이 지점이 유력한 상륙 지점임을 알고 이중의 방어시설을 했다. 만하루 뒤쪽에 조선의 성에서는 보기 힘든 대단한 해자형 수문지를 파고, 안쪽에 다시 성벽을 쌓은 이중 방벽을 구축해 놓았다. 안쪽 성벽으로 들어오는 입구도 사람 한 명 다닐 정도로 좁게 파놓았다. 신라 때에는 토성이었으므로 성벽이 여기까지 오지 않고, 주변 산 위에 방어벽을 구축해 분지를 감싸는 형태였을 것 같다.

신라군이 어디로 공격했는지는 알 수 없지만 전력을 낭비하고 가망도 없

공산성 만하루 김헌창의 난을 진압하기 위한 공격에서 수군을 이용했다면 금강을 타고 와서 이쪽으로 상륙했을 가능성도 있다.

는 김헌창군은 오래 저항하지 못했다. 열흘이 지나 성이 함락되려고 하자 김헌창은 자결했다. 시종이 몸이라도 보존하기 위해 머리와 몸을 나누어 파묻었다.

얼마 뒤 성으로 진입한 신라군은 그의 친척과 부하 239명을 모두 죽이고, 김헌창의 머리만으로는 성이 안 찼던지 시신까지 수색했다. 시신을 처리한 부하들은 멍청하게 헌창의 몸을 뻔한 곳에 숨겼다.

공산성 앞에는 무령왕릉이 있는 송산리고분군이 있다. 여기에는 무령왕릉처럼 돌이나 벽돌로 무덤 안을 방처럼 만든 고분이 많다. 신라군이 공산성을 포위하고 있었다면 송산리고분군으로 가기가 힘들었겠지만, 사정을 정확히 알 수 없는데, 그 중 하나에 넣었거나 성 안에 있는 유사한 고묘에 매장했던 모양이다. 신라군은 시신을 다시 베고 훼손시켜 분풀이를 했다. 심한 짓이고, 분노에 의한 행동이었다고 해도, 그럴 만한 이유는 되었다. 이 반란은 신라에 돌이킬 수 없는 타격을 주었다.

3년 뒤 김헌창의 아들 김범문이 고달산의 산적 수신과 반란을 일으켰다.

송산리고분군 전경(상)과 경주 구정리방형분(하) 김헌창은 구정리 고분군과 유사한 석실형 무덤에 매장되었을 것이다.

김헌창이 멸망할 때, 김범문은 탈출했거나 다른 지역에 있었던 것 같다. 그들은 평양에 웅거하겠다는 야심찬 꿈을 가지고, 북한산성을 공격했다가 한산주도독 총명에게 토벌당했다. 이 평양을 『삼국사기』에서는 양주라고 보았는데, 김범문의 병력은 겨우 100여 명이었다. 이 병력으로 반란을 일으켰다는 게 믿기지 않는다. 그들의 목표는 반란이 아니라 탈출로 신라 국경을 벗어나 말갈족의 땅이 되어 있던 진짜 평양으로 가려다가 북한산에서 소탕당한 것은 아닐까?

김헌창의 반란은 신라의 말기적 현상을 적나라하게 드러낸다. 신라의 본토 즉 경상도 지역의 군사, 행정 요충 2/3가 반군에 가담했다. 김헌창의 반란은 예고되어 있었지만, 정부는 그를 숙청하지도 못했고, 전국의 지방관으로

제3장 천년의 벽 141

돌아가며 발령했다. 봉기 직전에는 주변 군현에서 알아차리고 대비할 정도 였는데도 정부는 손을 쓰지 못했다. 반란지도는 삼국통일전쟁을 연상시킬 만큼 전국적인데, 참가한 병력은 삼년산성도 제대로 못 지킬 만큼 허약한 사병집단이었다.

허약한 권력구조, 느린 정보망, 분열된 지배층, 통제에서 벗어난 행정망, 지배층과 지방민의 괴리, 하지만 무엇보다 상징적인 것은 김헌창의 행동이다. 무모한 권력욕, 권력의 절반 이상을 쥐고도 승부를 걸지 못하고 쉽고 안전하게 이기려는 안이한 태도, 욕망은 넘치나 능력은 없고, 모험을 하지 못하고 편한 것만 추구하는 자세, 이런 인물을 최고 권력자로 만들어 주는 능력 검증이 실종된 사회, 지배층이 사회의 운명을 결정하는 것은 아니지만, 사회의 상태를 보여주는 바로미터로는 충분하다. 그들이 통치는 제대로 하겠으며, 사회의 문제를 깨닫고 개혁은 시도하겠는가? 개혁이란 제 살부터 베어내고, 편안함을 희생하고 고통과 불확실성에 도전해야 하는 행위이기 때문이다.

3 두 명의 밀항자

김헌창의 반란이 터지기 직전, 궁복과 정년이라는 두 젊은이가 중국으로 떠났다. 고향은 알 수 없지만 바닷가 출신임은 분명하다. 지금의 완도인 청해진 근처일 수도 있다. 둘 다 수영을 잘 했고 정년은 바다 밑으로 수십 리를 헤엄친다고 할 정도였다. 인간적으로는 불가능하지만, 잠영을 거듭하며 수십 리를 갈 수 있는 체력과 실력의 소유자라는 수준으로 이해하면 될 듯하다. 두 사람은 뛰어난 전사였다. 무술 실력은 정년이 더 뛰어났지만 나이는 궁복

해상왕 장보고의 활동을 담은 부조 완도 장보고기념관

이 많아 정년이 궁복을 형으로 모셨다. 나이 때문만은 아니고 리더로서의 자질은 궁복이 위였던 것 같다.

두 사람의 중국행은 무작정 밀항일 수도 있고, 중국에서 활동하고 있던 신라 상인이나 뱃사람 중에 아는 사람이나 친척이 있었을 수도 있다. 그냥 추정을 한다면 후자일 가능성이 높다고 생각된다. 두 사람이

궁복(장보고)의 어린 시절 완도 청해진공원

중국으로 간 이유도 안개속이지만, 한 가지 이유는 확신을 가지고 추정할 수 있다. 신라의 강고한 신분제와 지역민 차별 탓에 그들의 능력에 맞는 출세를 할 수가 없었다.

그들의 시대에는 신라만이 아니라 중국도 난세였다. 755년에서 763년까지 안록산의 난이 벌어졌다. 난은 실패로 끝났지만, 현종이 촉 땅까지 피신했고, 가는 길에 양귀비가 피살되었다.

당나라 조정의 통제력이 흔들렸다. 각지에서 절도사들의 반란이 터졌고, 중국 전체가 혼란에 빠져들었다. 궁복과 정년이 중국에 도착했을 때, 산동에서는 이정기와 그 후손들이 당에 도전하고 있었다.

고구려가 망한 후 고구려 유민과 말갈족이 거주한 지역이 앞에서도 여러

번 나온 영주(지금의 차오양)였다. 영주에 거주하던 고구려 유민 중에 이정기란 인물이 있었다. 그는 당군에 투신해서 비장이 되었고, 안록산과 사사명(안록산의 부장)의 난을 토벌하는 데 공을 세워 산동을 지배하는 절도사가 된다. 그는 15개 주를 거느리며 당의 절도사 중에서도 최강의 세력가가 되었다. 그리고 781년 당에 반란을 일으켰다.

이정기는 당의 수도인 장안과 낙양을 압박했지만 중간에 병사하여 성공하지 못했다. 그래도 당은 이씨 가를 완전히 토벌하지 못하고 산동의 지배권을 인정해 주면서 적당히 타협을 했다. 이사도는 이정기의 손자인데, 819년 경에 다시 반란을 일으켰다.

당은 토벌군을 동원하는 한편, 신라에게 구원병을 요청했다. 신라는 순천군 장군 김웅원과 3만의 갑병을 파병했다.[8] 다만 이들이 실전에 투입되었는지, 아니 중국에 가기나 했는지도 의문이다. 이사도는 819년 한 해를 버티지 못하고 자살로 생을 마쳤다. 출동 준비와 수송 능력을 감안하면 신라군이 산동까지 갈 시간이 부족했다. 토벌전에 참전했다고 해도 아마 소수 부대에 불과했을 것이다. 영웅이 될 기회를 놓친 김웅원은 나중에 김헌창의 반란을 토벌할 때 확실하게 실력발휘를 했다.

궁복과 정년은 이사도가 패망하기 전에 중국에 도착했다. 그들은 당이 조직한 토벌군인 무령군에 들어갔다. 무령군은 강소성 서주에서 편성한 군대다. 이들이 무령군에 들어간 것을 보면 산동이 아니라 절강성 쪽으로 건너갔던 것 같다. 신라와 중국의 항로는 당항에서 산동으로 건너가는 것이 일반적이지만, 중국무역의 중심지인 절강과도 교류가 있었다.[9] 궁복과 정년이 이곳에서 기회를 잡았다. 그들은 실력을 인정받아 지금의 연대장급인 무령군 소장으로 승진했다.

하지만 전쟁이 허무하게 끝나 버리면서 군인에게 실업의 계절이 닥쳤다. 궁복 같은 외국인에겐 더 가혹했다. 군대와 일자리를 따라 움직이면서 궁복과 정년도 헤어졌다. 정년은 당군을 따라갔지만 궁복은 생각을 바꾼다. 난세다. 해상에는 해적이 들끓고, 산동이 전란에 빠지고, 이사도 정권이 몰락하면서 산동의 상인들도 큰 피해와 혼란을 겪고 보호자를 잃었다. 이때의 상인들은 어떤 형태로든 정권, 관원과 관련을 맺지 않고서는 상업을 유지할 수 없었다. 이 혼돈 속에 산동에 진출한 고구려 유민과 신라 상인들도 있다. 그렇다면 신라가 나서서 이들의 새로운 보호자가 되고, 중국 연안 전체는 아니라도 반드시 신라 해역을 거쳐 가야 하는 한중일의 무역로를 장악한다면? 이제는 장보고로 이름을 바꾼 궁복은 고국 신라로 눈을 돌렸다.

장보고가 귀국했을 때는 김헌창의 난이라는 태풍이 지나간 후였다. 헌덕왕도 죽고, 부왕으로 헌덕왕을 보좌하던 동생 수종이 흥덕왕이 되어 있었다.

장보고가 귀국한 이유에 대해 장보고의 열전은 그가 당나라 사람들이 신라인을 잡아다 노예로 파는 것을 보고 분노했기 때문이라고 했다. 예전에는 이 기사를 당나라 해적들이 신라인을 납치해서 당나라 노예시장에서 파는 것을 보고 분노했다고 해석했다.

그러나 이 무렵 산동의 정세를 보면, 단순히 그런 의분 수준이 아니었다. 산동의 이씨 정권이 몰락하고, 산동 상인이 구축한 상권과 무역로, 여기에 진출한 신라와 고구려 상인이 타격을 받았다. 장보고는 같은 민족을 보호하고, 기왕에 구축해 놓은 이 탄탄한 무역 기반을 신라가 적극 나서서 확보하자고 생각했을 것이다. 그것은 신라 왕실에도 막대한 수입을 가져다줄 수 있었다. 정권이 불안하고, 각지에서 반란과 도적이 일어나는 시기에 막대한 부는 권력과 군사력을 동시에 가져다줄 수 있는 최고의 수단이었다.

흥덕왕 3년(828) 4월, 왕은 장보고의 제안을 수락하고, 무려 만 명이나 되는 군대를 내주었다. 장보고는 지금의 완도에 청해진을 건설하고, 한중일의 무역로를 장악함으로써 해상왕으로서 국제적인 명성을 떨치게 된다.

그러나 흥덕왕이 죽자 또다시 내전이 터졌다. 지금까지 원성왕의 큰아들

완도에서 바라다본 청해진 전경

인겸의 네 아들 중 세 명이 차례로 왕이 되었다. 오직 막내 충공만이 상대등은 역임했지만 왕이 되지는 못했다.[10]

〈원성왕 가계도〉

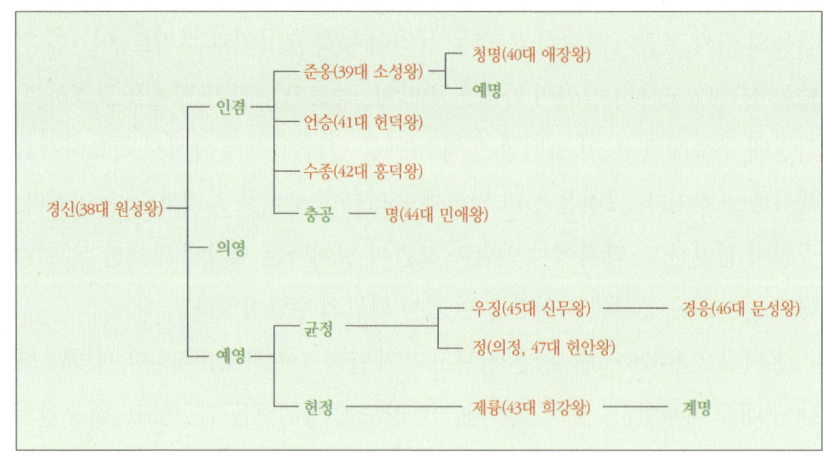

그런데 첫째 소성왕의 아들 애장왕은 쿠데타로 제거되어 후예가 단절되

고, 헌덕왕과 흥덕왕대에 신라의 가족주의 전통에 따라 막내인 충공과 충공의 아들 명, 원성왕의 셋째 아들인 예영의 아들 균정과 헌정, 균정과 헌정의 아들인 우징과 제륭이 상대등, 시중을 차례로 역임했다. 이들은 김헌창의 난을 토벌할 때도 주역이었는데, 이 과정에서 그들은 사병과 군사적 역량을 더 양성할 수 있었을 것이다.

그런데 흥덕왕이 아들이 없었다. 즉위하자마자 부인 박씨가 일찍 사망하자 시녀도 환관으로 대체하고 아예 여자를 가까이하질 않았다. 흥덕왕이 죽자 즉시 예영계인 균정과 제륭 사이에 경쟁이 붙었다. 제륭은 사촌인 충공의 딸 문목부인과 결혼했다. 이 인연으로 충공의 아들이며 시중이던 명이 제륭 편이 되었다. 이것이 컸다. 여기에 아찬 이홍, 배훤백이 가세했다.

균정 편에는 이미 시중까지 역임해 본 아들 우징과 예영의 사위이며 균정의 매제인 예징, 묘하게도 김주원의 증손자인 김양이 붙었다. 다시 정리하면 흥덕왕이 죽으면서 원성왕의 장남 인겸의 아들들의 시대는 끝나고, 원성왕의 셋째 아들 예영계의 시대가 왔다. 예영의 둘째인 헌정계와 원성왕의 넷째 아들 충공 – 명이 가세하고, 예영의 첫째인 균정에게는 아들 우징과 예영의 사위, 그리고 김주원의 후손이 붙었다.

우리가 아는 족보 상으로는 그런데 근친혼을 하던 시대라 균정과 김양의 사이는 훨씬 가까웠을 것이다. 앞서도 말했듯이 이 시대는 드러나는 족보로 이편저편을 판정하기가 쉽지 않다.

흥덕왕이 사망하자마자 양측은 궁으로 동시에 진입해서 난투극을 벌였다. 난투극이라고 표현한 이유는 양측이 군을 동원한 전투가 아니라 소수 부하를 이끌고 액션 영화 같은 대결을 벌였기 때문이다. 김양이 대장이 되어 적판궁에서 균정을 호위하고 있었는데, 제륭, 김명과 이홍의 군대가 들이닥쳤다. 김양은 중과부적의 상황에서도 역전을 해서 김명 측 10여 명을 사살했으나, 제륭의 부하 배훤백이 김양의 다리를 맞췄다. 부상당한 김양은 포위망을 뚫고 탈출, 지방에 은신했지만, 균정은 살해되었다. 승리한 제륭은 희강왕으로 즉위한다.

　균정의 아들 우징도 살아남았다. 희강왕은 우징과 김양을 놓쳤을 뿐 아니라 2년간 이들을 체포하지 못했다. 이미 지방은 반독립 상태였다. 도망친 김우징은 희강왕 정권에 대한 선동적인 발언을 하며 재기를 노렸다. 그들은 서라벌 가까운 곳에 숨어 있었거나 사면을 받았던 것 같다. 우징의 행동에 상대등을 맡고 있던 김명 일파가 특히 분노했다고 하는데, 내막은 정확치 않다. 김명이 분노하자 희강왕 2년(837) 8월 우징은 장보고의 청해진으로 도망쳤고, 우징의 친척 몇 명도 청해진에 가세했다.

　이것이 희강왕에게 치명타가 되었다. 희강왕 3년 정월 상대등 김명과 시중 이홍이 반란을 일으켜 궁으로 들어왔다. 희강왕은 목을 매고 자살했다. 이렇게 해서 충공의 후손이 끝내 왕(민애왕)이 되었다. 이 쿠데타는 우징에게 봉기할 명분을 주었다. 아니면 민애왕이 희강왕과 달리 강경파여서 청해진을 압박했을 수도 있다. 2월에 다른 곳으로 피신해 있던 김양도 군사를 끌고 청해진으로 와서 봉기를 종용했다. 두 사람은 장보고의 딸을 우징의 두 번째 태자비로 삼기로 약속하고, 장보고의 협조를 얻는 데 성공했다.

　장보고는 군사 5천을 출연해서 친구인 정년에게 주었다. 정년은 장보고와 떨어져 중국을 떠돌다가 장보고의 성공 소식을 듣고 청해진으로 와 있었다. 장보고에게 올 때 목숨을 걸고 왔다고 하는 걸 보면 중국에서 장보고와 헤어질 때 좋지 않은 일이 있었던 것도 같은데, 장보고는 동향 후배를 용서하고 장군으로 삼았다.

　3월 청해진군이 육지로 상륙했다. 우징과 김양이 모집한 군사가 합세했지만 그럼에도 불구하고 총 병력이 5천인 것을 보면 실제 병력은 거의 청해진 병사였다.

　장보고의 가세는 신라의 폐쇄성에 숨막혀 하던 차상위 계층과 지방세력

복원된 청해진 근경 지금은 고요하기 그지 없지만 9세기에는 수많은 전함과 상선들로 매우 붐볐을 것이다. 아래의 사진은 청해진의 해변가 모습과 장보고 생존 당시의 청해진 전경을 상상한 그림(완도 장보고기념관)이다.

에게는 고무적이고 상징적인 사건이었다. 장보고 측은 이 상징성을 십분 활용했다. 그들은 서라벌로 바로 진격하지 않고, 청해진과 가까우면서 곡창이며, 옛 백제 땅이고, 김헌창이 한번 독립선언을 했던 호남지방을 먼저 공략했다. 게다가 김양이 예전에 무진주도독으로 재직한 적이 있어 이 지역 세력과 연계가 있었다.

장보고군은 광주를 점령하고 다시 남원으로 내려와 요격하는 신라군을 격파했다. 여기서 우징이 군사가 피로했다는 이유로 진군을 멈추고 다

제3장 천년의 벽 149

교룡산성에서 내려다본 남원 시가지 교룡산성은 백제 때 쌓은 성으로 전해진다.

시 청해진으로 들어갔다. 여름이나 가을에 병력을 움직이는 것은 장마와 전염병의 위험이 있고, 식량 조달도 힘들었다. 일단 호남을 확보한 이상, 추수 후에 충분한 군량을 갖추고, 보급 및 사역 부대도 징발해서 전쟁을 치르려는 계획이었던 것 같다. 그러나 반군의 병력은 겨우 5천이다. 이 병력으로 최종 승리를 거두려면 기회를 잡았을 때 몰아쳐야 한다. 그런데 승리를 이용하지 못하고 요새로 들어가 농성하는 것은 큰 실수다. 정부 측이 병사를 모아 광주를 탈환하고, 청해를 포위하면 또다시 처음부터 시작해야 한다.

우징은 자신이 토벌했던 김헌창과 유사한 실수를 저질렀다. 그러나 이번에는 상황이 달랐다. 과감했던 헌덕왕과 달리 신라 정부는 전국의 군대를 모아 공세로 나올 엄두도 내지 못했다. 무능했거나 반란이 무서워서 적극적인 대처를 못했던 것 같다. 또한 청해진 병사는 대단한 강병이어서 우징은 김헌창처럼 힘을 분산하지 않고 창을 갈무리하고 있었다.

12월에 청해진군이 다시 육지로 나왔다. 김양순이 무주鵡洲의 군사를 이끌고 합류했다. 그래도 전투의 주력은 청해진 부대였다. 그 사이에 정부군이

한 준비는 무진주(광주)에서 정부 측에 속한 병력을 모아 이들을 막는 것이었다. 졸렬하고 안타까운 대책인데, 이것이 신라의 현실이었다.

지금의 나주군 남평면으로 추정되는 철야현에서 양군이 만났다. 병력은 정부군이 많았던 것 같지만, 낙금, 이순행이 지휘하는 청해진의 정예기병 3천 명이 돌격해서 정부군 진영을 완전히 유린해 버렸다. 전황이 너무 간단한데, 실력차가 심하게 나는 군대 간 전투의 전형이다.

신라군의 황당한 몰락은 오래 전부터 예견된 일이었다. 우선 평화가 너무 길었다. 물론 군대의 진정한 목적은 전쟁이 아니라 평화다. 통일신라의 평화도 군사적 성공을 통해 쟁취한 것이었다. 그러나 평화가 너무 오래 계속되면서 군사적 능력과 긴장도가 떨어지고 다시 평화가 위협받게 된다. 이 시기의 국제정세를 보면 신라가 긴장이 빠질 만도 했다. 당은 8세기경부터 전국에서 절도사가 난립하면서 내전 상태로 빠졌다. 다른 나라를 침략할 여유가 없었다. 일본은 지금의 나라, 교토를 중심으로 중국과 한국에서 수용한 국가체제를 정비하면서 지방에 대한 통제를 강화해 간다. 당과는 반대의 이유로 일본과 왜구의 위협이 줄어들었다.

신라의 북진이 대동강에서 멈춘 것도 묘한 결과를 가져왔다. 대동강 이북에서 발해 사이에 묘한 완충지대가 형성되었다. 이곳에는 여진족이 거주했는데, 그들은 국가를 이루지 못하고, 부족단위로 산재해서 살았다. 고구려의 수도였던 평양이 도시를 이루지 못하고 황폐했다고 할 정도였다. 즉 신라는 주변에 그들을 위협하는 국가가 없고, 국경 밖으로도 강력한 세력이 없었다.

통일 후 신라는 군사제도를 체계화했다. 부대 단위로 제각각이던 명칭과 편제, 규모가 일목요연해졌다. 그러나 군사적 긴장 요소가 사라지면서 신라군은 활력과 목표를 잃었다. 외형적·행정적으로 정비된 군사제도는 행정과 관리형 군대의 늪에 빠졌던 것이 분명하다. 한반도 북쪽에 특별한 국가가 없었지만, 국제정세를 틈타 대동강 이북으로 진출하려는 의지도 전혀 보이지 않았다. 전쟁과 침략이 좋은 행위는 아니지만, 나라가 작고 약한 것도 바람직한 상황은 아니다. 통일 직후의 신라만 해도 당제국을 상대로 압록강 이북까지 되찾아보려는 시도를 했었다.

지배층은 현실 안주에 빠지고, 군사적 긴장과 목표가 사라졌으니 전술, 무기, 군의 능력을 제고하려는 시도가 전혀 발생하지 않았다. 목표도 없고, 위험도 없고, 조직은 경직·정체되면서 인재 등용의 의지와 필요도 사라졌다. 그 결과 인사, 인재 등용의 의지가 통일전쟁기보다 더 폐쇄적이 되었다.

약했던 신라가 통일전쟁에서 승리를 구가할 수 있었던 것은 신라왕족 중심의 협소한 권력체제를 반성하고, 화랑제도 등을 통해 김유신으로 대표되는 가야왕족, 차상위 계층, 지방지배층을 적극 등용했던 덕이었다. 김유신만 해도 자기 휘하에 있던 열기와 구근이라는 용사가 큰 공을 세우자 문무왕을 설득해서 골품제 규정을 깨고 신분제한 이상의 관직을 수여했고, 그들을 평생토록 예우했다. 그것은 개인적 고마움의 표시만이 아니라 신분의 차별과 한계를 느끼고 있던 수많은 인재들을 분발시키기 위한 희망의 메시지였다.

그러나 통일이 완성되자마자 신라는 급속히 경직되었다. 가야계는 소외되고, 화랑도는 동호회 수준으로 변질되었다. 관직과 군대의 고위직은 모두 신라왕족 그것도 아주 좁은 가족단위의 집단이 독차지했다. 그 아래도 웬만하면 서라벌과 중심 지역의 옛 지배층을 우대했다. 경쟁도 없고 동기도 없는 타성에 젖은 집단. 이런 귀족군대는 생동감을 상실하고 금세 무능해진다.

이처럼 군의 지휘부와 병사가 신분적으로 양분되고 경직되어 버리면 군의 전술 능력에도 심각한 장애가 발생한다. 당장 능력있는 인재가 발굴, 흡수가 안 되는 것도 문제지만, 지휘관과 병사가 사회적·신분적으로 완전히 다른 세계의 사람들로 분리되고, 귀족들은 안일한 생활에 젖으면서 리더십이 실종되어 버린다.

제1차 세계대전 당시 러시아 군대가 대표적 사례다. 군대는 귀족들에게 경력과 계급장을 달아주는 곳이 되었다. 장성이 너무 많아 인건비가 부족해지자 중하급 장교를 감원해 버려서 군의 계급구조가 역삼각형이 되었다. 무능하고 의욕도 전투 경험도 없는 귀족 장교들은 보드카와 계급사회가 고급 장교에게 선사하는 생활의 기쁨에 흠뻑 빠졌다. 모든 일은 당번병이 해주었고, 지도도 볼 줄 모르는 장군이 수두룩했다. 러시아의 누군가는 이렇게 개탄했다. 장군들이 하는 유일한 두뇌 활동은 카드 놀이다.

가끔 똑똑하고 열정적인 장교가 등장하면 가차 없이 제거했다. 믿기 어렵지만 제1차 세계대전 직전 러시아의 국방장관과 고위 장성들이 제일 혐오한 집단이 포병과 화기 운용의 중요성을 주장한 선진적인 장교들이었다. 그들이 귀찮아진 장군들은 신식 교리를 탐구하는 엘리트 장교를 육군대학 교관에서 모조리 잘라 버리고, 18세기 기병전술을 가르치도록 했다.

전쟁이 터지자 더 황당한 사태가 발생했다. 귀족 출신은 초급 장교들도 사병들과는 말도 하지 않았다. 수백만 명이 전사하는 참혹한 전투가 벌어지고 있지만, 중대장, 소대장들이 전방 참호에 나오지도 않고, 안전한 곳에서 카드 놀이와 보드카를 즐겼다. 전투 현장은 급히 징발한 평민 출신 소대장들에게 맡기고 승진과 훈장은 자기들이 챙겼다.

러시아군 이야기를 길게 한 이유는 신라군의 상태를 볼 수 있는 자료가 없기 때문이다. 하지만 9세기 신라군의 사정도 1천 년 후 러시아군의 사정과 조금도 다르지 않았다고 확신할 수 있다.

반면에 청해진 군대는 중국과 일본의 해적과 맞서 싸우며 해상무역로를 관리하던 부대였다. 늘 실전 상황 속에 있었고 전투 경험도 풍부했을 것이다. 장보고 자신이 신라귀족이 아니었던 관계로 실력과 실전 경험을 바탕으로 무장을 뽑았던 것 같다. 김우징이 전투에 내보낸 장수의 이름을 보면 김씨가 하나도 없다. 장보고의 친구였던 정년과 장보고의 일족이 아닐까 추정되기도 하는 장병과 장건영, 장보고의 부하들인 염장, 낙금, 이순행이었다. 이들은 하나같이 맹장이었다.

839년 1월 19일 청해진군이 대구에 도착했다. 병력은 알 수 없지만 주력인 청해진 부대는 여전히 5천이었다. 정부군도 총력을 기울여 10만을 동원했다. 그러나 10만은 신라의 장부 상의 총병력이고, 대구 전투에 10만을 투입한 것은 아니었을 것이다. 그래도 청해진군보다는 분명히 다수였다. 지휘관은 김양의 사촌인 김흔이었다. 민애왕이 직접 출동했던 것 같기도 하다.

신라군은 병력을 믿고 공세로 나왔다. 그러나 이번에도 질에서 앞섰던 청해진군은 역습을 가해 정부군을 궤멸시켰다. 저항력을 상실한 서라벌은 함락되고, 민애왕은 달아나 별궁에 숨었다가 군사들에게 발각되어 살해되었다.

장보고군의 승리와 신라군의 허무한 패망은 경직되고 집단이기주의에 빠진 조직에 대한 교훈이다. 그러나 이 교훈은 너무 뻔하고 평범하다. 이 사건 뒤에는 또 하나의 중요한 교훈이 숨어 있다.

한국은 전통적으로 농본사회였다. 그래서 관습과 안정을 중시하고, 변화를 꺼려했다. 그렇게 폐쇄적인 신분제가 수백 년 간 유지될 수 있었던 것도 창의력과 도전정신, 다양한 인재의 필요성을 체감할 수 있는 환경이 결여되었던 탓이다. 그런데 장보고는 이런 사회에 한중일을 잇는 무역 네트워크를 구축하고 복잡한 삼각무역을 경영했다. 개방과 인재 등용의 중요성을 말과 이론으로 설득하는 것이 아니라 보고 체감할 수 있게 해주는 공간이 생성되었다. 무역을 통해 창출하는 부는 농업의 산출량과는 비교가 되지 않았다.

청해진이 우수한 무사를 등용하고, 강병을 보유할 수 있었던 것도 실전 경험과 인재 등용 이전에 풍부한 재원과 보수가 있었기에 가능했다. 어쩌면 중국인이나 일본인 병사들도 섞여 있었을 수 있다. 그러나 신라 사회는 청해진의 성과를 보면서도 구체제에 대한 반성과 변화를 거부했다. 더욱 어이가 없는 것은 청해진의 힘, 새 체제의 역량을 직접 이용했던 사람들도 변화를 거부했다는 사실이다.

이 전쟁에서 승리한 김우징은 신무왕으로 즉위했다. 그러나 파란만장했던 삶이 무색하게 신무왕은 즉위 1년 만에 사망하고 말았다. 태자가 즉위해서 문성왕이 되었다. 왕은 장보고의 딸과 혼인 약속을 했다. 그러나 그 약속은 신무왕이 한 것이지 태자가 한 것이 아니었다. 문성왕은 즉위 후 장보고와의 약속을 파기했다. 글쎄 신무왕이 조금만 더 살았더라면 약속을 지켰을지도 모르지만, 태자의 2비와 2왕후는 격이 달랐다. 장보고는 분노했다. 846년 신라 정부는 장보고의 부하였던 염장을 매수해서 그를 암살했다. 그의 죽음과 함께 청해진과 산동반도를 거점으로 행해지던 무역사업도 폐지되고 한국은 다시 고요한 아침의 나라로 되돌아갔다.

왕이 되고 나니 청해진과 같은 지방군단의 존재가 껄끄러웠을 수도 있다. 그러나 이런 정치적 문제 이전에 무역과 상공업의 발전이 주는 부와 활력보다는 개방성과 경쟁, 역전의 가능성을 더 걱정한 것이 문제였다. 그렇다고 구체제가 안정적인 것도 아니다. 이미 신라는 서라벌에서 도망친 반란군조차 색출할 능력이 없다. 게다가 그들은 이 내전중에 명확하게 분출된 신분제와 지역 차별에 대한 백성의 불만과 터져나오는 그들의 힘을 보고도 아무런 조치를 취하지 않았다. 신라는 자신을 반성할 수 있는 기회를 스스로 버렸다. 장보고가 살해된 후 반세기 만에 신라는 후삼국으로 분열했고, 신라군은 무력한 방관자가 되었다.

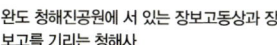
완도 청해진공원에 서 있는 장보고동상과 장보고를 기리는 청해사

제4장
갱, 군인, 그리고 토호

서기 10세기 중엽, 당항성의 선창가는 오늘도 바빴다. 과거 삼국이 서로 탐을 냈던 치열한 전쟁터였던 이곳은 지금은 당나라와 교통하는 신라 최대의 무역항이 되어 있었다.

경제가 어렵고 사회가 혼란스러워지고 있었지만 이곳만은 세월이 비껴가는 듯했다. 오늘따라 유독 부두가 붐볐다. 내일 당나라 무역선단이 도착할 예정이었다. 당선에서 내릴 짐을 받을 사람과 당선에 선적할 화물을 싣고 온 사람들, 그리고 그 배를 타고 당나라로 갈 사람들, 괜히 어물쩡거리는 사람들, 이참에 무언가를 팔고 사려는 사람들로 해안가는 북적거렸다. 시끌벅적한 사람들 틈으로 승려 복장을 한 노인 한 명이 나타났다. 그는 사람 구경을 나온 듯, 유유자적하게 마을을 걸어보고 둘러보더니 서쪽 바다를 보며 한참을 서 있었다. 그때 사람들 속에서 중국인 복장을 한 귀인 한 명이 뛰쳐나오더니 승려에게 다가가 절을 했다. 승려도 그를 보더니 화들짝 놀랐다. 그 광경은 잠깐 사람들의 주의를 끌었다. 저 귀인은 중국 관리나 서라벌의 관리 같은데, 늙은 승려가 누구길래 저렇게 깍듯하게 대하는 것일까?

그날 밤 그 마을에서 묵었던 사람들은 평생에 두 번 다시 듣기 힘든 피리 소리를 듣는다. 중국에서도 최고라는 명성을 듣는 악공의 연주였다. 피리 소리가 원래 조금은 구슬프지만, 파도 위로 흐르는 그날의 연주는 유달리 애달팠다. 한 곡이 끝나자 또 한 곡이 뒤를 이었다. 사람들은 숨을 죽이며 곡의 느낌에 빠져들었다. 그러나 연주는 단 두 곡만으로 갑자기 끝났다. 너무나 훌륭한 연주가 갑자기 시작되었다가 갑자기 끝나자 무언가에 홀린 듯한 기분이 들었다. 그러나 사람들은 그 연주 다음에 터져나온 악공의 울음 소리는 듣지 못했다. 그 울음의 의미는 더더욱이 알지 못했을 것이다.

그 승려는 신라의 대문호 최치원이었다. 경주 사량부 출신인 그는 868년 12세에 당으로 유학을 떠났고, 18세에 당의 과거에 급제해서 관리가 되었다. 이것이 얼마나 대단한 일이었느냐 하면 당시 중국에는 "천하의 수재라고 해도 50에 급제하면 너무 빠르다"라는 말이 있었다.[1] 더욱이 그는 아무런 배경도 없는 이방인이었다. 그의 문장력은 당의 문인들도 인정해서 최치원의 문집인 『계원필경』이 『신당서』 예문지에 기록되었다. 우리나라의 문인 중에서 이런 영예를 얻은 사람은 최치원뿐이다. 일반적으로 우리가 생각하는 이상으로 최치원은 대단한 인재였다.

최치원 초상

그러나 당도 이 젊은 천재를 수용할 수가 없었다. 당은 이미 쇠망기에 접어들고 있었다. 875년에 반란을 일으킨 소금밀매업자 황소는 잠깐이지만 당의 수도 장안을 점령하고 진시황릉의 도굴까지 시도하다가 도망쳤다. 최치원은 이 황소의 난 토벌군에 종사관으로 참전했다. 당의 운명에 불안을 느꼈는지, 고국 신라에 대한 애정 때문이었는지, 당의 관직을 포기하고 885년(28세, 헌강왕 11)에 신라로 귀국했다.

그러나 조국을 바꿔보겠다는 젊은 패기는 절망으로 바뀐다. 신라의 국운도 쇠락기에 접어들어 있었고, 신라의 골품제는 국제적인 인재조차도 받아들일 도량이 없었다. 그나마 왕들, 특히 진성여왕이 그를 키워 보려고 했지만, 속좁은 관료들은 하는 일마다 덤벼들어 그를 모함하고 트집 잡고, 죄를 뒤집어씌웠다. 최치원은 벼슬을 버리고 승려가 되어 남은 일생을 유랑으로 보냈다.

바닷가에서 만난 악공도 최치원처럼 중국에서 온 명인이었다. 그는 중국인일 수도 있고, 중국 유학생 출신이거나 산동반도의 신라방 같은 곳에서 성장한 교포였을 수도 있다. 그도 궁중의 악관으로 스카웃 되었으나 진성여왕이 사망하자 최치원과 똑같이 국내파들에게 미움을 받았던 모양이다. 게다가 신라의 정세는 불안하다 못해 무서워지고 있었다. 악관은 신라 생활을 청산하고 중국으로 돌아가기로 한다. 그리고 당으로 가는 배를 타기 위해 당항성에 왔다가 사람들 틈에서 최치원을 발견했다.

악공은 당으로 돌아가기 위해 당항성에 왔고, 최치원은 신라를 떠나지 못해서 당항성을 서성거렸다. 그러나 신라의 정세도 중국의 정세도 한 치 앞을 예측할 수 없기는 마찬가지였다. 세상에 뛰어난 인재였던 그들이 왜 조국과 중국 사이에서 발붙일 곳 없는 처지가 되었을까? 같은 아픔을 지닌 두 사람이 우연히도 이곳에서 조우한 것은 하늘이 어떤 운명의 메시지를 전하려던 것일까?

그날 밤 두 사람은 주연을 벌였다. 술이 흥건하게 오르자 악공은 연주를 시작했다. 그러나 두 번째 곡을 마치지 못하고 악공은 울음을 터트렸다. 악공이 우는 동안 최치원은 시 한 편을 지어 악공에게 주었다. 그 시는 최치원의 대표적인 명작이 되었다.

인생이란 성했다가도 쇠퇴하니 人事盛還衰
덧없는 인생이 참으로 서럽구나 浮生實可悲
누가 알았으랴, 저 천상의 곡을 誰知天上曲
이 해변에 와서 불 줄이야 來向海邊吹
물가 궁전(안압지)에서 꽃을 보며 水殿看花處
서늘한 난간에서 달을 보며 불었었건만 風欞對月時
선왕을 이제 뵈올 수 없으니 攀髥今已矣
이 몸도 그대 더불어 눈물 줄줄 흘리네 與爾淚雙垂
(『동문선』 권9, 오언율시)

중국으로 떠난 악공의 운명은 알 수 없다. 그러나 최치원의 앞에는 좀 더 슬픈 운명이 기다리고 있었다. 만년에 최치원은 가족과 함께 가야산 해인사로 들어가 그곳에서 숨을 거두었다. 가야산 해인사로 간 이유는 그의 친형이 해인사에서 승려로 있었기 때문이라고 알려졌으나 최근에 해인사 대비로전 목조비로자나불에서 발견된 기록에 의하면 해인사는 진성여왕의 특별한 후원을 받았던 사찰이었고, 진성여왕의 애인 각간 위홍의 원찰이기도 했다고 한다.[2] 최치원이 진성여왕에 대해서는 의외로 호의적인 기억을 남긴 데는 이런 사정도 작용했던 것 같다.

　최치원이 사망한 연도는 미상이다. 그가 857년생이었으므로 대략 50세 이상을 살았다면 드디어 신라가 다시 쪼개지고, 후삼국 시대가 시작되는 역사를 목격해야 했을 것이다. 국가의 멸망과 난세를 예견하지만 그것을 방지하지 못하고, 자신의 눈으로 파국을 바라보아야만 하는 것은 하늘이 선각자에게 주는 가장 가혹한 운명이다.

해인사 목조비로자나불　진성여왕과 위홍의 이야기를 담고 있는 불상이라고 전해지고 있다.

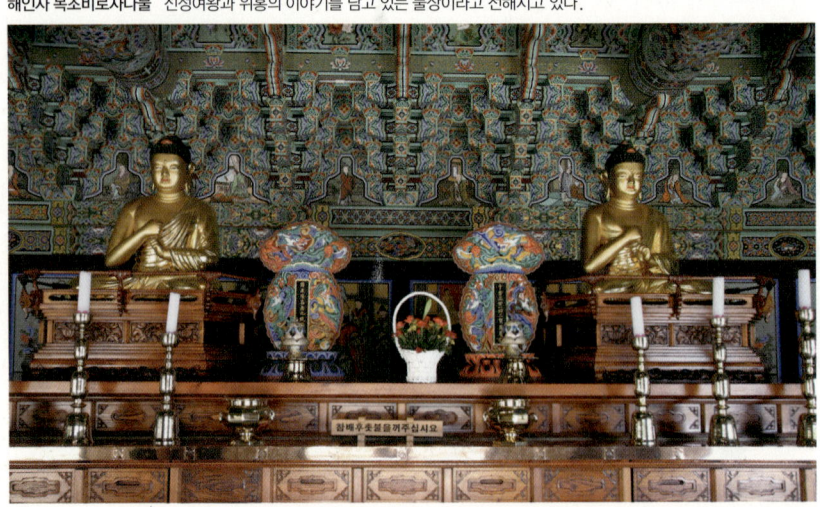

● 최치원과 해인사

합천 해인사에는 최치원의 흔적이 유독 많이 남아 있다. ① 일주문 밖에 위치한 길상탑에서 나온 최치원이 쓴 탑지석, ② 그가 가야금을 타며 한을 달랬다고 전해지는 학사대와 그가 짚고 다니던 지팡이를 거꾸로 꽂았더니 그 자리에서 자라났다는 전설의 전나무, ③ 해인사 가는 길목에 위치한 정자로 그가 수도를 했다고 전해지는 농산정, ④ 길상탑이다.

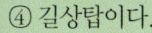

1 다시 세운 황룡사 9층탑

지진이 나거나 화산이 폭발하기 전에는 반드시 징조가 있다. 그러나 대부분 그런 징조들이 드러나기 시작하면 벌써 대처하거나 피할 여유가 별로 없다. 이와는 반대로 사회가 몰락하고 나라가 망하는 경우는 전조가 아주 오랫동안 울린다. 이 경우는 자연재해와 달리 경고가 너무 오랫동안 울리는 게 문제다. 재난을 경고하는 선각자는 비관론자 내지는 불평분자로 몰릴 각오를 해야 한다. 게다가 일반인의 입장에서 보면 사회의 위기를 경고하는 '광야의 소리'는 성장기와 쇠퇴기를 불문하고 항상적으로 존재한다는 것이 문제다. 세상에는 과민성, 습관적 비관론자가 진짜 선각자보다 훨씬 많고, 선동가와 사기꾼은 그보다 더더욱이 많다. 그래서 사회의 위기는 경고가 없어서가 아니라 너무 많아서, 듣지 못해서가 아니라 너무 많은 말에 무감각해지거나 속아 본 분노 때문에 발생한다.

그렇다면 양으로 판단하면 어떨까? 사회가 늙고 쇠락하면 문제의식과 경고가 넘쳐나지 않을까? 꼭 그럴 것 같지만 그렇지도 않다. 희한하게도 사회가 튼튼하고 성장하는 시기, 건강한 개혁이 진행되는 시기에는 되레 문제의식이 넘쳐나다가, 정작 위기의 시대가 되면 태평하고, 현실에 만족하고, 쾌락과 눈앞의 이익을 따라 뛰어다니기 바쁘다. 이게 인간사의 진정한 아이러니다. 그 이유가 무엇이냐고 물으면 그래서 사회가 망했다고 말할 수밖에 없다.

그래도 굳이 징조를 나열해 보자면 낙관론과 자신감이 넘치고, 미래를 위해 참고 투자하기보다는 현실의 이익을 누리는 데만 관심이 쏠려 있고, 사회의 지도층이나 개혁을 주장하는 사람이나 일반 대중이나 큰 이익과 작은 이익을 구분하지 못하고, 권리는 요구하고 의무는 회피하며, 부와 번영이 어디에서 오는지 알지 못하고, 자기 분깃을 차지하는 데만 혈안이 되어 있고, 자

고급스럽게 옻칠을 한 등자(좌)와 상감장식이 요란한 빗(우) 당시 신라 귀족층의 화려한 일상생활의 단면을 보여준다.

기 만족에 빠져 주변 세계를 우습게 보고, 그들의 변화는 소홀히 하고, 자기중심적으로만 판단하는 분위기가 팽배하다면, 그 사회는 무언가 위험한 징조가 보인다고 할 수 있다. 그러나 솔직히 이런 말은 하나마나다. 이런 현상은 항상적으로 존재하고, 이런 말이 절대 실감나게 들리지 않는 것이 진정한 위기의 특징이기 때문이다.

통일신라가 쇠락기에 접어드는 9세기의 신라 사회는 어떠했을까? 신라 사회의 구체적 모습에 대해서 우리가 알 수 있는 정보는 매우 적다. 하지만 내전에 가까운 왕위계승전쟁과 내분으로 정치가 불안해지고, 전국이 내전상태로 돌입하기 직전의 상황이라고 해서, 96각간의 난이나 김헌창의 반란과 같은 몇 번의 소요 사태와 내전 비슷한 상황이 벌어졌다고 해서, 생각처럼 불안과 혼란이 팽배했던 분위기가 아니었던 것은 분명하다.

신라 42대 왕인 흥덕왕(?~836)의 능과 이 능과 양식이 거의 똑같은 괘릉(흥덕왕의 조부인 원성왕의 능으로 보는 견해가 우세하다)의 구조와 석상은 신라 왕릉 중에서 제일 화려하고 우수하다. 특히 서역인을 모델로 한 무인상은 개인적 소견으로는 당 고종의 건릉에 세운 석상보다도 뛰어나다. 무인상은 서역인을 모델로 했는데, 허리에 향주머니를 달고 있는 것까지 사실적으로 묘사했다. 중국인 석공이 와서 조각했거나 최소한 중국에 가본 적이 있는

괘릉

흥덕왕릉

석공의 작품임이 분명하다.

그만큼 국제교류는 활발했고, 서라벌 거리에는 외국인과 중국을 다녀온 유학생도 많았다. 국제교류가 활발했다면 국제무역으로 거대한 부를 축적한 사람도 많았을 것이다. 산동반도에 거점을 둔 장보고의 선단은 한국과 중국만이 아니라 일본까지도 왕래했다. 교토 북쪽에 있는 거대 사찰인 엔랴쿠지의 승려였던 엔닌은 장보고 선단의 배를 이용해서 일본으로 귀국했다.

위기의식보다는 부와 화려함이 차고 넘쳤다는 증거는 이 밖에도 많다. 10대 소년 최치원이 당에서 열심히 과거 준비를 하고 있던 872년(경문왕 12) 서라벌에서는 대단한 준공식이 벌어졌다. 황룡사 9층탑의 재건식이었다. 황룡사는 삼국전쟁이 치열하던 645년(선덕여왕 14)에 건립했다. 탑은 높

괘릉의 서역인 무인상·향낭(좌)과 당 건릉의 조각상(우)
크기와 물량에서는 신라의 괘릉과 당 고종 건릉은 상대가 되지 않지만 작품 수준으로 보면 괘릉의 서역인 무인상이 훨씬 뛰어나다.

이가 거의 70m에 달하는 한국 최고의 탑이었다. 872년에 이 탑을 개수해서 새로 지었다.

안압지도 더 크고 화려하게 치장하고 누각을 새로 지었다. 경문왕은 신라사 최초의 화랑 출신 국왕이다. 헌안왕에게는 아들이 없고 딸만 둘이 있었는데, 어느 날 임해전에서 베푼 잔치에서 화랑 응렴과 대화를 나누었다. 마침 응렴은 전국 유람에서 돌아온 길이었다. 왕은 응렴에게 국선(화랑)이 되어 나라를 돌아다니면서 무슨 재미난 일을 보았냐고 물었다. 응렴은 다음과 같이 대답했다.

> 높은 자리에 있으면서 낮은 사람들보다 겸손하게 사는 이가 첫째요, 큰 부자면서 검소하게 옷을 입는 이가 둘째요, 본디 귀하고 힘이 있으면서 그 위세를 쓰지 않는 이가 셋째입니다. (『삼국유사』 권2, 기이2 경문대왕)

황룡사 찰주본기(내면) 872년(경문왕 12) 황룡사 9층탑을 고쳐 지으면서 9층탑의 역사와 중창 과정을 기록한 내용이 담겨 있다. 탑 중심인 심초석 안에 보관한 사리함에 들어 있었으며, 내용에 의하면 박거물이 글을 쓰고 요극일이 글씨를 썼다고 한다. 아래 사진은 황룡사 목탑지 전경

황룡사 복원모형

　응렴의 말에 감복한 헌안왕은 응렴을 사위로 삼고 결국에는 왕위를 물려주었다.
　신라 말기 지배층의 진한 반성과 자기 성찰이 담긴 일화 같지만, 헌안왕이 응렴을 후계자로 선택한 데는 전혀 다른 이유가 있다. 응렴은 희강왕의 손자다. 신라 하대의 왕위는 원성왕의 세 아들의 후손들 사이에서 왔다갔다 했다. 그 중 가장 격렬했던 사건이 장보고가 활약한 희강왕 - 민애왕 - 신무왕 때의 내전이었다. 이 왕위쟁탈전은 원성왕의 셋째 아들인 예영의 1자, 2자의 후손들 사이에서 벌어졌다. 신무왕은 예영의 큰아들인 균정의 아들이고, 희강왕은 예영의 둘째 아들 헌정의 아들이었다. 이 사건은 이미 앞에서 살펴보았지만, 신무왕은 왕위를 아들 문성왕에게 넘겨주었고, 문성왕이 죽자 왕위는 다시 균정의 아들이며 신무왕의 이복형제인 헌안왕에게 넘어갔다. 균정의 후손(신무왕계)과 헌정의 후손(희강왕계) 사이의 피맺힌 대립에서 한 발자국 물러나 있었고, 김헌창의 난을 통해 헌안왕은 믿을 것은 혈육뿐임을 깨닫고, 균정 살해사건으로 원수가 된 예영의 후손들을 다시 단합시켜야겠다고 생각했을 수 있다. 응렴은 응렴대로 정치적 보신 내지는 재기를 위해 화랑이라는 조직에 몸 담았을 수도 있다. 과거 통일전쟁기에 화랑이 가야계와 정식 권력에서 소외된 왕족과 차상위 계층이 결집하는 정치적 풀이었다면, 하대의 화랑은 분열한 신라왕가의 단합을 봉합하는 역할을 해주고 있었다. 어쩌면 김헌창의 난 때 화랑의 활약 자체가 희강왕계와 원성왕의 다른 일족들이 주도한 것일 수 있다. 바로 직전에 그들은 서로 피 흘리며 싸웠지만, 김헌창의 난을 맞아 "우리가 남이가"를 증명해 준 것이다.

왕위를 노리는 사람이 원성왕의 후손들만이 아니라는 사실과 지나친 자기 분열이 위기를 초래했음을 깨달은 헌안왕은 희강왕의 손자인 응렴을 사위로 삼고 왕위를 물려주었다. 이 내전에 휘말려 살해된 장보고나 그때 피 흘려 싸운 청해진의 용사들이 보면 기막힌 일이었겠지만, 이것이 피는 물보다 진하다는 가족애의 결실인지 영원한 적도 아군도 없는 정치의 이면인지는 하나님만이 알 일이다.

하지만 그렇게 왕이 된 응렴(경문왕)의 행동은 임해전에서의 대화와는 판이했다. 경문왕은 신라 전성기에도 힘들었던 황룡사를 재건하고, 안압지의 임해전과 월상루까지 대대적으로 개축했다. 그 정도 건축이야 어쩔 수 없는 것이고, 본인은 진심으로 겸손하고 절약하며 살았다고 생각했을 수도 있다. 이런 착각도 전 세계 모든 왕조의 말기적 증세이기도 하다. 아니면 임해전에서의 대화 자체가 응렴이 미리 준비해 둔 모범답안일 수도 있고, 대화 자체가 후대의 조작이거나 후대에 신하와 백성들의 여망이 반영된 일화일 수도 있다. 후대 사람들, 어쩌면 동시대 사람들도 왕위가 비정상적으로 전수된 데에 주목을 했고, 적어도 국왕이라면 이런 인격과 생각을 가진 사람을 선택했을 거라고 스스로 믿었거나 그렇게 믿고 싶었을 것이다.

그래도 화해의 힘은 컸는지 이 작은 화합이 상당한 번영을 가져왔다. 서라벌의 도심은 활기와 번영을 되찾았다. 경문왕의 아들 헌강왕은 또 하나의 화

울산 처용암 동해 용왕의 아들인 처용이 바다에서 올라온 곳이라고 전한다.

합을 더했다. 박씨인 이찬 예겸을 시중으로 앉혔다. 이것은 박씨만이 아니라 옛 사로6부의 후손들에게 그들의 정치적 권익을 신장시키겠다는 신호일 수 있다. 당의 과거에 급제했던 최치원이 헌강왕 11년(885)에 신라로 영구 귀국한 것도 헌강왕의 화합 조치에 기대를 품었기 때문일 가능성이 있다.

헌강왕은 부친이 황룡사탑과 함께 개축한 월상루(안압지)에서 연회를 베풀고 태평성대를 축하했다. 헌강왕의 시대는 서라벌에서 지방까지 집과 담이 맞닿아 있고, 초가집은 한 채도 없으며, 집집마다 숯을 때서 집에서 연기가 나지 않고, 즉 대도시임에도 대기오염이 없고, 거리에는 노래와 춤이 넘쳤다고 했다. 그야말로 태평성대의 극치다.

〈처용무〉의 주인공인 처용이 활약한 시기도 이때다.

어느 날 대왕(헌강왕)이 개운포에서 놀다가 돌아가려고 했다. 낮에 물가에서 쉬고 있는데, 갑자기 구름과 안개가 자욱하게 깔려 길을 잃고 말았다. 왕이 괴이하게 여겨 신하들에게 물으니 일관이 아뢰기를, "동해 용의 조화입니다. 마땅히 좋은 일을 해주어야 할 듯합니다."

그래서 왕은 일을 맡은 관원에게 명령해 용을 위한 절을 세우도록 했다. 왕이 명령을 내리자 구름과 안개가 걷혔기 때문에 그곳을 개운포라고 불렀다. 동해 용이 기뻐하며 일곱 아들을 거느리고 왕 앞에 나타나 덕을 찬양하며 춤을 추고 음악을 연주했다. 그 중 한 아들이 왕을 따라 서울로 들어와 정사를 도우니 이름을 처용이라고 했다. 왕은 아름다운 여자로 처용의 아내를 삼아 머물도록 하고 급간 관직도 주었다. (『삼국유사』 권2, 처용랑망해사)

처용에 대해서는 아라비아 혹은 중앙아시아 소그드계의 상인일지도 모른다는 흥미로운 해석이 제기되어 있다. 가능성이 없다고는 할 수 없지만 확실한 증거는 없고, 처용의 이야기는 본체나 해석이나 아직은 설화와 소설의 영역에 있다. 그러나 만에 하나 동해 용이 외국 상인세력이고 처용이 그들 중 한 명이었다고 한다면 이런 흥미로운 창작도 가능하다. 상인 특히 외국 무역상이 가장 바라는 것이 정치적 안정이다. 그 나라의 사회의 구조적 모순, 집권세력의 비도덕성 뭐 이런 건 관심 없다. 일단 정치가 안정되면 시장이 활성화되고, 그는 정치가를 만나 태평성대라고 얼마든지 찬사를 퍼부을 것이다.

정치가에게 무역상은 최고의 돈줄이다. 평화와 돈, 이것이야말로 정치가와 모든 지배층의 로망이 아닌가. 처용은 평화와 돈의 중재인으로 서라벌에 정착했다. 서라벌 시가에 돈이 풀리니 가무와 춤이 넘쳤다. 관직과 미인 아내까지 받고 정착한 처용이 하는 일이란 밤

서역인 모습 토용 경주 용강동석실분 출토

제4장 갱, 군인, 그리고 토호 169

늦도록 돌아다니며 놀고 춤추는 것이었다.

처용 설화가 픽션이든 논픽션이든 헌강왕대 서라벌의 분위기는 정말 잘 전해주고 있다. 사실 이 변영은 사회적 변영이 아니라 집권층의 심리적 안정에 의한 변영이었다. 지난 한 세기 동안 신라의 지배층들은 혹독한 내분과 전란을 겪었다. 모두가 지쳐갈 때 정치가들이 대화합을 이루었다. 이제 모든 문제가 해결된 것 같다고 안도한다. 사실 이것은 화산의 분화구를 덮은 것에 불과했지만, 타락하고 나약해지고 지친 지배층일수록 이런 유혹에 빨리 넘어간다.

그러나 분화구를 눌러 놓으면 결국엔 더 크게 폭발한다. 연기조차 나지 않는 서라벌의 청명함 아래서 폭발은 이미 시작되고 있었다. 887년 한산주에 거주하던 이찬 김요가 반란을 일으켰다. 이 난은 진압되었지만, 진정한 반란은 그것이 아니었다. 사회의 모든 곳에서 불만은 누적되고 폭발하기 일보 직전이었다.

신라의 문제는 진골세력이 그들이 가진 것을 나누려 하지 않았다는 것이다. 나눈다는 말도 정확한 표현은 아니다. 사회가 성장하고, 국제무역까지 하니 귀족층의 부는 증가한다. 늘어난 부를 진골귀족이 독점하니 서라벌에 기와집이 가득해졌다. 요즘은 기와집을 우습게 보는데, 고려의 수도 개경도 경주보다 못했다. 한말까지도 지방으로 가면 기와집은 구경하기도 힘든 호화주택이었다. 19세기에 수원 화성 안에 민가가 3천 호 정도 있었는데, 기와집은 한 채도 없었다. 또 다른 인구 5만 정도의 도시에 기와집은 관청과 사원 뿐이고, 개인 소유 기와집은 10채가 안 되었다.

그런데 집이 커지면 관리, 유지 비용이 늘어나는 것처럼 사회도 부가 증대하면 관리도 증가하고 운영 비용이 늘어난다. 그런데 속좁은 사람은 큰 집은 원하면서 관리 비용은 아까워한다. 기업이나 사회도 마찬가지다. 사회가 계속 성장하려면 전문가를 양성하고, 사회가 성장한 만큼 신분의 벽도 완화시

신라 성골의 복원 가옥 경주 밀레니엄파크

켜서 최소한 진골 아래 계층, 지방의 상층 지배층 정도는 포용해야 한다. 이것이 발전적 변혁이고, 나눈다는 말의 진정한 의미다. 그러나 망하는 나라, 몰락하는 조직의 지배층은 그것도 아까워한다. 기업에 비유하면 조직이 커진 탓에 아랫사람들이 하는 일은 많아지고 업무 수준도 높아지지만, 월급과 대우는 예전과 똑같고, 늘어나는 수익은 윗사람만 챙겨가는 경우와 같다.

경주의 남쪽 해안가에서 왜구들과 싸우던 젊은 전사 견훤은 회의가 든다. 목숨을 걸고 싸우고, 수많은 공을 세웠지만 돌아오는 보상도, 비전도 없다. 이런 문제는 삼국전쟁기에도 있었지만, 그때는 나라가 같이 가난했고 신라의 상층 귀족들도 함께 열심히 싸우기라도 했다. 하지만 이제는 그런 것도 없다. 889년(진성여왕 3) 상주에서 원종과 애노의 난이라는 유명한 반란이 일어난다. 상주는 552년 신라가 소백산맥 안쪽에 박혀 살 때, 두 번째로 창설한 군단인 귀당(처음 명칭은 상주정)을 주둔시켰던 군사요충이다. 원종과 애노의 난은 진압되었지만, 출동한 서라벌의 군대는 적의 보루를 보고 진군하지를 못했다. 정규군이 머뭇거리자 지방의 향리격인 촌주 우련祐連이 목숨을 걸고 나가 싸우다가 전사했다. 진성여왕은 사령관인 영기를 처형하고, 열 살 된 우련

제4장 갱, 군인, 그리고 토호   171

의 아들에게 부친의 직책을 계승시켰다.

이 사건은 여러 모로 상징적이다. 신라는 전통적으로 군 지휘관을 진골 이외의 인물에게 주지는 않았다. 그런 사례로 보면 영기도 진골귀족 출신일 텐데 관등은 나마로 신라의 17관등 중 열한 번째에 불과했다. 통일전쟁기 국왕의 외삼촌인 김유신이 일흔이 넘은 노구로 앞장서서 호로하를 건너던 자세와 너무나 대조된다. 이제 신라의 귀족들은 전쟁터에는 얼굴도 비치지 않았고, 전쟁터에 나가도 말단 귀족을 내보냈으며, 그렇게 간신히 나타난 사람도 의무를 다하려 하지 않았다. 전사한 촌주 우련도 이런 형편없는 지배층에 대한 충성심에서가 아니라 자기 마을과 집안을 지키기 위해 싸웠을 것이다.

그러나 이 이야기에서 진짜 웃기는 장면은 그 다음 이야기에 숨어 있다. 진골도 싸우지 않는 전쟁을 촌주인 우련이 싸워 해결했다. 하지만 신라 정부에서 그 보상이라고 유복자가 된 우련의 아들에게 해준 것이 부친의 직책을 이어받게 해준 것이다. 우련이 전사하지 않았어도 아들이 이어받을 확률이 높은 것이 촌주직이었다. 목숨을 바쳐 나라를 구하고 왕과 귀족들 자신을 구해 주어도 촌주는 촌주의 신분 이상을 넘을 수 없다. 이것이 신라의 진정한 위기의 근원이었다. 오죽하면 최치원마저도 진골의 관직에는 진입하지 못했을까? 이 이야기 역시 고구려에서 살아 돌아온 김유신이 신분법을 무시하고 열기와 구근에게 사찬직을 주고 평생토록 예우했다는 이야기와 대비된다.

사회체제가 이 모양이니 누가 자신의 의무를 다하겠는가? 늙은 귀족은 전쟁이 나면 대신 내보낼 사람을 찾고, 젊은이들은 서라벌의 변화가에서 여성들과 춤추며 노는 데에만 관심이 있다.

나라를 지키고, 국가를 운영하고, 학문이든 기술이든 열심히 자신을 연마하고 닦는 사람들은 최치원과 견훤, 우련 같은 차상위 계층들이다. 이들이 국가의 중요 업무를 실제로 담당하고 있고, 능력도 우수하다. 그러나 아무리 공을 세우고 능력을 보여주어도 그 이상의 대우는 절대로 없다. 참고 당하는

함양 상림 진성여왕 때 최치원이 함양태수로 있으면서 수해를 방지할 목적으로 조성한 우리나라 최초의 계획림. 오늘날 그 업적을 기리는 동상과 비가 서 있다.

데도 한도가 있다. 우련과 최치원까지는 몰라도 우련의 아들과 최치원의 제자들은 더 이상 무능하고 자기만족밖에 모르는 서라벌의 귀족을 위해 일하지 않을 것이다.

2 반란 군단

상주에서 봉기한 원종과 애노의 반란은 실패했지만, 원종과 애노의 난이 전부는 아니었다. 이유는 명확하지 않지만 그 1년 전인 888년(진성여왕 2)을 기점으로 전국이 혼란 상태에 빠져들었다. 895년 해인사에 거주하고 있던 최치원이 쓴 〈해인사길상탑기〉에 의하면 888년부터 7년간 전국에 전란이 발발해서 전국이 무정부 상태에 빠졌다. 이 무렵 10년간 해인사에도 도적이 쳐들어와 해인사를 지키기 위해 싸우다 죽은 승려만 56명이어서 이들을 위한 위령탑까지 세웠다. 오대산 길상사도 비슷한 곤경을 겪었다고 한다.[3]

전쟁이 벌어지고 무정부 상태가 지속되면 농부는 농사를 지을 수 없어 기근이 발생한다. 최치원은 전국에 악이 없는 곳이 없고, 기근이 겹쳐 굶어죽은 사람과 전사자의 해골이 벌판에 별처럼 흩어져 있다고 했다.[4] 그렇다고 킬링필드를 연상할 필요까지는 없을 듯하다. 옛날 분들은 고상한 분들도 의외로 과장법이 심하다. 별처럼 흩어져 있다고 하면 우리는 무수히 많은 해골을 당장 연상하지만, 최치원 선생은 수가 아니라 해골이 밤에 하얗게 보이는 모습을 묘사했을 수도 있다. 그리고 별처럼 빛나는 해골이 좀 더 많았다고 해도 이 표현의 진짜 의미는 따로 있다. 시신을 방치하는 것은 인정과 도덕적으로도 맞지 않지만, 전염병이 돌 위험이 크다. 그래서 시신은 바로 정리하고 묻어야 했다. 그런데 해골이 벌판에 그대로 방치되어 있었다는 것은 국가의 통제력과 지방의 행정력이 마비되었다는 것을 의미한다. 바야흐로 진정한 무정부 시대의 도래였다.

난세가 시작되었을 때, 세상을 바꿀 또 한 명의 상주인이 등장했다. 남해안의 어느 군단에 복무중이던 견훤이다(견훤은 진훤으로 읽어야 한다는 설이 있지만, 이 글에서는 통설을 따라 그냥 견훤으로 사용한다).

후백제의 왕이 되어 백제의 부활을 자처했지만 정작 견훤 자신은 백제의 후예가 아닌 신라인이었다. 견훤은 상주 가은현(현재의 문경시 가은읍)에서 태어났다. 『삼국유사』에 견훤의 출생지가 광주 북촌이었다는 전설도 수록하고 있어서 견훤을 광주 출신이라고 보는 견해도 있지만,[5] 이 전설은 후대에 생겨난 것이 분명하다.

가은현은 독특한 곳이다. 문경에서 계립령과 문경새재로 들어가는 골짜

고모산성 명남루 고모산성은 문경에서 계립령과 문경새재로 들어가는 골짜기가 시작되는 곳에 위치한다.

기가 시작되는 곳이 고모산성이다. 고모산성은 이 출구를 감제하는 요충이다. 그런데 계곡 출구 남쪽에는 영강이 S자형으로 굽이쳐 흐르고 있다. 그래서 고모산성은 계립령을 지나 남쪽으로 내려가는 적뿐 아니라 남쪽에서 북진해서 계립령으로 들어가는 입구도 딱 막아 버리는 관문이 되어 버린다.

즉 고모산성은 쌍방향을 감제하는 요충인데, 이 고모산성 아래 서쪽 들판에 자리잡은 지역이 가은현이다. 의외로 꽤 넓은 분지로 지금도 가은읍은 중고등학교까지 있는 큰 마을이다. 마을 자체는 요새가 아니라도 입지상 고모산성 루트의 방어와 관리에 필요한 인력과 물자를 일차적으로 감당하는 곳이 가은현이었다.

따라서 삼국 쟁패기에는 전란이 그칠 날이 없었을 국경마을로서 무사와 군인들을 많이 배출할 수밖에 없는 곳이다. 세월이 오래 지나긴 했지만 그런 전통은 쉬 없어지지 않는다. 그리고 다시 난세가 오면서 이 전통이 힘을 발휘한 듯하다.

부친 아자개는 가은현의 향리 내지는 농민이었는데, 능력 있는 무사였던

제4장 갱, 군인, 그리고 토호

것 같다. 신라 말의 혼란기에 그는 상주의 실력자가 되었다. 도둑 두목이나 정규군 장교가 된 것 같지는 않고, 상주에서 자체적으로 조직한 자위대의 지휘관이 된 것 같다. 적어도 상주에서는 능력을 인정받은 아자개는 885년에서 887년 사이에 장군으로 불리며 거주지도 상주 읍내로 옮겼다.

나중에 견훤은 자신이 신라왕손이라고 주장했다. 『삼국유사』에 수록한 이제라는 사람의 기록에서는 진흥왕의 셋째 아들이 구륜공, 그의 아들이 선품, 선품의 아들이 아자개였다고 한다.[6] 선품의 딸 자의가 문무왕의 왕후였으니 이 서술대로라면 아자개는 문무왕과 처남매부 사이가 되며, 아자개가 견훤을 낳았을 때는 대략 200세가 넘는 고령이었어야 한다.

궁예도 신라왕의 사생아라고 자칭했지만, 후고구려와 후백제를 세운 인물들이 고구려의 왕손이나 백제왕의 후예라고 하지 않고 신라왕의 후예라고 사칭한 것은 참 아이러니다. 삼국이 통일된 지 200년이나 흘렀고, 후백제든 후고구려든 재통일을 이루려면 신라인의 마음을 얻어야 했거나, 지역감정과 결합한다고 하지만 현실적으로는 생존해 있는 신라 왕실의 권위가 제일 높았던 탓이리라.

견훤은 원종과 애노의 난이 발생하기 전에 신라군에 입대했다. 난이 발생했을 때는 남해안 어딘가에서 복무중이었다. 부친의 모든 것을 물려받았는지 견훤은 기골이 장대하고 싸움에 능한 용사였다. 창을 베고 자면서 적을 기다릴 정도로 무술도 뛰어나고 배짱이 넘쳤다. 당시는 치안이 어지러워 해적이 많았다. 신라 해적이 일본 해안에까지 횡행하여 일본이 연안 경비를 강화했다고 할 정도였다. 그들이 일본만 털었을 리는 없다. 신라 해적이 이 정도면 해적의 원조인 왜구와 중국 해적은 훨씬 더 많았을 것이다. 당은 중국의 한족왕조 중에서는 가장 개방적인 나라여서 해상무역이 활발했다. 무역선이 늘면 해적도 는다. 그에 곁들여 상인·자위조직·용병이 차례로 증가한다. 이런 무장집단이 또 여차하면 해적으로 돌변했다.

견훤은 크고 작은 싸움에서 용맹을 떨쳐 비장裨將으로 승진했다. 비장은 조선시대에는 고관의 수행무장, 호위무장을 의미했는데, 이 시대에는 군현이나 그보다 약간 넓은 지역의 실력자에게 주는 수준의 관직이었다. 견훤이 후백제를 세운 후에 북원의 양길에게 비장 관직을 주었던 적이 있다.7

이 무렵 견훤은 고향에서 일어난 원종과 애노의 난 소식을 들었을 것이다. 그리고 서라벌에서 파견된 진압군은 감히 싸우지도 못했고 그 죄로 지휘관이 참수되었다는 얘기와 상세한 전황도 들었을 것이다. 겨우 20대 중반의 젊은이였지만 중앙군의 허약함과 세상 돌아가는 상황을 파악한 견훤은 원종과 애노의 난이 발생하고 2년이 지난 891년에 자기 부하 또는 군단을 설득해서 반란을 일으켰다. 주둔지를 떠나 남해안 일대를 쓸고 다닌 지 한두 달 만에 그의 세력은 5천 명으로 불어났다. 견훤과 늘 함께하던 3천 철기병의 모태가 이때 형성된 것 같다.

이 시대에 5천 명이라면 어디든 도시 하나는 떨어뜨릴 수 있는 병력이었다. 장보고는 5천 병력으로 서라벌도 떨구었다. 견훤도 장보고의 고사를 알았는지, 청해진군의 경로를 답습했다. 완산(전주)과 무진주(광주)를 점령한 그는 무진주를 거점으로 삼아 '신라 서면 도통지휘병마 제치지절도독 전무공등 주군사행 전주자사 겸어사중승 상주국 한남군 개국공'이란 어마어마하게 긴 직함을 지닌 통치자가 되었다. 이 뜻을 설명하려면 더 길어지는데, 간략히 말하면 전주·광주를 중심으로 신라의 서쪽 면에서 군사·민사·사법·감찰 업무를 한손에 다 장악한 높은 분이라는 뜻이다. 그러면서도 마지막에 '개국공'이란 의미심장한 명칭을 넣는 유머를 보여준다. '개국공'이란 원래 나라를 세운 공신이란 뜻이지만, 여기서는 '곧 나라를 세울 분'이라고 새겨들어야 할 듯하다.

900년에 견훤의 군단은 광주에서 전주로 이동해서 새 나라를 세웠다. 나라 이름은 '백제'였다. 우리는 견훤의 백제를 후백제라고 부르는데, 이것은

● 견훤의 출생 전설

『삼국유사』에 수록한 견훤의 출생 전설은 다음과 같다. 옛날 광주 북촌에 한 부자가 살고 있었다. 그에게는 딸 하나가 있었는데 자태와 얼굴이 단정했다. 어느 날 딸이 아버지에게 밤마다 자줏빛 옷을 입은 한 남자가 잠자리에 들어 정을 통한다고 고백했다. 아버지는 긴 실을 바늘에 꿰어 사내의 옷에다 꽂아두라고 했다. 아침에 북쪽 담장 아래에서 실을 찾았는데, 바늘은 커다란 지렁이의 허리에 꽂혀 있었다. 뒤에 임신을 하고 한 사내아이를 낳았는데, 나이 열다섯에 스스로 견훤이라고 칭했다.[8]

가은읍에서 전해지는 전설에서는 이 지렁이가 있던 곳이 동굴로 바뀌었고, 그 굴이 현재 가은읍에 있는 금하굴이라고 한다. 금하굴은 겉에서 보면 몇 개의 바위가 겹쳐서 난 틈처럼 보인다. 입구는 형태가 둥글고, 사람 한 명이 들어갈 정도의 크기다. 안을 들여다보면 정말 거대한 지렁이나 용이 파고 들어간 것처럼 일정한 굵기로 지하로 쭉 이어져 있다. 내부로 들어가려면 탐험 장비가 필요할 듯한데, 깊이는 23m다. 내부는 석회동굴로 석순, 종유석 등이 자라고 있다고 한다. 지역 전설에는 견훤이 탄생한 뒤에 이 굴에서 내내 풍악 소리가 울렸다. 수백 년 동안 풍악 소리가 나는 통에 구경꾼이 몰려들어 동리에 작폐가 심했다. 부호인 심장자가 금하굴을 메워 버렸는데, 그 후부터 풍악 소리가 없어지고 심장자 집도 망해 버렸다. 해방 후에 주민들이 매몰된 굴을 파내고 원형으로 복구했으나 풍악 소리는 더 이상 들리지 않았다고 한다.

견훤의 탄생설화가 전하는 가은읍 금하굴 굴의 입구가 대나무로 에워싸여 있다.

봉황무늬 수막새와 전주성(全州城)명 수막새 광주 무진고성 출토. 모두 통일신라기의 것이다

역사가들이 이전의 백제와 구분하기 위해 붙인 명칭이고 정식 국호는 백제였다. 견훤이 도읍한 정확한 위치가 전주시 완산구 대성동에 있는 승암산의 동고산성이라고 추정하는 견해도 있다. 동고산성에서 2층으로 이루어진 정면 22칸의 대형 건물 터가 발굴되었는데, 그 규모가 경복궁 근정전의 두 배에 이른다. 규모와 기와, 위치 등으로 봐서 이곳이 견훤의 왕궁이었다고 추정하고 있다.[9]

광주와 전주 중에서 전주를 택한 이유는 전남 지역보다는 전북이 백제의 수도였던 충남의 사비, 공주와 가까워서 백제의 후예라는 의식이 강했기 때문이라고 보기도 한다.[10] 광주가 너무 남쪽에 치우쳐 있다는 지리적 사정도 배려했을 것이다. 하지만 정작 백제의 부흥을 외친다면 충청도로 올라갔어야 정상이다. 사비와 공주가 충청에 있고, 한반도의 중심에도 가깝다. 그렇게 하지 않은 이유는 알 수 없는데, 일단 견훤의 세력이나 지지집단이 아직 약했고, 오늘날의 생각과 달리 백제니 고구려니 하는 의식이 생각처럼 강하지 않았을 수도 있다. 삼국 중 어디 나라에 속했든 삼국시대의 지배층은 소수였고, 특정 지역에 편중되어 있어서 지방민들은 수도의 지배층에 속한 피지배층에 가까웠다. 이런 시대에서 오늘날과 같은 농도의 국가의식을 기대하기는 어려웠을 가능성이 높다.

동고산성에서 발굴된 대형 건물터 터는 경복궁 근정전의 두 배나 되는데 견훤의 왕궁이었던 것으로 추정된다. 아래 사진은 동고 산성에서 내려다본 모습으로 전주 시가지가 한눈에 들어온다.

    오히려 이 시대에 신라에 저항하는 동기를 제공한 힘은 수도에 거주하는 한 개의 성씨가 독점하던 세계를 깨트리고자 하는 열망이었다. 후백제니 후고구려니 하는 것은 그 열망을 구시대의 장막으로 포장한 것에 불과했다. 후백제든 후고구려든 견훤과 궁예가 제2, 제3의 서라벌과 진골을 창설할 뿐이라면 그들의 지지세력은 훨씬 줄어들었을 것이다.

3 부석사의 칼자국

선종善宗이라는 떠돌이 중이 있었다. 스스로 영월 세달사에서 법명을 받았다고 소개하곤 했지만, 제대로 수행한 적도 없고, 선종이란 법명도 자신이 붙인 것이었다. 절에서도 도를 닦기보다는 힘쓰는 일로 먹고 살았다. 큰 절에는 언제나 자위조직이 있다. 사원에 있는 불상과 동종, 제기와 장식품, 식량을 지키고, 탑돌이와 팔관회 같은 행사, 큰 법회가 열리면 치안과 질서를 유지해야 했다. 그리고 호젓한 산길을 따라 깊은 산중으로 불공을 드리러 오는 사람들과 부인을 보호해야 했다.

중국의 소림사가 동양무술의 본산으로 유명하지만, 시대가 올라갈수록 사원의 군사력은 만만치 않았다. 크고 유명한 사원은 넓은 토지와 백성을 거느린 하나의 봉건영주였다. 삼국시대와 고려시대에는 새로운 토지를 개척하거나 군현을 설립할 때, 어느 지역에 치안을 유지하고 국가권력을 투입하려고 할 때, 관리와 군대를 파견하는 대신 그 지역에 사원을 설립하고 사원의 협조를 받기도 했다.

우리가 알고 있는 신라사에서는 화랑도에 편중된 설명 때문에 불교계의 협력과 군사력이 간과되어 있다. 정계에서는 화랑도 출신들의 비중이 컸는지 몰라도 군사력과 사회세력으로서 불교의 역할은 결코 화랑도보다 못하지 않았다. 김춘추가 당에 들어갈 때도 화랑도와 불교계 대표를 3인씩 공정하게 뽑았다. 고구려 멸망 당시 남건의 군사 책임자는 승려였고, 처음 백제 부흥군의 리더도 왕족인 복신과 승려 도침이었다.

사원은 특히 훌륭한 무사와 장인의 공급원이었다. 풍부한 경제력과 특유의 종교적 수련을 바탕으로 하여 그들은 우수한 장인과 무사를 생산해 냈다. 무승武僧들은 전시가 되면 군대에 동원되었고, 평소에는 사원을 경비할 뿐만

영월 세달사 터 궁예가 선종이라는 법명을 받았다고 전해진다.

아니라 지방의 치안을 유지하는 데도 아주 큰 역할을 했다. 당연히 사원에는 도를 닦고 수행을 지도하는 조직만이 아니라 무술을 가르치고 이들을 관리하는 조직도 있었다.

선종은 어려서 집을 나가 세달사로 들어갔다. 가출한 이유는 본인의 불량끼와 가난 때문이었던 듯하다. 그는 그곳에서 자라면서 무술을 배웠고, 매사에 의욕적이어서 겸하여 불법도 제법 익혔다.

청년이 된 그는 절을 떠나 승려 행세를 하면서 여기저기 떠돌아다녔다. 이때가 삼국통일 후 벌써 200년이 지난 9세기. 혼란해진 세상을 떠돌던 선종은 자신이 장수의 재능과 실력을 지녔으며, 지금 세상이 그 재능을 발휘할 수 있는 때라는 사실을 깨달았다.

당시 신라의 정세를 보면, 군현의 절반이 중앙정부의 통제에서 벗어난 상태였다. 그 군현들이 다 반란세력은 아니었지만, 국가가 통제력을 잃자 마을들은 자위조직을 강화했고, 마을과 지역의 지도자들은 능력껏 지방을 꾸려나가야 했다. 도적과 무장조직, 반란군이 함께 늘었고, 갈수록 서로를 구분하기가 힘들어졌다. 그러나 시간이 갈수록 이런 집단들 간에도 힘의 우위가 점차 분명해졌다. 서기 891년(진성여왕 5) 선종은 야심을 감추고 그 중의 한 집단에 가입했다. 죽주竹州(죽산)를 장악하고 있던 기훤箕萱의 세력이었다.

말세는 갑작스럽게 시작되었다. 889년 원종과 애노의 난이 발발하면서 전국에서 반란이 일어나고 도적이 들끓었다. 일부는 해적이 되어 대마도까지 쳐들어가기도 했다. 894년에는 무려 45척의 해적선단이 대마도를 침공했다. 세상은 무정부 상태가 되었고, 여기저기서 보호비를 뜯는 무장집단이 생겨났다. 고달픈 민중들의 눈에 비친 세상은 영락없는 말세였다. 왕은 황룡사에 가서 경문왕이 재건한 9층탑을 보고 빌었고, 백성은 가까운 절에 모여 부처의 가호를 빌었다. 그들의 기도 목록에는 평화와 국가의 안정을 바라는 내용도 있었겠지만, 좀 더 현실적인 사람은 악랄한 도둑을 피하게 해달라고 빌었고, 마적단이나 마피아를 만나더라도 기왕이면 괜찮은 보호자를 만나게 해달라고 빌었다.

죽주에 자리잡은 기훤이 인정도 있고 지도자로서 자의식도 지닌 괜찮은 도적이었는지, 폭력을 주체할 줄 모르는 막돼먹은 두목이었는지는 알 수 없다. 그러나 옹졸하고 그릇이 작았다. 선종이 그를 찾아가자 기훤은 선종의 능력을 알아보고 부하로 받아들였지만 합당한 지위는 주지 않았다. 『삼국사기』에서는 기훤이 선종을 업신여겨 예우하지 않았고, 선종은 우울하여 마음이 안정되지 않았다고 했다. 선종이 기훤 휘하에서 불안해했다는 것은, 기훤이 선종을 예우하지 않은 이유가 선종의 재능을 알아보지 못해서가 아니라 그 반대의 이유 때문이었다는 사실을 암시한다. 선종은 힘과 통솔력이 있었고, 이런 능력은 감출 수도 감출 필요도 없는 것이다. 기훤의 부하 중 원회나 신훤과 같이 선종을 존경하고 따르는 사람도 생겨났다. 선종의 능력이 불편했던 기훤은 책임있는 자리를 맡기지도 않았다. 도리어, 괜히 못되게 굴면서 자신의 무능력을 감추고 권위를 세우려고 했다. 대장이 그러니 다른 놈들도 똑같이 그랬을 것이다. 옹졸한 리더, 옹졸한 조직의 전형이다.

그런데 이후의 선종의 행적을 보면 선종과 기훤의 갈등이 조직 내부에서 흔히 발생하는 이런 인간적인 갈등만이 아니었을 가능성이 크다. 선종은 세 달사를 나설 때부터 야망이 있었고, 야망을 실현할 정략과 판단력도 있었다. 선종의 입장에서 보면 기훤은 입지를 잘못 택하고 있었다. 기훤의 기지가 죽주에 있었다면 죽주산성일 가능성이 높다. 죽주산성은 특별히 가파르지도 않고 크지도 않은 둥근 형태의 작고 아담한 산성이다. 멀리서 보면 정말 평범하다. 그러나 안으로 들어가 보면 방어에 유리한 여러 가지 조건을 갖추고 있다. 가파른 산등성이에는 홈처럼 파인 골짜기가 주름처럼 깔려 있어서 공격군이 진영을 정비하거나 팀웍을 발휘할 공간을 주지 않는다.[11] 고려시대 몽골이 이 땅을 유린할 때 죽주인들은 이 산성에서 몽골군을 격퇴했다.

입지적 위치는 더욱 환상적이다. 안성은 한반도 동서축의 정중앙으로 남북 교통의 요지다. 산성에 오르면 죽산에서 음성으로 이어지는 넓은 평야와 그 일대가 한눈에 들어온다. 지금은 중부고속도로가 이 근처로 지나가는데, 위로는 이천·하남으로 통하고 아래로는 진천·청주로 이어지는 이 길은 중부와 남부를 이어주는 핵심적인 교통로였다. 오늘날은 대전 – 천안으로 이어지는 경부선과 경부고속도로의 물동량이 훨씬 많지만, 경주가 국토의 중심이었던 신라시대에는 이 길이 경상, 전라, 충청도민 모두에게 한성으로 가는 제일 가깝고 좋은 길이었다.

넓은 평야와 교통로. 당연히 이곳은 수입이 대단히 좋은 길목이었다. 그러나 선종은 이 지역이 맘에 들지 않았다. 교통의 중심이라 수입 올리고 털어먹기는 좋지만, 죽주는 주변이 너무 개방되어 있어 힘과 세력을 키우기에는 적절하지 않았다. 그들은 아직 약하고, 사방에 노출되어 있다. 신라가 힘을 되찾거나 동서남북 주변 어디서든 강력한 집단이 일어나면 반드시 이곳으로 지나간다. 지금은 여기 앉아서 수입만 계산할 때가 아니라 치안이 불안정한 지역으로 들어가 거점을 조성하고 세력을 규합해야 할 시점이다. 이것이 혁명가와 마적 두목의 차이다.

죽주산성 기훤의 기지가 죽주에 있었다면 이 산성이었을 가능성이 크다.

    기훤에게 온 지 1년 만에 선종은 원회와 신훤을 포섭하여 함께 원주에 있던 양길梁吉에게 귀순했다. 최소한 기훤보다는 뜻이 컸던 양길은 선종의 가치를 알아보고 부하를 떼주었다. 선종은 자신의 능력을 발휘했고, 그의 능력을 신임한 양길은 더 중요한 임무를 맡겼다. 자신은 충청도 지역으로 남하하면서 선종을 자신의 왼쪽 날개로 삼아 원주의 동남 지역을 담당하게 하였다.

    선종의 병력은 600명이었다고도 하고 3천 500명이었다고도 한다. 양자를 절충해서 처음의 주력은 600이었고, 나중에 강릉에 입성해서 3천 500명이 되었다고 보기도 한다. 그러나 어느 쪽이든 강원도를 평정하기에는 병력이 너무 적다. 600명이라면 특히 그렇다. 그러므로 이들의 목적은 성의 점령과 직접지배가 아니라 약탈과 수금이었을 가능성이 높다. 조직폭력배의 시장 한 바퀴 돌기나 세력권 넓히기 같은 것이다. 그들은 아직 지방에 상주 병력을 두거나 지방관과 통치조직을 설치할 여력이 없었다. 우르르 떼거리로 몰려

석남사지 양길이 선종에게 처음 제공한 근거지다. 이 터에는 양길 대장군 유적지비와 양길 장군상이 서 있다(아래 사진).

가 한 번 얻어먹고, 매년 내야 할 상납금액과 수금방식을 정하는 정도였다. 그 지역에 이미 어떤 세력이 존재했다면 그들을 하부조직으로 편입하고, 다시 '수입의 몇 프로를 내라'는 식으로 지분을 나누었을 수도 있다.

어떻든 동으로 간 선종의 위력 시위는 꽤 큰 성공을 거두었다. 사실 처음에 양길이 선종에게 맡긴 임무는 '4번가와 5번가를 맡아라'는 식으로 한 쪽 구역을 맡긴 데 불과했다. 처음에 양길이 선종에게 제공한 근거지는 치악산 석남사石南寺였다. 이곳은 현재의 신림리 근처로 원주에서 제천으로 가는 길목이다.

그는 이 석남사를 거점으로 하여 주변 고을을 돌아다녔다. 그래도 그는 구역을 점차 확대하여 영월, 평창, 울진 지역으로 세력권을 넓혀 갔다. 이 무렵에 영월에 있던 흥녕사가 불타고, 이 절에 거주하던 고승 징효대사가 상주로 피난했다는 기록이 있다. 이 흥녕사 방화사건을 선종 세력의 성장과 연결시켜 그들의 행위로 추정하는 견해도 있다. 만약 이 추정이 맞다면 선종이 사원을 불태운 행위를 어떻게 해석해야 할까? 그래서 선종의 출신지인 세달사는 교종인 화엄종 계통이고, 흥녕사는 선종사원이라는 사실에 착안해서 교종과 선종의 갈등으로 보는 견해도 있다. 하지만 정상적인 상태라면 교종과 선종의 관계는 그 정도로 적대적이지는 않다.

그가 정통 승려였거나 혹은 미륵 세상을 주장하는 이단적이고 개혁적인 승려

흥녕사 징효대사탑비 선종이 세력을 확대하는 중에 방화했다고 알려진 곳의 하나가 영월 흥녕사고, 이 때문에 징효대사가 상주로 피난했다는 기록이 있다.

였다고 해도 불교와 그 가치에 대해 기본적인 경외감을 지닌 인물이었다면, 사원을 약탈은 해도 불태울 생각은 하지 못할 것이다. 어쩌면 그가 자신을 미륵불이라고 부르며 세상을 구원할 종교인 행세를 한 것은 오히려 그가 권력을 장악한 나중의 일일 수도 있다. 이때의 그는 한 손에 검을, 한 손에 경전을 들고 미륵 세상을 전파하는 열렬한 구도자가 아니라 그냥 도둑떼의 두목이었을 가능성이 더 높다.

2년 후인 894년(진성여왕 8) 2월 최치원은 진성여왕에게 10여 개의 사회개혁안 내지는 사회안정대책을 올렸다. 적어도 최치원을 총애하기는 했던 것 같은 여왕은 이 방안을 받아들이고 최치원을 아찬으로 승진시켰다. 그런데 이 아찬 승진은 우련의 아들을 촌주로 임명한 것과 똑같은 의미를 지니고 있다. 아찬은 17관등에서 여섯 번째 관등으로 진골이 아닌 사람이 오를 수 있는 최고위 관등이었다.

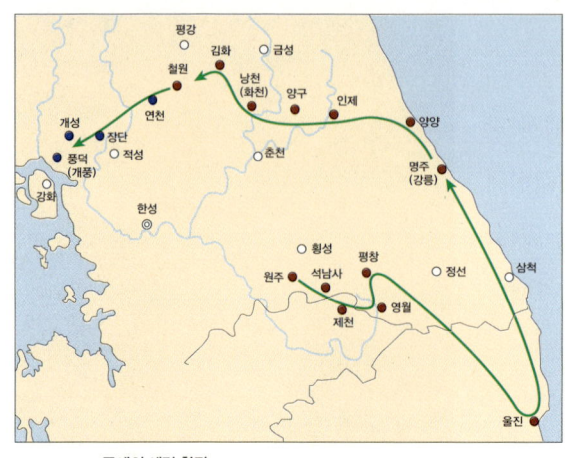

궁예의 세력 확장

최치원이 건의한 개혁안은 내용이 남아 있지 않지만, 치안 부재에 거의 내전 상태로 돌입한 사회를 안정시키려면 우련과 같은 지방 촌주층의 협력이 최우선 과제였다. 이들의 거국적 협조를 끌어내려면 신분제의 개혁밖에 없다. 최치원이 경험했던 당 사회는 귀족과 사족의 구분조차도 깨어지고, 현실적으로 합격하기가 쉽지는 않았다고 해도 적어도 법제상으로는 평민도 과거에 응시할 수 있으며, 노비는 있지만 한 번 노비는 영원한 노비라는 노비세습제도 없어진 사회였다. 그런데 신라는 당으로 치면 황족에 속하는 진골이 모든 것을 장악하고 있었다. 좁아도 너무 좁았다. 최치원은 틀림없이 진골의 편협한 특권제를 개혁해야 한다고 주장했을 것이다. 그러나 왕은 최치원조차도 아찬 이상으로 진급시킬 수가 없었고, 진골귀족들은 최치원에게 이를 갈았다. 진골 함대가 통째로 침몰하고 있는 그 순간에도 말이다.

진골의 무능함과 편협함을 조롱해 주듯 바로 그해 10월에 선종이 신라의 북쪽 거점인 강릉으로 입성한다. 옛날 만 명 단위로 헤아리던 고구려의 정규군도 함락하지 못한 도시가 강릉이다. 한때는 신라왕족의 직할령인 '京'이기도 했었다. 그 강릉이 600명에 불과한 마피아 집단을 물리칠 힘이 없었다.

강릉에서 선종은 추종자를 3천 500명으로 늘렸다. 그는 부하를 250명 단위로 나누어 각 방향으로 운영했다. 중간 보스들을 만든 셈이다. 전국적으로 공적 질서가 붕괴되고 사방에서 크고 작은 마피아와 도둑떼가 출몰하는 가운데, 새로 등장한 선종파는 남다른 모습으로 성장을 거듭했다. 우선 그들은 강했고, 지도자는 부하들과 함께 먹고 자고 뒹굴었다. 뺏은 재물은 공정하게 나누어 가졌다. 부하들은 그를 존경하고 의지했으며 조직에는 규칙과 질서가 살아 있었다.

추종 세력을 넓힌 그는 자신을 장군으로 부르기 시작했다. 이 집단이 이젠 정치적 힘을 가지기 시작했다는 의미다. 슬슬 자신의 꿈을 현실화하기 시작한 그는 여기서 한 단계 도약하기 위해서는 보다 확실하고 안전한 근거지가 필요하다고 생각했다. 다음 해에 그는 눈을 강원도 내륙으로 돌렸다. 강릉에서 양양으로 북상한 뒤 아마도 지금의 한계령을 통과해서 인제 방면으로 진출했다. 그리고 양구, 화천을 지나 철원평야로 들어갔다. 오늘날의 철의 삼각지를 평정하고 이곳을 자신의 중심지로 삼았다.

바로 이 성공의 순간까지 선종이 "뺏은 재물을 공평하게 나누고, 부하들과 함께 뒹굴었다"는 기록을 근거로 그가 민중적 지도자, 심지어는 민주적 혁명가였다고 추정하는 견해들이 있다. 그랬을 수도 있다. 그러나 적어도 이 기록만으로는 '선종의 민주투사론'을 뒷받침할 증거가 되지 못한다.

이런 오해가 발생한 이유는 점잖은 학자분들이 도둑의 세계를 잘 알지 못하기 때문이다. 유명한 캐리비안의 해적들을 예로 들면 그들은 선장이 죽으면 나름 민주적 절차에 의해 선장을 뽑았고, 약탈물을 나눌 때도 상당히 공정한 분배 규정이 있었다. 그 바람에 이들 또한 불공평한 세상에 염증을 느껴 바다로 나간 리버럴이나 '민주혁명 세력'으로 보는 섣부른 견해도 있는데, 그건 아니다. 약탈과 폭력이 목적인 집단에서 권위와 규율, 리더의 생명을 유지하기 위해서는 그들만의 방법, 특히 약탈물의 공정한 분배가 절대적으로 필요하다. 눈앞의 이익과 적절한 재분배 말고는 탐욕으로 뭉친 폭력집단을 통제하고 충성을 유지할 수단이 없다.

중국의 마적이나 산적떼, 역사 속에 수없이 등장했다가 사라져 간 많은 무장집단들도 초기 성장 과정은 비슷한 경우가 많다. 내부에 민주적 규율과 모습이 있었다고 하더라도 그 집단의 존재 목적 자체가 힘에 의한 약탈이라는 비민주적인 목적에 근거하고 있다는 사실을 잊어서는 안 된다. 그리고 약탈물을 공정하게 분배한다고 권력까지 민주적으로 분배된 것도 절대 아니다. 오히려 공정한 분배와 강제적 평등, 구성원의 획일화는 독점적이고 강력한 절대권력의 바탕이 된다.

마지막으로 집단의 존재 근거가 '탐욕'이기 때문에 '공평한 분배'의 규칙에도 우리가 모르는 일면이 있다. 해적들이 적당히 부를 축적하고, 이제 최후의 분배를 할 때쯤이면 동료들 일부를 살해하거나 무인도에 내려놓는—그게 그거지만—사건이 종종 벌어진다. 분배받을 대상을 줄여야 자신들의 몫을 늘릴 수 있고, 민주적인 분배를 받아들일 기분이 되기 때문이다.

우리가 아는 민주사회란 결코 의지와 선한 도덕심으로 이룩되는 사회가 아니라 산업사회가 만들어낸 산물이다. 같은 이유로 인류의 아스라한 기억 저편에 있는 원시공산제 사회나 고대 공화제도 문명 초기의 유산일 뿐이다. 선종이 부귀영화와 권력에 의해 초심을 상실한 것이 아니라 그가 도덕심과 책임감을 유지하고 있었다면 더더욱이 현실에서 가능한 체제를 택해야 했다.

세력이 커지고, 철의 삼각지의 지배자로 등극하면서 그는 더 이상 도적떼의 수장일 수가 없게 되었다. 그와 함께 약탈물 분배라는 수단으로는 커진 영역을 감당할 수 없다. 그런 도둑의 방식 말고도 조직과 충성을 유지할 수 있는 수단이 생겼다는 점도 중요하다. 이 단계에 이르자 예성강 북쪽 지역의 군소 마피아와 보호자를 찾던 지방세력들이 자진해서 그에게 귀부하기 시작했다. 이때부터 그는 스스로 왕을 자처하며 관직을 설치하고, 나라 이름을 고려라고 부르기 시작했다. 이즈음 해서 그의 세력에 들어온 사람 중에 송악군(개성)의 호족이던 왕륭王隆도 있었다.

왕륭의 가담은 선종에겐 큰 힘이 되었다. 아직 그의 세력이 황해도 서부 지역으로는 뻗지 못하고 있었기 때문이다. 다시 말하면 아직 그의 세력권은 대부분 강원 산간과 분지 지역이었고, 평야 지대로는 진출하지 못하고 있었다. 이런 때 그의 세력권이나 출신 성분과는 좀 거리가 있는 송악의 호족이 가담해 온 것이다.

왕륭 집안의 선조에 대해서는 우리가 알 수 있는 내용이 별로 없다. 고려 중기에 김관의란 사람이 『편년통록』이란 책을 지으면서 고려왕실 조상들의 전설을 기록한 것이 거의 유일한 기록이다. 그런데 주몽 설화부터 용비어천가에 이르기까지 왕조의 시조에 대한 전승이 신비화하는 것까지는 이해할 수 있다. 신화와 전설도 잘 음미하면 상당한 진실을 배후에 깔고 있다. 하지만 김관의가 창의력이 좀 부족했는지 아니면 원래 돌아다니던 얘기가 그랬는지는 몰라도 왕륭 가의 이야기는 거의가 기존의 이야기를 짜깁기한 것이라는 게 문제다. 김유신의 누이 문희가 언니 보희의 꿈을 사고, 어느 날 김춘추의 찢어진 옷을 바느질하러 방에 들어갔다가 김춘추의 부인이 되는 이야기가 거의 그대로 등장한다. 왕건의 가계 전설 중 핵심을 이루는 왕건의 할아버지 작제건의 무용담은 『삼국유사』에 실려 있는 거타지의 전설과 똑같다. 이러니 정말 가계 전설인지 후대에 마구 지어낸 이야기인지조차도 확실하지 않다. 옛날 학자들도 이 어설픈 각색을 비판했고,[12] 『고려사』에서는 아예 빼 버렸다.

하여간 『편년통록』의 내용을 정리해 보면, 송악군이란 명칭이 생긴 것부터가 왕건의 조상 강충이 후손 중에서 삼한을 통일할 자가 나타날 것이라는 풍수설을 듣고 지금의 송악산 밑으로 옮겨와 산에 소나무를 잔뜩 심은 데서 유래한다고 한다. 강충의 아들 보육은 두 딸을 두었는데, 어느 날 큰 딸이 산에 올라 오줌을 누니 송악이 다 잠겼다는—옛날 김유신의 누이 보희가 꾸었던—꿈을 꾸고, 동생이 문희의 전철을 따라 그 꿈을 샀다. 얼마 후 당나라 숙종이 천하를 유랑하다가 이 집에 들렀다. 그가 터진 옷을 꿰매달라고 부탁하니 보육이 큰 딸을 들여보냈다. 그러나 꿈을 팔아 버린 죄로 큰 딸이 막 문지방을 넘어 들어가려는데 코피가 흘러내렸다(이 부분만은 참 독창적이다). 손님 옷에 피를 묻힐 수는 없으므로 보육은 둘째 진의를 대신 들여보냈다. 둘째 딸이 옷을 꿰매주고, 숙종과 동침하여 낳은 아들이 왕건의 할아버지인 작제건이다. 숙종은 임신중인 그녀에게 활과 화살을 징표로 주고 떠났다.

성장한 작제건은 아버지를 찾으러 당나라에 사신으로 가는 김양정의 배를 탔다. 여기서부터 거타지의 전설이 시작된다. 배가 섬에 묶여 버렸는데 김양정의 꿈에 머리가 흰 노인이 나타나 활 잘 쏘는 사람을 남겨두고 가라고 했다. 작제건이 활과 화살을 가지고 섬에 남자 서해 용왕이 노인의 모습으로 나타나 부처의 모습을 한 늙은 여우를 죽여달라고 부탁했다. 작제건은 그 여우를 죽인 뒤 노인의 딸과 결혼했다.

작제건과 용녀 사이에서 태어난 아들이 왕건의 아버지 왕륭이다. 당나라 황제와 용왕의 피를 이어받은 성과 속을 아우르는 신성 가문이다. 다만 여기서부터 왕건의 모친으로 가면 좀 사실적이 된다. 왕륭이 어느 날 한 미인을 만나 혼약을 맺는 꿈을 꾸었다. 그 후 영안으로 가던 길에 꿈에서 본 여인과 똑같이 생긴 미인을 만났다. 그 여인이 왕건의 모친이다. 그녀는 고향과 집안을 모르고 꿈에서 만난 여인이라고 해서 꿈부인이라고 불렀다고 한다. 어디서 왔는지 모른다는 말이 괜히 신비로운 분위기를 연출하지만 동서고금을 막론하고 고대 기록에서 이 말은 부친이나 모친을 모르거나, 사생아, 밝힐 수 없는 신분이 낮은 사람을 의미하는 관용적인 표현이다.

왕씨 집안이 송악에서 상류에 속하는 가문이었음은 분명하다. 그럼에도 불구하고 왕륭은 길에서 만난 신분이 낮은 여인과도 혼인을 하고, 그녀의 아들 왕건을 후계자로 삼았다. 이 점에서 보면 중앙귀족이나 오래된 명문가처럼 가문 의식이 철저하거나 고리타분하지 않은 현실적이고 자유로운 집안이었다. 확실히 귀족 명문가라기보다는 실리를 따지는 부유한 상인 집안의 면모를 풍기는 듯도 하다.

작제건 설화에 기초해서 왕륭 가문이 대대로 해상무역으로 부를 쌓은 해상세력가였다고 보는 견해가 지배적이다. 그러나 전설이 애초에 모조품이어서 이 전설을 곧이곧대로 해석해도 괜찮은지 모르겠다. 그러나 수많은 전설 중에서 하필 바다와 용이 나오는 전설을 베꼈고, 나중에 왕건이 수군 전술의 일인자로 군사적 성공을 거두는 것을 보면 이 집안이 바다와 관련이 깊기는 한 것 같다.

『고려사』에서는 왕륭이 송악의 지배자였으며, 그가 선종에게 귀순하자 그대로 송악이 선종의 영토가 된 것처럼 묘사했다. 그러나 이 부분도 아무래도 좀 과장인 듯하다. 다른 군현처럼 송악에도 여러 명의 실력자와 유력한 가문들이 있었음에 틀림없다. 왕륭의 발 빠른 귀부부터가 좀 의문이다. 선종이 철원을 함락하면서 가능성을 보여주었다고는 해도 아직 황해도 지역을 위협하지는 못하고 있었으며, 마피아의 모습도 벗지 못해서 그의 측근도 대개 그와 비슷한 출신의 인물들로 채워져 있었다. 이런 때에 사회지도층에 속하는 왕륭이 자진해서 그의 세력으로 들어왔다.

그렇다면 당시 왕륭은 송악의 지배자가 아니라 오히려 송악의 권력지도에서는 차상위 계층이거나 지방세력 간의 투쟁에서 막상막하의 경쟁을 벌이고 있었거나, 심하면 패하거나 위기에 처했던 것일 수도 있다. 그는 선종 휘하로 들어간 후 선종을 송악으로 끌어들여 수도로 삼게 하고, 송악에 성을 쌓았다. 아마 이때부터 진짜 송악의 일인자가 되었을 것이다. 그리고 궁예에게 20세밖에 안 된 자신의 젊은 아들 왕건을 축성 책임자로 천거했다.

> 세조[왕륭]가 [궁예를] 설득하기를 "대왕께서 만약 조선 숙신 변한의 땅을 지배하는 왕이 되시고자 하면 먼저 송악에 성을 쌓고 나의 장자를 성주로 삼는 것이 가장 좋을 것입니다"라고 하니 궁예가 그 말을 따라 태조[왕건]로 하여금 발어참성을 쌓게 하고 인하여 성주를 삼으니 이때 태조의 나이 이십 세였다. (『고려사』 권1, 태조)

왕건이 쌓았다는 발어참성의 위치는 확실하지 않지만 고려의 왕궁이 있던 만월대 뒤쪽 산성으로 보는 견해가 우세하다. 고려 왕궁은 곧 왕건의 집터에 쌓은 궁이므로 발어참성을 쌓고 왕건이 그 성주가 되었다는 것은 왕씨 집안이 선종의 군사력을 빌려 집 부근을 요새화하고 병력을 배치했다는 말이 된다. 그런데 이 만월대의 위치는 경주의 반월성, 한양의 경복궁 터와 같은 곳으로 그 자리 자체가 송악의 최고 실력자가 차지할 만한 터다. 왕륭 가가 처음부터 이 터를 차지하고 있었던 것일까? 아니면 궁예의 힘을 빌려 발어참성을 쌓고 아들을 성주로 삼게 하면서 석탈해가 반월성을 차지하였듯이 만월대를 차지한 것일까? 정황으로 보면 후자일 가능성이 높다. 왕륭은 궁예와 결탁하고, 그의 힘을 빌려 송악의 중심가로 진출한 것이다.

하지만 선종도 만만치 않았다. 선종은 왕륭을 송악에서 분리시켜 철원, 평강과 함께 철의 삼각지를 형성하는 금성(강원도 김화) 태수로 임명했다. 불행히도 왕륭은 다음 해에 사망해 버렸다. 하지만 그를 계승한 21세밖에 안 된 젊은 그의 아들은 야망도 있고 능력도 있었다. 왕건이 이끄는 왕씨 가의 도움을 받아 선종은 철의 삼각지를 벗어나 연천·장단·풍덕을 장악했다. 그리곤 아예 송악을 도읍으로 정하고서 이곳을 발판으로 한강 하류와 김포평야 일대까지 손에 넣었다.

언제부터인가 선종은 자신의 본명은 궁예弓裔이며 신라왕족의 후예라고 소개하기 시작했다. 다만 신라 왕들의 연령을 잘 몰랐으므로 자기 부친이 47대 왕 헌안왕이라고도 했다가 다음 왕인 경문왕이라고도 했다. 신라의 왕자가 왜 애꾸눈 떠돌이 중이 되어야 했는가라는 물음에 대해서도 서민들의 동정을 자아내기 충분한 그럴 듯한 사연을 들려주었다.

내원문에는 '그'로 되어 있으나 여기서는 '나'로 표현했다 : 인용자는 외가에서 태어났다. 내가 출생한 날(5월 5일) 지붕 위에 긴 무지개와 같은 흰 빛이 하늘에까지 닿았다. 일관이 아뢰기를 "이 아이가 5자가 겹친 날(5월 5일)에 태어났으며 나면서부터 이가 있습니다. 또 광염이 이상하였으니 장래 국가에 이롭지 못할 듯합니다. 기르지 마옵소서" 하였다. 이에 왕이 사람을 보내 그 집에 가서 죽이라고 했다. 그는 아기를 빼앗아 누각에서 마루 아래로 던졌는데, 마침 여종이 몰래 받다가 잘못하여 손으로 눈을 찔러 한 눈이 멀게 되었다. [여종이] 멀리 도망해 숨어서는 고생스럽게 길렀다. 10여 세쯤 되었을 때 내가 나가 놀기를 좋아하므로 여종이 말하기를 "네가 태어나서 나라의 버림을 받은 것을 내가 차마 보지 못하여 남 모르게 길러 오늘에 이르렀는데, 너의 미친 행동이 이러하니 반드시 남들이 알게 될 것이다. 그렇게 되면 나와 너는 다 죽음을 면치 못할 것이니 어찌하여야 할까?" 하였다. 나는 울며 말하기를 "만일 그렇다면 내가 멀리 가서 어머니의 근심이 되지 않게 하겠소" 하고는 세달사로 가서 머리를 깎고 중이 되었다.

선종이 신라의 왕자였다는 고백은 사실일 수도 있다. 최소한 왕자가 아니라는 증거도 없으니까. 신라 후기에는 왕이 바뀔 때마다 다툼이 발생했고, 그 와중에 희생된 왕족도 많았다. 그러니 이 말의 진위 여부는 당시 사람도 확인하기 곤란했을 것이다. 삼국지의 주인공 유비는 자신이 한漢 왕실의 후예라고 주장했다. 오늘날에 그 말의 진위를 가리기는 불가능하다. 그럼에도 불구하고 삼국지의 팬들은 굳이 그것을 인정하는 편과 부정하는 사람, 그리고 증거는 희박하지만 본인 자신은 그것을 굳게 믿었던 것 같다고 애매모호한 타협책을 제시하는 세 종류의 유형으로 나뉘어 있다. 이런 경우를 두고 진실의 영역이 아니라 믿음과 선택의 영역으로 들어가 버렸다고 말한다. 궁예의 경우도 이와 비슷하다.

설사 그가 신라의 왕자였다고 해도 위의 이야기는 픽션이다. 그리고 그 창시자는 궁예 자신일 가능성이 높다. 궁예가 왕이 된 후에 자신의 권위를 높이기 위해 누군가에게 부탁해서 지어낸 이야기라고 보기에는 이야기가 너무 엉성하기 때문이다. 혹 여기저기서 베낀 것일 수도 있지만 하여간 이 이야기는 궁예의 지적 능력에 대해 충분히 의구심을 품게 만드는 작품이다. 산골 모닥불가에서 이 이야기를 듣던 순박한 졸개들이야 감동을 받았을지도 모르나 세상 돌아가는 것을 아는 사람들이 들으면 이야기는 허점투성이다.

첫 부분에서 그는 자신이 신라를 멸망시킬 위험한 운명을 타고난 선택받은 인물임을 밝힌다. 여기까지야 동양에서는 고전에 속하는 포맷이다. 새 왕조의 왕, 역성혁명의 주역은 반드시 하늘이 점지하는 인물이어야 하기 때문이다.

다음은 왕자로 태어나 애꾸눈 떠돌이 중이 된 사연을 설명하는 차례다. 여기서 좀 더 그럴 듯한 설명을 하지 못하고, 애를 마루 위에서 던진 것을 여종이 받아 도망쳤다고 했다. 우리나라는 높은 건물이 없다. 고려 말기에 권세를 휘두른 신돈이 거대한 중국식 저택을 지어서 관광명소가 되었는데, 그게 겨우 2층이었다. 거기서 던진 아기가 땅에 떨어졌는지, 아래에서 누군가 받았는지 알지 못한다는 것은 말이 안 된다. 눈이 찔려 피흘리며 우는 아이를 안은 채 여종이 들키지도 않고 추격자를 따돌리고 도망쳤다는 것도 믿을 수 없다.

왜 좀 더 그럴싸한 이야기를 꾸며내지 못했을까? 그것은 이 부분에서 이야기의 초점이 자신이 신라왕족이었다는 데서 애꾸눈이 된 사연으로 바뀌기 때문이다. 본래 목적을 생각하면 그것은 전혀 들어가지 않아도 되는 이야기인데, 그는 이참에 자신의 콤플렉스였던 애꾸눈을 미화하려는 욕망을 참을 수가 없었던 것이다.

뒷부분의 가출 장면도 엉성하다. 그가 불량소년이 되는 것과 신분이 탄로나는 것과는 전혀 상관관계가 없다. 어쩌면 이 부분은 자신의 가출 장면을 그대로 옮겨놓은 것일 가능성도 있다. 평생 써먹을 거짓말 내지는 아주 그럴듯한 거짓말을 하려면 처음부터 끝까지 거짓을 지어내는 것은 위험하다. 그래서 허풍꾼들은 실제 있는 이야기에다 적당히 살을 붙여 꾸미는 방법을 자주 사용한다.

　만약 이 부분이 사실에 기초한 것이라면, 이 장면에서 어머니의 원래 대사는 "너 때문에 나와 우리 식구가 다 큰일나게 생겼다" 내지는 "너 때문에 우리 집안이 다 망하게 생겼다"였을 가능성이 높다. 그는 어린 나이에 벌써 상당한 불량소년이었거나 범죄 서클에 들어갔던 모양이다. 이때 그는 무슨 큰 사건을 저질렀고, 모친이 이런 말을 하자 그는 "그럼 내가 없어지면 될 거 아니냐?"라고 말하고는 집을 나왔다. 가출은 했으나 먹고 살 방법이 막막했던 소년은 절로 들어갔다.

　이 이야기는 전형적인 술자리에서의 허풍 구조를 가지고 있다. 자기의 허풍에 사실감을 더하려면 "이게 그때 입은 상처다", "그래서 내 목소리가 이렇게 되었다"라는 식으로 적당한 증거를 제시하는 게 효과적이다. 애꾸눈도 이런 분위기에서는 자신의 출생 비화를 증명하는 증거 아닌 증거 역할을 해주었을 것이다. 어쩌면 이 이야기는 아직 장군 소리도 듣지 못하던 시절에 자신의 애꾸눈을 미화하기 위하여 지어낸 이야기일 수도 있다. 그러나 그런 점을 고려해 주더라도 이야기가 매끄럽지 않은 것은 사실이다. 이것은 그가 순발력과 배포는 있지만 논리적인 두뇌와 어떤 일을 수행할 때 개인적인 감정과 욕망을 조절·억제하는 능력이 부족한 인물임을 보여준다.

　더욱 주목할 부분은 이 이야기가 이런 엉성한 상태로 세상에 회자되었다는 사실이다. 그가 처음 이 이야기를 꺼낸 날도 뭔가 내용이 이상하다고 느낀 사람도 있었을 것이다. 그러나 괜히 그것을 들먹였다가 성난 궁예에게 한참 두들겨 맞았을지도 모른다. 그리고 이런 오류가 수정되지 않고 세상에 떠돈 것으로 보아, 두들겨 맞을 수도 있는 상황이 그가 왕이 된 후에도 지속되었던 것 같다.

　궁예의 인격에 조금 불안한 면이 있었지만, 그것이 그가 세력을 넓히고 조직을 확장하는 데는 별 장애가 되지 않았다. 옛날의 무장들에게서 지적이고 세련된 모습을 기대하기는 힘들다. 그들은 대개 거칠고, 위압적이고, 술버릇이 고약했다. 통치자의 교양을 그토록 강조했던 조선시대에도 무장 중에는 글을 읽지 못하고 거친 사람들이 많았고, 오늘날 기준에서 보면 문관들도 의외로 거칠었다.

궁예는 승승장구했다. 김포·양천을 점령한 후 마침내 그는 옛 상전이던 양길과 맞서게 되었다. 양길은 이때 원주에서 충주까지, 그러니까 지금의 중앙고속도로를 축으로 원주·제천·충주 일대의 30개 군을 지배하고 있었다. 김포와 충주는 멀리 떨어져 있는 듯하지만 이 시대의 고속도로였던 남한강 수로로 연결해 보면 두 사람이 각기 그 시발점과 종착역에서 마주서 있음을 알 수 있다. 일전을 피할 수 없었다.

양길은 신중하게 군대를 모았다. 북원성(원주) 주변 10여 군의 성주를 모아 작전을 짰다. 다른 기록에는 30여 성의 군대를 모았다고도 한다. 이 숫자의 차이로 고민하는 분도 있지만, 아직 행정망이 군현마다 정확하게 관리를 두고 다스리는 수준은 아니었을 것이다. 성주를 일종의 중간 보스라고 본다면 회합을 가진 성주의 수와 군대를 징발한 성의 수가 다른 것이 자연스러운 것이다.[13]

병력을 모으려면 집결지가 필요하다. 양길이 지정한 집결지는 비뇌성非惱城이었다. 비뇌성의 위치에 대해서는 강원도 철원군 김화읍으로 보는 견해가 있다.[14] 그 외 강원도 현리, 경기도 양평 등의 견해가 제시되었다. 이것은 뚜렷한 증거보다는 궁예와 양길의 지리적 입지와 교통로로 추정한 것이다. 그런데 근래 비뇌성의 위치에 대해 유력한 견해가 제시되었다. 고려 현종이 거란의 침공을 피해 나주로 몽진할 때 경기도 광주와 양성(경기도 안성) 사이에 비뇌역이란 곳을 지났다는 기록이 발견되었다.[15] 이 기록에 근거해서 비뇌역을 안성의 죽주산성으로 비정하기도 하는데,[16] 죽주산성이 아니라도 현재의 안성 부근임은 분명하다.

비뇌성의 위치에 따라 이 전투의 배경은 전혀 달라진다. 김화, 가평, 현리 등지는 양길의 공격적 전술을 가정한 것이다. 양길의 근거지인 원주에서 철원으로 가는 루트는 춘천 - 화천 - 김화를 지나 철원으로 가는 길이 있고, 춘천 - 가평 - 포천 - 철원 길이 있다. 그런데 포천으로 가면 너무 서쪽으로 돌아간다. 반면 화천 - 김화는 길이 너무 험하다. 김화는 철원과 너무 가깝고, 철원 북쪽에 있어서 화천 - 김화 사이의 길을 차단당할 우려가 있다. 좀 더 후방인 화천이나 화악산 주변의 어느 지점일 가능성도 있다.

비뇌성이 비뇌역 즉 안성 일대라면 우리가 지금껏 생각했던 것보다 궁예가 일찍 적극적으로 영토 확장을 시도한 셈이 된다. 또한 궁예의 전술적 대담성을 높이 평가해야 한다. 그는 양길의 원주를 피해 철원에서 개성, 김포 지역으로 진출한 뒤에 중부 지방으로 내려오는 대표적인 통로인 한성 - 이천, 또는 광주를 거쳐 안성으로 진출했다. 소심한 양길로서는 놀라지 않을 수 없는 기동이었다. 이 진격은 양길이 역으로 궁예의 근거지인 철원을 역습할 수 있는 기회를 열어준다. 뱀이 서로 꼬리물기 시합을 벌이는 것과 같은 전술이다. 이런 싸움에서는 빠르고 대담한 쪽이 이긴다. 소심한 전략가일수록 이런 기동은 무모하고 상식에 맞지 않는다고 놀라거나 화를 내다가 타이밍을 놓친다. 원래 전술의 제1법칙이 상식대로 싸우지 말라는 것이다.

소심하고 수동적인 양길의 성향으로 보면 궁예가 선공으로 치고 나왔을 가능성이 높다. 그리고 그 상황에서 양길은 꼬리물기 싸움을 벌일 엄두를 내지 못하고, 안성으로 병력을 모았다. 그것은 양길이 궁예가 원하는 전쟁터로 유인되었을 가능성을 높여준다. 양길이 더 많은 병력에 집착한 덕에 궁예는 양길군의 집결지까지 예측할 수 있었다. 혹 양길이 선공을 가해 화천이나 현리에서 전투가 벌어졌다고 해도 이 사정은 마찬가지다. 양길군이 여러 지역에서 병력을 동원하다 보니 집결이 원활하지 않았다. 양길이 우물거리는 동안 궁예는 선제공격을 가해 양길을 역사에서 지워 버렸다.

전사를 보면 소심한 지휘관일수록 병력 수에 기대는 경향이 있다. 유능한 지휘관도 병력 수를 따지지만 그들은 양적 우위에 매달리지 않고, 최적의 효율성을 추구한다. 병력은 전투의 기본 요소로 소홀히 다룰 수 있는 요소는 아니다. 그러나 병력을 계산할 때는 통제와 관리, 작전의 효율성이라는 부분을 우선적으로 고려해야 한다. 양길의 병력이 정규군일 리는 없다. 정규군이 아니라는 의미는 30여 성에서 동원한 병사가 평소에 손발을 맞춰 보았거나, 최소한 장교와 무사들조차도 손발을 맞춰본 조직이 아니라는 의미다. 이런 군대를 병력 수만 생각하고 끌어모으면 조직력, 기동력, 전술적 대응력에 심각한 결함이 발생한다.

병력의 용도는 다양하니까 엉성한 군대라도 사용처는 있다. 그러나 핵심 전력의 전투력과 전술 기동까지 훼손해서는 안 된다. 하지만 소심한 지휘관이 안전한 전투에 집착하다 보면 자기도 모르게 전술이 병력에 구속된다. 전선을 예상하고 배치 장소를 정하고, 공격부대와 후원부대의 위치, 공격지점과 공격선, 방어와 보급, 이동과 진격로를 정한다. 이렇게 작전지도만 들여다보면서 병력이 모두 배치되기를 기다리다 보면 짜증만 늘어간다. 교통도 좋지 않고 통제나 관리조직도 허약한 시대다. 병력이 과도할수록, 작전지도가 완벽할수록 병력을 모으고 배치하는 데 엄청난 노력과 시간이 들어간다.

이렇게 지도 상의 전쟁놀이에 몰입해 버리면 병력이 다 도착하고 필요한 곳에 배치하기 전에는 꼼짝도 않게 된다. 늦게 오는 부대, 엉뚱한 곳으로 간 부대, 기다리다 풀어진 부대, 짜증내고, 독촉하고, 지휘부는 소란하고 정신이 없다. 입으로는 공격은 신속하고 과감하게 진행되어야 한다고 하지만, 그것은 모든 배치와 준비가 완료된 다음이라는 전제가 따른다. 여기서부터 패배가 준비되고 있다.

모든 전투는 완벽하게 준비되고 계산되어야 한다고 반박할 수 있다. 손자도 이 점을 강조하고 강조했다. 그러나 준비하고 계산하는 이유가 두려움이어서는 안 된다. 완벽하게 준비해야 하는 목록은 언제나 최소화·최적화해야 하고, 완벽하게 준비하느라 승리의 기회를 놓쳐서는 안 된다. 이것이 파이터와 소심한 지휘관의 차이다.

양길이 패배한 또 하나의 요인은 쩨쩨함이다. 비뇌성이 궁예 공격의 전진기지였다면 그 전의 중간지점에서 강력하고 체계적인 주력군을 형성해서 비뇌성으로 진입했어야 한다. 궁예를 공격하기에는 부족해도 궁예가 함부로 공격할 수도 없는 전투부대 정도는 미리 편성해야 했다. 하지만 기록을 보면 그것이 되지 않고 산만하거나 엉성하게 집결했던 것 같다.

그 이유는 명확하지 않지만, 짐작해 보건대 이런 식으로 소집하려면 중간 관리층이 필요하고, 비용이 많이 든다. 가뜩이나 궁예와의 결전이 겁나서 병력을 최대한 모으다 보니 비용과 군량이 더 많이 필요했다. 전투부대를 중간 집결지에서 편성하면 비뇌성에 들어오면서 자신을 공격할 수도 있다.

그래서 병력은 늘리고 안전을 보장하고, 비용은 최소화하는 방법이 중간 집결을 생략하고 비뇌성까지 각자 알아서 오라고 하는 거다. 이렇게 하면 비뇌성은 시장터가 된다. 쿠데타는 방지할 수 있었지만, 궁예에게 패배했다. 그 정도로 믿을 만한 세력이 없거나 부하를 통제할 수 없다면 애초에 전쟁에 이기거나 왕국의 패자가 될 생각을 버려야 했다.

양길을 제거하자 중부 지역이 훤하게 열렸다. 궁예는 20대의 젊은이 왕건을 정기대감精騎大監(정예 기병부대의 대장)으로 삼아 이 무주공산으로 파견했다. 청년 장수 왕건은 겁 없이 치고 나가 궁예에게 한 아름의 영토를 주워서 안겼다. 898년 경기도 광주를 점령했고, 899년에는 충주를 점령해서 북부와 남부를 연결하는 1번 국도를 장악하는 동시에 남한강 상류를 확보했다. 이것은 사실상 한강 수계 전체를 장악한 것을 의미한다. 이어서 바로 청주와 괴산을 점령했다.

땅이 늘자 부하도 늘었다. 괴산에서는 청길과 신훤이 투항해 왔다. 이 신

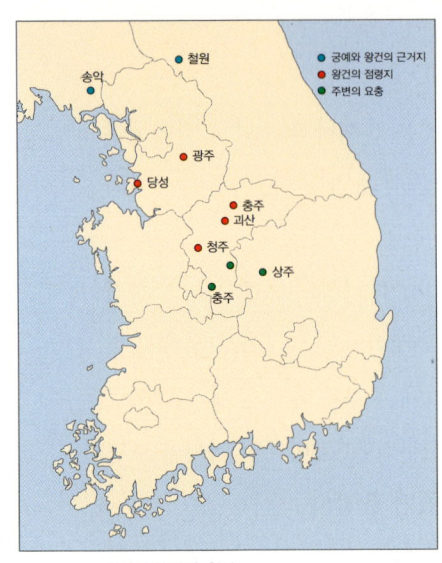

왕건의 첫 번째 원정

흰은 한자는 다르지만 기훤 밑에 있다가 궁예와 함께 양길에게 투항했던 신훤과 발음이 같아서 동일 인물이 아닌가 싶다. 양길이 몰락하자 옛 동료에게 투항한 것이다.

이것이 왕건의 첫 번째 원정이었는데, 2년에 걸친 정복사업으로 궁예는 경기도와 충청도의 육로와 수로의 교통요지를 모두 장악했다. 결과적으로 지금의 경기도와 충북을 완전히 석권한 셈이다.

이때가 서기 901년, 신라 효공왕 4년이었다. 이 정복으로 자신감을 확보한 궁예는 자신을 왕이라고 부르기 시작했다. 자신보다 조금 앞선 후백제의 건국도 자극이 되었던 것 같다. 궁예는 고구려의 부활이라는 의미로 국명을 고려라고 하고, 신라에 대한 복수를 다짐했다. "옛날 신라가 당나라에 군사를 청해 고구려를 격파했으므로 평양의 옛 도읍이 황폐해져 풀만 무성하다. 내 반드시 그 원수를 갚겠다."[17]

그러나 고구려 계승론은 금세 철회되었다. 904년 궁예는 나라 이름을 마진摩震으로 바꿨다. 이 낯선 용어는 불교 용어에서 따온 것으로 중국, 동양을 의미한다. 오늘날 우리는 고구려 부활론에 많은 의미를 두지만, 광주·전주에서 외친 견훤의 후백제 부활론과 달리 고구려 부활론이 얼마나 효과가 있었을지 모르겠다. 궁예의 말마따나 평양은 풀만 무성했고, 궁예의 영토는 대부분 신라의 옛 영역이었다. 굳이 과거를 더 따지면 한성과 송악, 임진강 이남을 처음 차지했던 나라는 백제였다.

나라를 세우려면 수도를 확정지어야 한다. 이때까지 송악을 수도로 삼았다고 하지만 실상은 수도라기보다는 전진기지에 가까웠다. 궁예는 아직 궁

궁예가 철원에 세웠다는 궁궐터 월정리 지역

성도 없었다. 904년 7월 그는 송악을 포기하고 다시 철원을 수도로 정했다. 이곳에 청주 주민 1000호를 이주시켰는데 도성 조성공사를 시작했을 것이다. 905년에 궁예는 철원으로 입주했고 궁전과 누각을 계속 화려하게 건설했다.

이 궁궐의 터가 지금의 철원군 북쪽 비무장지대 안, 구철원의 홍원리, 월정리 지역에 남아 있다. 성의 규모에 대해서 『세종실록지리지』에는 외성이 약 7km, 궁궐 주변을 감싸는 내성이 900m 정도라고 했다. 그러나 실제 측정해 본 바에 의하면 그보다 더 길어서 외성의 둘레만 무려 12.5km나 되었다. 기록과 실제 조사와의 차이를 고려하면 내성도 둘레가 1km 정도는 되었을 것 같다.

도성은 직사각형 형태로 외성은 토성으로 축조되었다. 이것은 궁전이 아니라 도성 구역이다. 궁전을 구획하는 담이 내성일 것이다. 그러니 궁예의 궁궐은 가로와 세로 각 250m 정도의 담으로 둘러싸인 건물군을 상상하면 되

궁예의 도성 모형

궁예 석등 궁예 도성지에 있던 석등으로 높이가 3m가 넘는다. 일제시대에 국보로 지정되었으나 한국전쟁 때 행방불명되었다.

겠다.

하지만 이것은 대략적인 조사다. 제대로 발굴을 해보면 뭔가 놀라운 유적이 발견될 가능성도 있지만 입지가 워낙 특이한 곳이라 통일이 되거나 남북한 관계에 획기적인 변화가 있어야 발굴조사가 가능할 듯싶다. 한국전쟁기 최대의 격전지였던 철의 삼각지 한복판, 그것도 백마고지와 김일성 고지 사이의 벌판에 궁예 도성이 있다. 궁예 도성의 한가운데로 휴전선이 지나가고 도성의 북쪽 끝은 북방한계선 쪽에, 남쪽 끝은 남방한계선에 걸쳐 있다.

이 기이한 운명 말고도 궁예 도성의 입지에는 남다른 특징이 있다. 궁예 도성은 직사각형 형태지만 전체적으로는 동북쪽에서 서남쪽으로 비스듬하게 놓여 있다. 이 도성의 중앙으로 경원선 철도가 지나간다.

궁예는 왜 이런 곳에 도성을 세웠을까? 고구려 고토의 수복을 위해서라고 믿는 분이 많은데, 진짜로 북진을 위해서라면 다른 곳을 잡아야 했다. 단순히 직선거리가 아니라 도로와 보급물자의 수송, 이동의 편리함으로 판정하면 평양으로 가는 길은 개경이 더 가깝다.

후삼국의 쟁패기였으므로 요새지를 찾아 온 것일까? 철의 삼각지라는 이름 덕에 이 지역은 몇 가지 오해를 받고 있다. 궁예 도성이 자리잡은 곳은 요새지가 아니다. 약도 상으로 보면 백마고지, 아이스크림 고지, 낙타고지, 수도고지, 약간 멀리는 피의 능선과 저격능선 까지 한국전쟁 당시 최대의 격전지가 빙 둘러 싸고 있지만, 궁예 도성은 그 가운데 평야도로 한복판에 있다.

철원 도피안사 철조비로자나불좌상 865년 철원 일대 주민 1500명이 혼란한 세상에서 자신들을 보호해줄 것을 기원하기 위해 조성한 철불. 30년 후 궁예가 이곳으로 진주했다.

이곳을 방문해 보면 철의 삼각지라는 명성이 무색하게 야트막한 산들에 놀란다. 백마고지만 해도 지도 상의 높이는 해발 375m지만 철원평야 자체가 해발 220m의 고원인지라 평지에서 솟은 높이는 100m도 안 된다. 산이 아니라 언덕 두 개를 합쳐 놓은 듯한 수준이다. 주변의 산들도 다른 산지처럼 첩첩이 이어지지 않고 벌판에 피라미드처럼 또는 피라미드 몇 개를 합친 것처럼 점점이 놓여 있다.

이 분지 사이에 지금은 황량해 보이는 평원이 펼쳐져 있다. 철원평야의 독특한 풍경은 이곳의 생성 과정에 비결이 있다. 오래 전 지금의 저격능선이 있는 오성산이 폭발하면서 쏟아져나온 용암이 호수처럼 이 지역을 가득 메웠다. 덕분에 해발 수백 미터가 넘는 지역에 두 개의 고원이 형성되었다. 북쪽에 있는 고원이 평강고원이고, 남쪽이 철원평야다. 지금 철원에 세운 평화전

망대에서 보면 두 개의 평평한 대지가 이층으로 놓여 있는 독특한 풍광을 볼 수 있다. 넓이는 평강고원이 더 넓지만, 궁예가 남쪽 철원평야에 자리잡은 이유는 물 때문인 듯하다. 용암이 굳어서 만들어진 대지라 지질이 제주도와 같은 현무암이다. 구멍이 숭숭 뚫린 현무암은 물을 담아두지 못한다. 그래서 평강고원에 내리는 빗물은 모두 땅에 스며들어서 고도가 낮은 철원에서 샘과 개울을 이룬다.

단 평원의 북쪽, 김일성 고지부터는 완전한 산악지대로 산들이 발들일 틈도 없이 빽빽하게 솟아 있다. 외진 산악지대 한복판에 이렇게 넓고 신비스러운 고원이 있다는 자체가 놀랍다. 언젠가 발굴이 되면 궁예의 왕국은 경이롭고 신비스러운 모습으로 우리에게 다가올지도 모른다. 그러나 거기까지다. 신비스럽기는 하지만 도성이 설 자리는 아니다. 간단히 말해서 우리나라 역사에 여러 왕국이 있었지만 도성을 세우는 입지는 대개 조건이 비슷하다. 평야지역이지만 북쪽에 산줄기, 남쪽에 강이 있어 방어에 유리하고, 수로가 뚫려 있어 교통과 수송이 편해야 하고, 무엇보다도 산과 강의 조화로 왕과 귀족들이 살 만한 배산임수형 택지가 넉넉해야 한다.

그러나 궁예의 도시는 그의 특이한 이력만큼이나 독특하게 보편적 상식에서 멀리 떨어져 있다. 북쪽의 산지도 일반적 입지의 산지와는 다르다. 도시국가 시절이었다면 궁예의 도시, 궁예의 왕국은 정말 오랫동안 사람들에게 회자되었을지도 모르겠다. 하지만 그가 다스려야 하는 영역은 도시가 아니라 왕국이었다. 궁예는 이 부분에서 뼈아픈 실수를 했다. 그러나 그것은 나중 일이고(그래서 궁예 도성의 문제점은 나중에 상론하기로 하겠다), 당장은 도성의 터가 좋다는 생각이 들 정도로 승승장구였다.

철원으로 도읍을 정한 후 그의 세력은 더 커졌다. 남으로는 견훤의 부친 아자개가 통치하던 상주가 항복했고, 북으로는 평양의 성주 검용과 평안남

영주 부석사   부석사에는 벽에 걸린 신라국왕의 초상을 보고 궁예가 검을 내리쳤다는 이야기가 전하나, 지금은 아무 흔적도 없다. 사진의 오른쪽이 무량수전

도 강서군 일대의 붉은 옷 혹은 노란 옷을 입고 다니던 도적떼였던 명귀가 그에게 복속했다.

궁예는 서쪽으로는 한강 – 남한강 라인을 따라, 남으로는 소백산맥을 경계로 하여 그 이북 지역을 다 지배하게 되었다. 그는 명실상부한 국왕이 되었고, 신라는 300년 만에 소백산맥 안쪽의 작은 나라로 다시 돌아갔다. 이를 기념하기 위해서일까? 어느 날 궁예가 부석사를 방문했다. 소백산맥 자락인 현재의 풍기에 위치한 부석사는 신라가 통일을 이루던 667년에 의상대사가 조정의 명령에 따라 창건한 절이다. 조정의 명령으로 창건했다는 말이 암시하듯이 신라왕실과 인연이 깊다. 그 관계를 암시하듯 부석사 무량수전의 불상은 동쪽, 즉 서라벌을 향하고 있다(혹은 풍수지리와 관련이 있을 수도 있다). 당시에는 그 관계가 보다 명시적이어서 벽에 신라국왕의 초상까지 그려놓았다. 절을 둘러보던 궁예는 벽에 그려진 신라국왕의 초상을 보더니 다짜고짜 검을 뽑아 내리쳤다. 그 칼자국은 고려 때까지도 그대로 남아 있었다고 한다.

　모간촌의 촌주 아지는 반쯤 무너진 서돌의 저택을 한참 동안 바라보고 있었다. 마을을 굽어보는 산등성의 좋은 자리에 박 넝쿨과 잡초로 뒤덮인 폐가가 웅크리고 있는 모습은 보기에 썩 좋은 정경은 아니었다. 집터는 마을에서 제일 좋은 곳이므로 아지도 터를 수리하고 자신이 들어가 살아볼까 하는 생각을 했지만, 썩 내키지 않았다. 마을의 다른 사람들도 같은 심정인 듯했다.
　서돌 가는 오랫동안 마을의 지도자였다. 권력을 남용하지도 않고 인망이 있었다. 그러나 사십 년 전 신라왕족 간의 내분에 휘말리면서 일가가 야반도주해 버렸다. 사면령이 내리고, 다른 마을에서는 도망쳤던 사람들이 돌아왔지만 서돌 가는 소식이 뚝 끊겼다. 누구는 서라벌로 가서 출세했다고도 하고, 누구는 중국으로 갔다고도 했다. 하지만 아지는 그들이 살아 있다면 돌아오지 않을 리가 없다고 생각하고 있었다.
　갑자기 서돌 가가 생각난 이유는 마을을 다시 찾아온 흉흉한 분위기 탓이었다. 열흘 전 마을의 망나니였던 도정의 아들이 태봉군의 장교 패찰을 차고 마을로 돌아왔다. 그는 마을의 유력자들을 찾아다니며 태봉군에 가세할 것을 종용하기 시작했다.
　몇몇 청년들은 흥분해서 벌써 그를 따라 태봉군에 투신하기로 하고 그의 문전에 가서 살고 있다. 그들은 노골적으로 신라에 대한 불만을 떠들어댔다. 조용하던 마을이 갑자기 셋으로 갈라졌다. 태봉파, 후백제파, 그리고 관망파였다. 사람들은 날마다 아지의 집으로 찾아와 촌주인 그가 태도를 결정해 달

제5장 제1라운드

라고 졸랐다. 아지의 대답은 한결같았다. "좀 더 생각해 보자", "신중해야 한다." 그의 애매한 태도에 마을 주민들은 모두가 불만이었다. 도정의 망나니 아들 녀석은 은근히 협박질까지 해댔지만, 도정이 심하게 나무란 뒤로는 직접 대면을 피하고 마을을 돌아다니면서 선동만 하고 있었다.

아지는 아무리 생각해 보아도 어느 쪽에 붙어야 할지 판단할 수가 없었다. 주변 마을들에 탐문을 해보았지만, 그쪽도 다 똑같은 상황이었다. 누구는 견훤이 사납기는 하지만 남자답고, 무엇보다 그가 승리할 것이라고 했다. 태봉을 지지하는 사람은 그들의 영토가 두 배가 넘고, 왕은 신통력이 있으며 사람들이 절대적으로 충성한다고 했다.

관망파들은 이런 때일수록 우리 같은 백성은 색깔을 드러내지 말고 이쪽저쪽 시키는 대로 살아야 한다고 충고했다. 따지고 보면 지금까지는 그렇게 살아왔다. 그러나 지금은 그것이 더 위험한 때가 되었다. 마을 주민들은 분열을 시작했다. 아지는 어제까지도 그렇게 순박하던 사람들이 이해관계가 걸리면 얼마나 사납고 무섭게 돌변하는지를 여러 번 보았다. 전쟁이라는 이해관계는 더욱이 무서웠다. 서돌 가가 도주한 것도 권력가의 보복이 무서웠던 때문이 아니었다. 서라벌의 높은 양반이 뭐하러 이 작은 마을의 촌주까지 뒤져 보복을 하겠는가? 정작 그들이 무서워했던 것은, 마을의 실권을 잡고 싶어했고 반대파에 가담했던 몇몇 주민들의 보복이었다.

서돌 가의 행방에 대해서 아지는 마음속 깊이 간직하고 있는 비밀이 있었

다. 서돌 가가 떠난 며칠 후 어린 소년이었던 아지는 그의 작은아버지가 서돌의 딸이 걸고 다니던 목걸이를 가지고 있는 것을 얼핏 보았다. 그 양반은 서돌 가가 떠나던 것과 동시에 며칠 동안 사라졌다가 돌아왔다. 아지는 평생 그 일을 추궁해 볼까 하다가 그 양반이 임종할 때까지도 끝내 물어보지 못했다. 그리고 자신이 잘못 본 것이라고 애써 궁금함을 억눌렀다. 그러나 그 망나니가 돌아온 이후로 급변하는 마을의 분위기는 영락없이 그 시절의 재판이었다.

갑자기 기억의 주머니를 연 듯 망각 속에 묻었던 장면들이 떠올랐다. 그의 모친은 건너편에 빤히 보이는 서돌의 집을 괜히 외면하곤 했다. 하루는 그의 부친이 방에서 짚으로 만든 인형들을 세워놓고는 누군가의 명복을 비는 듯한 모습을 보았다. 아지가 나타나자 부친은 황급히 그것을 치우더니 뒤뜰에 무엇인가를 묻었다. 그러고 보니 인형 앞에 목걸이 같은 것이 있었던 것도 같았다.

아지는 긴 한숨을 쉬었다. 들어본 정보를 종합하면, 후백제와 태봉은 어느 쪽도 압도적으로 우세하지 않고 쉬 승부가 날 것 같지 않았다. 편을 택하기도 어렵고 이미 들떠버린 주민들을 하나로 묶을 자신도 없었다. 뉘엿뉘엿 어둠이 깃들기 시작하자 잡초에 덮인 서돌의 집이 무덤처럼 보였다.

1 전쟁의 시작

898년과 899년 왕건의 원정은 후삼국 역사에서 대단히 중요한 역할을 했다. 충분한 영토를 확보한 궁예는 나라를 세울 자신감을 얻었고, 실제로 그렇게 했다. 이로써 견훤의 후백제와 함께 후삼국 시대가 정식으로 개막했고, 아직은 잠룡이지만 왕건이 정치사의 전면에 나타나면서 궁예, 견훤, 왕건이라는 후삼국의 세 주인공이 모두 무대에 등장했다.

동시에 궁예와 견훤의 군대가 마주치게 된다. 왕건이 충북 지역을 정복함에 따라 백제가 신라를 침공하던 단골 루트이던 옥천 - 보은 - 상주 통로가 고려의 제어권 안에 들어갔다. 덕분에 후백제가 신라로 치고 들어갈 수 있는 제일 큰 대문이 잠겼다. 상주와 같은 서라벌 북쪽의 군사요충이 당장 궁예에게 머리를 조아리고, 후백제의 위협에 떨던 신라는 친고려 정책을 펼치게 된다. 후백제의 입장에서 보면 잘 나가던 진로에 난데없이 훼방꾼이 나타난 셈이었다.

그런데 여기에 그치지 않았다. 고려의 기병대장 왕건은 순식간에 진로를 바꿔 당항성과 남양까지 정복해 버렸다. 당항성 확보는 대단히 중요한 의미가 있다. 당항성은 중국과 교통하는 최고의 무역항일 뿐 아니라 남양만 전체를 감제하는 요충이었다. 조선시대에도 당항성 바로 아래 화량진에는 경기좌도 수군첨절제사영이 설치되었다. 이 기지는 경기도에 설치한 6개의 해군기지 중 제일 큰 곳으로, 『세종실록지리지』에 의하면 26척의 전함과 1666명의 병사가 배치되었다.

지금 화량진은 육지가 되어버리고 바닷가의 작은 마을만 남아 있어서 이곳이 그토록 중요한 수군기지였다는 사실을 이해하기 어렵다. 옛날의 배들은 여간해서는 먼 바다로 나가지 않았다. 대부분의 배들은 육지에 바짝 붙어서 다녔다. 눈에 보이는 바다는 광대하지만 아무곳으로나 다닐 수 있는 것도 아니다. 배들은 바다 밑에 나 있는 강이나 하천 수준의 좁은 수로를 따라 조심스럽게 항행해야 했다. 연안일수록 바다가 얕고, 곡물이나 군인을 가득 태운 수송선일수록 무겁고 흘수선이 깊기 때문에 더더욱이 수로를 따라가야만 했다.

당항성에서 감제하는 남양만은 바다가 잠깐 광장처럼 넓어지는 곳이다. 그래도 물속의 수로는 좁고 섬들은 항해 한계선의 외곽에 점점이 떠 있다. 그러므로 서해 연안을 따라 남북으로 오고가는 배들은 섬 바깥쪽으로 멀리 돌 수는 없고, 당항성 앞바다를 반드시 지나가야 했다. 그러니 남양만을 항해하는 배는 당항성 초소의 감시를 피할 수가 없다. 조선시대까지도 이 지역은 최고의 감시초소였다. 왕건이 당항성을 확보함으로써 후백제는 고려에게 들키지 않고는 경기만 북쪽으로 진행할 수도, 한강 수로로 진입할 수도 없게 되었

당성에서 내려다보이는 지금의 벌판은 과거 모두 바다였다. 서해 연안을 따라 남북으로 오가는 선박들은 모두 이 당항성 앞바다를 지나야 했고 따라서 남양만을 항해하는 배들은 당항성 초소의 감시를 피할 수 없었다.

다. 왕건은 한순간에 과거 신라가 그랬던 것처럼 후백제를 철저하게 봉쇄해 버리고 양국을 대결구도로 몰아넣었다.

이 왕건의 원정에 대해 드라마적 상상력을 가미한다면, 왕건은 궁예 휘하 최고의 세력가이자 군사령관이었다. 평화 시라면 매우 위험한 자리다. 자기 능력 이상으로 너무 높이 올라온 궁예는 슬슬 능력의 한계를 드러내고 있었다. 장기적으로 봐도 후삼국은 어차피 공존이 불가능하지만, 당장 자신의 생존과 정치적 입지를 위해서도 자신이 없어서는 안 되는 상황이 필요했을 것이다. 그리고 우리의 일반적 예상과 달리 궁예는 별로 호전적이지 않았다. 왕이 된 그는 전쟁과 모험을 아주 회피한 것은 아니지만, 가능한 한 전쟁을 자제하고 전선을 안정적으로 유지하려는 경향을 보인다.

그런데 왕건은 필요 이상으로 빠르게 움직여 정복지를 확대했다. 단순히 군사적 판단에 의해 전격전을 수행한 것일까? 소극적이 되고 현실의 만족에 관심이 더 많은 궁예, 그를 교묘하게 설득해서 후백제의 면전에까지 돌입해 들어가는 왕건, 후백제와의 전쟁을 걱정하면서도 갑자기 늘어난 국경에 뿌듯해하는 궁예, 안도의 숨을 쉬면서 다음 비상을 추진하는 왕건. 이건 드라마의 영역이지만, 왕건의 정복으로 본격적인 전쟁이 시작되고, 왕건에게 기회가 온 것은 역사적으로도 부인할 수 없는 사실이다.

처음 전주와 광주 지역을 장악했을 때 경상도 출신인 견훤은 백제의 역사에 대해서도 별로 알지 못했다. 견훤이 그의 군단을 끌고 호남으로 진군했을 때 광주에 먼저 자리잡았다가 완산주(전주)로 옮겼다. 견훤이 의자왕의 복수를 하겠다고 공언하면서 후백제의 왕으로 등극하고, 백제 계승의식을 표방하는 것은 전주에서부터다. 전주에 입성하던 날 그는 원한에 찬 백제의 역사를 쭉 읊었는데, 첫 마디가 "내가 삼한의 시초를 살펴보니"로 시작한다. 그 뒤로 이어지는 진술은 찬찬히 살펴보면 숙성된 지식과 생각의 표현이 아니라 교과서를 요약한 듯 방금 배워서 외웠다는 인상을 강하게 풍긴다.

견훤이 서쪽으로 순행하여 완산주에 이르니 그 백성들이 환영하고 위로했다. 견훤이 인심을 얻은 것을 기뻐하여 좌우에게 말했다. "내가 삼국의 시초를 살펴보니 마한이 먼저 일어나고, 후에 혁거세가 발흥하였으므로 진한과 변한이 따라서 일어났다. 이에 백제가 금마산에서 개국하여 600여 년이 되어 총장(당나라의 연호) 연간에 당나라 고종이 신라의 요청을 들어 장군 소정방을 보내 배에 군사 13만을 싣고 바다를 건너왔고, 신라 김유신이 잃은 영토를 다시 찾기 위해 황산을 지나 사비에 이르러 당나라군과 합세하여 백제를 쳐 멸망시켰다. 내 이제 감히 완산에 도읍하여 의자왕의 묵은 분함을 씻지 않겠는가?" (『삼국사기』 권50, 열전10 견훤)

견훤이 처음부터 이 지역 출신이었고, 자신의 마음속에 사라진 왕국에 대한 미련과 애정이 축적되어 있었다거나 최소한 이웃 사람으로부터라도 듣고 자랐더라면 간단하게 "의자왕의 원한을 씻겠다"라고 말했을 것이다. 굳이 설교를 하고 싶었다면 당연히 이런 식으로 말해야 하지 않았을까? "우리는 동명왕의 후손으로서 찬란한 역사와 문화를 지닌 나라였다. 그러나 당나라와 신라가……"

무주에서 터를 잡은 뒤에 견훤은 지역 정서를 이용할 생각을 했고, 백제 역사를 급하게 공부했던 모양이다. 재미난 것은 텍스트로 사용한 역사교과서가 신라에서 만든 역사서이다 보니 김유신의 백제 공격이 "잃은 영토를 다시 찾기 위해서"라고 서술되어 있다. 그러면서도 백제가 익산(금마산)에서 건국했다고 하고, 신라보다 건국이 늦다는 약점(?)을 커버하기 위해 삼국의 역사를 마한부터 언급하는 것을 보면 여러 자료를 참조한 것 같고(견훤 자신이 아니라 역사 교사의 임무였겠지만) 나름대로 문제의식을 가지고 정리한 흔적도 보인다.

서로 국경을 마주하게 되었지만, 초기에 궁예와 견훤의 관계는 매우 조심스러웠다. 상대방이 결국은 최대의 적이 될 것이라고 예상은 했겠지만, 그렇기 때문에 더더욱이 섣부른 충돌은 피하려고 했다.

견훤은 궁예와 양길이 버티는 틈을 타서 신라 쪽으로 먼저 진출하려고 했다. 견훤은 양길이 좀 더 버텨주지 못한 것이 원망스러웠을 것이다. 후백제를 건국한 다음 해인 901년에 그는 당장 대야성으로 쳐들어갔다. 그러나 너무 성급했다. 아직 견훤의 힘으로는 유서 깊은 이 요새를 함락시킬 수가 없었다. 견훤의 친위군은 꽤 강했지만, 아직 국가의 기반을 잡지 못해 동원할 수 있는 병력, 충성심 깊은 병력이 부족했다. 견훤이 마음 먹고 공격했더라면 대야성을 떨어트릴 수 있었을지도 모른다. 그러나 반란 동지인 친위군의 손실이 크면 대야성을 얻는 대신 나라를 잃어버릴 것이다.

2 나주의 반란과 신라의 각성

이 무렵에 양국 간의 관계와 운명을 결정하는 중요한 사건이 발생한다. 금성錦城, 즉 지금의 나주가 견훤에게 등을 돌리고 궁예에게 투항한 것이다. 가뜩이나 대야성 공략에 실패해 화가 났던 견훤은 군대를 돌려 금성으로 쳐들어갔다. 그러나 금성 진입도 실패하고, 주변 읍들만 약탈하고 돌아갔다.

금성의 유지들도 당장은 위기를 모면했지만, 후백제가 자리잡으면 결국은 그 힘을 당할 수 없을 것이라는 사실을 깨달았다. 그들은 궁예에게 구원을 호소했다. 건국 1년도 되지 않아서 양국 간의 관계는 냉각되고 견훤의 전략에 차질이 생겼다.

나주의 반란은 반란이라기보다는 견훤 정권에 대한 거부였다. 나주는 새삼스럽게 반란을 일으킨 게 아니라 견훤이 후백제를 건국하던 애초부터 갑

오늘날의 나주시 전경과 구한말의 나주(하)

작스레 출현한 경상도 장군의 세력에 복속하기를 거부했던 것 같다. 그 이유는 전혀 기록에 나와 있지 않다. 다만 이후의 사태를 보면 견훤에 대한 나주 세력의 거부감은 아주 대단하고 끈질겼으며, 나주읍 하나의 반란이 아니라 나주를 중심으로 한 일대 세력 전체의 반발이었을 가능성이 크다. 어쩌면 견훤의 무진주 정벌로 권력에서 밀려난 이 지역 토호들의 집단적인 반발이었을 수도 있고, 견훤의 군단이 처음 광주로 진입할 때, 나주에서 양측을 철천지 원수로 만든 무슨 사건이 터졌을 수도 있다. 태봉, 신라와 싸우려면 지정학적으로 광주보다는 전주가 유리하기는 하지만, 나주와의 갈등이 수도를 광주에서 전주로 옮긴 이유의 하나가 되었을 가능성도 있다.

나주의 저항은 견훤에겐 불운 정도가 아니라 재앙이었다. 견훤의 최대 거점이 전주와 광주였다. 그가 처음 5천 명을 이끌고 독립의 깃발을 올린 도시

현재의 나주 영산포와 구한말의 영산포 나루터(하) 왕건의 함대는 목포를 통해 이곳 영산포까지 왔을 것이다.

도 전주가 아닌 광주였다. 그런 광주에서 도로상으로도 30여 킬로미터 정도밖에 되지 않는 나주가 반견훤 세력의 본거지가 된 것이다. 나주를 점령하지 못하는 이상 견훤은 전남의 남서 지역을 장악할 수가 없었다. 그 정도를 가지고 재앙이라고까지 하느냐고 반문할 수도 있으나 나주의 진짜 중요성은 영산포, 즉 영산강 수로에 있다. 남해안에서 목포를 경유하여 내륙으로 들어오는 수로의 종착지이자 제일 중요한 포구가 나주의 영산포였다. 나주를 장악하지 못함으로 해서 견훤은 영산강 수로를 상실했다. 이 수로가 살아 있었다면 견훤은 영산강을 이용해서 비옥한 평야 지대인 전남 서남부의 병력과 물자를 신속하게 광주로 집결시킬 수 있었을 것이고, 전주와 마찬가지로 광주를 자신의 최대 거점으로 육성할 수 있었을 것이다.

또한 영산강 수로를 상실함으로써 견훤은 진도와 목포 앞바다 신안군 일대의 섬들과 그 섬들을 무대로 활동하는 해적과 상인층—때로 양자는 구분이 곤란하지만—, 능숙한 선원과 바다의 싸움꾼들을 확보하지 못하게 되었다. 목포 앞바다의 도서지역인 신안군은 송·원대 도자기를 싣고 일본으로 가다 침몰한 배가 발견되어 화제가 된 적도 있지만, 이곳을 지나 흑산도 - 홍도로 이어지는 뱃길은 중국으로 가는 최대의 무역로다. 한국만이 아니라 일본의 무역선들도 이 항로를 많이 이용했다. 그러니 당연히 해적들도 집중되었을 것이다. 나중에 살펴보겠지만 나주로 대표되는 반견훤 세력에는 해적과 이 일대 도서 지방의 유력자들이 꽤 가담한 흔적이 있다.

이 손실도 작은 것은 아니지만 재앙이라고 부르는 것은 심한 표현이 아닐까? 나주가 견훤에게 입힌 최대의 타격은 영산강과 목포 앞바다를 차단함으로써 서해에서 남해로 이어지는 바닷길을 끊어버린 것이다. 목포에서 한려수도를 지나 거제도까지 이르는 바닷길은 우리나라 연안에서 가장 안전한 해상교통로다.

더욱이 삼국통일 이후 항해술에 상당한 진보가 있었는지 해상교통로의 이용이 대단히 활발해졌다. 정확히 어떤 기술상의 변화가 있었는지는 알 수 없으나 해상 교통량이나 수군의 비중이 부쩍 증가한 것이 눈에 띈다. 후삼국이 정립하기 겨우 70여 년 전인 828년에 장보고는 완도의 청해진을 근거로 당과 일본까지 이어주는 해상왕국을 건설했다. 그것이 가능했던 배경에는 어떤 기술적·사회적 변화가 깔려 있었음에 틀림없다. 장보고가 살해된 해가 846년이었으니 아직 소년 시절에 장보고의 배를 탔노라고 말하는 늙은 선원을 만날 수 있는 시기였다.

그런 때에 견훤은 전주와 광주, 전남 내륙에서 모집한 병사와 군량을 바닷길을 통해 남해 연안으로 내려보낼 수 없게 되었다. 남해안을 따라 내려가 낙동강 하구로 올라가 김해 지방을 장악하면 대야성을 공격할 필요도 없었다. 이 편한 길을 사용할 수 없게 되었기에 견훤은 내내 지리산 자락을 따라 험한 산길과 고개를 넘어 신라로 진군해 가야 했다. 대야성 공략에 실패하자 견훤은 대뜸 나주로 진군하여 주변 지역을 약탈했다. 이것이 그냥 우연이었을까? 바닷길만 이용할 수 있었더라면 쉽게 신라 영토로 진입했을 거라는 아쉬움에 새삼스레 나주에 대한 분노가 솟구쳤기 때문은 아닐까?

그러나 견훤의 분노와 분풀이는 나주민의 분노 역시 증가시킬 뿐이었다. 이때 도대체 누가 그런 생각을 했는지 모르겠지만 궁지에 몰린 나주인들은 궁예에게 도움을 청해 보기로 한다.

궁예가 왕건을 발어참성의 성주로 삼았을 때 왕건의 나이는 스물이었다. 얼마 되지 않아 궁예는 자신이 물건을 하나 건졌음을 알게 되었다. 왕건은 대단한 활약을 해서 태봉의 영토를 단숨에 넓혔다. 그 질적인 의미는 앞 장에서 살펴본 대로 더욱 대단한 것이었다.

게다가 왕륭과 왕건은 궁예가 철원에 처박혀 있던 것이 얼마나 어리석은 행동이었는가도 깨닫게 해주었다. 그러나 기쁨은 두려움도 함께 가져왔다. 이 정복 과정에서 왕륭 일가는 궁예 휘하의 무장집단 중에서 최대의 세력가로 성장했다. 왕씨 가는 궁예에게 최고의 도우미면서 제일의 경계 대상이 되었다. 이제부터 왕씨 가가 숙청의 대상이냐 신뢰의 대상이냐를 결정하는 것은 왕씨 가의 이용 가치에 달려 있었다. 왕씨 가의 입장에서 보면 지속적으로 새로운 업적을 제출해서 자신의 가치와 필요성이 궁예의 경계심을 상회하도록 유지해야 했다.

이때 생각지도 않게 나주에서 궁예에게 도움을 청해 왔다. 궁예에게나 왕건에게나 이것은 복음이었다. 궁예는 난감해하면서도 나주의 이반이 견훤에게 얼마나 치명적인 타격인가를 금세 깨달았다. 그러나 나주는 너무 멀고, 궁예의 영토와는 완전히 단절되어 있었다. 그들을 돕기가 쉽지 않았지만, 그렇다고 요청을 무시하기에는 나주의 가치가 너무나 아까웠다. 이미 신라는 그들의 고토로 돌아가 소백산맥의 관문을 지키기에 급급했다. 그들은 상대가 아니었다. 조만간 결전을 벌여야 할 상대는 누가 보아도 견훤이었는데, 나주는 그야말로 견훤의 등에 박힌 비수였다. 상대가 그것을 뽑도록 내버려둘 수가 없었다.

왕건에게 나주 사태는 저 의심많은 보스에게 자신의 지속적인 가치를 과시할 수 있는 기회였다. 태봉군이 나주로 갈 수 있는 방법은 바닷길뿐이었다. 그러나 궁예의 직계 부하들은 강원 산간지역의 도둑 출신들이라 바다 쪽으로는 능력도 인맥도 없다. 배를 다루는 것은 특수한 기술이다. 배를 만들고 배를 부릴 줄 아는 사람들은 상대적으로 드물고, 큰 배를 다루고 멀리 항해할 수 있는 사람, 해전까지 벌일 수 있는 사람은 더욱 드물다.

왕씨 일가는 선조의 전설로 보면 중국과 무역을 하던 해상무역가 집안이었다. 왕씨 일가의 세력을 장보고 전성시대에 중요한 해상기지였던 패강진 세력과 연결시키는 학설도 있다. 그 사실 여부는 명확하지 않지만, 굳이 패강진 세력이 아니었다고 해도 송악은 예성강 하구에 자리잡은 도시다. 이런저런 인맥을 통하면 우수한 선박 기술자와 선원들을 고용할 수 있었다. 어떻든 왕건은 후삼국 시대에 가장 강력한 해군을 거느렸다.

903년 왕건은 수군을 이끌고 영산강을 거슬러 올라가 나주로 진입했다. 나주라는 지명도 이때 생겼다.『고려사』에서는 왕건이 금성과 주변 10군을 점령하고, 이곳의 지명을 금성에서 나주로 바꾸었다고 했다. 하지만 점령했다는 것은 과장이다. 그는 이곳을 방문하고 무력시위를 한 것에 불과했다. 아마도 나주와 주변 10여 군 정도가 반견훤 세력의 근거지였던 모양이다. 왕건은 나주에 오래 머무르지 않았지만 이 원정으로 태봉군이 나주의 반군을 직접 지원할 수 있음을 과시했다.

나주에서 크게 한 방 먹었지만, 견훤은 움츠러들거나 가만히 있을 사람이 아니었다. 장군 출신답게 진지를 뺏기면 공격군이 지치고, 아직 보충이나 교대가 이루어지지 않은 바로 그 직후가 역습의 기회라는 사실을 잊지 않았다. 다만 이 경우는 패전한 지점이 강물 위에서 역습할 장소가 마땅치 않았다. 전투에는 감각적이었던 견훤은 창의적인 역습 장소를 찾았다. 그는 바다를 버리고, 자신의 장기인 육지로 내달렸다. 방향도 나주가 아닌 동쪽의 신라였다.

후삼국 시대의 역사를 보면 이상한 부분이 하나 있다. 신라가 너무 조용하다. 신라의 분전이 눈에 띄는 경우라고는 견훤의 진격을 대야성에서 막아낸 것이 전부다. 그나마 수비의 성공이고 공세라고는 찾아볼 수가 없다. 그것이 신라의 한계이자 공식적 입장이었다. 905년 효공왕은 성주들에게 전략 지침을 하달했는데, 출전하지 말고 성벽을 굳게 지키라는 것이었다.[1]

힘이 약한 나라가 수비 위주로 가는 것은 어쩔 수 없는 일이다. 그러나 나폴레옹의 참모였던 전략가 앙리 조미니의 지적처럼 모든 수비는 공격을 전제하고, 승리를 준비하는 단계로서의 수비일 때에 의미가 있다. 일단 지키면서 사태를 관망하자는 태도는 우리가 어떻게 패배하는지 잘 지켜보자는 말과 같다. 이것이 신라의 진짜 문제였다. 수비 그 다음, 힘을 회복할 대책이 없다.

늙은 왕국은 방법을 실천할 능력도, 열정도 상실했다. 효공왕부터 국정은 포기하고 한 여인에게 빠져 살았다. 911년 재상인 은영이 간언을 했으나 왕은 들은 척도 하지 않았다. 그러자 은영이 그 첩을 살해해 버렸다. 이것이 정상적으로 가능한 일일까?

효공왕은 왕위계승 과정부터가 석연치 않다. 경문왕에게는 3남매가 있었는데, 장자가 헌강왕(875~886), 차자가 정강왕(886~887)이다. 헌강왕이 아들을 남기지 못하고 갑자가 죽자 동생인 정강왕이 왕위를 계승했다. 그러나 정강왕도 1년 만에 사망했다. 이제 유력한 계승자는 경문왕의 동생인 각간 위홍과 정강왕의 여동생 진성여왕인데 왕위는 진성여왕에게 돌아갔다. 신라가 선덕·진덕의 두 여왕을 둔 적이 있지만, 여왕의 등장을 당연시하는 풍조는 아니었다. 위홍과 진성여왕 간에 골육상쟁이 다시 벌어지기 딱 좋은 구조였는데, 신라 쇠망에 대한 학습 효과와 위기감 덕분인지 두 사람은 대립 대신 화합을 택했다. 그 성과가 유명한 각간 위홍과 진성여왕의 사통사건이다. 신라사에서 이 정도 근친혼은 별것도 아니었고, 두 사람의 아이는 자칫 또 분열할 수 있는 경문왕의 후손을 단합시켜 줄 것이다. 이 배후에는 김헌창의 난 이후로 세력을 확장해 온 화랑세력의 지원과 협박도 있었던 것 같다.

진성여왕은 즉위하자마자 각간 위홍과 화랑세력과 관련이 깊었던 대구화상에게『삼대목』을 편찬하게 했고,[2] 유명한 효녀 지은 사건으로 명망을 얻은 화랑 효종랑을 헌강왕의 딸과 결혼시켰다. 그러나 이 동맹은 운이 없었다. 위홍은 진성여왕 2년에 사망했고, 진성여왕도 자식이 없었다. 수천 명의 낭도를 거느렸다는 효종도 서라벌 방어에는 도움을 주었던 것 같지만, 반군 지역으로 치고 나가 국권을 되돌리기에는 역부족이었다.

제일 난감한 상황이 경문왕의 3자녀가 돌아가며 왕이 되었지만 모두 자녀를 두지 못했다는 것이다. 그런데 진성여왕 9년 갑자기 헌강왕의 서자라고 하는 요嶢라는 청년이 등장했다. 예전에 헌강왕이 사냥을 나갔다가 우연히 만난 여자와 동침해서 낳은 아들이라고 한다. 지금껏 알려지지도 않았던, 혹은 알고 있었다고 해도 궁에 들이지 않았던 이 청년이 궁으로 들어와 후계자가 되었다. 이 무렵이면 이미 전국은 통제 불능 상태였다. 이 해에 궁예가 한성의 병력까지 격파하고 철원에 도읍을 정했다. 후백제는 벌써 건국해서 곡창인 호남을 신라에서 떼냈다. 붉은 바지를 입은 반군집단이 서라벌을 침공해서 모량부까지 털어갔다. 다급해진 왕가는 박씨에게 손을 내밀어 이찬 박예겸의 딸을 요와 결혼시켰다(결혼이 즉위 전인지 후인지는 알 수 없다). 2년 후인 897년 6월 진성여왕은 왕위를 이제 15세 정도 된 요에게 물려주고 6개월 후에 사망했다.

여기서 이상한 것이 진성여왕이 왜 이미 헌강왕의 사위가 되어 있고 적어도 김씨 내부와 화랑에게서 지지를 받고 있던 효종랑에게 왕위를 물려주지 않고, 배경과 출신도 불확실한 효공왕(요)을 후계자로 삼았냐는 것이다. 진성여왕이 살아 있는 상태에서 효공왕에게 양위한 것도 그만큼 효공왕의 정치적 기반이 약했기 때문일 가능성이 크다.

진성여왕이 효종과 사이가 틀어졌거나, 효종이 일찍 죽었을 수도 있다. 진성여왕이 자신의 가계, 경문왕의 직계 후손에게 왕위를 전해주어야 한다는 가족정신에 몰입했을 수도 있다. 헌강왕은 생전에 자신이 시중으로 끌어들인 박예겸의 아들 경휘를 사위로 삼았다. 정강왕 때 예겸은 대아찬으로까지 승진했다. 헌강왕이 죽은 후 진성여왕이 효종랑을 헌강왕의 딸과 결혼시킨 것은 이 박씨와의 결혼동맹에 대한 반발일 수도 있다. 그렇게 하고는 모친의 신분도 떨어졌을 듯한 서자 효공왕을 후계자로 세웠다. 국가위기 상황에서 말이 안 되는 얘기 같지만, 그게 인간이다.

그렇게 즉위한 효공왕이니 권력 기반이 약했다. 권력 기반이 있었다고 해도 사태를 되돌리기는 힘들었을 것이다. 그가 자포자기해서 여색에 **빠져** 살았다는 것도 진실일 수도 있고, 그를 쫓아내려는 명분일 수도 있지만, 그의 치세에 나라는 완전히 3분되었다. 912년 그를 마지막으로 결국 왕위가 김씨에서 박씨로 넘어갔다. 후계자는 박예겸의 아들이며 헌강왕의 사위인 경휘였다. 그가 신덕왕이다.

박혁거세 이후 거의 천 년 만의 왕위탈환이었다. 박씨 가는 지증왕, 법흥왕, 진흥왕 때 왕비를 배출하기는 했지만, 그것도 잠시였다. 삼국통일기에 박씨 가는 정치의 중심에서 완연히 밀렸다. 천하의 미실도 정식 왕비는 되지 못하고 후궁으로 돌았다.

그러던 박씨 가가 원성왕 때 왕비가로 재기하고 마침내 왕위를 탈환했다. 아무래도 모종의 정변이 있었을 가능성이 있지만, 김씨 왕가의 주요 인물들이 온전했던 것을 보면 심각한 정변이 있었던 것 같지는 않다. 그렇다면 왕위

신덕왕 때 완성된 것으로 전해지는 양평 용문사의 내경 신덕왕 즉위는 박혁거세 이후 천 년 만의 박씨 가 왕위탈환이었다. 이는 모종의 정변을 짐작케 하지만, 심각한 정변이었던 것으로는 보이지 않는다.

 교체의 진정한 배경은 김씨 왕가에 대한 서라벌 사람들의 실망일 것이다. 사실 김씨 왕가라고 해도 대단한 집단은 아니었다. 신라의 왕위 자체는 원성왕의 후손들 사이에서 핑퐁처럼 오가고 있었다. 좋게 보면 왕권이 독립해서 같은 김씨라도 왕가와 그렇지 못한 김씨 간에 차별성이 분명해졌다고 볼 수 있다. 그러나 왕권을 떠받치는 일차적 디딤돌인 김씨들은 전국으로 흩어져 나갔다가, 내전과 반란으로 소멸해 버렸다. 서라벌에 남아 있는 왕가는 고독해졌고, 과거 사로6부의 후예들에게서 신망마저 잃었다.

 박씨 가가 최후의 구원투수로 나섰지만, 이미 만신창이가 되고 피난할 항구도 없는 신라호를 되살리기란 만만치 않았다. 그래도 신덕왕에게 신라는 천 년 만에 되찾은 나라였다. 세계 역사상 이런 경우도 없을 것이다. 그래서인지 무언가를 보여주어야 한다는 의지와 노력 하나는 김씨 왕가보다는 나았다. 이미 자력으로는 무엇을 할 수 없는 상황에서 신덕왕의 아들 경명왕

경주 삼릉 신라의 박씨 왕인 제8대 아달라왕, 제53대 신덕왕, 제54대 경명왕의 능으로, 규모가 큰 원형 토분이다. 중앙에 위치한 것이 신덕왕릉이며 2차에 걸친 조사를 통해 내부 구조가 밝혀졌다.

(재위 917~924)은 모험적인 시도를 한다. 후삼국 중 한 나라와 연합해서 하나를 제거하는 것이다.

이것은 매우 위험한 시도였다. 설마 순진하게 한쪽을 도와주면 신라를 고맙게 여겨 나라를 보존해 주리라고 기대하지는 않았을 것이다. 이런 상황에서 어찌 보면 신라가 살 수 있는 유일한 방법은 고려와 후백제가 처절하게 싸우다가 양패구상하기를 바라는 것뿐이었다. 괜히 한쪽을 밀어주다 보면 다른 쪽의 원한을 사서 약한 신라가 다음 타겟이 될 수도 있다. 결국 어느 한쪽 편에 붙는 것은 신라의 멸망을 앞당기는 악수가 될 가능성만 높다.

그래도 아무것도 하지 않는 것보다는 하는 편이 낫다고 생각했던 것 같다. 아니면 정말 이기적으로 나라는 나중이고 강자에게 협력해서 왕실이 학살당하는 것은 막아야 한다고 생각했을 수도 있다. 경명왕은 국보(신라의 3대 보물 중 하나로 간주하던 진평왕의 옥대)까지 바쳐 가며 고려와 동맹을 맺었다.

제5장 제1라운드 225

과판

후삼국 중 하나와 연합하여 살 길을 모색하던 신라의 경명왕이 선택한 것은 고려였다. 그는 신라의 국보로 전해지던 진평왕의 옥대까지 바쳐가며 고려와 동맹을 맺는다. 진평왕의 옥대는 길이 약 152cm에 금과 옥으로 꾸민 과판(장식고리)이 62개나 달려있었다고 전한다. 사진은 5세기의 신라 금제 허리띠인데, 진평왕 옥대는 이러한 금장식 대신 곡옥으로 많이 치장했을 것이다.

    신라의 3대 보물이라고 하는 것은 황룡사의 금불상과 9층탑, 그리고 진평왕의 옥대다. 진평왕은 돌계단 3개를 한 번에 밟아 부숴뜨렸다고 할 정도로 거구였다. 그래서 그의 허리띠도 대단히 커서 그 길이가 열 뼘이나 되고 허리띠에 달린 장식만 62개였다고 한다. 허리띠는 동으로 싸서 금을 입힌 금동제품으로 옥구슬로 장식을 했다. 전체적인 모양은 우리가 요즘 보는 신라고분에서 출토된 허리띠와 유사한 듯하다.

    진평왕의 옥대를 헌납한 사건은 『삼국사기』에는 경명왕 5년(921) 1월의 사건으로 기록되어 있고, 『고려사』에는 937년 5월 신라가 망한 후 경순왕이 경주의 사심관으로 있을 때의 사건으로 기록되어 있다.

    사건의 진상은 『고려사』에 자세하게 기록되어 있다. 정황상으로는 두 왕 때 모두 옥대를 바칠 만한 근거가 있어서 어느 쪽 기록이 맞는지 판단하기란 정말 어렵다. 편찬연도 상으로는 『고려사』보다 『삼국사기』가 먼저이므로 경명왕 때로 심증이 가지만, 기록은 『고려사』가 더 자세하다.

    [왕건이] 신라사신 김율에게 신라의 3대 보물에 대해 물었다. "내가 들으니 신

라에 3대 보물이 있다는데 [황룡사의] 장육금상丈六金像(크기가 6자나 되는 금불상)과 [황룡사의] 9층탑과 성제聖帝(진평왕)의 허리띠라고 하더라. 3보가 없어지지 않으면 나라도 망하지 않는다 했는데, 탑과 불상은 아직 남아 있거니와 진평왕의 허리띠는 지금도 아직 있느냐" 하였다. 김율이 대답하기를 "신은 일찍이 성제의 허리띠에 관해서는 들어본 적이 없사옵니다"라고 하였다. 왕이 웃으며 말하기를 "경은 신라의 높은 신하이거늘 어찌하여 나라의 대보를 모른단 말인가" 하니 김율이 부끄러이 여기고 돌아와 경순왕에게 이 사실을 아뢰었다.

왕이 여러 신하에게 물었으나 아는 사람이 없었다. 그때 황룡사에 나이 90이 넘은 중이 있어 말하기를 "내가 듣자오니 성제의 허리띠는 진평대왕께서 착용하시던 것이라 하오며 역대로 이를 전하여 남고에 보장하여 두었다 하옵니다"라고 하였다. 왕이 드디어 남고를 열어 보매 풍우가 갑자기 일어나고 대낮이 어두컴컴하여 볼 수가 없는지라 이에 날을 택하여 제사를 지낸 후에야 이를 볼 수 있었다. 신라 사람들은 진평왕이 성골의 왕이므로 이를 성제의 허리띠라고 하였다.

이 이야기에 등장하는 신라왕은 경순왕이지만, 경명왕으로 바꾸어 이해하면 왕건은 신라에게 도움을 요청하려면 성의를 보여야 한다는 식으로 압력을 넣고, 진평왕의 허리띠를 내놓으라고 요구했다. 신라왕과 신라의 대신들이 그 소재를 몰랐고 황룡사의 노승에게서 정보를 얻어 옥대를 찾았다고 하는데, 그것은 왕건의 말마따나 거짓말이거나 경명왕이 박씨였기 때문일 것이다. 박씨인 경명왕이 선조의 보물을 넘기려고 하자 김씨들이 감추고 반발했던 것은 아닐까? 창고를 열려고 하자 풍우가 일어나고 깜깜해졌다는 것은 김씨 왕족들의 반발을 의미할 수도 있다. 그러나 박씨에겐 신라에 대한 애정은 있어도 옥대에 대한 애정은 없었다.

이처럼 신라가 갑자가 적극적이 된 데는 외적인 상황도 있었다. 고려와 후백제 역시 용호상박의 결과는 양패구상이라는 것을 인지하고 있었다. 후삼국의 전쟁사와 전략 전술을 이해하기 위해서는 이 부분이 대단히 중요하다.

태봉(궁예 왕국은 국명을 여러 번 바꿨다. 이 글에서는 궁예 시대는 태봉, 왕건 시대는 고려로 통일해서 사용한다)과 후백제는 묘하게 전력이 서로 팽팽했다. 지도상으로 보면 태봉의 우위가 두드러지지만, 국가체제가 완전하지 않아 가용 전력이 떨어지기 때문에 실제 우위가 영토의 크기만큼 비례하지도 않았다. 눈치를 보며 귀순한 지방세력들은 충성도가 불완전해서 한 번의 실패나 패전도 귀순세력의 대대적인 이탈을 초래할 수 있었다. 그래서 전투에 더 조심해야 했다.

양국의 장기가 확연히 달랐던 것도 용호상박의 전황을 부추겼다. 태봉은 수군 전력, 후백제는 육군 전력에서 압도적 우위를 보였다. 그러니 서로 맞붙어 자웅을 가리기도 쉽지 않았다.

양국은 정면충돌을 피하면서 현대 정치에서 대의원 포섭하듯 지방세력의 포섭에 열을 올렸다. 승부의 추는 눈치만 보고 있는 관망파 내지는 적당주의자들을 누가 많이 확보하느냐에 달려 있었다. 그런데 이 기회주의자들을 끌어들이려면 자신이 유리하다는 비주얼한 증거를 보여주어야 한다. 제일 좋은 방법은 압승을 거두는 것인데, 위에서 말한 이유로 맞대결 자체가 쉽지 않았다. 그런데 자국의 세력을 단박에 늘리는 방법이 있다. 허약한 신라를 삼키는 거다.

신라는 경영진의 무능으로 회사는 파산 상태지만 부동산과 시설, 우수한 종업원은 잔뜩 보유한 기업과 같았다. 신라의 지방세력들은 김씨 진골층에 대한 충성을 잃어버린 지 오래다. 일부는 이미 세금조차도 내지 않으며, 고려와 후백제 중 어느 쪽에 붙어야 할지 저울질만 하고 있다. 신라를 차지하면 그들이 복속하고, 당장 이긴 쪽의 전력이 두 배로 급상승한다. 힘의 우위가 분명해지면 다른 지역의 관망파들도 바로 적극적 협력자로 바뀔 것이다.

신라로서는 끔찍한 결과였지만 후삼국의 통일이란 레이스가 신라 먼저 삼키기 게임으로 바뀌었다. 효공왕을 자포자기하게 만든 사정이 바로 이 게임의 시작이었다. 906년(효공왕 10) 견훤이 소백산맥을 넘어 상주까지 치고 들어왔다. 궁예는 견훤의 신라 공략을 막기 위해 왕건에게 상주의 사화진을 공격하라는 명령을 내렸다.[3] 왕건과 정기장군 금식黔式 등이 3천 병력을 거느리고 출동했다. 상주 일대에서 양군은 여러 번 격돌했다. 『고려사』는 이 공방전

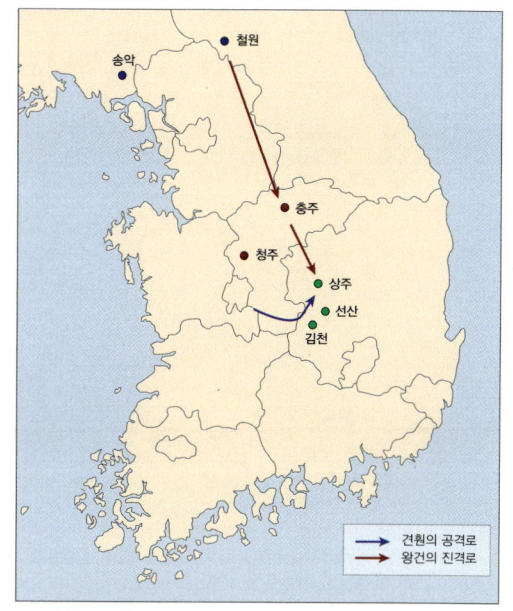

906년 왕건과 견훤의 대결

에서 왕건이 승리했다고 기록했으나 그런 것 같지는 않다. 왜냐하면 『삼국사기』는 907년에 일선군(선산) 이남의 10여 성을 모두 견훤에게 빼앗겼다고 기록하고 있기 때문이다.

일선군은 상주의 남쪽, 상주와 구미 사이에 있다. 견훤은 태봉이 장악한 보은-상주 루트 대신 그 남쪽에 있는 추풍령을 넘어 김천-선산으로 진입한 다음 역으로 상주로 치고 올라왔다. 상주를 점령하면 보은-상주 통로만이 아니라 북쪽 지금의 문경 가은현 쪽의 계립령, 이화령, 조령까지, 죽령을 제외한 소백산맥의 주요 고갯길이 한 번에 손아귀에 들어온다. 이것이 옛날부터 상주가 그토록 중요했던 이유다.

자기 고향이므로 누구보다 상주의 가치를 잘 알았을 견훤은 태봉이 충주와 보은을 장악하자, 추풍령으로 들어가 소백산 안쪽에서 태봉의 진입로를 틀어막으려고 했다. 견훤은 선산 일대까지는 다 점령했으나, 마지막 순간에 왕건의 방해를 받았다. 야전에서 전력이 떨어지는 왕건은 나가서 견훤을 격파하는 대신 상주의 요충을 집중방어하는 작전을 썼다. 견훤은 이 방어를 뚫

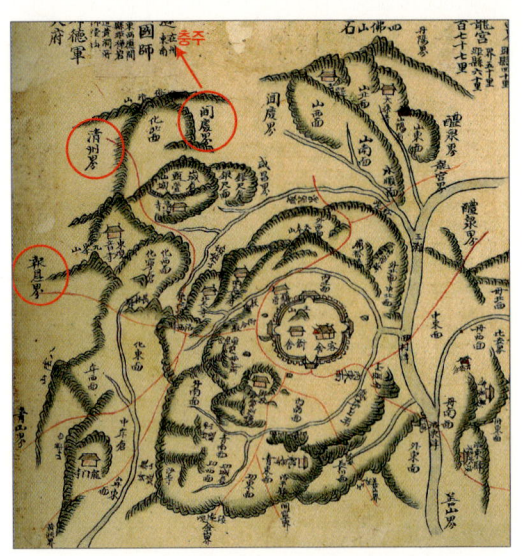

상주 소백산맥 넘어 충주, 보은, 청주로 통하는 길목에 위치하여 그야말로 요지였다.

지 못했다. 태봉도 상주는 지켜냈으나 후백제군을 더 이상 밀어내지는 못했다.

애매한 승부였지만 전략적 기준으로는 태봉의 승리였다. 반면 견훤으로서는 두고두고 아쉬운 실패였다. 점령한 군현의 수로는 10:1의 우세였지만 그것은 허수였다. 후삼국의 승패에서 중요한 것은 점령지의 확보가 아니라 지지세력의 확보였다. 그것이 없다면 지나가는 점령에 불과하다. 믿고 맡길 수 있는 확고한 지지세력이 있어야 그 도시를 거점으로 삼아 지지세력을 포섭하고, 주변 지역으로 지배를 확산시키고, 방어선도 운영할 수 있다. 즉 점의 지배에서 선과 면의 지배로의 변화가 가능한 것이다.

이런 관점에서 보면 견훤은 신라쟁탈전에서 천혜의 이점을 지니고 있었다. 상주는 그의 고향이다. 견훤이 상주로 입성하면 진짜 지역기반을 확보하게 된다. 소백산맥 방어선을 이용해서 태봉의 남하를 막고, 서라벌의 머리 위에서 군림할 것이다. 너무나 아름다운 구도다. 그러나 이 중요한 작전에서 견훤은 상주 점령에 실패했다.

여기서 한 가지 의문이 드는 것이 있다. 상주 사람들은 동향 사람인 견훤이 코 앞까지 진군해 왔는데, 왜 견훤에게 적극적으로 호응하지 않았을까? 태봉군이 간신히 견훤을 저지하는 상황에서 상주민이 견훤에게 가세했다면 견훤의 상주 입성은 간단한 일이었다.

상주 호족이라고 다 견훤을 좋아하지는 않았다고 볼 수도 있다. 견훤의 부친 아자개가 상주의 호족으로 상주에서는 장군 소리까지 들었지만, 상주 정도의 고을이면 세력가도 여러 집안이 있었을 것이다. 그리고 아자개는 신진 세력으로 농민에서 갑자기 장군으로 성장한 인물이다. 따라서 상주의 전통 세력가들이 아자개와 그의 아들은 꺼려했을 수도 있다.

하지만 아자개도 918년에 후백제가 아닌 고려로 귀순해 버렸다. 중간에 후백제군이 근처에 온 적이 여러 번 있었지만 그는 아들의 왕국을 외면했다. 아무래도 견훤은 나주와 마찬가지로 상주에서도 무슨 좋지 않은 일이 있었던 것 같다.

태봉은 신라를 뺏기고 경쟁에서 패배할 결정적 위기를 막아냈다. 그러나 태봉도 이 승리를 승세로 이어갈 기회를 스스로 차 버린다. 궁예의 이상한 자만심 때문이었다. 한반도의 패권이 눈앞에 보이는 듯하자 궁예는 신라를 곧 멸망할 나라라는 뜻으로 멸도라고 부르게 하고, 신라에서 귀순해 오는 사람은 다 죽였다.[4] 유명한 부석사에서의 칼질은 벌써 곳곳에 소문이 나 있는 판이었다. 물론 신라 사람을 다 죽였다는 기록을 그대로 믿기는 어렵다. 궁예가 그 정도로 어리석지는 않았을 것이다. 옛날 전쟁에서도 프로파겐다는 매우 중요했다. 후삼국 대립기 내내 "누구는 항복한 사람을 다 죽였다"는 소문이 서로 간에 돌았을 것이다. 흑색선전, 고려군이 후백제군의 군복을 입고 살인을 저지르는 식의 역공작도 성행했을 것이다. 나중에 왕건 측에서 궁예의 악정과 무능을 강조하기 위해 이 소문을 다시 써 먹었을 가능성이 높다. 부석사 사건도 어느 쪽 정보국에서 만들어낸 걸작일 수도 있다.

그러나 궁예가 신라를 멸도라고 불렀을 가능성은 높다. 궁예도 신라 점령에 조급했다. 그는 군대를 몰고 들어가는 장군 견훤과 달리 지금 당장 항복해라, 그렇지 않으면 내가 도착해서 다 죽이겠다는 식으로 신라를 협박했을 가능성이 있다. 그것이 도적과 조폭의 방법이다. 항상 위협을 선호한다. 위로를 하고 혜택을 베풀어도 일단 으름장을 놓거나 뭔가 부서지는 분위기를 연출한 후에 베푼다. 그렇지 않고 처음부터 베풀면 뭔가 손해보는 느낌이 든다.

● 견훤의 가출

『삼국유사』에 수록한 〈이비가기 李碑家記〉에서 아자개는 두 명의 부인에게서 5남1녀를 낳았다고 한다. 견훤은 장남이었다. 〈이비가기〉는 견훤을 진흥왕의 후손이라고 주장한 기록이라 신빙성이 떨어지지만 당대의 가족 관계 진술은 사실일 가능성이 높다. 그런데 이 기록에는 아자개의 차남이 아자개의 장군직을 세습한 것으로 되어 있다. 견훤은 10대에 신라군에 입대했는데 병사로 입대했던 것 같고, 험한 곳에서 군대 생활을 했다. 이 사실에 착안해서 견훤이 10대에 신라군에 입대한 이유가 후계경쟁에서 밀려났기 때문이라고 보는 견해가 있다.[5] 아버지와의 불화, 형제와의 불화가 심했고 해묵은 갈등이 있었다면 그들의 가족부터가 견훤이 상주로 돌아오는 것을 두려워했을 수도 있겠다.

그러나 일반 병사라도 신라의 중앙군이 된다는 것은 평민보다는 높은 지위를 얻는 것이다. 지방의 향리가 자기 아들을 서울로 보내는 제도를 상수리제도, 기인제도라고 했는데, 이 제도를 인질제도라고 표현하기도 하지만 지방세력의 입장에서는 중앙의 세력가나 관청과 줄이 닿는 계기이기도 했다. 그래서 견훤의 입대도 가출이 아니라 장자로서의 특권이었다고 보는 견해도 있다.[6]

논리적으로는 두 추정이 다 가능하다. 그런데 정치란 결혼이 아니다. 아무리 가출을 하고, 소년 시절에 평판이 안좋았다고 해도, 특별하고 직접적인 원한 관계가 있는 사람이 아닌 이상 고향 사람이 왕이 되었는데, 그를 배척할 수가 있을까? 민주사회라는 오늘날의 대통령과 고향의 관계를 봐도 이해하기 어렵다. 무언가 결정적인 자료가 나오기 전에 이 미스터리는 영원히 풀리지 않겠지만, 확실한 사실은 견훤이 상주 출신이라는 엄청난 장점을 전혀 활용하지 못했다는 사실이다.

마피아라고 다 그런 것은 아니고 마피아만 이런 것도 아니다. 마피아가 아닌 사람 중에도 이런 리더는 많다. 결국은 개인의 자질 문제로 귀결되지만, 궁예의 경우는 젊은 날의 경험에서 벗어나지 못한 듯하다. 불쌍한 건 신라 사람들이다. 고구려와 백제는 부활해서 몇 백 년 전의 원수를 갚겠다고 공공연히 떠들고 있고, 여기저기서 들려오는 소문은 신라인에 대한 악행과 만행, 협박과 학살에 관한 이야기뿐이다. 이 상황에서 자신들의 주군은 술과 여자에 절어 있고, 정치가들은 달라진 것이 없다. 10세기의 내전은 이렇게 막이 올랐다.

3 타오르는 강

대야성 정복 실패, 나주의 이탈, 상주 점령 실패 등 연이은 악재로 정말로 열을 받았을 견훤은 진정하고 마음을 정리했는지, 전략의 우선순위를 재조정했다. 신라 침공을 뒤로 물리고, 영산강 탈환을 앞세웠다. 왕건의 해군을 격파하기 위해 견훤은 3년 동안 절치부심해서 수군 자원을 모으고, 대대적으로 전함을 건조했다. 우수한 선원이 필요했으므로 도서 지방의 해적도 포섭했다. 아울러 이 사실을 적당히 홍보해서 나주 반군의 분열을 꾀했다. 이것은 꽤 효과가 있었던 듯하다.

견훤이 대공세를 준비중이라는 정보는 당연히 궁예에게도 들어갔고, 반부처님을 수심에 빠지게 만들었다. 나주는 중요했다. 그러나 나주를 보존하려면 왕건을 다시 키워주어야 했다. 궁예는 왕건의 세력 확장에 부담을 느끼기 시작했지만, 나주를 정복한 견훤은 더 무서웠다. 게다가 수군은 전문성과 희소가치가 높은 병종이라 대체 인력을 찾기도 어렵다. 그는 다시 한번 왕건의 필요성을 인정하지 않을 수 없었다. 궁예는 왕건을 해군대장군으로 임명하고, 예성강·임진강·한강 세 강의 입구가 되는 정주貞州(경기도 개풍군 풍덕)에서 전함을 건조하게 했다.『고려사』는 당시의 상황을 이렇게 전한다.

> 태조는 궁예가 날로 교만하고 잔학하여 감을 보고 다시 외방의 일에 뜻을 두게 되었다. 마침 궁예가 나주의 일을 근심하다가 드디어 태조를 보내 진압하도록 하고 벼슬을 올려 한찬 해군대장군을 삼았다. 태조가 정성을 다하여 군사를 위무하고 위엄과 은혜를 아울러 베푸니 사졸들이 존경하고 애모하여 다 용맹을 드날릴 생각을 하게 되어 적군조차도 두려워하였다.

왕건이 궁예의 잔학함을 피하기 위해 외방의 일에 뜻을 두었다는 말은 두 사람 간의 긴장관계가 높아져 갔다는 사실을 시인하는 것이다. 그러나 궁예는 나주 때문에 왕건에게 권력을 부여하지 않을 수 없었다. 왕건은 전함을 건조하고 군사를 모았다. 아직 국가체제가 정비되지 않은 상태였으므로 이렇게 모은 물자와 인물은 오늘날처럼 전쟁이 끝나면 자기 자리로 돌아가는 것이 아니라 다 왕건의 차지가 된다. 나주 덕분에 왕건은 궁예로부터 의심과 견제를 받을 필요 없이 합법적으로 자신의 세력까지 확대할 수 있었다.

909년 견훤은 새로 건조한 함대를 목포로 진주시켜 영산강 하구를 차단했다. 왕건은 고립된 나주를 구원하기 위하여 출진했다. 이 순서는 반대일 수도 있다.

왕건의 병력은 2500명. 견훤 측은 알 수 없으나 당시 견훤이 인솔하는 병력이 언제나 3000에서 3500명 정도였으므로 이때도 예외가 아니었을 것이다. 왕건과 견훤의 함대는 영산강에서 격돌했다.

전함을 수리하여 광주 진도군 고이도성을 쳐서 함락시키고 덕진포로 나아가 머무르자 견훤이 전함을 배열했는데 목포에서 덕진포까지 전함이 서로 앞뒤로 잇닿아, 바다와 육지를 누비며 군사의 세력이 심히 강성했다. 여러 장수들이 이를 걱정했으나 태조(왕건)는 "군사가 이기는 것은 화합하는 데 달린 것이지, 수가 많은 데 있는 것이 아니다" 하고, 진군하여 급히 치니, 적의 전선이 조금 물러났다. 그러자 바람이 부는 방향을 따라 불을 지르니, 불에 타거나 물에 빠져 죽은 자가 반수 이상이나 되었고 5백여 급을 베었는데, 견훤은 작은 배를 타고 도망쳐 돌아갔다.

이보다 앞서 왕의 군진이 나주 관내의 여러 고을과 거리가 먼데 적병이 길을 차단했으므로 서로 응원할 수가 없어 자못 근심과 의심을 품고 있었는데, 이때에 이르러 여러 사람들의 마음이 다 안정되었다. (『고려사절요』 권1, 태조 원년)

이 전투 기록을 살펴보면 견훤의 함대가 목포와 덕진포까지 늘어서 있었다고 했다. 목포는 현재는 바닷가에 있지만 옛날에는 배들이 약해서 포구가 지금처럼 해안에 있지 않고 강 안쪽에 있었다. 그러므로 위 기록에서 말하는 목포는 지금의 영산포 부근이거나 영산포까지는 아니라도 조금 안쪽으로 들어온 지역일 가능성이 높다. 『신증동국여지승람』에서는 목포가 나주의 관아에서 남쪽 11리 지점이라고 했다. 이 기록에 근거해서 현재의 나주시 영산포 택촌 마을로 비정하기도 한다.[7]

덕진포는 영산포 아래쪽에 있는 영암군 지역의 강가다. 다시 말하면 견훤의 함대는 그 수가 꽤 되었음에도 불구하고 영산강 안쪽에서 죽치고 있었다는 얘기다.

그러는 동안 남하해 온 왕건의 함대는 바로 영산강으로 진입하지 않고 먼저 진도와 고이도를 공략했다. 영산강 하구에는 섬이 많은데, 지도를 자세히 보면 현재의 목포는 일종의 삼각지로서 목포 앞바다에서 물길이 Y자를 옆으

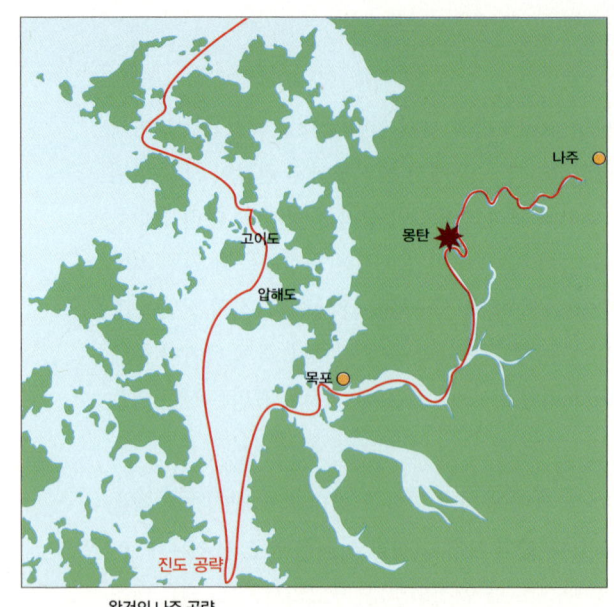
왕건의 나주 공략

로 세워놓은 듯이 두 갈래로 갈라진다. 고이도와 진도는 각각 그 길의 양쪽 끝에 있다. 왕건은 이 두 섬을 먼저 점령함으로써 영산강으로 진입하는 두 회랑의 입구를 장악하고, 그들이 강으로 진입했을 때 배후를 공격당할 위험을 끊었다. 과감한 견훤에 비하면 왕건의 용병술은 확실히 신중하고 교과서적이다.

영산강 안쪽으로 진입한 왕건의 함대는 견훤군과 대치했다. 이 장소는 현지의 전설에서는 몽탄나루로 알려져 있다. 영산강 하구언이 축조되기 전에는 이곳이 해수의 영향이 미치는 한계선이었다. 썰물 때는 수로가 좁고 낮아지지만 만조 때는 바다 수준으로 수량이 풍성해졌다고 한다.[8] 현재 강폭은 약 700m 정도다. 지형으로 보아도 견훤군에게는 이곳이 제일 적절한 지형이었다. 몽탄나루는 강이 크게 휘어지는 곳인데, 전사를 보면 강에서 전투를 벌이기에 제일 적절한 곳이 이런 지형이다. 공격 측 입장에서는 강 안쪽이 보이지 않고, 만곡부를 돌아갈 때 지속적으로 배의 측면을 노출시킨다. 후백제군처럼 육전에 자신이 있고, 육지에 병사를 매복시켜 수륙에서 협동공격을 할 경우 이런 만곡부에서는 직선수로일 경우보다 좌우의 사거리 안에 적선을 보다 오랫동안 포착할 수 있다.

견훤의 함대는 이 만곡부에서 꼼짝하지 않고 대기하고 있었다. 그뿐 아니다. 견훤은 함대를 집결시키지 않고 영산포에서 덕진포까지 장사진을 치고

몽탄나루 왕건과 견훤의 대결이 벌어진 곳으로 추정되는 오늘날 무안의 몽탄나루 전경

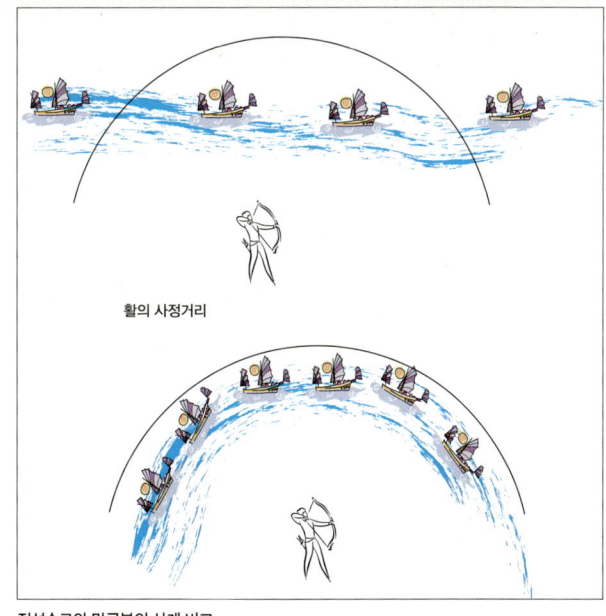

직선수로와 만곡부의 사계 비교

강 양쪽에 육군까지 배치하여 협공하게 했다. 견훤은 왕건 함대에 대한 공격을 포기하고 처음부터 수비 전술을 고수한 것이다.

견훤군의 전술은 수는 많지만 실력에는 자신이 없는 군대의 전형적인 모습이다. 조금이라도 수군 전력에 자신이 있었다면 함대를 밀집대형으로 집결시키거나, 함대를 둘로 나누어 영산강으로 진입한 왕건의 함대를 앞뒤에서

파군교(破軍橋) 일대 몽탄강 하류의 전승지를 파군천이라 하고 이 천을 이은 다리를 파군교라 하는데, 이 '파군'이라는 지명은 왕건과 견훤 간의 전쟁 이야기를 전해준다.

포위했을 것이다. 그리고 그들의 수가 많았던 만큼 영산강 안쪽보다는 좀 더 넓은 곳을 싸움터로 택했을 것이다. 고이도는 워낙 작은 섬이라 그곳의 백제군은 그저 경비초소 정도에 불과했을 수도 있지만, 진도만 해도 큰 섬이다. 하다 못해 왕건이 진도를 공격할 때, 영산강 하구 밖으로 나가 그 배후를 칠 수도 있었다.

하지만 견훤의 입장에서 보면 나름대로 타당성이 없지는 않다. 왕건은 무조건 이곳을 돌파하여 나주로 진입해야 한다는 절대절명의 과제가 있다. 왕건이 이 방어망을 통과하지 못한다면 나주는 저항을 포기할 것이 자명하기 때문이다. 전쟁은 스포츠가 아니다. 싸울 때는 자신이 강하든 약하든 적의 약점을 잡아 자신에게 최대한 유리한 지점에서 유리한 방법으로 싸워야 한다. 전술적 승리가 아닌 전략적 승리를 추구한다. 이것이 왕건군이 상주에서 사용하여 성공한 전술이었다. 견훤도 똑같은 방식으로 대응했다.

그러나 방법이 같아도 내용이 다르다. 왕건은 상주의 산악지형을 이용해서 견훤의 장기인 철기병의 돌격과 돌파 전술을 무력화시켰다. 이것이 견훤의 약점인데, 이후에도 견훤은 공성전에서는 별로 재미를 보지 못했다. 하지만 영산강에서의 수상방어전에는 견훤의 철기병을 막아주었던 지형이나 산성과 같은 장애물이 없다. 입장이 바뀌었지만 왕건이 견훤의 철기병을 평원에서 대적하는 격이다. 이런 상황에서 수비 전술은 더 위험하다.

견훤도 이를 인지하고 나름 대안을 마련했다. 강변에 주둔시킨 육군의 지원이다. 후백제군이 병력의 우세에도 불구하고, 왕건군을 공격하지 못하고, 강에서도 밀집대형을 포기하고 장사진을 친 이유는 강변에 포진한 육군의 도움이 절실했기 때문이다.

견훤의 수군은 왕건의 군대처럼 체계적으로 조직되고 오랫동안 손발을 맞춘 부대가 아니라 여기저기서 집단과 선원을 끌어모아 구성한 부대일 가능성이 높다. 이런 부대는 전술적인 대응력이 떨어지고 느리다. 반면 왕건군은 수는 적어도 전투력은 높았다.

"싸움에 이기는 것은 화합하는 데 있는 것이요 수가 많은 데 있는 것이 아니다"라는 왕건의 말도 새겨볼 만하다. 이 말이 전사에서 너무 흔한 표현이기는 하지만, 당시 상황에 대한 왕건의 진단이라고 보아야 하지 않을까?

이런 형태의 두 부대가 만났을 때 사용하는 전형적인 전술이 있다. 수는 많지만 개별적인 전투력은 떨어지는 부대는 진을 적보다 넓게 벌린다. 중앙부는 좌우보다는 두텁게 강화해야 하지만, 훈련이 안 된 부대를 너무 모아 놓으면 혼란에 빠지기 쉽다. 진이 길어지므로 전체적으로 진이 가늘어지지만, 적이 공격하면 정면대결을 피하고, 후퇴하여 진 안으로 끌어들인 후 포위하여 협격한다. 그것을 아는 적은 감히 진 안으로 들어오지 못할 것이다. 그러면 방어전은 성공이다. 혹 무모하게 들어온다면 포위하여 적을 잘게 쪼개고 이를 다시 포위하여 섬멸한다.

반면 왕건군과 같은 경우는 밀집하여 적의 방어선을 뚫고, 적의 중심부로 돌진한다. 이 경우 가능한 한 신속하게 움직여서 좌우의 적함들이 좁혀 오기 전에 최대의 충격으로 적의 중심부를 부러트려야 한다. 그것이 성공하면 적은 붕괴할 것이고, 성공하지 못하면 역으로 포위될 것이다.

왕건이 급히 공격했다는 기록은 그들이 이 전술을 사용했음을 암시한다. 사실 강이 좁기 때문에 견훤군이 왕건의 수군을 포위하기는 쉽지 않았다. 대신 그들은 육군의 지원에 큰 기대를 했던 것 같다. 포위하지는 못해도 강 연안에 붙어 육군의 사격권 내로 들어서면 왕건군은 더 이상 진격하지는 못할 것이다.

예상대로 최초의 대전에서 견훤의 함대는 왕건군의 공격을 맞받지 않고 후퇴했다. 육군의 보호막 속으로 들어갔거나 포위를 위해 한 부대가 뒤로 빠졌을 것이다. 그러나 여기서 왕건은 과감한 돌격으로 어딘가에 틈을 만들었던 것 같다. 그는 이 균열에 전함을 집중 투입한 뒤, 화공으로 적선을 불태웠다. 화공이라고 하면 적함을 모조리 태우는 것을 생각하지만 강 위에서 그러기는 힘들다. 왕건의 작전은 적진의 분리였다. 바람을 등지고 불로 차단벽을 만들어 적진을 완벽하게 반분한다. 그리고 반분된 적을 차례로 혹은 타겟이 된 반쪽을 완벽하게 섬멸한다. 적군이 두 배가 넘는다고 해도 충분히 승리할 수 있다.

후백제군은 대패했다. 견훤은 조각배를 타고 간신히 도망쳤다. 이 일전으로 바다는 왕건의 영역임이 다시 한번 증명되었다. 후백제 수군을 무찌른 왕건은 위풍당당하게 강을 거슬러 올라가 영산포로 들어갔고, 나주민은 그들의 영웅에게 열광했다. 이어 왕건은 첩자를 광주 근처에 상륙시켜 지난 해전에서 패배한 견훤파 해적들이 다시 결집하려는 계획을 탐지했다. 그들의 두목은 압해도 출신인 능창인데, 별명이 수달이었다. 그가 고이도 바로 옆에 있는 갈초도에 있다는 사실까지 탐지한 왕건은 10여 명의 해병특공대를 갈초도에 침투시켜 능창을 체포, 처형했다. 이로써 왕건은 이 지역의 제해권을 완전히 장악했다.

해전에서는 가망이 없음을 깨달은 견훤은 다음 해에 다시 3천의 병력으로 나주성을 포위했다. 하지만 왕건을 신뢰한 나주민은 10여 일 이상 굳건하게 성을 지켰다. 그들의 기대대로 왕건은 정주에서 전함 70척에 2천의 병력을 싣고 나주로 들어갔고, 견훤은 포위를 풀고 다시 후퇴해야만 했다.

2차에 걸친 나주 공방전은 견훤에겐 치명적인 상처를 남기고 끝났다. 이후 견훤은 다시는 나주를 공격할 엄두를 내지 못했다. 흔히 후삼국 초기에는 후백제가 가장 강성했다고들 말하지만, 이는 후백제가 전남의 1/3이 잘려나간 불구의 몸으로 경쟁에 뛰어들었다는 사실을 간과한 설명이다. 정확한 설명은 견훤과 그의 친위병이 최강의 군단이었다가 맞다. 초기 후백제의 우위는 견훤의 뛰어난 군사적 리더십과 그의 강력한 정예병 덕분이었다. 그러나 국가 전체의 국력, 총체적이고 장기적인 안목에서 보면 견훤은 결코 유리하지 않았다.

반면 왕건은 바다와 함께 전남 서남부라는 새로운 영지를 얻었다. 나중에 이 지역에 있는 자신의 영토가 40여 현이라고 말하기도 했다. 나주가 태봉에 복속했다지만, 실제적으로는 왕건에게 복속한 것이나 다름없다. 왕건은 이 지역에서 상당한 병력과 물자, 그리고 무사를 모았을 것이다.

또한 나주는 궁예의 왕국 안에서 그의 정치적 지위를 보장해 주는 확고한 안전판이 되었다. 궁예가 전략적 계산이 빠른 인물이었다면 이 사태는 꽤나 복합적이었을 것이다. 왕건의 성장이 마음에 걸리지만, 나주는 후백제의 한쪽 발목을 단단히 죄는 올무요 덫이었다. 이곳에서 생산되는 곡물을 중부의 궁예 영토로 수송하고, 이 지역을 자신의 지지세력으로 붙잡아 두는 것은 오직 왕건의 수군에 달려 있었다. 그러니 왕건의 세력이 아무리 마음에 걸려도 궁예로서는 그를 제거할 수도, 약화시킬 수도 없었다. 어느 것이든 자신의 무덤을 파는 행위였기 때문이다.

4 궁예의 변신

912년 궁예와 견훤의 군대는 지금의 경부고속도로와 호남고속도로가 만나는 회덕 부근에서 한 차례 격돌했으나 승부를 가리지 못했다. 이후 삼국의 싸움은 잠시 소강 상태를 보인다. 하지만 그 평화는 폭풍전야의 고요였다. 궁예와 견훤은 다같이 힘을 비축하기 위한 내부 정지작업에 들어갔다.

그런데 지금까지 후삼국 부분을 읽는 동안 무언가 이상하다는 생각이 든 독자분들도 계실 것이다. 옛날의 백제 영토를 차지했다는 견훤이 특별히 험한 지형도 아니고 평야 한복판에 있는 나주성 하나를 점령하지 못해 쩔쩔매고 있다. 게다가 양측이 총력전에 동원한 군대도 불과 이삼천 명을 넘지 못한다.

그 이유는 후삼국이라고 하는 나라들이 그 속을

‖ 청주 용두사지 철당간 ‖

지금은 청주 시가지 한복판에 서 있는 이 철당간은 고려 광종 때인 962년에 세운 것으로, 청주 향리세계의 통치조직을 기록하고 있다. 기록에는 신라 수상인 상대등을 본뜬 당대등이라는 명칭도 등장하는데 이것은 지방사회의 유지들이 중앙행정기구를 본뜬 조직체계를 운영하고 있었음을 보여준다. 당간은 고려 초기에 세운 것이지만 후삼국 시대의 사회상을 반영하는 것으로 보고 있다.

들여다보면 국가라고 하기에는 쑥스러울 정도의 조직체였기 때문이다. 엄밀하게 말해 신라 말에 시작된 무정부 상태의 연속이었다. 신라도 형편없어졌지만, 신생국인 태봉이나 후백제도 국가라기보다는 거대한 신디케이트에 가까웠다.

그들은 지방을 지배할 조직도 없고, 예전처럼 지방에 주둔시킨 군대도 없었다. 각 지방은 그 지역의 유력자와 자위조직에 의해 운영되고 있었다. 이런 상태에서는 군현 주민을 대규모로 동원한다거나 조직적으로 세금이나 군사를 징발하기가 쉽지 않다. 태봉이든 후백제든 그들로부터 약간의 세금 내지는 상납금을 받아내는 수준에 불과했던 것이다.

그렇다면 이들의 군대는 어떻게 구성되었을까? 전처럼 지방행정망을 이용한 조직적인 징병은 힘들었으므로, 투항한 도적떼나 사적으로 모집한 병사들, 그들과 마찬가지로 모험과 야망을 가지고 자발적으로 참여하는 토호세력 등이 주 구성원이었을 것이다. 물론 토호세력의 군대도 마찬가지여서 친지·무사·도적·예속민·용병 등이 주 전력을 이루었을 가능성이 높다. 군현에 할당을 내려 징집한 병력도 없지는 않았겠지만, 이 힘에는 한계가 있었다.

이런 실정이어서 군대가 어디까지 진출했다고 해서 그 안의 지역이 다 지배영역으로 들어오는 것도 아니고, 왕건 집안같이 어느 군현의 유력자가 복속하거나 구원 요청을 했다고 해도 그 군현이 완전하게 자기 지배로 들어오는 것은 아니었다. 하나의 군현은 한 가문에 의해 장악되는 게 아니라 대개는 여러 토호 가문의 협력에 의해 운영되었다. 어떤 면으로 보면 완전한 지방자치의 시대였다. 전국이 혼란해지자 그들은 나름대로 자위대도 만들고 통치기구나 협의체를 구성해서 군현을 운영했다. 군현에 따라 상황은 천차만별이었겠지만 크게 보면 군현의 상부기구는 유력한 토호 중에 통치력도 있고 정치력이 있는 사람이 고위직을 맡고, 특별히 군사에 자질이 있는 사람이 장군이 되는 식으로 지위를 나누어 가졌다. 상주의 장군으로 출세한 견훤의 아버지 아자개나 궁예의 오른팔이 된 송악의 왕륭도 상주나 송악의 왕과 같은 존재가 아니라 이런 정도의 실력자였다고 추측된다.

집단지배체제였기 때문에 그 중 누군가가 어느 한 세력의 휘하로 들어가 출세했다고 해도 그 군현의 지배권이 과거의 부족장이나 대귀족의 식읍처럼 일괄로 그의 수중에 장악되지는 않았다. 궁예나 견훤에게 적극적으로 협력하는 호족은 오히려 소수였을 것이다. 대부분의 토호들은 위험한 출세보다는 안전한 현실을 택했을 것이다. 그들은 적당 적당히 강한 쪽에 상납을 하고 양다리도 걸치면서 눈치를 보았다. 후삼국은 거의 내내 이런 상태였다. 그러므로 어느 군현이 누구에게 복속했다거나 누가 누구 편에 섰다고 하는 경우라도 상당수는 동맹도 아니고, 옛날의 주종관계보다도 훨씬 못한 상납과 협력을 약속하는 관계가 대부분이었다고 생각된다.

이런 상태였으므로 특정 지역의 지도자와 협력관계를 개설하고, 그들로부터 지원을 받아내거나, 휘하로 들어온 군사집단과 충성과 우호관계를 돈독히 하려면 인질 교환밖에 없었다. 좀 더 확실하고 안전한 방법이 혼인이었다. 궁예의 혼인관계는 잘 알려지지 않았지만, 견훤도 처와 첩이 많았고, 왕건의 혼인은 통일 후에도 이어져 기록에 남은 부인만 29명에 달했다.

이 정도도 상당한 시간이 지난 후의 상태였다. 그러니 지지세력이 더 미약했던 건국 초기에 서로 괜한 충돌을 반복하다간 설사 상대를 꺾고 승리한다고 해도 자신들의 무력 기반이 소진되어 버릴 우려가 있었다. 그리고 그렇게 초라한 상태가 되면 한반도의 나머지 영토를 점령하기는커녕 누군가의 쿠데타나 신흥세력에게 당하고 말 것이다.

912년을 획기로 양측이 약속이나 한 듯 휴전 상태에 돌입했다. 그런데 앞서도 말했듯이 이참에 궁예는 권력을 즐겨보고 싶었든가, 아니면 통치에 대한 부담감이 컸기 때문인지 내치에 몰두했다. 그리고 전쟁에 대해서는 갈수록 소극적·수동적이 되었다. 투사 견훤은 초지일관이었다. 그는 태봉이 조용한 틈을 타 915년에 다시 한번 대야성을 공격했다. 하지만 이번에도 성공하지 못했다. 신라는 전통적으로 정예군단을 배치했던 소백산 일대의 방어력마저 허술해졌지만, 외외로 대야성 일대는 제법 튼실하게 버텼다. 김헌창의 난 때도 김해는 넘어갔어도 밀양·양산은 서라벌을 배신하지 않았다. 이런 군사적 불균형은 신라의 저항력이 국가의 힘이 아니라 지역세력에 의지하는 바가 크다는 반증이다.

그러나 그거야 어떻든 견훤에게는 짜증날 정도로 불운이 겹쳤다. 처음 봉기하여 전격적으로 광주와 전주를 점령할 때는 당장이라도 신라를 쳐부술 기세였는데, 나주가 발목을 잡았고, 상주가 배신하고, 상주 - 보은 통로는 태봉의 간섭을 받았다. 태봉군의 간섭을 받지 않는 대야성 루트는 신라의 국경에서 유일하게 강력한 저항을 하고 있다. 짜증과 성급함 덕분에 견훤은 전략적 집중을 못하고, 대야성과 나주 공략을 두고 갈팡질팡했다. 그 결과 15년이란 세월이 지나도록 어느 하나도 점령하지 못했다.

견훤이 계속 헛힘을 쓰는 동안 궁예는 전쟁을 멈추고 안으로 눈을 돌렸다. 궁예는 모든 정복전을 단기간에 마쳤고, 전략의 혼선도 없었다. 영토도 넓었고, 한강·예성강·임진강 수로를 안전하게 확보했다. 이렇게 보면 초기 상황은 궁예 쪽에 높은 점수를 줘야 할 것 같다. 그러나 이 상대적 우월감으로 인해 긴장줄을 놓아 버린 것일까? 궁예 쪽에서 엉뚱한 문제가 터졌다.

태봉의 관제나 정부조직은 이름은 좀 달랐지만 대개 신라의 제도를 본떴다. 그 정부를 채우는 사람들은 진골 세상이던 신라와는 달랐겠지만, 그렇다고 어떤 사람들을 어떻게 관리로 등용했는지는 알 수 없다. 신분제 사회에서 나라가 안정이 되려면 정부를 구성하는 관리들이 동질성이 있어야 한다. 그러나 궁예 정권의 관리들은 종류가 다양했다. 국가의 모습을 갖추자 지방 명망가에 최치원의 후예이자 제자로 보이는 최응과 같은 유학자도 등용했지만, 궁예의 심복과 그의 휘하로 들어온 도둑 비슷한 집단들, 지방 토호와 무사, 승려와 같은 다양하고 이질적인 집단들이 그의 정부를 채웠다.

> 소판 종간은 어려서 중이 되어 간사한 일에 몰두했다. 내군 장군 적부는 어려서는 남의 집 하인이 되었다. 간사한 말로 아첨을 잘해서 궁예에게 총애를 받았다. 이들은 참소하기를 좋아하고 선량한 사람을 모함한 것이 많아서 처형했다. (『고려사』 권1, 세가1 태조 원년)

이 기록은 왕건이 궁예를 몰아내고 즉위한 후에 궁예의 심복인 종간과 적부를 처형한 기사다. 종간과 적부의 출신과 성격은 고귀한 사람들이 싫어할 요소를 골고루 지니고 있다. 그래서 종간에 대한 비판 자체가 높은 이들의 편견일 수 있다. 혹은 이 기록의 묘사가 전적으로 옳다고 해도 두 사람은 할 말이 있을 것이다. 신분과 편견이 지배하는 사회에서 그들의 기준으로 자신들을 비난할 수 있느냐고 말이다. 또 두 사람이 진짜로 기회주의자에 형편없는 인물이었다고 해도 궁예의 주변 인물들이 다 이런 인물이었던 것은 아니다. 왕건은 즉위한 후에 종간 등을 처형하고 내각과 관료군을 개편하면서 이들은 다 사무에 능숙하고, 청렴하고 조심성이 있으며, 공무에 태만하지 않고, 사무를 빠르고 원활하게 처리하여 사람들의 신임이 두터운 사람들이었다고 했다. 말을 바꾸면 궁예 시절에도 괜찮은 관료들이 있었다는 거다.

따라서 궁예 치하의 제도나 관료들이 그렇게 엉망이거나 반대로 왕건이나 지배층들이 혐오할 정도로 혁명적인 것도 아니었다. 종간과 적부같이 왕의 심복이나 경호원 중에 출신이 미천하거나 인간성에 문제가 있는 사람이 좀 존재하는 것도 지극히 정상이다. 왕건의 시대에도 마찬가지였다. 그러므로 궁예 정권의 문제와 관료층의 복잡성을 정의와 불의, 진보와 보수의 대립으로 설명해서는 안 된다.

이 시대는 후삼국이 서로 대립하고 사회가 무정부 상태이며 기존의 질서와 제도가 파괴되던 시대였다. 당연히 지배층과 관료군의 구성이 복잡하고 혼돈스러울 수밖에 없다. 이것은 궁예든 왕건이든 민중 출신의 지도자든 왕족 출신이든 누구라도 겪을 수밖에 없는 현상이었다. 문제는 이것을 다루어 나가는 역량의 문제다.

신분적·이념적 동질성도 없고, 제각각 자기 패거리를 거느려서 서로 화합하지 못하고 패거리 의식은 강한 이들을 어떻게 다루어야 할까? 자신이 다스리는 사회가 마피아 집단의 범주를 넘어서자 궁예는 혼돈스러워지기 시작한 것 같다. 이런 난관을 극복하려면 태생적으로 다양한 계층과 사람을 경험하거나 교육받을 수 있는 환경을 갖추었거나, 천부적으로 정치적 감각을 타고 나거나, 아랫사람으로부터 다양한 의견을 수렴하고, 자기 세계를 깨트릴 수 있는 품성을 갖추어야 한다. 그러나 궁예는 이 세 가지가 다 부족했던 것 같다. 곤혹스러워진 그는 옆으로 새기 시작한다.

911년 궁예는 나라 이름을 태봉으로, 연호를 수덕만세로 고쳤다. 연호에서 벌써 종교적인 색채가 나지만, 이 무렵부터 궁예는 자신이 미륵불이라고 자칭하기 시작했다. 머리에는 보살이 쓰는 금색 관을 쓰고, 몸에는 승복을 걸쳤다. 두 아들에겐 청광보살, 신광보살이란 이름을 붙였다. 밖에 행차할 때는 말갈기와 꼬리를 채색 비단으로 장식한 백마를 탔다. 행렬의 앞에는 어린 소년·소녀가 양산과 꽃과 향로를 받들고 걸어가고, 200명의 비구니가 불가를 부르며 뒤를 따랐다.

미륵불 복장만 한 것이 아니라 새로운 교리도 폈다. 그는 자신의 교설을 20권의 책으로 저술했다. 옛날 책 20권은 요즘식으로 하면 두 권이 못 되는 분량이지만, 대중을 상대로 하는 신흥종교의 교리가 복잡·미묘할 필요는 없으므로 그 정도면 충분할 것이다. 그는 단상에 가부좌를 틀고 앉아 이 교설을 강론하기도 했다.

그 내용은 전하지 않는다. 궁예가 미륵불을 자칭했다고 해서 많은 사람들

파주 용미리 미륵불 입상 거대한 자연석을 몸통으로 한 이 미륵불은 원래 손에 연꽃 장식을 들고 있었는데 후대에 없어졌다. 머리 위에 갓을 쓴 모습은 미륵불의 전형적인 특징이다.

이 그가 혁명적 혹은 민중적 지도자였다는 추측을 내놓았다. 결론적으로 말하면 그것은 정말 순진하고도 낭만적인 사고다. 미륵불이란 다음 대에 부처가 되기로 정해져 있는 사람을 말한다. 즉 아직은 인간이다. 그렇기 때문에 우리 눈엔 멀쩡하게 인간으로 보이는 사람이 "내가 부처(미륵불)다"라고 말하는 게 가능해진다.

미륵의 기능은 여기까지다. 미륵신앙이 바로 혁명적 사고로 연결되지 않는다. 만약 그렇다면 오늘날 신의 아들, 동생이라고 자처하는 신흥종교의 교주는 모두 혁명가가 되어야 한다. 미륵신앙은 미륵의 메시지에 따라 성격이 얼마든지 달라진다. 미륵이 내세에 부처가 될 몸이기 때문에, 현실의 모든 고통을 참고 신앙생활에 정진함으로써 내세의 행복을 바라는 지극히 내세지향적인 신앙체계를 주장할 수도 있고, 반대로 사바세계에서도 내가 왕이 되어야 하며, 나의 사명은 현실사회를 정토세계로 바꾸는 것이라고 할 수도 있다.

전자를 미륵상생신앙, 후자를 미륵하생신앙이라고 한다. 그리고 미륵상생은 종교적, 미륵하생신앙은 혁명적이라고 보는 견해도 있다. 이 설은 꽤 인기가 있지만, 미륵하생신앙이 현실 변화를 추구하므로 혁명적이라고 하는 것도 너무나 순진한 이분법이다. 미륵불이 왕이 되어 현실을 바꾼다고 해도 그가 추구하는 새 세상이 무엇이냐에 따라 의미가 달라진다. 미륵불과 함께 만들고 싶은 세상이 커다란 호수에 연꽃을 심고—참고로 연꽃은 정토세계의 상징이다—, 지붕과 난간과 벽을 금으로 덮은 팔층 누각을 짓고 부와 권력을 만끽하는 세상일 수도 있고, 민중이 주인이 되는 이상세계일 수도 있다.

그러나 만에 하나 민중이 주인이 되는 세상을 추구했다고 해도 현대인이 생각하는 민중 세상과는 거리가 멀다. 민중이 주인이 되는 방법과 체제도 시대에 따라 달라진다. 예를 들어 '백성이 나라의 근본'이란 말은 고대 유학에서부터 절대 불변의 원리였다. 하지만 그 말을 민중이 권력을 장악해야 한다는 뜻으로 해석하는 사람도 있고, 백성이 없으면 농사짓고 부려먹을 사람이 없어 지배층이 배고프고 곤궁해진다는 뜻으로 이해하는 사람도 있는 것이다.

그리고 행여나 누군가 민중이 주인 되는 세상을 꿈꾸었다고 해도, 이상적인 토지분배론을 제시했다고 해도, 천년 후에나 가능한 민주사회를 이 시대에 구현할 수는 없다. 그리고 고대의 토지분배론은 결코 계급과 소유가 없는 평등사회

안성 미륵당의 태평불 안성에는 유독 미륵불이 많다. 궁예는 권력을 장악한 후 스스로를 미륵이라 일컬으며 세상의 구원자 행세를 하였다.

를 의미하지도 않는다.

그러므로 궁예가 미륵불을 자처했다는 사실만으로 그가 무슨 새로운 세상을 만들려고 했다고 할 수 없다. 그리고 궁예는 이미 왕이 되어 있고, 귀족과 관료군을 거느리고 있다. 그런 사람이 어떻게 백성들에게 저항의 논리를 설파하겠는가? 행여나 그런 말을 했다고 해도 그것은 그가 산중에서 도둑이나 반군 두령으로 있을 때까지다. 그의 강연과 책은 미륵의 세상이 시작될 때에 발생하는 온갖 신비로운 징조와, 자기가 미륵이라는 징조, 미륵을 어떻게 섬기고 받들어야 하는가에 관한 궤변으로 가득찼을 가능성이 더 높다.

궁예의 시도는 심각한 저항에 부딪혔다. 궁예의 문제는 내부의 여러 집단을 포용하고 그들 간의 갈등을 조절할 능력이 딸린다는 것이었다. 스스로 불안감이 커지니 더 감정적이 되었다.

초기에 궁예에 저항했던 지방세력 중에 황해도 연안 지방의 세력가인 유긍순이란 인물이 있었다. 연안은 예성강과 황해도 연안 항로의 입구인 교통의 요지다. 궁예는 유긍순에게 오랫동안 고전하다가 간신히 제압했다. 그러자 유긍순 밑에서 기실記室로 근무하던 태평이 궁예에게 항복했다. 기실은 명칭으로 보면 서기직처럼 보이는데, 유비와 제갈량의 관계처럼 주군을 보좌하며 행정을 처리하는 문신 측근직인 듯하다. 태평은 학식이 높고, 행정에 밝은 꽤 쓸 만한 인재였지만, 궁예는 유긍순에게 고생한 것이 앙금으로 남아 태평을 하급 기병 내지 기병의 졸개로 삼아 버렸다.

이런 감정적 처벌이 제일 나쁜 방법이다. 위험인물이면 제거하거나 버려야 한다. 등용하려면 차라리 하위관직을 주더라도 그가 능력을 발휘할 수 있는 자리에 가져다 둔다. 심기일전해서 그곳에서 능력을 발휘하면 재주만이 아니라 역경을 극복하는 의지와 적극성을 지닌 진짜 인재다. 좌절해서 술주정꾼이 되면 그건 자기 탓이다.

태평의 사례는 약과다. 다른 의견이나 갈등을 판단하고 조절할 능력이 부족하니 힘에 의존할 수밖에 없다. 그는 불교를 이용하여 신적 권위까지 내세우며 내리누르기 시작했다. 이 과정에서 여러 사람이 죽고 다쳤다.

사람들의 반발이 심해질수록 궁예는 거칠어졌다. 915년 그는 부인 강씨와 두 아들 청광보살, 신광보살마저 살해해 버렸다.

> 부인 강씨가 왕이 법에 없는 행동을 많이 행하므로 안색을 바르게 하고 간하니 왕이 미워하여 네가 다른 사람과 간통을 하니 무슨 일이냐 하였다. 강씨가 "어찌 그런 일이 있으리오"라고 하자 "내가 신통력으로 보아 다 안다"고 대답하였다. (『삼국사기』 권50, 열전10 궁예)

강씨 집안과의 결혼 과정은 전혀 알 수 없다. 당시의 상황으로 보면 궁예도 유력한 지방세력가의 여인과 결혼했을 가능성이 높다. 나중에 궁예가 왕건을 해군사령관으로 임명하면서 자기 부하를 왕건에게 붙여 주는데, 그 중에 강선힐康瑄詰이란 인물이 있었다. 그가 혹시 부인 강씨와 같은 일족인지도 모르겠다. 그러나 강선힐도 기록이 없어 강씨의 가족이라고 해도 강씨가 왕비가 되어서 출세한 것인지, 원래 고위 장군이 될 만한 출신이어서 장군이 된 것인지 알 수가 없다.

『삼국사기』는 의도적으로 여인들의 역할을 낮추지만, 『화랑세기』를 보면 진흥왕 때의 사도태후나 미실궁주는 뒤에서 왕을 조종하고 교사한 정도가 아니라, 도당에서 서류를 검토하고 결재를 할 만큼 권한이 컸다. 이때는 미실궁주의 시대로부터 몇백 년이 흘렀지만, 여인들의 힘과 활동력은 작지 않았을 것이다. 이처럼 고대에 여권이 강했던 이유는 지배층이 소수 가문, 가족 단위로 움직였던 탓이다. 그러므로 강씨의 간언도 강씨의 개인적 간언이 아니라 처갓집, 또는 그 배후에 있는 호족층의 견해를 대변했을 것이고, 그 자체가 궁예의 통치방식에 대한 강한 경고성 의미를 지닌 것이었다.

그렇다면 궁예의 대응, 즉 강씨와 아들까지 죽여버린 대응 역시 정치적 강타였다. 궁예가 간통 어쩌고 한 것도 강씨의 주장이 다른 누구의 주장과 같다는 의미는 아니었을까? 궁예의 속마음은 남편을 도와주지 않고 반대세력들과 의견을 같이하니 간통과 다름없다는 뜻이었을 수도 있다.

숙청은 점점 더 심해졌다. 그의 교리를 비웃는 승려들도 살해했다. 그 중에는 불교계에서 명망이 높은 고승들도 있었다. 고승들은 궁예의 강론을 참을 수가 없었다.

(궁예의 강론을 듣고) 승려 석총이 말하기를 모두 사악한 설과 괴이한 말로 교훈이 될 수 없다고 했다. 선종이 이를 듣고 노하여 철퇴로 때려 죽였다. (『삼국사기』 권50, 열전10 궁예)

석총 외에 해동의 최고 고승으로 알려진 형미도 궁예에게 살해되었다.[9] 이 사건에 대해서도 이런 반론이 가능하다. 궁예에 대한 비판 기사는 왕건의 시대와 후예들에 의해 정리되었다. 이 시대의 고승은 대체로 신분이 높은 사람이어서 혁명적 시각에서 보면 확실히 반동분자다. 그들의 시각에서 보니 궁예의 강론이 사악하고 괴이하고 교훈이 될 수 없었던 것은 당연하다.

그럴 수도 있다. 그렇다고 해도 이들을 살해하기 시작했다는 것은 그의 통치력의 한계를 드러내는 것이다. 이 시대는 아직 신분제를 없애고 민주주의를 실시할 수 있는 시대가 아니다. 궁예가 혁명적 메시지를 전했든 선동적 정치가였든 간에 그가 국가구조와 정치의 세계를 이해하지 못했음이 분명하다. 궁예는 종교인으로도 살아 보고, 밑바닥 생활과 주먹세계와 도적집단을 골고루 거친 사람이다. 그러나 국가를 운영하려면 그 세계에서 쌓아 온 인맥과 방식만으로는 한계에 부딪힌다. 그런데 그가 새로 만나는 세계의 사람들은 자신과 다르고, 정치적 관계라는 것은 낯설기만 하다. 부하를 믿고 등용하고 판단하는 방법에도 예전의 방법은 통하지 않는다.

변화가 필요한 것은 알지만, 변화를 이해하거나 따라잡을 수가 없다. 인간관계가 불편해지고 조직 운영에 자신이 없어지면 인간은 불안해진다. 그리고 내면의 불안감이 커지면 인간은 공격적이 되고, 그 불안감을 씻기 위하여 자신의 카리스마를 극단적으로 높이려 하거나 지독하게 권위적이 되는 경우가 있다. 궁예가 미륵불을 자처하고 부인과 아들을 포함하여 자신의 반대파들을 무모하게 살해하기 시작한 저변에는 이런 불안감과 초조감이 잠재해 있었을 가능성이 높다.

궁예가 승려→도적 두목→왕으로 성장하는 과정에서 합당한 변신에 실패했다는 정황에 대한 움직일 수 없는 증거가 하나 있다. 궁예가 왕륭과 협조하여 남진을 시작할 때 송악으로 도읍을 옮겼었다. 그러다가 영토가 넓어지고 국가가 안정되자 다시 철원으로 돌아갔다.

송악을 버린 이유가 그곳이 왕건의 근거지였기 때문이라고 말할 수도 있다. 그 지적이 맞다고 해도 송악의 대안으로 철원을 택한 결정을 변호할 수는 없다. 철원의 장점은 철원평야와 바로 북쪽의 평강고원이라는 두 개의 좋은 평야다. 둘의 면적을 합하면 서울보다도 넓다. 토질도 좋아서 철원평야는 우리나라에서는 드문 충적평야 지대다.

그러나 결정적인 단점이 교통이다. 한강과 예성강처럼 수로가 통하는 강이 없다. 육로도 불편하다. 수도의 목적은 웅거가 아니라 통치다. 정치와 경제의 중심지가 되려면 교통과 운송의 중심지가 되어야 한다. 간단한 예로 수도에는 인구가 모인다. 관료와 가족들, 그들의 노비가 살아야 하고, 군대가 주둔해야 한다. 이런 저런 이유로 유동인구도 많다. 타지에서 온 관료와 징집된 군인들이 살아가려면 식량을 고향에서 날라오든가 사먹어야 한다. 그런데 교통이 불편하니 곡물값이 무섭게 상승한다.

궁예 시대에 철원에서 가는 포 한 필로 살 수 있는 쌀이 5되에 불과했다.

『삼국유사』에 의하면 태종무열왕 때 경주의 물가가 포목 한 필에 벼 30~50석이었다(옛날에는 15되가 1석이었다). 이건 파라다이스 수준의 신화적인 수치라 비교할 건 아닌데, 전국의 물화와 곡식이 서라벌로 집중되면서 서라벌에 쌀이 넘쳐났다는 의미다. 조선시대의 경우는 한 필에 20~40되(1.5~2.5석)였다. 조선시대에 쌀의 생산력이 높아져 쌀값이 떨어졌다고 해도 두 배 이상 늘지는 않았을 것이다. 생산량이 두 배로 늘었다고 가정해도 철원의 물가는 정상 물가의 2~4배가 된다. 인플레 시대에 살고 있는 우리에겐 별로 충격적인 수치가 아닐지 모르지만, 인구의 80% 이상이 1년치 식량을 확보하기 힘들던 시대다. 쌀값이 두 배가 되면 당장 식사량을 반으로 줄여야 한다.

궁예 자신을 위시하여 철원 주변에 땅을 가진 소수 특권층에겐 이런 사태는 큰 득이 된다. 쌀값이 뛰면 당장 수입이 증가하기 때문이다. 하지만 지배층과 관료 중에서도 그런 재미를 볼 수 있는 집단이 너무 소수라는 게 문제다. 그뿐인가, 세상의 모든 불안 중에서 가장 무서운 것이 식량불안이다. 시위대의 화염병 때문에 망한 나라는 없지만, 서민의 밥그릇을 위협하고 성한 정권은 없다.

결론적으로 철원은 지방세력가가 웅거하기에는 아주 괜찮은 지역이지만, 수도가 될 곳은 아니다. 이런 문제를 생각지 못하고 궁예는 철원을 택했다. 송악이 밖을 향하여 열린 지역이라면 철원의 삼각지는 폐쇄적이고 자급적인 구조를 지닌 지역이었다. 입으로는 미륵세상을 부르짖었지만, 이것이 그가 여전히 도적 두목식 사고방식을 버리지 못했다는 결정적인 증거가 아닐까.

또 이런 이야기도 있다.

하루는 궁예가 급히 왕건을 불렀다. 왕건이 궁 안으로 들어가니 궁예가 마침 처형한 사람들에게서 몰수한 금은 보석과 그릇, 기타 기구를 점검하고 있다가 눈을 부릅뜨고 태조를 노려보며 말하기를 "경이 어젯밤 여러 사람을 모아놓고 반역을 모의함은 무엇 때문이냐"고 하였다. 왕건은 태연자약하게 웃으며 "어찌 그런 일이 있었겠읍니까"라고 하였다. 그러자 궁예는 다시 "경은 나를 속이지 말라. 나는 관심법을 쓸 줄 아니 내가 지금 어제 있었던 일을 그대로 말하리라" 하고는 눈을 감고, 뒷짐을 지고 한참 동안 하늘을 우러러보고 있었다.

> 이때에 최응이 곁에 있다가 일부러 붓을 뜰에 떨어뜨린 후 붓을 줍고는 왕건의 곁을 지나면서 귓속말로 "불복하면 위태롭습니다"라고 했다. 왕건은 즉시 깨닫고 "신이 진실로 반역을 꾀하였사오니 그 죄는 죽어 마땅하나이다"라고 했다. 궁예가 크게 웃더니 "경은 가히 정직하다 하겠다" 하고, 금은으로 장식한 안장과 고삐를 내려주었다. (『고려사』 권1, 태조1)

이 이야기에서 왕건은 최응의 도움으로 거의 죽음을 모면했다. 최응은 황주의 토호 출신으로 유학을 공부하고, 문장과 사무, 행정 능력도 겸비한 전형적인 문관이었다. 당연히 궁예의 미륵세계나 그의 통치방식에 호감을 가졌을 리 없는 인물이다. 그의 모친이 임신했을 때 궁예가 점을 쳐보고 만약 남자아이를 낳으면 나라에 이롭지 못하게 될 것이라고 말했다는 비사가 전한다. 곧이곧대로 믿기는 어렵지만 이 이야기는 그가 태어나기 전부터 그의 집안이 궁예와 긴장관계에 있었다는 사실을 보여준다. 그렇더라도 궁예는 자신의 정권에 이런 인물들을 등용하지 않을 수 없었는데, 그들의 마음은 자신들과 출신이 비슷하고 자신들의 세계와 이념을 이해하는 왕건에게로 기울고 있었던 것이다.

그런데 만약 최응의 도움이 없었고, 왕건이 반란 혐의를 강하게 부정했더라면 궁예는 왕건을 제거했을까? 궁예는 정말 왕건을 처형할 정도로 자신의 초능력을 과신하는 정신병자였을까?

그건 아니다. 사이비 종교에 관한 책이나 고발 프로를 보면 유사한 장면을 곧잘 볼 수 있다. 교주들은 보통 이런 방법으로 자신의 권위를 과시하거나 아랫사람의 충성심과 자신에 대한 믿음의 정도를 시험한다.

이 다음 이야기를 읽어보면 이날 궁예가 왕건을 부른 목적은 해군력 강화 계획에 따라 왕건에게 대규모 전함의 제조사업을 맡기기 위해서였다. 해군 강화 계획을 건의한 사람이 다름 아닌 왕건이었고 그 명분은 나주 확보였다. 궁예는 그 건의를 받아들인다. 그러나 이때까지 수군은 왕건의 사설함대나 다름이 없었다. 여기에 국력을 기울여 함대를 증강시켜 주면 국가가 왕건의 세력을 키워주는 결과가 된다. 그래서 궁예는 함대 증설사업과 함께 자신의 부하 강선힐, 흑상黑湘, 김재원金材瑗 등을 왕건의 부장으로 딸려보냈다.

이 말을 하기 위해 왕건을 불러놓고 궁예는 이런 유치한 쇼를 했다. 한마디로 부하에게 대권을 맡기기에 앞서 길들이기를 한 것이다. 그러므로 이 이야기를 읽고 궁예를 미치광이 취급을 해서는 안 된다. 그는 정신이 멀쩡했다. 다만 사람을 다루는 수준이 낮았을 뿐이다. 궁예의 진정한 문제는 산채 하나를 차지하고, 도적떼나 광신도 집단에게나 써먹을 수법으로 나라를 다스리거나, 왕건 같은 인물을 다루려 했다는 것이다. 방법의 한계와 규모를 구별하지 못하는 지도자에게—설령 그가 아무리 건전한 목표를 지녔더라도—제대로 된 점수를 줄 수 없다.

혹은 궁예도 그 정도까지는 깨닫고 있었을 가능성도 있다. 그럼에도 불구하고 이날 왕건에게 이런 행동을 한 것은 괜히 사람들 앞에서 뻣뻣하게 굴지 말고, 자신의 교주적인 권위를 인정하라는 암시였을지도 모른다. 그러나 그렇다고 해도 수준이 떨어진다는 비난은 면할 수 없다.

왕건이 알현할 때 궁예는 압류한 재물을 점검하고 있었다는 장면도 생각해 볼 여지가 있다. 이 이야기가 사실이라면 이것도 그가 도적 두목의 수준을 버리지 못하고 있었다는 증거가 된다. 이미 국가를 세우고 관료조직까지 만들었다면 그런 재물은 사법기관을 통해 국고로 들어가는 게 정상이다. 국왕쯤 되었으면 얼마든지 다른 방식으로 더 광범위하게 축재를 할 수 있다. 자신이 다스려야 하는 세상과 다스림의 대상이 바뀌어 있었지만 궁예는 그것을 깨닫지 못하고 있었다.

　새벽 미명, 동쪽 하늘의 샛별 뒤로 푸른색을 입힌 하늘이 드러나기 시작했다. 수없이 전쟁터를 누비며 야전에서, 함상에서 새벽 하늘을 볼 일이 많았다. 그때마다 느끼는 것이지만 이 순간의 하늘색이 하루 중 가장 아름답다. 이상하게도 전투가 기다리고 있는 날, 무슨 중요한 결정을 해야 하는 날이면 그날따라 새벽 하늘이 더욱 아름답고 신비하게 느껴졌다. 그리고 그 아름다움을 느끼는 순간, 어디선가 튀어나온 긴장감이 그 순간의 감상과 여유로움을 구박하며 멀리 쫓아내 버리곤 했다. 그의 기억에는 찰나의 아름다움에도 머물 수 없다는 진한 아쉬움과 안타까움만이 찐득하게 남곤 했다.

　전쟁터에서 돌아오면 새벽 하늘을 더욱 자주 보게 된다. 입궐해야 하는 날은 동이 트기 전부터 일어나 준비를 해야 한다. 그러나 전장에서 만나는 순간의 감상조차도 만나기 어려웠다. 변덕스런 왕은 점점 황당한 요구를 하고 엉뚱한 일에 자존심을 걸고 집착을 보였다. 제일 곤혹스러울 때는 누구를 어떻게 생각하느냐는 질문을 던질 때였다. 왕의 속셈을 알 수가 없었다. 아둔하게 대답하면 자신을 의심하거나 무능하다고 여기는 듯하고, 정확하게 대답하면 애써 부인하면서 딴 소리를 했다. 용기를 내서 누구를 처벌해서는 안 된다고 간언을 하면 크게 깨닫고 받아들이는 듯하다가 얼마 못 가 숙청을 단행했다. 그리고 다시 자신에게 의견을 물으면 잘하셨다고 대답하는 수밖에 없었다.

제6장 용호상박

　전투도 없고 궁에 갈 일도 없는 날, 새벽을 만날 때가 있다. 하지만 그런 날도 잠시 하늘의 아름다움을 느낄 여유가 없었다. 여름이면 혀를 날름거리며 새벽 하늘과 잠시의 시원함을 삼켜 가는 무더위가 짜증을 자아냈고, 겨울이면 추위로 눈을 들기도 어려웠다. 이 복잡한 감정의 근원은 그가 발을 딛고 있는 이곳, 이 도시, 태봉국의 수도 때문이었다.

　고갯마루에 올라 처음 이 도시를 내려다본 사람은 궁의 거대함과 이곳의 대지가 주는 독특한 분위기에 찬탄을 금치 못했다. 지평선이 보이는 광활한 고원, 지평선의 끝에 서 있는 독특한 모양의 산들, 무엇보다도 벌판 한가운데에 자리잡은 사각형의 궁전은 유사 이래 본 적이 없는 대단한 규모였다. 누구는 중국의 도시를 보는 것 같다고 말했다.

　그러나 조금만 살아보면 찬사는 불평으로 바뀌었다. 애초에 궁을 세울 자리를 정할 때부터가 비극의 시작이었다. 굳이 이곳에 도읍을 세울 것이면 전통적인 방식대로 산을 끼고 궁전을 세워야 한다고 아무리 건의해도 듣지를 않았다. 경작지로 적격인 곳의 한복판에 궁전을 세웠으니 다른 사람들도 궁을 중심으로 포진해서 살아야 했다.

　궁은 고원대지 한가운데에 있었다. 여름이면 땡볕의 지열이 그대로 올라오고 겨울이면 무섭게 추웠다. 대지는 대단히 넓고 비옥한 토지였지만, 인구가 늘어나고 도시가 확장될수록 경작지는 줄어들고, 물 부족이 심해졌다.

하천이 너무 가늘어서 사람들은 우물을 파서 물을 조달했다. 다행히 지하수는 풍부한 편이었지만, 한계가 있었다. 인구가 더 늘면 오염을 피할 수 없었다.

왕은 시가를 계속 넓히고 확장할 생각에만 몰두하고 있었다. 그는 궁과 도시를 구분하지 않는 듯했다. 장엄한 규모에 왕의 포부를 존경하고 신뢰하는 사람도 있었지만, 자신의 생각은 달랐다. 왕이 이 벌판에 도시를 세우고, 강제이주까지 시키며, 계속 키워가는 이유는 왕이 무엇이든 자신의 눈에 보이는 일이 아니면 믿지를 못하기 때문이다. 자신의 왕국도 백성과 민가가 눈앞에 도열해 있어야 왕국으로 느껴지는 모양이었다. 도시가 커져 갈수록 사람들의 고통과 불만은 커져 갔다. 강제이주를 당한 사람들, 그 중에서도 산곡을 끼고 바람과 물이 풍부한 곳에서 살던 사람들일수록 도성에서 살게 되었다는 기대감을 빨리 상실하고 더욱 힘들어했다.

다시 하늘을 보았다. 태양은 아직 얼굴을 내밀지 않았지만, 한층 힘이 오른 7월의 지평선 너머로 마음껏 붉은 빛을 쏘아올리고 있었다. 왕건은 결연한 표정으로 갑옷을 입고 말에 올랐다. 오늘도 무척이나 더운 하루가 될 것 같다. 아니 사실은 국왕과 자신 모두에게 일생 중 가장 뜨거운 하루가 될 것이다.

1 철원의 쿠데타

918년 7월 25일(음력 6월 15일) 왕건과 홍유洪儒, 배현경裵玄慶, 신숭겸申崇謙, 복지겸卜知謙 등이 이끄는 병사들이 왕궁을 습격했다. 『고려사』에서는 왕건이 거사했다고 하자 백성들이 호응하여 자진해서 궁성에 몰려든 사람이 만여 명이 넘었다고 했다. 민심을 얻어 즉위했다는 사실을 강조하기 위해 성공한 반정은 늘 이런 식으로 얘기한다. 물론 그런 일이 없으란 법은 없다. 이 기록이 사실이라면 그날 왕궁 앞에서 환호한 사람들의 대부분은 철원의 높은 물가와 식량부족, 부족한 물자로 고통받던 백성들과 상경한 관리와 군인들이었을 것이다.

하지만 그것이 전부일 수는 없다. 쿠데타 전날 밤 홍유 등 4장군이 갑자기 왕건을 찾아왔다. 4장군은 모두 마군 지휘관이었다. 태봉의 군사편제는 알 수가 없지만, 나중 사례를 보면 태봉군은 크게 마군·보군으로 구성되었는데, 규모는 마군이 좀 더 많았다. 단 마군은 기병, 보군은 보병은 아니었다고 생각된다. 기병 1명에게는 최소한 2~3명 이상의 보조병사나 하인이 있다. 이들도 최소한 일부는 활과 창으로 무장했을 가능성이 높다. 보통 무장전투력이 강하고 공격적인 정예부대가 마군, 수비와 공격보조, 기타 잡무를 맡아보는 수준이 떨어지는 부대가 보군일 것이다.

왕건과 장군들의 개인적 관계도 불확실하다. 홍유는 본명은 홍술로 경상도 의성 출신이었다. 홍유는 전형적인 전투 지휘관이었다. 용맹하지만 인심을 얻고 한 지역을 통치하기에는 능력이 부족했다고 한다. 그는 왕건과 견훤이 건곤일척의 승부를 벌인 고창 전투에도 참전했으며, 4공신 중 제일 오래 살아남아 통일전쟁이 끝난 후에 사망했다.

배현경은 경주 출신으로 본명은 백옥삼白玉衫이었다. 고대에는 왕이 성을 내리기도 하고, 본인도 이름만이 아니라 성까지도 바꾸곤 하는데, 다 그런 것은 아니지만 이렇게 성까지 바꾸는 경우는 문벌을 형성하지 못한 하급가문 출신일 경우도 많다. 배현경도 그런 사례인 듯하다. 그는 경주 출신으로 담력이 남보다 특출했다. 전쟁터에서 용기를 발휘하려면 무술 능력도 있어야 한다. 무예도 탁월한 용사였을 것이다. 병사로 입대해서 마군 지휘관으로까지 승진한 그는 936년 통일전쟁이 종료될 시점에 병으로 사망했다. 왕건이 영토를 확장하는 데 공이 가장 많았다고 하는데, 전투 지휘관으로서 가장 많은 전투에 참전했거나 선봉부대나 정예부대를 거느리고 최전선에서 싸운 게 아닌가 싶다. 다만 안타깝게도 그의 활약상에 대한 구체적인 기록이 없다.

신숭겸은 광해주 출신이다. 광해주는 지금의 춘천이라고 추정하고 있다. 체격이 장대하고 용맹해서 왕건이 아주 신뢰했던 용장이었다. 그도 본명은 능산能山이었다. 능산에게 성이 있었는지는 확실하지 않다. 아무튼 그는 오늘날 평산 신씨의 시조다. 나중에 그의 동생 3명이 모두 원윤(2품)으로 승진하는 것을 보면 평민 출신은 아니고 지방에 일정한 기반을 지닌 인물이었을 가능성이 높다.

복지겸도 본명은 복사괴였다. 출신과 고향을 알 수 없다. 왕건이 왕이 된 후에 몇 번의 쿠데타 시도가 있었다. 그 중 위험했던 반란이 환선길의 반란과 임춘길의 반란이었는데, 이 두 반란을 모두 복지겸이 적발했다고 한다. 우연일 수도 있지만, 복지겸은 오늘날로 치면 정보부장 같은 역할을 한 인물인지도 모르겠다.

불안정한 기록이지만 장군들의 면면을 보면 나름 구색을 잘 갖추고 있다. 전형적인 사령관 스타일의 홍유,『삼국지』의 조자룡과 장비에 비견되는 배현경과 신숭겸, 정보통인 즉 감각과 두뇌회전이 빠른 복지겸.

이러한 짜임새 있는 구성이 궁예의 작품인지는 모르겠지만, 4장군의 배합을 보면 이 4명의 결합이 그저 의기투합한 결탁이 아니라 잘 구성된 조직과 집단을 대표하는 것이라는 느낌이 든다. 태봉국의 중앙 군부, 또는 수도에 있는 최정예 군단이 궁예의 통치에 반기를 든 것이다. 유긍순의 부하였다는 이유로 기병의 군졸로 편입되었던 태평도 왕건의 편에 가담해서 맹활약을 했다.

한편 수도에서 쿠데타 음모가 진행되고 있을 때, 멀리 남쪽 국경에서는 마군 대장군 이흔암이 공주를 습격해서 점령하고 있었다. 이 공세는 쿠데타의 배경에 중요한 단서를 제공해 준다. 이흔암의 공주 점령은 전략적으로 매우 중요한 사건이었다. 삼국시대부터 백제의 치명적인 약점이 북쪽 방어를 맡아줄 전술적 지형이 부족하다는 것이다. 그나마 있는 것이 금강인데, 공주가 점령되었다는 것은 금강 방어선의 한 중앙이 함락되었다는 의미다. 게다가 공주에서 배를 타면 사비로 바로 연결되고, 사비가 떨어지면 충남 전역이 위태로워진다. 그 중요한 공주를 이흔암이 전격적으로 습격해서 점령했다. 이 공격은 태봉의 야심작이며, 주도면밀하게 계획된 작전이 분명하다. 그런데 궁예가 쫓겨났다는 소식이 전해지자 이흔암의 군대가 바로 도망쳐 붕괴되었다. 그것은 이흔암 부대가 궁예의 직할 세력임을 암시한다.

근거는 없지만 홍유 이하 4장군이 이흔암의 공세를 지원하기 위해 동원되었을 가능성이 크다. 쿠데타를 하려면 출동 준비가 된 군대가 있어야 하는데, 허가 없이 군대를 동원하기란 힘들다. 4장군의 마군이 수도나 근처에 주둔하면서 수도를 방어하는 중앙군이었다고 해도 군대가 늘 무장하고, 출동 준비를 갖추고 있는 것은 아니다. 평소에는 부근에 흩어져 혹은 개인 숙소에서 대기하다가 경비 순서가 되거나 동원령이 떨어져야 모여서 편제를 갖추고 무장을 한다. 허가 없이 모이고 무장하면 당장 의심을 받는다.

태봉의 공주 점령을 견훤이 두고 볼 리 만무했다. 대대적인 공주 탈환작전이나 타 지역에 대한 공격을 준비하고 있었을 것이다. 궁예가 제일 신뢰하는 이흔암 부대는 공주에 가 있다. 이흔암이 성공하면서 나머지 마군 부대에게 동원령이 떨어진다. 반 궁예 세력의 입장에서 보면 절호의 기회였다.

하지만 왕건은 4장군의 제안을 거절했다고 한다. 이런 기록은 믿을 수도 없고 안 믿을 수도 없다. 왕건이 이들을 의심했을 수도 있다. 그리고 바라던 기회라고 해도 한 번은 사양을 하는 게 겸양의 미덕 아닐까? 장군들의 제안을 옳다구나 하고 받아들였다면 왕건의 봉기는 구국의 결단이 아닌 쿠데타가 되고 만다. 그러니 왕건과 4장군이 사전에 모의가 있었다거나 왕건이 즉시 승낙했다고 해도 그런 기록을 남기지 않았을 것이다.

좌우간 역사를 보면 이런 난감한 상황을 해결해 주는 사람은 언제나 부인이다. 요즘도 정치인들이 무슨 스캔들이 나면 꼭 부인 탓을 하지만, 하여간 그 순간에 유씨 부인이 어디선가 나타나 왕건을 설득했다. 새벽에 장군들이 왕건을 찾아오자 왕건이 아녀자는 바깥일에 참견하지 말아야 한다며 부인을 밖으로 내보냈다. 요즘 남편들에게는 살 떨리는 행동인데, 너무 좌절할 필요는 없다. 사실은 왕건도 감히 이렇게는 말하지 못하고, 손님 대접을 해야 하니 채마밭(집에 딸린 작은 채소밭)에 가서 새로 익은 오이를 따달라는 핑계를 대서 내보냈다. 그러자 유씨는 채소밭에 가는 척하고는 북쪽 창문으로 몰래 들어와 휘장 속에 숨어서 이들의 대화를 엿들었다.

왕건이 장군들의 제안을 거절하자 유씨가 휘장 속에서 튀어나오더니 "남아 대장부가 이런 일을 회피해서는 안 된다"고 남편을 밀어붙였다. 그리고는 손수 갑옷을 챙겨와서 왕건에게 입혔다. 그렇게 출전 준비가 끝나자 동이 텄다. 장군들은 왕건을 곡식 수레 위에 앉혀 놓고, 군신의 예를 했다. 병력도 없었는데, 말을 달리며 왕건이 거사했다고 소리치자 백성들이 자진해서 모여들었다고 한다.

정변의 기록은 여기저기 거짓말이 들어갈 수밖에 없는데, 이 부분도 고전적인 거짓말이다. 아무리 옛날이라도 아무런 준비 없이 백성들이 호응해줄 것이라는 기대만으로 반란을 일으킬 사람은 없다. 그리고 겨우 몇 명이서 궁으로 쳐들어간다고 하면 불안해서라도 아무도 가세하지 않을 거다.

즉시 정변이 진행된 것으로 봐서 4장군은 출동 준비를 마치고 왕건을 찾아온 것이 분명하다. 왕건과 사전에 모의가 있었는지는 확실하지 않지만 정말 그들이 갑자기 찾아왔다면 왕건은 더 거절할 수가 없었을 것이다. 장군들 입장에서는 이미 칼을 뽑은 상황이니 왕건이 거절하면 바로 살해하는 수밖에 없기 때문이다.

궁예의 도성 앞에 모인 백성들이 없지는 않았겠지만 공격의 주력은 4장군의 마군과 왕건의 사병들, 함께 살고 있던 부하와 노비들이었을 것이다. 정변에 성공한 후 왕건은 공신을 포상했는데, 1등은 물론 4장군이었지만, 2등에도 능식, 김낙, 염상 등 앞으로 전쟁에서 활약하게 되는 우수한 무장들이 포함되어 있다. 2등 공신의 수는 알 수 없지만 3등 공신은 무려 2천 명이었다. 이들이 다 정변에 참여한 사람은 아니고, 기존의 신하나 궁예의 부하들을 회유하기 위해 내린 포상일 수도 있지만, 이들이 나름대로 공적을 세운 인물들일 가능성이 없다고는 할 수 없다. 아무튼 4장군은 대표자일 뿐이고 왕건은 제법 탄탄한 장수와 병력을 동원해서 정변을 일으켰던 것이다.

왕건의 공격은 성공했고, 그들은 궁전을 장악했다. 하지만 아쉽게도 궁예는 체포되지 않고 북문으로 도주한다. 둘레가 12km가 넘는 긴 도성이 궁예를 도왔다. 도성과 궁전이 너무 커서 민의 불만을 야기했고 그것이 궁예 몰락의 원인을 제공했다고 하지만, 그 크기가 궁예를 살렸다. 그의 호위대가 저항하는 사이에 궁예는 달아났다. 산골짜기를 타고 평강 쪽으로 도망쳤다고 하는데, 궁예 도성의 지형을 보면 궁성 주변은 두 개의 산줄기 사이에 놓인 기다란 평야다. 평강고원은 동북 쪽에 있는데, 평강고원까지는 시계가 빤히 뚫려 있다. 그러므로 산을 타고 평강 쪽으로 달아나려면 북문으로 나가 김일성 고지로 불리는 고암산을 타는 수밖에 없다. 궁예는 먼저 고암산으로 달아난 뒤 산줄기를 타고 평강으로 달아났을 것이다.

고암산과 평강고원 궁예는 고암산(사진 왼쪽) 줄기를 타고 평강(사진 오른쪽의 담장처럼 땅이 솟아난 부분)으로 도주했다.

    왕건이 도주 예상로인 고암산 쪽으로 통하는 서문과 북문을 미리 봉쇄했더라면 궁예의 탈출은 불가능했을 것이다. 그러나 그쪽으로 병력을 돌리다가는 병력이 분산되고, 쿠데타 시도가 누설될 수도 있다. 만전의 대책을 좋아하는 이론가들이라면 그런 복잡한 계획을 세울지도 모르지만 왕건은 수십 년간 전쟁터를 오가며 실전을 경험한 장군이다. 자고로 승부를 걸 때는 목표에 집중하고, 성공 확률이 가장 높은 방법에 올인해야 한다. 설사 궁예를 놓친다고 해도 정변이 실패하는 것보다야 낫다.

    궁예는 탈출에 성공했지만 꽤나 아슬아슬했던 모양이다. 수하도 없이 변장을 하고 산속을 헤맸다. 이미 남쪽으로 가기는 글렀으므로 그는 황해도 북부나 평안도 지역으로 달아나려고 했을 것이다. 지방에는 아직 궁예를 추종하는 부하들이 있었다. 최후의 수단으로 여진 지역으로 망명하는 방법도 있다. 그들을 만나 자신의 왕국을 탈환하는 것을 도와달라고 하거나 아예 멀리 달아나 여생이라도 보존할 수 있다. 궁예는 젊은 시절에 떠돌이 생활을 했다. 산속의 생활과 도주라면 누구보다도 뛰어난 인물이었다. 그러한 그도 이번에는 산속에서 이틀을 버티지 못했다. 그가 죽주에서 기훤의 무리에 가입한 때가 벌써 28년 전, 왕 노릇을 시작한 지도 근 20년이 되었다. 이때 그의 나이는 50대쯤이었겠지만 젊은 시절의 야성과 체력은 고갈되어 있었다.

〈청구도〉에 표시된 궁예의 무덤 위치

이틀을 산에서 보낸 그는 굶주린 배를 채우기 위해 산에서 내려와 보리 이삭을 끊어 먹다가 평강에서 사람들에게 들켜 살해되었다. 김정호가 만든 〈청구도〉를 보면 평강 국사령 아래에 궁예 무덤이 그려져 있다. 지금은 자취나 찾을 수 있는지 모르겠다.

왕건은 41세에 국왕이 되었다. 새로운 역사의 주인공은 일단 용모에서부터 개성이 뚜렷하다는 인상을 주는 그런 사람이었다. 『고려사절요』는 왕건의 용모를 용안龍顔에 일각日角이라고 묘사했다. 일각은 이마 한가운데 뿔이 튀어나와 있다는 뜻인데, 정말 뿔이 달렸을 리는 없다. 이 서술을 그대로 믿어야 할지도 의문이지만, 용안과 일각은 모두 제왕의 관상을 뜻하는 관념적인 표현이다. 『고려사절요』의 서술자도 이런 표현이 조금은 미안했는지 바로 그 다음에 턱이 풍만하고 이마가 넓었다라고 썼다. 『고려사』는 좀 더 사실적으로 묘사했는데, "용의 얼굴에 이마의 뼈는 해와 같이 둥글며 턱은 모나고 낯이 넓적했다"고 했다. 이 묘사대로라면 용안과 일각이 아주 허풍은 아니었다. 왕건은 심한 짱구였고, 앞머리가 약간 대머리일 수도 있다. 얼굴은 크고 사각형이었다. 이 부분이 당시인에게는 꽤 어필하는 요인이었다. 요즘에는 갸름한 얼굴의 미남 배우들이 멜로와 액션물을 다 장악하고 있지만, 1960년대까지도 사각형에 퉁퉁하고 선이 굵은 인상이 액션스타의 요건이었다. 이 기록을 보면 오늘날의 사극과 달리 옛날 사람들은 꽃미남을 영웅의 조건으로 넣지 않았던 것은 분명하다.

용모가 주는 인상 그대로 왕건은 목소리도 크고 우렁찼다. 얼굴과 목소리가 크다면 체격도 크고 우람했을 것이다. 이제 내면의 세계로 가면 포부가 크고 도량이 깊었다고 한다. 이 말은 정말 판에 박힌 진부한 표현이다. 세상에 유명한 지도자를 보면 뻔한 수식어처럼 이 말이 따라다닌다. 그러나 뒤집어 생각하면 제일 골치 아프고 사람을 피곤하게 만드는 지도자가 포부(비전) 없이 현실에만 매달리는 사람이거나, 포부만 크고 도량은 좁은 인물이다. 그래서 포부가 높아야 하고, 포부가 높으면 도량도 넓어야 하는 것이 지도자의 필수 조건이다. 자기가 좋아하는 음식만 차려서는 식당이 성공할 수 없다. 넓고 복잡한 세상을 다스리려면 그만큼 모순을 포용할 수 있는 그릇이 되어야 한다.

궁예를 축출할 때도 왕건은 무혈 쿠데타를 성공시켰고, 이후에도 모든 사람을 덕으로 포용했다고 알려져 있다. 아름다운 이야기지만 현실 세계에서는 불가능하다. 권력의 자리는 내가 선하게 살고 싶어도 노리는 사람이 너무 많고, 내가 약하고 물러 보이면 제일 가까운 사람이 먼저 등에 칼을 꽂는다. 궁예의 부하들에 대한 숙청작업이 단행되었다. 그들은 오랫동안 궁예와 함께 강원도 산간지역을 누비던 동료들이니 의리와 충성이 남달랐을 집단이다. 종간은 궁예와 같은 승려 출신이었고, '도끼'라는 이름이 말해 주듯 깡패, 전과자 출신도 있었다. 이들은 거의가 군 지휘관으로 종사하고 있었다. 당연히 그들이 거느린 무사와 병력도 만만치 않았을 것이다. 이흔암 부대의 궤산에서 보듯이 궁예 세력의 숙청은 고려의 군사력에 큰 타격이었다. 어떤 이는 후백제로 투항하거나 반란을 일으켰다.

그래서 집권 초기에 왕건은 무척 고생을 했다. 당장 국경이 위태롭고, 후백제의 동향이 걱정되고, 내부에서도 반란이 끊이지 않았다. 궁예 주변의 무리들은 엉망인 인물들이 많다 보니 개중에는 정말 단순하게 그냥 왕건 한 사람만 제거하면 쿠데타가 성공한다고 생각하는 사람도 있었다. 이런 대책없는 반란은 오히려 막기가 힘들다. 도무지 상식으로는 예측할 수가 없기 때문이다. 제일 좋은 방법은 의심스러운 사람은 무조건 지우는 건데, 그랬다가는 다시 궁예 꼴이 날 수도 있다. 그러니 불안감을 억누르고, 차근차근 맞아 싸우며 기다리고 이겨내야 한다. 죄를 만들어 숙청을 하더라도 시간이 필요하다.

기다렸더니 정말 그런 반란이 일어났다. 환선길은 왕건을 옹립했던 마군 지휘관의 한 명이었다. 그 공으로 왕궁의 경호책임자가 되었다. 어느 날 경호대장이 50여 명의 부하를 이끌고 회의중이던 왕건을 덮쳤다. 경호원이 반란을 일으켰으니 꼼짝없이 당할 판이었는데, 왕건은 태연자약하게 서서 환선길을 나무랐다. 설교의 요지는 왕은 하늘의 뜻을 받아 되는 몸이다. 이미 천명이 정해졌는데, 네가 어찌 바꿀 수 있느냐는 말이었다고 한다.

정말 그렇게 어려운 말을 했는지는 모르겠는데, 환선길은 왕건의 설교 내용보다는 그가 태연자약한 것을 보고는 방에 매복시켜 놓은 병력이 있고 자신이 함정에 빠졌다고 생각했다. 함정이라고 해도 이왕 반기를 든 이상 도망쳐서는 살 방법이 없다. 그러므로 왕건을 쳐야 했지만, 그는 뒤로 돌아서 달아났다. 이 행동을 보면, 환선길은 쿠데타에는 능력가지만(한 번은 성공하고 한 번은 성공할 뻔했다) 왕이 될 자질은 없었다.

나중에 송악산 기슭에 선 고려의 왕궁은 왕건의 집터에 세운 건물이다. 산비탈에 산을 깎아 계단식으로 터를 다지고 건물을 세운 탓에 건물들이 좁고 길쭉하게, 층층이 배열되어 있다. 이런 곳은 숨고 달아나기도 쉽다.

그러나 철원의 궁전은 넓은 평야의 한가운데에 평평하게 자리잡고 있다. 발굴조사가 정확히 진행되지 않아 건물군의 구조라든가, 연병장이나 마당의 위치나 규모는 알 수 없지만, 비탈진 송악의 궁전과 달리 탁 트인 공간이라 달아나기가 쉽지 않았을 것이다. 설사 포위를 뚫고 달아나 궁전을 벗어났다고 해도 그 외곽도 역시 넓은 평야였다. 탈출에 성공하려면 궁예처럼 북쪽 산지까지 달아나야 했는데, 추격대를 저지해줄 충분한 호위대 없이는 결코 쉽지 않았다. 환선길 일행은 탈출을 시도했지만 꼼짝없이 경비병들에게 포위당했고, 끝까지 저항하다가 잡혀 살해되었다.

마군 대장군 이흔암은 활쏘고 말타는 것이 업이었다고 할 정도로 전형적인 무사였다. 궁예를 섬겨 출세했다고 하지만, 왕건이 "나와 어깨를 나란히 하고 한 주인을 섬겼으며, 평소의 정분도 있다"고 말한 것을 보면[1] 왕건과 비슷한 직위로 함께 참전한 적도 있는 것 같다. 왕건이 궁예를 축출할 때 그는 공주를 습격해서 점령하고 있었는데, 앞에서 말한 대로 왕건의 정변 소식이 전해지자 군대가 달아나고 공주를 도로 빼앗겼다. 가뜩이나 그는 궁예의 심복으로 낙인찍혀 있었다. 보통 이런 상황이면 달아나야 하는데, 이흔암은 왕건에게로 돌아왔다. 『고려사』에서는 반란을 일으키려는 야심을 가졌기 때문이라고 하지만 그건 믿을 수 없다. 자신이 왕건과 친분이 있었고, 궁예에게 충성하는 부대가 도주한 것은 자신의 책임이 아니라고 판단했기 때문일 것이다. 왕건의 입장에서 보면 궁예 편의 고위 장수가 자신에게 귀순한 것으로 오히려 반가운 일이었다.

얼마 후 개국 2등공신으로 이흔암의 옆집에 살던 염장이 이흔암이 반란을 꾸미고 있다고 밀고했다. 하지만 증거가 없었다. 왕건은 첩보원을 보내 이흔암의 집에 잠복시켰다. 닌자처럼 잠복해 있던 첩보원은 이흔암의 부인 환씨가 밤에 측간에서 혼자 중얼거리는 소리를 들었다. "우리 남편의 일이 만약 순조롭게 풀리지 못하면 나도 화를 당할 텐데." 여자화장실을 왜 엿보았는지 모르겠지만, 이 말만으로는 무슨 일인지 알 수가 없다. 부인의 성이 환씨인 걸로 봐서는 환선길의 누이나 딸일지도 모르겠다. 그러니 불안할 수밖에 없었다. 이흔암은 역모가 아니라 환선길과 그녀는 무관하다고 유력자를 매수하자거나 친형제가 아니라 이복관계라고 조작하는 음모를 추진중이었을 수도 있다. 아니면 환씨 부인의 중얼거림은 단순하게 궁예파로 찍힌 남편이 강제 퇴직이라도 당하면 내 삶도 피곤해질 텐데라는 평범한 의미일 수도 있다.

그러나 왕건 측에서 보면 참고 기다리던 기회였다. 그리고 언제까지나 불안하게 참으며 살고 싶은 마음은 전혀 없었다. 왕건은 마지막으로 이흔암을 면대한 자리에서 "네가 평소부터 흉악한 마음을 품고 있었으니 네 스스로 죽을 죄에 빠진 것이다. 그리고 국법이란 천하의 공유물이니 사정으로 그것을 꺾을 수 없다"라고 말했다. 이 말을 들은 이흔암은 아무말도 하지 않고 눈물만 흘렸다고 한다.

이 대화 자체가 이흔암의 역모가 조작임을 말해준다. 그가 역모를 꾸며서가 아니라 처신을 잘못하고 인심을 잃어서 숙청 대상이 되었다는 의미다. 『고려사절요』에서는 이흔암이 인심을 잃은 이유를 좀 더 정확하게 묘사했는데, "이익을 조급하게 취하고, 궁예를 섬겨 은밀한 일을 탐지해 내는 것으로 신임을 받았다"고 했다. 과거 군사정권 시절에 권력자를 끼고 이런 식으로 살다가 공공의 적이 된 인물이 여럿 있었다.

이흔암의 반란은 정치적 숙청에 불과했지만, 순군리 임춘길의 반란은 진짜였고 심각했다. 임춘길 개인이 아니라 청주인의 집단적 반발이었기 때문이다. 청주와 궁예의 관계는 복잡하다. 궁예는 철원으로 도읍한 뒤에 청주 사람을 대거 이주시켜 수도의 기반으로 삼았다. 궁예의 심복인 아지태도 청주인이었고, 총일, 현률 등과 같이 관료가 된 청주인이 많았다. 그러나 한편으로 청주인과 갈등도 있었는데, 궁예가 패망하기 직전에 궁예는 청주가 사

청주 상당산성에서 내려다본 청주 시가지

변을 일으킬까 두려워 군인 윤전, 애견 등 80여 명을 체포해 철원으로 압송했다고 한다.

이 복잡한 상황은 청주의 지정학적 위치와 관련이 있다. 청주는 보은과 함께 고려·백제·신라가 교차하는 요충이었다. 보은이 소백산의 고갯길에 위치해서 전술적 중요성이 강한 반면 청주는 넓은 평야를 낀 이 지역 최대의 도시이자 통치거점이었다. 그러나 인물도 많고 태봉과 후백제의 승부를 예측하기 힘들다 보니 청주의 여러 세력들은 정세 판단, 개인의 인연과 감정에 따라 여기저기로 나누어 붙고, 변덕도 심했던 듯하다.

이런 때 태봉의 정권이 바뀌었으니 궁예를 지지하던 사람들은 불안해지고, 후백제의 우세를 점치던 사람들은 확신이 굳어졌을 거다. 왕건은 청주를 안정시키기 위해 홍유와 유금필에게 1500명을 주어 파견했다. 그러나 정치가로서 궁예보다 노련했던 왕건은 청주로 군대를 진입시키지 않고 청주의 접경지역인 진천에 주둔시켰다. 청주와 달리 진천은 충실한 왕건파였다. 진천의 호족으로 추정되는 임희는 왕건의 맏아들 무(나중의 혜종으로, 922년 태자로 책봉되었다)의 장인이었고, 왕건이 즉위한 직후 병권을 쥔 병부령이 되었다. 이렇게 군은 진천에 주둔시키고, 청주 사무는 왕건에게 복속한 영군장군 견금 등을 내세워 처리했다. 군대는 장막 뒤에서 간접적인 후원을 하고, 군현 내부에 친왕건파를 양생하는 정략이다.

이 방식은 청주뿐 아니라 주변 군현에도 효과가 있었다. 얼마 후 청주 인근인 괴산의 토호들이 청주 세력의 일부가 후백제와 내통하려 한다는 정보를 제공했다. 왕건은 기다렸다는 듯이 바로 능식을 청주로 진입시켜 반란을 사전에 차단했다. 말은 그런데 왕건파를 내세워 궁예파로 찍힌 집안을 숙청했을 것이다.

그래도 청주의 반란 기운은 종식되지 않았다. 9월에 청주 출신 순군리 임춘길과 배총규, 계천(전남 장흥) 사람 강길과 아차귀, 매곡(보은군 회인면)의 경종이 청주로 귀향해서 반란을 일으키려다가 음모가 발각되었다. 이번에도 복지겸이 음모를 탐지해서 보고했다. 이 사건과 관련이 있는지는 모르겠지만 10월에는 청주에서 진짜로 반란이 일어났다.

> 918년 태조 원년 10월 신유일에 청주 두령 파진찬 진선陳瑄이 그 아우 선장宣長과 함께 반란을 도모하다가 잡혀 죽었다. (『고려사』 권1, 세가1 태조 원년)

919년 8월 유언비어가 난무하고 귀순과 반역 사이에서 오락가락하는 청주의 인심을 진정시키기 위해 왕건이 직접 청주로 행차했다. 그제야 청주가 확실히 안정되었다.

청주처럼 반란을 일으키지는 않았지만 청주 사건은 왕건의 정변이 태봉에 일으킨 파장과 분열을 상징하는 것이었다. 왕건이 집권하자 자진해서 찾아와 복속하는 사람도 있었지만, 떨어져나가는 세력도 적지 않았다. 후백제와의 접경지역이며 전략요충이었던 홍성도 후백제로 넘어갔다. 명주(강릉)의 토호 김순식도 왕건에게 복속하는 것을 거부했다.

궁예와 그의 부하가 빠져나간 자리와 병력을 만회하고 정국을 안정시키려면 중도적인 지방세력들을 최대한 끌어들여야 했다. 왕건은 사신을 파견해서 선물을 하고, 설득해서 지방세력들을 적극적으로 포섭하기 시작했다. 이럴 때 지배층만 포섭해서는 효과가 반감된다. 더욱이 궁예는 뭔가 혁명적인 이미지를 지닌 인물이었다. 왕건은 노비가 된 사람 1천 명을 찾아내고 국고로 그들의 몸값을 물어주고 노비에서 해방시켰다. 수가 많지는 않지만 이들이 수도에 있던 권력가의 노비들이라면 전국 각지에서 모인 사람들일 테니 선전 효과는 확실했다.

동요하는 충청 지역을 안정시키기 위해서 심복인 홍유와 애선을 오산성(예산)에 보내 유민 500호를 모아 안정시켰다. 여기서도 왕건의 정치력이 드러난다. 청주의 경우와 마찬가지로 배신한 홍성을 공격하는 대신 인근에 있는 예산을 자기 편으로 끌어들인 것이다. 이웃사촌이라는 말이 있지만 원래 정치와 이권이 오고가는 세계에서는 이웃이나 인접한 지역이 가장 큰 라이벌이다. 적의 적은 내편인 법, 어느 지역이 고려에 반발하면 왕건은 그 지역을 힘으로 누르는 대신 교묘하게 인접지역에서 적의 적을 찾아 자기 기반으로 만들어 갔다.

919년 1월 왕건은 고향인 송악(개성)으로 천도하고, 궁궐을 새로 건축했다. 이 궁이 지금의 만월대다. 이어 개경에서도 적의 적을 찾아냈다. 궁예의 미륵불 사건으로 인해 궁예와 크게 틀어지고 탄압까지 당한 불교계다. 왕건은 궁궐이 완공되자 바로 법왕사, 왕륜사 등 10개 사찰을 개경 시내에 창건했다. 여기에 그치지 않고 개경과 평양에 있는 기존의 사찰의 탑과 그림을 대대적으로 보수해 주었다.

불교계에 대한 위무정책이 뜻하지 않은 보너스를 주었다. 왕건은 명주(강릉)를 차지하고 거의 독립세력으로 존재하고 있는 김순식을 회유하기 위해 많은 노력을 했으나 김순식은 요지부동이었다. 그런데 시랑 권열이 김순식의 부친 허월이 승려가 되어 개경에 살고 있다는 정보를 주었다. 왕건은 허월을 보내 김순식을 회유했다. 허월이 왕건 편이 된 이유는 밝혀지지 않았지만, 왕건의 친불교 정책이 그의 마음을 사로잡았을 가능성이 높다. 김순식은 여전히 내키지 않았지만, 부친의 설득에 맏아들 김수원을 개경에 보내고, 귀순하는 데 동의한다. 이로써 강원도가 고려의 세력권에 들어왔다. 왕건은 너무 기뻐서 김수원에게 왕씨 성을 하사해서 일족으로 삼았다.

만월대 복원모형 왕건의 집터에 세운 것으로, 산비탈에 산을 깎아 계단식으로 터를 다지고 건물을 세웠기 때문에 건물들이 길쭉하게 층층이 배열되어 있다. 919년 왕건이 송악으로 천도하여 새로 건축한 것이다.

북쪽 골암성(안변으로 추정)의 골칫거리 윤선尹瑄의 귀순도 큰 선물이었다. 윤선은 침착하고 용맹하며 병법을 잘 알았다는 표현으로 보아 능력 있는 장수였던 것 같은데, 그도 궁예 말년에 북쪽으로 달아나 여진족과 결탁하여 세력을 형성하고 있었다. 여진족을 제외한 윤선의 병력만 2천 명이었다.

지방의 유력 세력들을 포섭하는 좋은 방법이 결혼동맹이었다. 덕분에 그는 29명이나 되는(실제로는 더 많았다) 부인을 거느렸다. 이 방법은 효과가 느리다는 단점은 있지만, 궁예의 한계였던 친위세력이나 동료집단 위주의 인물 구성 방식을 넘어 협력자의 대상과 참여 범주를 확장시켜 주었다. 다만 수십 명의 부인이 다 정략결혼은 아니었다. 견훤도 비슷한 시도를 했지만 부인 수가 10여 명이었다. 왕건의 부인은 후삼국 통일 후에 얻은 부인도 꽤 있어서 절대 수치로 비교하기는 곤란하지만, 그래도 이 부분에서는 왕건의 바람기가 한 수 위였던 것 같다.

2 조물성 전투

궁예가 몰락하고 왕건이 즉위하는 동안 후백제에도 중요한 변화가 있었다. 견훤이 내치에서 성과를 거두었다. 고려가 건국한 지 2년 후인 920년, 견훤은 1만의 병사를 모았다. 지금껏 3천 명 정도밖에 동원하지 못하던 것에 비하면 상당한 발전이었다. 증강된 병력으로 어디를 칠까? 견훤의 시급한 공격 목표는 고려와 국경지대인 충청도의 공주, 홍성, 청주 부근, 남쪽의 나주, 동쪽의 대야성이었다. 셋 중에서 견훤은 대야성을 택했다.

전쟁사에서 회자되는 교훈의 하나로 극적인 성공 뒤에는 상대의 극적인 실수가 있다는 말이 있다. 사람들은 보통 과감한 전술, 놀라운 아이디어와 같은 승자의 화려함에 주목한다. 그러나 상대의 전력이 강하거나 유사할 때, 상대의 도움이 없다면 획기적인 승리는 불가능에 가깝다. 제1차 세계대전 때 롬멜 중위는 이탈리아 전선(마타쥬르 산 전투)에서 1개 대대가 안 되는 병력으로 단 28시간 만에 이탈리아군 5개 연대를 격파하고, 9000명이 넘는 포로를 잡았다. 롬멜의 놀라운 재능을 폄훼하려는 마음은 전혀 없지만, 이탈리아군이 조금만 제대로 된 군대였다면 아무리 롬멜이라도 이런 성공을 거두지는 못했을 것이다. 실제로 다음 전투에서는 롬멜도 이런 성공을 거두지 못한다.

가야산 줄기

후삼국의 전쟁에서도 왕건이 승리한 이면에는 견훤의 실수가 있다. 견훤의 실수는 언제나 전술적인 측면이 아니라 정치적 안목을 포함한 전략적인 부분이었다. 그 첫 번째 치명적인 실수가 이 신라 공격이다.

918년 궁예가 몰락하고 태봉이 내란 직전의 상황에 몰리는 동안 견훤은 놀랄 정도로 이 기회를 무심하게 쳐다보고만 있었다. 공격도 없고, 외교적 교류도 없었다. 나름 무슨 사정이 있었는지는 알 수 없으나 견훤으로서는 고려 내정이 어지러울 때 괜히 공격을 하면 내부의 분열을 종식시키고 단합을 촉진할 수 있다고 생각했을 수도 있다.

아무리 그렇다고 해도 상식적으로는 이해할 수가 없다. 후백제군이 움직이는 것은 2년이나 지난 920년부터인데, 놀랍게도 그의 공격 목표는 내부가 흔들리고 있는 고려가 아닌 신라였다.

920년 9월 지금껏 태봉의 정변을 모른 척하던 견훤이 고려로 아찬 공달을 보냈다. 공달은 우호의 선물로 공작선과 죽전(화살 제작용 대나무)을 가져왔다. 전략물자인 죽전을 보냈다는 것은 적이 아닌 동지로 생각한다는 의미다.

그러더니 다음 해 10월에 바로 신라를 침공했다. 견훤은 신생정권인 고려의 약점을 이용해서 친목을 도모하고, 고려가 힘을 못 쓸 때 빨리 신라를 병합해서 완전한 힘의 우위를 확보하자고 생각했던 것 같다. 『손자병법』에도 약한 곳을 먼저 공격하라고 하지 않았는가? 그러나 고려와 우호를 맺고 신라를 친다는 발상은 정말 눈물겹도록 순진한 생각이었다.

첫째, 권력 싸움이 벌어졌을 때, 외부에서 공격이 들어오면 단합하기는커녕 더 분열한다. 견훤이 고려인은 궁예, 왕건파를 불문하고 모조리 처형하겠다고 공언하지 않는 이상 말이다.

둘째, 후백제가 신라를 점령하면 고려와 후백제의 싸움 역시 끝이다. 그러므로 왕건은 내전을 감수하고서라도 후백제의 신라 정복을 방해할 것이다. 그리고 지금까지 태봉의 정복전을 앞장서서 추진했던 장본인이 왕건이다.

어째서 후백제가 이런 판단을 하지 않았는지 정말 모르겠다. 고려 공격이 맘에 들지 않고, 약한 곳을 먼저 쳐야 했다면, 나주 이남을 평정하는 것이 올바른 순서였다. 지금껏 나주 공격이 두 번이나 실패했고, 고려가 나주를 보호하기 위해 북쪽에서 공격해 오면 후백제는 남북 두 개의 전선을 유지해야 한다는 점을 고려했을 수도 있다. 그런데 왕건의 집권으로 충청도 일대가 후백제에 귀순하거나 동요했다. 완충지대가 생긴 것이다. 나주에 집중할 수 있는 절호의 기회였다.

반면 신라는 고려와 후백제에서 천지개벽이 나도 공세로 나올 생각이 전혀 없다. 대전략의 차원에서 후백제와 고려가 정면 대결을 피하고, 신라쟁탈전을 벌이고 있다고 하더라도, 지금은 최소한 고려를 쳐서 충청 지역을 확보하거나 나주 이남의 가시를 없애야 할 기회였다.

견훤의 일대기를 보면 그는 신라에 대해 매우 공세적이고 감정적이며, 신라 점령, 특히 서라벌 함락에 대한 집착이 강하다. 그의 이러한 태도를 옛날 백제의 원한 때문으로 생각하는 분들이 많다. 견훤 자신도 후백제를 건국하면서 지난 일을 들추었다. 그러나 견훤은 상주 사람이다. 그 원한은 자신에

대야성 원경

게는 해당되지 않는다.

상주 촌뜨기 청년이던 견훤은 처음 군에 투신하여 서라벌에서 복무했다. 당시 세상은 혼란스러웠지만 서라벌은 묘사로 보면 20세기까지 어떤 도시도 이루지 못한 휘황찬란한 도시였다. 견훤에게 그 모습은 환상적이지만 분노의 대상이기도 했고, 시기심과 선망을 동시에 불러일으켰을 것이다. 이런 젊은 날의 경험이 견훤으로 하여금 경주 함락에 집착하게 만들었는지도 모른다.

전략적으로는 엄청난 실수였지만, 그와 무관하게 전쟁터에서 후백제군의 모습은 빠르고 무섭고 획기적이었다.

920년의 야심찬 공세에서 견훤은 그의 용기와 철기병의 능력을 유감없이 발휘했다. 호남과 영남은 소백산맥과 남단의 거대한 지리산으로 막혀 있다. 지리산 윗자락에서 영남으로 들어오는 통로가 육십령(전북 장수~경남 함양)이나 팔량치(전남 운봉 인월~경남 함양)를 통과해서 함양 – 합천, 또는 거창 – 합천으로 진행하는 길이다.

그러므로 대야성으로 가려면 먼저 거창, 함양을 떨어트려 기동로의 안전

제6장 용호상박

육십령

을 확보해야 한다. 무왕~의자왕 시절 이 루트를 이용한 공세가 처음 시작되었을 때 거창의 아막성 일대에서 격전이 벌어진 것이 이 때문이다. 그러나 견훤은 거창 일대를 그대로 지나쳐 앞으로 나가더니 대뜸 대야성을 공격했다.

이 기습이 성공했다. 그렇게 오랫동안 잘 버티던 대야성이 마침내 떨어졌다. 하지만 후방이 불안한 상황이다. 보통 장수라면 되돌아가 후방을 안정시킬 것이다. 그러나 견훤은 아랑곳없다는 듯 앞으로 치고 나가 구사仇史와 진례進禮를 점령했다. 구사는 초계 또는 창원으로 진례는 김해시 진례면으로 추정되는데, 이곳은 호족 소씨의 세력권이었다.[2] 924년 8월에 견훤이 부산 절영도에서 얻은 옥색 말 한 필을 왕건에게 보내는데, 이 진공으로 보건대 견훤은 924년까지 이 지역에 영향력을 행사했을 수도 있고, 920년 공세 때 부산까지 진격해서 노획한 말일 수도 있다. 그리고 나중에 회군하면서 그냥 지나쳤던 거창 일대를 평정했다. 그야말로 전격전의 교범이었다.

패튼과 롬멜이 이 전사를 알았더라면 분명 엄지손가락을 치켜올리며 찬사를 보냈을 것이다. 전격전의 교리 자체가 과거의 기병전술에서 영감을 얻은 것이지만, 이들의 전술 원칙은 한마디로 이렇다. "수많은 군현을 언제 하나 하나 점령하느냐. 측면 고립이나 후방 차단을 걱정하지 말고 계속 전진해서 적 후방으로 진출한다. 적의 퇴로를 끊으면 고립된 지역들은 저절로 투항한다." 작전이 너무 무모하다고 말리는 부하에게 견훤은 분명히 이렇게 말했을 것이다. 현대 전격전의 창시자들도 똑같은 이야기를 했다.

920년 견훤의 공세도

만슈타인과 구데리안은 전격전으로 제1차 세계대전 당시 몇백만의 병사를 희생하고도 진입하지 못했던 프랑스 국경을 열흘 만에 종단했다. 이것이 전격전의 매력이다. 하지만 이론적으로는 전격전에 동의해도 실제 전쟁터에서 후방 고립과 측면 공격의 위험을 감수하고 적진 깊숙이 들어가는 무모한 진격을 실행할 수 있는 대담한 장군은 제2차 세계대전 때도 수백 명 중에 한 명이었다. 프랑스 전역에서 롬멜의 기적 같은 성공담을 읽으면, "이렇게 무모하게 싸우면 안 된다"고 고개를 흔드는 사람이 그때나 지금이나 여전히 많다.

분명한 사실은 이런 기동전은 번지점프와 같아서 한번 해 보겠다고 마음만 먹는다고 할 수 있는 행동이 아니라는 것이다. 마음을 먹어도 든든한 심장이 받쳐주지 않으면 다리가 떨려 뛸 수가 없다. 전쟁에서는 다리를 떨지 않는 튼튼한 심장만이 아니라 비범한 판단력과 잘 훈련된 군대가 추가로 필요하다.

견훤과 그의 철기병은 놀라운 성공을 이루었다. 그런데 기왕에 치고 나갈 거면 왜 대야성을 함락한 후 좌회전해서 바로 창녕, 청도, 경산을 지나 경주 쪽으로 상승하지 않고, 우회전해서 경남, 김해 지역으로 남하했을까? 신라가 서라벌 방어에 총력을 기울일 것을 예상하고 빈 공간을 휘저었을 수도 있고 이 소식을 듣고 북쪽에서 내려올 고려의 구원군을 의식했기 때문일 수도 있다고 생각된다. 그러나 고려군의 공격을 예상했다면 고려를 먼저 치지 않고 괜히 우호를 맺고, 신라로 진입한 것을 또 설명할 수 없다. 하여간 이후에도 보면 견훤은 전술적으로 언제나 대담하고 파격적이지만, 한 계단 건너 전략적 관점에서 보면 심할 정도로 안목이 부족했다.

아무튼 견훤의 생각을 따라가 보면 대야성에서 바로 북상해서 양산, 언양을 지나 서라벌로 진격하면 고려군에게 허리를 드러낼 우려가 있다. 또 신라군과 달리 고려군은 전투력이 있으므로 진격해서 견훤의 후방을 끊을 수도 있다. 그러므로 고려와의 국경에서 떨어진 남쪽으로 우회하면서 점령지를 넓히고 보급품을 충당한 뒤에 서라벌로 북상한다. 그 다음에 서라벌 북쪽으로 진군, 고려와 신라의 경계인 소백산맥 남단 지역을 확보하려고 했던 것 같다.

아름다운 구조지만, 이 전술은 논리적 모순이 명확하다. 남쪽으로 멀리 돌아갈 것이라면 전격전은 왜 하는가? 속도전의 묘미는 고려군이 개입할 시간을 주지 않는 데 있다. 아니면 독일군이 프랑스에서 했던 것처럼 측면 노출을 피할 수 없다면 측면을 노출해 고려군을 유인한 뒤에 빠른 기동으로 역포위하는 방법도 있다. 소위 회전문 전략이다. 그러나 경남 지역으로 돌아버림으로써 견훤은 전격전의 두 가지 무기를 다 상실했다. 마지막으로 고려군이 방관할 것이라고 믿고 유람하듯 남쪽으로 돌았다면, 더더욱이 말도 안 된다. 측면 위협도 없으니 바로 서라벌로 갔어야 한다.

견훤의 군대가 경남으로 우회전하자 서라벌은 아찬 김율을 보내 고려에 구원을 요청했다. 바보가 아니었던 왕건은 바로 군대를 투입했다. 긴 행군으로 지치고 고립된 후백제군은 철수할 수밖에 없었다. 견훤은 너무 화가 나서 이후로 고려와 틈이 생겼다고 하는데, 그 틈이야 원래부터 거기에 있던 것이었다.

이 공세 후 견훤은 또 4년이란 시간을 침묵했다. 내부 사정이 있었을 수도 있지만 왕건으로서는 고맙고 고마운 일이었다. 견훤이 침묵하자 분명 궁예

제거 후 고려의 정세에 크게 불안감을 느꼈을 접경지역의 지방세력들이 왕건에게 귀순하기 시작했다. 왕건의 적극적인 회유 시도도 있었겠지만, 견훤의 공세에 고려가 밀리는 모습을 조금이라도 보였다면, 그들은 결코 고려로 붙지 않았을 것이다.

이 귀순 사태는 견훤에겐 치명타였다. 너무나 중요한 지역의 중요한 협력자들이 왕건에게 넘어갔다. 922년 안동시 풍산면으로 비정되는 하지현의 원봉과 진보(청송)의 홍술이 귀순했다. 923년에는 명지성命旨城 성달과 경산부의 양문이 귀순했다. 명지성은 위치 미상이지만 경산부가 경북 성주로 추정되므로 그 부근인 듯하다.

특히 낙동강 서부의 선산 - 김천 - 합천 지역이 견훤의 세력권인 상황에서 성주의 귀순은 파격적이었다. 이 여파로 성주 주변의 대구, 인동, 현풍 등 낙동강 동부 지역이 고려로 넘어가면 고려는 사실상 신라의 옛 국경을 차지하고 서라벌을 완전히 감싸게 된다. 양문은 귀순의 표시로 생질 규환을 인질로 보냈는데, 왕건은 대뜸 규환에게 친한 장군이나 지방의 상층 호족에게 주는 품계인 원윤을 하사했을 정도였다.

견훤은 도저히 이 사태를 좌시할 수 없었다.

924년 7월 견훤의 둘째 아들 양검良劍과 넷째 아들 수미강須彌康(금강)이 대야성과 문소성(의성?) 등지의 현지병을 징발하여 조물성으로 진군했다. 후삼국의 전쟁사에서 대단히 중요한 조물성은 아직까지 위치가 불명이다. 일제시대부터 다양하게 추측했는데, 선산의 금오산성, 안동 부근, 김천 조마면, 안동과 상주 사이, 의성 등의 설이 있다.

그런데 조물성을 김천 - 선산 - 의성 지역으로 보면 밀고 들어오는 왕건 세력을 기존의 방어선에서 맞이하여 저지하겠다는 것인데, 이런 소극적·수세적 전술은 견훤의 특성에 맞지 않는다. 그보다는 선산 - 의성 라인에서 앞으로 나가 풍산 - 청송 - 진보로 연결되는 삼각지를 절단해 버려야 한다. 그러

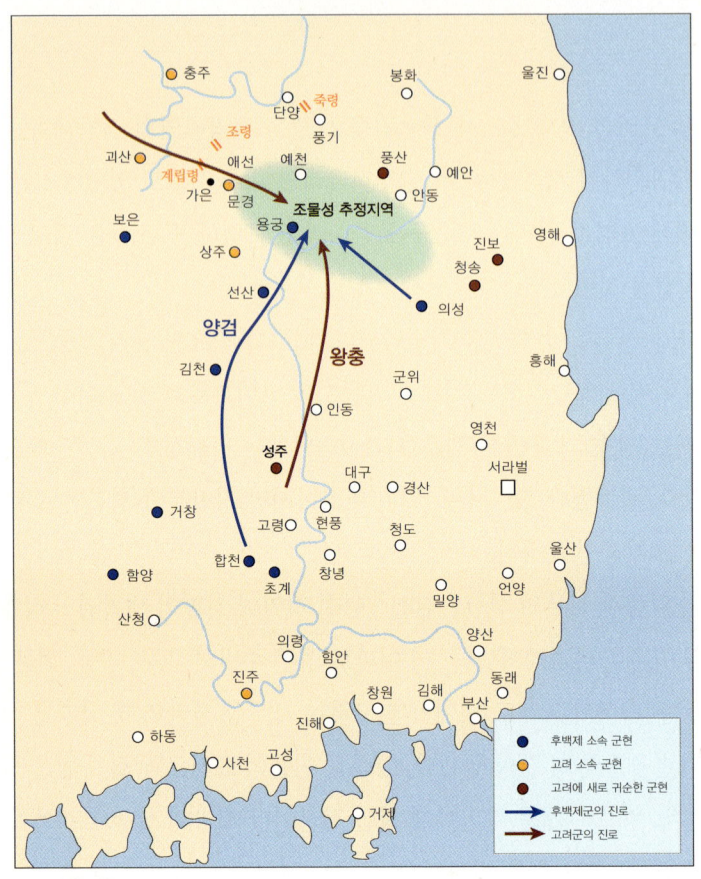

1차 조물성 전투도

면 청송, 진보는 고려와 연결이 끊어지고, 동해 남부 쪽으로 확산되어 가는 왕건의 세력을 저지할 수 있다. 그리고 이 작전이 성공하면 성주 - 대구 - 경산 지역도 후백제의 포위망 안에 갇힌다. 이것이 가장 견훤답다.

조물성의 범위를 좀 더 좁히면 당시 문경 - 예천 부근은 양쪽 세력이 톱니처럼 물려 있었다. 문경을 지나 경북으로 들어가는 통로가 실처럼 가늘고 불안했는데, 조물성은 이 오솔길을 이어주는 요충일 가능성이 높다.

고려군은 즉시 애선과 왕충을 파견했다. 애선은 대상을 역임하고 919년에 충청도 예산에 파견된 적이 있다. 이때도 충청 지역에 주둔하고 있어서 조물성으로 투입되었던 것 같다. 그가 여전히 예산 일대에 주둔했다면 괴산 -

문경을 지나왔을 가능성이 높다.

왕충은 경산부(성주)의 양문과 함께 막 고려에 투항한 명지성의 장군이었다. 나중에 왕건의 기병대장으로 상당히 중요한 역할을 하는 능력 있는 장군이었다. 고려가 왕충을 출격시킨 의도는 선산 – 의성이 연결되어 경산부가 고립되거나, 주변 군현이 놀라 후백제로 넘어가는 것을 막고, 후백제군을 남북에서 협공하려는 것이었다.

양군은 조물성 근방에서 조우했는데, 고려군이 대패하고 장군 애선이 전사했다. 그러나 조물성민들이 결사적으로 저항한 덕에 성은 함락을 면했다. 계절도 한여름이어서 장기전은 버거웠다. 양측은 물러서서 전력을 정비했다. 1년 후 이번에는 추수까지 끝내고 제대로 맞붙었다.

925년 10월, 견훤이 자신의 철기 3천을 거느리고 조물성으로 진격했다. 왕건도 직접 군대를 이끌고 달려왔다. 두 라이벌의 첫 번째 맞대결이었다. 분명 병력에서 우세했던 왕건은 부대를 상·중·하 삼군으로 나누고 상군은 대상大相 제궁帝弓, 중군은 원윤元尹 왕충, 하군은 박수경과 은녕殷寧을 지휘관으로 임명했다. 이 전투에서 상군과 중군은 패전했는데, 뜻하지 않게 하군이 승리를 거두었다. 이 전투로 왕건은 박수경이란 지략과 용맹을 겸비한 명장을 얻었다. 나중에 박수경은 발성勃城(위치 미상. 공산성일 가능성도 있다) 전투에서 포위당한 왕건을 구했다.[3]

매운 맛을 본 왕건은 수세로 전환해서 지구전으로 나갔다. 견훤은 여기서 끝장을 볼 마음이었던 것 같은데, 그 사이에 박수경과 동향인 황해도 평산 출신의 유금필庾黔弼이 북방 여진족으로 구성된 기병대를 끌고 왕건 진영에 합류했다.

이 국면에 유금필과 여진 기병이 갑자기 등장한 데는 사연이 있다. 사방이 바다와 적들로 막혀 있던 후백제에 비해, 고려에게는 평안도와 함경도 지역이 무주공산으로 열려 있었다. 이것이 고려에게 큰 행운이자 자산이었다. 이

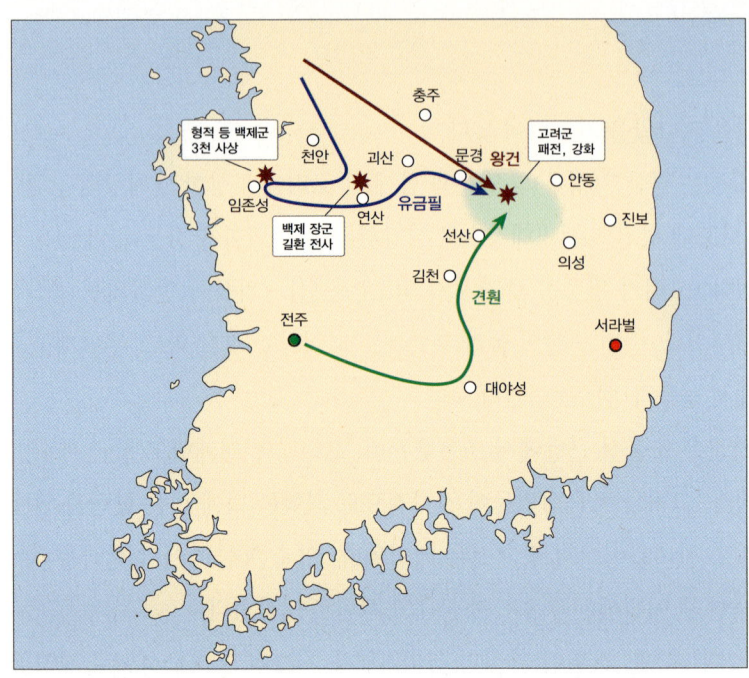

2차 조물성 전투도

지역에는 고려인과 여진족이 혼거하고 있었는데, 여진족은 국가를 구성하지 못하고 작고 잡다한 부족으로 분열되어 있었다. 왕건은 전쟁중에 국력을 나누어 이 지역에 투자했다. 평양을 재건해서 거점도시로 육성하고 영토를 확장했다. 당연히 여진족과 알력이 생겼다. 로마가 갈리아 지방을 평정하기 위해 카이사르를 파견했듯이, 고려도 통치력과 전투 능력을 갖춘 인물이 필요했다. 이때 제궁이 고려의 카이사르로 유금필을 추천했다.

갈리아보다는 땅이 작아서 유금필은 카이사르처럼 길고 지리한 원정까지는 필요 없었다. 그는 300명의 여진 추장들을 초청하여 파티를 연 뒤, 술에 취한 그들을 묶고 위협해서 항복을 받아냈다. 또 이들을 인질로 삼아 참여하지 않은 주변 여진족의 항복까지 얻어냈다. 좀 치사했지만 그렇게만 볼 수도 없는 것이 유금필은 여진족에게서 상당한 인망을 얻었다. 강압으로 시작해서 감동으로 마무리했다고 할까?

여진족이 자진해서 귀순하기 시작했다. 921년 2월에 여진족 중에서도 제일 강력한 흑수부의 여진족 추장 고자라 등 170명이 귀순했고, 4월에는 아어 간이 200명을 끌고 들어왔다. 923년에는 유금필이 북방의 여진족을 광범위하게 회유해서 1500명의 병력을 얻었고, 여진족에게 사로잡혀 간 고려인 3천 명을 돌려받았다. 후삼국 시대의 전쟁 규모로 보면 이들은 숫자 상으로도 적지 않은 병력이었다. 카이사르가 갈리아 군단과 게르만 기병대를 데리고 로마로 돌아왔듯이 유금필은 여진 기병대를 주축으로 한 최강의 군단을 이끌고 귀환했다.

왕건이 조물성으로 달려갈 때, 유금필은 충청도로 남하하여 연산(충북 청원)과 임존성(충남 예산)을 평정했다. 후백제군의 전투력이 견훤에게 집중된다는 약점을 이용한 공격이었다. 견훤의 정예군단이 조물성으로 진출하는 동안 유금필은 연산 전투에서 대승을 거두고, 후백제 장군 길환을 잡아 처형했다. 임존성에서 형적이 이끄는 후백제군 수백 명을 죽였다. 부상자와 포로까지 합치면 후백제군의 손실은 3천 명에 육박했다. 이 전투는 나중에 왕건도 자랑을 했을 정도로 큰 전과였다.

왕건은 스스로 미끼가 되어 후백제의 최강 전력을 묶어 놓고, 고려군의 최강 부대로 충남 지역을 석권했다. 내친 김에 공주, 사비도 석권할 수 있었겠지만, 조물성의 전황이 너무 불리하자 급히 조물성으로 달려온 것 같다.

그러나 유금필 부대가 합류했어도 왕건은 공세를 주저했다. 그만큼 견훤의 부대는 강했다. 견훤은 견훤대로 충청도가 위험했고, 손실을 피할 수 없는 공성전은 껄끄러웠다. 무엇보다 양측 모두에게 장기전은 큰 부담이었다. 갑자기 이해관계가 일치한 양군은 인질을 교환하고 화친을 맺었다. 고려의 인질은 왕건의 사촌동생 원윤 왕신이었고, 후백제의 인질은 견훤의 사위 진호였다.

견훤은 후백제로 되돌아가는 길에 비로소 거창 일대를 공략해서 20여 성을 빼앗았다. 이로써 대야성으로 가는 길의 후방도 완전히 소탕되었다.

3 호랑이가 싸우는 법

양측이 인질까지 교환함으로써 전쟁은 잠시 소강 상태로 접어들었다. 그동안 경북 일대에서는 외교전이 치열하게 전개되었을 것이다. 휴전 1년 만인 926년 4월 개경에 인질로 와 있던 진호가 갑자기 죽었다. 견훤은 고려에서 살해한 것이라고 하여 고려의 인질 왕신을 죽이고 선전포고를 했다.

견훤은 웅진 방면으로 치고 나왔다. 작년에 당한 임존성의 패배를 설욕하고, 충청 지역의 안정을 확보하려는 의도였다. 왕건은 성마다 지키기만 하고 나가 싸우지 말라는 엄명을 내렸다. 전격전에 강한 견훤의 페이스에 말리지 않고 견훤군을 지치게 하려고 했던 것 같다. 견훤이 공성전에 소극적인 것은 익히 알려져 있다. 신라에서 사신을 보내 공격을 촉구하자 왕건은 "내가 견훤을 두려워하는 것이 아니라 견훤의 죄악이 가득차서 절로 쓰러지기를 기다릴 뿐이다"라고 대답했다.

927년 정월이 되어서야 고려는 반격에 나섰다. 왕건이 기다리던 대로 이제야 견훤의 죄가 찼던 것일까? 사실 왕건이 기다리고 있던 순간은 준비완료라는 보고였다. 925년의 조물성 전투는 양측의 전력이 얼마나 팽팽한지, 그리고 용쟁호투는 양측 모두에게 얼마나 위험한지를 다시 한번 상기시켜 주었다. 정면대결을 피하면서도 승부를 결정지을 획기적인 방법이 필요했다. 누구의 제안인지는 알 수 없지만, 고려의 참모본부에서 신중하고 대담한 전략이 검토되기 시작했다.

한편 신라에서는 924년 경명왕이 사망하고 동생 위응이 왕위를 이었다. 위응은 기회주의적인 친고려정책을 극복하고, 진짜로 무엇인가를 하고자 한다. 바로 후백제에 대한 고려와의 연합공격이었다. 이 같은 결심이 고려의 회유와 강요 때문인지, 신라의 자발적 결단인지는 알 수 없지만, 고려의 강요나 회유가 있었다고 해도 대단한 변화는 변화였다. 신라의 가세로 더욱 용기를 얻은 고려는 역사에 길이 남을 대담한 전략에 착수했다.

927년 고려군이 충청도와 경상도 두 방면으로 동시에 진군을 시작했다. 충청도로 내려간 고려군은 충청도에서 전라도로 내려가는 교통의 요지이며 지리적으로 전략거점인 홍성과 웅주로 진격했다. 홍성의 성주는 긍준兢俊이었다. 견훤의 부하답게 그는 대담하게 성 밖으로 나와 고려군에 대적했다. 긍준은 패하고 말았지만 고려군은 그의 용맹을 높이 사서 고려 측으로 귀순시켰다. 이후 그는 고려의 유력한 지휘관이 되어 활약한다.

충청도로 내려오는 첫 관문에서 기분 좋은 승리를 거둔 고려군은 진짜 목표인 웅주(공주)로 진격했다. 앞서도 여러 번 말했지만 충청도 지역에는 지형적으로 전략적 요충이 될 만한 곳이 별로 없어서 웅주만 장악하면 충남 일대를 거의 장악할 수 있다. 4월에 시작한 웅주 공격에는 신라군까지 가세했다. 후삼국 역사상 최초의 연합공격이자 신라의 심기일전이었다. 그러나 이 상징적인 연합공격은 실패하고 만다.

충청 방면군은 절반의 성공을 거두었지만, 경상도로 간 군대는 낭보를 전해 왔다. 여기서도 고려군은 신라와 합동공격을 펼쳤다. 정월에 연합군은 용주(용궁현)를 탈환했다. 3월에는 문경 부근의 근품성을 함락했다. 문경 - 용궁 - 예천 일대는 고려와 후백제 세력이 혼전 양상을 보였다. 지금의 군현 단위가 아니라 보다 작은 단위로 이쪽 저쪽에 붙었던 모양이다. 용궁과 근품성을 점령함으로써 문경 - 예천 - 안동으로 이어지는 통로가 비로소 제대로 개통되었다.

후백제군 사령부는 망치로 얻어맞은 듯한 충격을 받았을 것이다. 고려와 신라가 연합했다는 사실도 충격이지만 당장 고려군의 주공이 어디냐도 문제였다. 다행히 웅주는 함락을 면했지만, 웅주가 뚫리면 후백제의 수도인 전주가 당장 위험하다. 그렇다고 전주 북방이나 웅주로 병력을 투입하면 문경 즉

죽령 일대의 소백산 통로가 고려에게 완전히 개방된다. 이미 고려와 신라가 연합한 상황에서 교통로마저 확보한다면 후백제가 가장 두려워하는 고려와 신라의 합병 사태가 발생할 수도 있다.

어느 쪽이 고려의 진짜 목표일까? 여기서 진짜 고민이 터진다. 둘 다 주공일 수도 있다. 고려의 단독공격이라면 이런 양동작전에서 하나는 분명 위장공격이다. 고려나 후백제나 이런 동시작전을 수행할 여력이 없다. 그러나 신라가 가세했다. 신라군의 전력이 아무리 열악하다고 해도 무시할 수는 없다. 그들이 적당히 힘을 보탠다면 고려군이 두 개의 주력을 편성할 가능성도 충분하다. 어찌해야 할까? 후백제도 주력을 나누어 대응해야 할까, 아니면 한쪽에 집중해야 할까?

고려가 가장 바라는 행동은 후백제가 수도방어를 위해 웅주 쪽으로 출격하는 것이다. 일단 심장을 노리는 흉기를 제거해야 다른 지역의 탈환도 가능하지 않겠는가? 병력을 반으로 나눠서 양쪽으로 출동시켜도 손해보는 장사는 아니다. 고려군은 절반으로 분리된 후백제군은 보다 쉽게 격파할 수 있다.

그러나 아직 후백제군에게 가능성은 있다. 고려군의 전력 배분과 주공 방향을 정확히 파악하고, 대응하는 것이다. 아무래도 충청 방면군이 기만공격 같다면 소수 병력을 파견해서 웅주 방어전을 펴고, 문경 쪽에 주력군을 파견해 승부를 건다. 후백제의 철기군은 만만한 상대가 아니어서 고려군이 조금 우세하다고 해도 승리를 자신할 수 없다.

이것이 후백제군이 택할 수 있는 가장 유리한 시나리오였다. 그러나 후백제 사령부가 고려군의 주공을 놓고 고민하는 동안 고려의 진짜 주력부대, 최고의 장군이 인솔하는 부대는 엉뚱한 곳에서 움직이고 있었다. 왕건의 최고 전력은 수군이다. 충청, 경상북도에서 공격이 진행되는 동안 왕건이 가장 신뢰하던 명장 김낙과 영창과 능식이 지휘하는 고려 함대가 비밀리에 서해안을 따라 남하했다. 이들은 남해안으로 기습상륙해서 전남 돌산(여수), 전이

산(남해), 노포평, 서산 4개 지역을 함락하고, 진주로 들어갔다. 진주에 상륙한 김낙의 부대는 바로 대야성으로 진격했다. 고려군이 신라를 감싸는 소백산 방어선의 남북으로 동시에 진격했다. 고려의 진짜 목적이 이것이었다. 후백제에게 대야성, 문경 등지를 함락당하면서 얼기설기 구멍이 뚫린 소백산 방어선을 고려군이 남북에서 동시에 쓸어내려 점거하는 것이다. 소백산 방어선은 과거 신라군이 지킬 때도 후백제군이 쉽게 돌파하지 못했던 곳이다. 이곳을 고려군이 접수한다면 말 그대로 철벽이 된다.

이 기동은 오늘날로 보면 별것 아닌 듯하지만, 한반도의 절반을 돌아온 대단한 기동이었다. 고대에도 상륙작전은 있었다. 그러나 항해거리가 길면 길수록 상륙작전은 위험한 모험이 된다. 나주와 전남 남해안 지역이 견훤의 세력권 밖이라는 사정이 큰 도움이 되긴 했지만, 여수, 남해 등 독립된 세력, 또는 간간이 존재하는 후백제 군현을 정복하면서 진행해야 했다.

무엇보다도 육군과 연락이 완전히 두절된 상태에서 타이밍을 맞추어 합동공격을 해야 한다는 것이 큰 애로였다. 아무리 고려가 수군에 자신이 있다고 해도 풍랑을 만나거나 전염병이 돌면, 전력에 심각한 타격을 입고 후백제 수군에게 몰살될 수도 있었다. 비범한 용기와 실력이 없다면 감행할 수 없는 작전이었다.

고려군이 상륙한 진주는 고려군의 든든한 거점이었다. 920년(태조 3) 진주의 장군 윤웅閏雄이 아들 일강을 인질로 보내 고려에 귀순했다. 왕건은 일강에게 제6등 품계인 아찬을 주고 개경의 귀족인 행훈의 누이와 결혼시켰다. 이후 진주는 합천 이북이 온통 후백제에게 장악된 위험한 상황에서도 굳건하게 고려 편에 섰다.

진주에서 휴식을 취한 김낙은 7월에 대야성을 공격, 후백제 장군 추허조를 사로잡고 대야성을 탈환했다. 거창 - 대야성 길을 통한 후백제의 신라침공로가 다시 차단되었다. 김천, 선산 일대에 양생한 후백제의 세력들도 크게 동요했을 것이다. 왕건은 몸소 진주까지 남하하면서 이 지역을 위무했다. 고려군의 기세가 하늘을 찌르자 문경 지역의 성주 홍달을 위시해서 후백제 편에 섰던 주변의 성들이 모조리 왕건에게 귀순했다. 이로써 신라를 감쌌던 후백제의 포위망이 거의 와해될 지경이었다.

견훤의 참모와 모사들은 고민에 빠졌을 것이다. 이럴 수도 저럴 수도 없는 상황이었다. 고려군이 북쪽의 문경과 남쪽의 합천을 모두 장악하는 바람에 후백제군은 어느 길로 진출하든 고려군에게 협공을 당하게 되었다. 그렇다고 두 쪽을 동시에 공략하기에는 견훤군은 병력이 달렸다. 대야성만 해도 후백제군이 전력을 기울여 몇 번의 공격 끝에 빼앗은 곳이다. 그런 곳을 신라군보다 훨씬 강한 고려군이 지키고 있다. 게다가 신라군은 지금 고려에 협력하고 있다. 눈치만 보고 있는 경북, 경남의 토호들도 고려나 신라 쪽으로 붙을 확률이 높다. 병력, 전황, 포진, 모든 면에서 후백제군의 열세였다. 고려는 고려, 조선 시대에도 보기 힘든 광대한 스케일과 정교한 작전으로 멋지게 '장군'을 불렀다.

9월 이 난감한 상황에서 견훤이 직접 출동했다. 고려군은 여유를 가지고 기다렸다. 어디로 진격해도 견훤은 고려군이 쳐놓은 그물 안으로 뛰어들게 되어 있었다.

그러나 상황은 엉뚱하게 전개되었다. 견훤은 고려군 그물의 약점, 가장 위쪽인 문경 쪽으로 들어와 단숨에 근품성을 탈환하고 보기좋게 불태워 버렸다. 보은이 후백제 편에 있었으므로 보은을 거쳐 상주 쪽으로 나온 뒤 문경으로 올라간 것 같다. 여기까지는 이해할 수 있다. 어디든 첫 번째 공격지점이 있을 것이고 고려군은 그에 맞추어 남북에서 요격군을 출동시키면 된다.

그런데 문경을 탈환한 견훤은 모든 사람의 예상을 깨고 영천으로 진격했다. 지도를 보면 알겠지만, 고려군의 포위망과 후방 위협은 안중에도 없다는 듯이 포위망의 안쪽으로 파고 들어갔다. 후백제군의 이동로를 보고받고 전황판을 그리던 장교는 경악했을 것이다. 견훤의 이동로를 표시하는 화살표의 연장선은 서라벌을 똑바로 가리키고 있었다.

견훤은 고려의 덫이나 모든 장군들이 우려하는 후방보급로의 차단 같은 건 완전히 무시하고는 그대로 신라의 심장부를 찔렀다. 견훤은 그물에 갇힌 고기가 아니라 마당으로 뛰어든 호랑이였다. 그는 늑대 무리

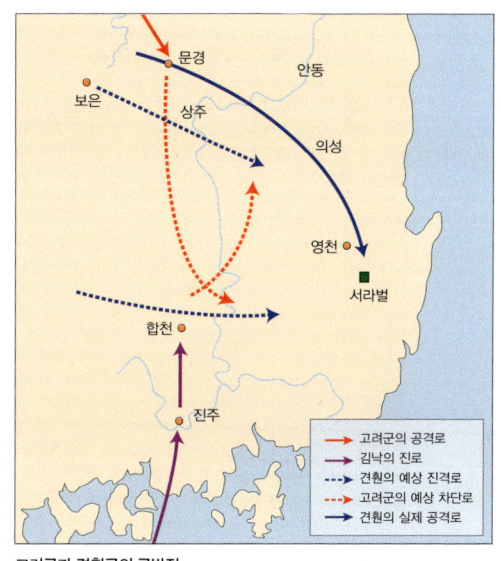

고려군과 견훤군의 공방전

와 호랑이의 싸움법이 어떻게 다른지를 똑똑히 보여주었다. 견훤의 명군이자 포효였다.

견훤이 전략적·정치적 사고력은 부족했지만, 전술적 사고와 싸움 방법을 찾아가는 데서는 탁월한 장군이었다. 고려군의 덫에는 치명적인 약점이 있었다. 이중의 양동작전이라 전선을 너무 벌렸다. 고려가 후백제보다 조금 부유하다고 해도 병력과 영토가 몇 배씩 될 리가 없다. 그래서 신라군까지 끌어들여야 했다. 그런데 한 개의 전선도 감당하기 버거워하던 신라가 웅주와 용궁으로 2개 부대나 출동시켰다. 다시 말하면 소백산 안쪽 신라의 내지에는 병력이 거의 없을 것이다.

견훤의 돌진은 전격전 내지 기동전의 진정한 모범이었다. 서라벌 진격은 이 상황에서 고려군이 파놓은 덫, 즉 포위공격에 걸리지 않는 유일한 진로였다. 그러나 보통의 장군들은 절대로 이런 진격을 못한다. 후방과의 연결이 끊어지고 보급이 차단되기 때문이다. 그러나 롬멜과 패튼이라면 그보다 더 중요한 것은, 적이 원하는 장소로 끌려 들어가는 것이 아니라 적을 끌고다니며 싸우는 것이라고 말할 것이다. 기동과 전투력에서 우위를 점하는 군대라

팔공산 미리사 신숭겸 추모비 이수 왕건과 견훤의 공산성 전투를 기념하는 이 비는 조선 후기에 세웠다. 비의 이수는 원래 용 두 마리가 여의주를 다투는 형세를 조각하는 것이 일반적인데, 왕건과 견훤의 대결을 용과 호랑이가 여의주를 놓고 다투는 모양으로 각색해서 조각했다. 오른쪽이 용이고 왼쪽이 호랑이인데, 치열한 대결을 상징하듯 이빨과 발톱을 있는 대로 드러내고 있다.

면 적을 끌고다녀야 한다. 이것이 진정한 의미의 선제권이자 주도권이다. 전장의 주도권을 쥐고 판세를 주도하면 적이 다수고 우세하다고 해도 적을 분열시키고 각개격파로 타격할 수 있다.

마지막으로 전격전의 약점이 보급이다. 하지만 이 부분에서 고대의 전격전은 현대의 전격전보다 쉽다. 식량과 보급은 빼앗아 먹으면 된다(현대전에서 연료와 탄약을 약탈로 조달하기란 불가능에 가깝다). 전 신라 땅에서 곡물이 가장 풍부하게 저장된 곳이 어딜까? 서라벌이다. 서라벌로 진군해서 군량을 확보하고, 적을 끌어내 내가 원하는 곳에서 싸운다. 이 단순하고도 단도직입적인 한 번의 진격으로 정말 몇 년은 준비했을 고려군의 완벽한 전술이 박살이 났다. 동시에 서라벌이 함락의 위기에 직면했다.

견훤은 망설임 없이 쾌속으로 진격했다. 고려와 신라는 그의 움직임을 놓쳤다. 백제군이 고울부(영천)에 이르렀을 때야 신라에서 고려에 구원을 요청했을 정도였다. 놀란 고려는 시중 공훤, 대상 손행, 정조 연주 등에게 1만의 병력을 주어 파견했다. 왕건 자신도 5천 병력을 이끌고 남하했다.

그러나 고려군이 아무리 빠르게 남하해도 견훤의 서라벌 진입을 저지할 수는 없었다. 고려군이 기대하는 바는 견훤이 고려군의 출동 소식을 듣고 멈춰주는 것이었다. 하지만 견훤은 멈추지 않았다. 롬멜은 제1차 세계대전 당시 보병 중대장으로 싸울 때부터 이런 상황을 여러 번 겪었다. 그때마다 그의 결론은 적이 뒤에 나타났다고 뒤로 돌아가다간 더 위험해진다는 것이었다. 확률적으로 성공 가능성이 제일 높은 방법은 계속 앞으로 나아가 적의 심장을 움켜쥐는 것이다.

견훤의 경우도 마찬가지였다. 보은으로 후퇴하면 견훤은 대야성으로 투입한 김낙의 부대와 남진해 오는 왕건군 사이에 갇혀 버릴 것이다. 견훤은 삼면에서 공격을 당할 수 있다.

호랑이는 늑대의 싸움법에 현혹되지 않고 호랑이의 면모를 다시 한번 과시했다. 견훤은 조금의 망설임도 없이 서라벌로 뛰어들었다. 도박에 가까운 모험의 대가를 단단히 치른 사람은 견훤이 아니라 위응 즉 경애왕이었다. 이때 경애왕은 백제군의 접근을 전혀 인지하지 못하고, 남산 기슭의 포석정에서 왕비와 후궁을 거느리고, 한창 잔치를 벌이고 있었다.

견훤군은 단숨에 포석정까지 들이닥쳤다. 너무 급박했던 탓에 경애왕은 궁으로 돌아가거나 외곽으로 탈출하지도 못하고 남쪽 별장으로 숨었다. 후궁과 시종, 시녀들은 미처 대피할 틈도 없어서 쳐들어온 후백제군에게 무참하게 유린당했다.

"적이 쳐들어오는데도 파티를 벌이고 있었다." 이 사실 하나로 경애왕은 우리 역사에서 가장 치욕적인 왕이 되었다. 그러나 한편으로 많은 연구자들이 이 포석정 사건에 의문을 품고 있다. 아무리 모자란다 해도 적이 쳐들어오는데 술판을 벌이고 있을 왕은 없다. 그래서 경애왕이 포석정에 간 것은 놀기 위해서가 아니라 남산의 신을 받드는 포석사에 제사를 지내기 위해서였다는 해석도 있다.[4] 그렇다고 해도 의문은 남는다. 아무리 신앙심이 좋아도 적군이 밀어닥치는데 사당에서 기도하고 있을 왕이 있을까?

무열왕비의 파편 무열왕의 비석은 귀부와 이수는 잘 보존되었지만 비는 산산조각 나서 겨우 몇 개의 조각만이 수습되었다. 혹시 이 비석이 파괴된 때가 견훤의 서라벌 점령 시기가 아니었을까?

이 사건의 본질은 서라벌 중심부까지 후백제군이 밀어닥치는데도 국왕이 이를 알지 못했다는 데 있다. 용감하게 신라군을 작전에 투입한 덕에 서라벌은 허무할 정도로 무방비 상태였다. 후백제군이 진입하는 동안 적어도 이들을 탐지하거나 궁성에 견훤의 침입을 보고할 시간만큼이라도 벌어줄 수 있게 이들을 저지할 군대가 없었다.

제사 때문이든 잔치 때문이든 경애왕이 포석정에 간 것도 고려군의 출동 소식에 견훤이 물러갈 것이라고 속단했던 탓일 가능성이 크다. 견훤이 물러가는 듯한 기동을 보였을 수도 있다. 그렇게 해서 서라벌이 사력을 다해 긁어

∥ **경주의 포석정(좌)과 일본의 포석정(우)** ∥

포석정은 구불구불한 수로로 물이 흐르고, 이 물 위에 잔을 띄워서 돌려 마시도록 한 시설이다. 이 같은 시설은 일본 교토고쇼의 정원에도 있다.

모은 수비대를 제끼고, 경애왕이 만세를 부르고 포석정으로 나가게 만들고, 무인지경의 서라벌로 진입했던 것은 아닐까?

포석정에서 경애왕은 위기를 모면했지만, 조금 후에 후백제군이 경애왕을 찾아냈다. 견훤은 군사들이 보는 앞에서 왕을 마음껏 괴롭히고 모욕하다가 강제로 자살하게 했다. 그날 밤 견훤은 경애왕의 왕비와 동침했으며, 후궁과 궁녀들을 모두 부하들에게 나누어 주고 경주를 약탈했다. 다음날 그는 왕비의 추천을 받아 김부를 새 왕으로 세우고(왕비는 김씨였다) 김부의 아우 김효렴과 재상 영경英景 등 고위관료를 인질로 잡고, 신라왕실의 보물과 기술자, 자녀, 궁녀 들을 수레에 가득 태우고 돌아갔다.

이 김부가 신라의 마지막 왕 경순왕인데, 그는 효종랑의 아들이었다. 후백제군의 서라벌 진입이 너무 극적이고, 경순왕이 효종랑의 아들이라는 사실에 착안해서 음모론도 제기되었다. 박씨에게 왕위를 빼앗긴 김씨계 특히 경순왕이 견훤과 내통해서 백제군의 습격이 성공하게 했다는 것이다. 정황으로 보면 음모일 가능성이 없다고는 할 수 없다. 그러나 신라의 입장에서 보면 이것은 너무나 위험한 방법이어서 과연 그렇게까지 했겠느냐는 의문이 든다.

4 공산성의 대회전

서라벌 점령이라는 극적인 성공을 거두었지만, 견훤의 위기는 끝나지 않았다. 그를 향해 고려의 대군이 전력으로 달려오고 있었다. 견훤은 그들을 물리쳐야만 했다. 다행히 병사들의 사기는 높았다. 서라벌에서 약탈한 물자를 실은 견훤은 신속하게 대구 쪽으로 북상했다. 두 부대는 지금의 대구 팔공산

자락에 있는 공산성에서 조우했다. 왕건의 병력은 5천 명이었다고 하는데, 대야성을 함락했던 김낙도 왕건 진영에 있었던 것으로 보아 대야성에서 출발한 병력도 합류했던 것 같다. 두 부대가 합류했음에도 고려군 병력이 너무 적은데, 최대한 빨리 오기 위해 정예기병 위주로 진군했던 탓이 아닌가 싶다.

견훤의 병력은 기록에 없으나 그의 군대는 늘 3천에서 5천 명 정도였으니 이때도 그쯤 되었을 것이다. 고려군은 왕건과 공훤의 부대, 김낙군까지 합세했으니 1만에서 2만은 되는 병력이었다고 생각된다. 객관적인 전력에서는 분명 고려군의 우위였다. 하지만 적진에 고립되어 뒤를 찔리는 것과 약탈물과 여자를 한가득 싣고 돌아가는 것은 다르다. 후백제군은 사기 충만했고 싸워 이겨야 하는 목적도 분명했다. 반면 고려군은 무슨 말로 격려해도 남의 나라 전쟁에 뛰어들었다는 생각을 지울 수 없었을 것이다.

공산성 전투는 후대에 이 전투를 기념한 사당이 설립된 덕분에 후삼국 시대의 전쟁터 중에서 그 정확한 위치를 알 수 있는 거의 유일한 곳이 되었다.

공산성에서 왕건은 견훤과 목숨을 건 전투를 벌이게 되지만, 사실은 신라의 구원 요청을 받았을 때에 미적미적하다 늦게 출동했다. 그 이유는 두 가지 가정이 가능하다. 첫째는 견훤이 신라를 완전히 병합하지는 못하고 약탈이나 하고 돌아갈 것이라고 예상하고, 일부러 서라벌 구원을 방치했을 가능성이다. 만약 그랬다면 왕건의 의도는 대성공이었다. 서라벌 약탈 이후 신라인들이 급속히 왕건에게 기울기 시작하기 때문이다. 하지만 이런 얕은 꾀로 신라 점령을 방치하기에는 위험부담이 너무 크다.

두 번째 가능성은 보다 단순하다. 병력 부족과 견훤에 대한 두려움이다. 고려군은 사방으로 분산되었고 견훤은 너무 강했다. 이리 재고 저리 재어 보아도 왕건이 견훤과 정면대결을 펼쳐 이길 수 있다는 희망을 던져볼 만한 근거가 하나도 없었다.

어쨌든 고려군은 출동했다. 한 짐 가득 점령 기념품을 싣고 개선가를 부르

대구 공산성과 표충사 가운데 우뚝한 산에 공산성이 있었고 성 아래의 하천 폭은 제법 된다. 성과 하천 사이에 위치한 표충사는 원래 지묘사로서 「신증동국여지승람」에는 미리사라고 기록되어 있다. 사당은 임진왜란으로 혹은 그 전에 소실되었는데, 1607년(선조 40) 경상도 관찰사 유영순이 충렬사를 다시 세웠다. 1672년(현종 13) 충렬사에 사액하여 사액서원이 되었다. 1871년 대원군의 서원철폐령으로 파괴되었고, 현재의 표충사는 1933년에 복원한 것이다. 아래 사진의 무덤은 표충단. 왕건은 신숭겸의 죽음을 애통하여 그의 시신을 거두어 예를 갖추어 묻어주고 그가 전사한 자리인 이곳에 지묘사를 세워 명복을 빌게 하였다.

며 행진하는 군대와 불안불안하게 밀려 내려온 군대는 묘한 곳에서 조우했다.

공산성은 지금의 팔공산 기슭이다. 대구에서 팔공산으로 올라가는 길로, 쉽게 말하면 막힌 지형이다. 현지의 전설에서는 이곳이 최초의 결전지가 아니고, 동화사, 태조지, 파군재 등 여기저기서 전투를 벌이다가 고려군이 이곳에서 최후의 결전을 벌였다고 한다.

현지의 전설이라는 것이 무시하기도 그렇고 그대로 믿기도 그렇고 애매한 경우가 종종 있다. 전후 과정이 어떻든 최후의 결전이 벌어진 공산성은 지형으로 보면 왕건이 수세, 견훤이 공세였다. 왕건은 수비로 나갔지만 위치는

제6장 용호상박 299

정말 잘 잡았다. 공산성은 대구시 동구 지묘동에 있다. 지금은 이 일대가 아파트촌으로 개발되었는데, 평야는 아니고 약간 고지대로 올라온 지역이다. 마을 한가운데를 지나는 하천이 그날은 고려군과 후백제군 사이로 흘렀을 것이다. 왕건은 하천 남쪽에 산을 등지고 자리잡았다. 이 산은 그리 넓지 않고, 모래산을 쌓은 듯 거의 완벽한 삼각형을 이루고 있어서 사각이 없다. 공격하는 후백제군은 하천을 건너야 하고, 하천을 건너면 바로 산등성이로 붙어야 한다. 그것이 싫다면 산등성이에 포진한 왕건군의 사거리 밖으로 우회해서 하천을 건너야 한다. 하천 덕분에 후백제군은 완전한 포위가 불가능했을 것이고, 덕분에 왕건은 달아날 시간을 벌 수 있었다.

전투는 후백제군의 승리로 끝났다. 고려군은 왕건이 인솔하는 정예병이었고 유리한 지형을 차지하고 있었음에도 불구하고, 처참하게 무너졌다. 왕건을 추대한 4공신 중의 한 사람인 신숭겸과 대야성을 탈환한 김낙이 전사했다. 신숭겸은 전세가 불리해지자 자신이 왕건으로 변장해서 싸우다가 전사했다고 한다. 왕건은 신숭겸의 시신을 거두고, 그가 전사한 자리에 지묘사(미리사)를 세웠다. 이 사당은 표충사라는 이름으로 지금까지 남아 있다. 신숭겸의 묘 역시 남아 있는데, 묘가 위치한 자리 즉 신숭겸이 전사한 자리라고

대구 표충사의 동쪽 삼거리에 서있는 신숭겸 동상과 공산성 전투 부조
동상 뒤쪽으로 보이는 것이 공산성 전투를 묘사한 부조다. 이곳의 지명이 파군재 3거리인데 역시나 전쟁과 관련이 있을 것이다.

하는 곳은 3부 능선쯤에 있다. 그 위치를 보면 후백제군에게 밀려 산으로 쫓겨 올라간 고려군의 최후의 항전이 보이는 듯하다.

고려군이 완패하자 경북 일대가 무방비 상태가 되었다. 견훤은 내친 김에 벽진군(경북 성주)과 대목군(경북 칠곡군 약목면)까지 진출해서 곡식을 약탈했다. 11월에 다시 벽진군을 침공해 곡식을 불태웠다. 고려 편에 붙었던 지역에 대한 철저한 보복이었다. 이 지역의 고려파 호족 또는 군 지휘관으로 생각되는 도두都頭 색상素湘이 후백제군에 맞서 보았으나 상대가 되지 않았다. 고려군의 진이 무너지고 색상은 전사했다. 927년의 고려군의 야심찬 전역은 처참한 실패로 끝나고 말았다. 경애왕이 마지막에 보여준 사나이다운 용기 역시 무참하게 꺾이고, 수천 년간 치욕을 덮어쓰게 되었다.

이렇게 보면 완전한 실패 같지만 이 전역은 성공이었다. 고려군이 시도한 한반도를 종횡하는 획기적인 전략과 장군들의 희생은 헛되지 않았다. 견훤은 서라벌을 점령하고 신라왕까지 살해하고서도 서라벌과 인근 지역을 차지하지 못하고 신라의 왕통도 끊어놓지 못한 채 후퇴했다. 그가 새로 세운 왕은 어이없게도 신라에서 가장 정통성을 지닌 인물이었다. 신라를 멸망시키거나 혼란을 야기하기는커녕 기껏 들어가 가장 정통적인 인물에게 왕 자리를 돌려주고 돌아나온 셈이 되었다. 차라리 경애왕을 그냥 살려주고 나왔더라면 비겁한 귀족들로 가득찬 신라 조정은 경애왕의 무모한 용기에 대한 책임론에 휩싸였을 것이고, 경순왕을 중심으로 하는 김씨 일가들은 왕위를 되찾기 위해 무슨 짓이라도 했을 것이다.

가뜩이나 서라벌의 민심이 고려 쪽으로 기울어져 있는 상황에서 서라벌 약탈은 그의 평판에 치명적인 결과를 야기했다. 그의 약탈은 서라벌에 그치지 않고, 경북 일대의 친고려파 군현에까지 미쳤다. 그는 충분히 겁을 주었다고 생각했겠지만, 이것은 견훤에 대한 신라 측 인사들의 반감을 조장하고, 신라와 고려와의 관계만 진전시켜 주었다.

견훤으로서는 어쩔 수 없는 사정이 있다. 그의 전술적 승리는 서라벌 함락까지였다. 적의 포위망 안으로 뛰어든 그는 서라벌에 오래 머물 수도 없었고, 군량을 조달하려면 약탈 이외는 방법이 없었다. 고려의 전술은 견훤을 가두고 공략하는 데는 실패했지만, 견훤이 서라벌에서 만행을 저지르지 않을 수 없도록 몰아세우는 데는 성공했다. 뜻하지 않은 성공이었다고 해도 대단한 성과였다.

서라벌의 위기를 보고 왕건은 망설이다가 늦게 출동하기는 했지만 신라인들은 그 사실을 몰랐을 것이다. 좌우간 그는 싸움을 피하지 않았고, 간신히 목숨만 건질 정도로 심각한 패배를 당했지만, 그야말로 견훤 덕에 패배에도 불구하고 오히려 신라인의 인심을 샀다.

게다가 고려군은 패배하는 와중에서도 보호의 의무와 의리를 지켜, 상대가 되지 않을 줄 알면서도 색상의 부대를 성주로 파견하기까지 했다. 색상은 형편없이 무너졌지만, 경북 지역의 호족들에게 깊은 인상을 남겼음이 분명하다.

그러나 그것은 조금 후의 일이고 당장은 후백제군의 승승장구였다. 공산성의 승전 이후 후백제군은 성주, 대야성, 진주를 차례로 공격하여 탈환했다. 920년과 927년에 거둔 견훤의 군사적 성공은 우리 역사상 가장 잘 남아있는 전격전의 사례일 것이다.

5 전략가 견훤, 화려한 부활

고려와 후백제의 전세는 완전히 역전되었다. 고려는 거듭된 패배로 고통을 받았다. 928년 1월 견훤은 대야성을 탈환하고 강주(진주)를 공격했다. 고려는 진주를 구원하기 위해 원윤 김상과 정조 직량을 파견했다. 얼마 전, 이 지역의 성주들은 앞다투어 왕건에게 귀부했었다. 그러나 그 사이에 인심이 바뀌었다. 김상과 직량은 초팔성을 지나가다가 이 지역의 성주 흥종의 공격을 받아 김상이 전사하는 수모를 겪었다.[5] 초팔성은 지금의 합천군 초계면으로 비정하는데, 흥종은 예전의 기훤과 같은 이 지역의 무장집단이었을 것이다. 고려군이 초팔성을 지나가다가 흥종에게 패배했다는 기록으로 보면 고려군이 흥종의 공격을 전혀 예상하지 못했던 것 같다. 전세가 유리하게 돌아가자 고려 측 또는 중립적이었던 흥종이 견훤 측에 가담해서 고려군을 기습한 것이다.

김상의 구원군이 궤멸해 버렸으니 진주의 상황은 더욱 절망적이 되었다. 그러나 진주는 고려에 충성도가 깊고, 대읍이라 공략이 만만치 않았다. 5월이 되도록 진주는 버텼다. 견훤도 진주를 결박하지는 못하고 근처에 주둔했거나 포위를 풀고 약간 물러섰다. 그 사이에 진주의 장군 진경 등이 병력을 데리고 나가 고자군(고성군)으로 양곡을 운반했다.[6] 포위된 성에서 양곡을 운반해 나간다는 것이 이해가 가지 않는데, "고성군으로"가 아니고 "고성군에서" 식량을 운송해 오려는 작전을 잘못 기록한 것이 아닌가 싶다. 그러나 이 작전이 후백제에게 탐지되었다. 견훤이 포위를 풀어준 것은 진주성의 식량이 거의 고갈되었다는 것을 눈치채고 고려군을 성 밖으로 유인해 내려는 계략일 가능성도 있다.

수비대가 빠져나가자 견훤이 진주성을 급습했다. 고성으로 가던 고려군은 이 소식을 듣고 급히 되돌아왔으나 성으로 들어가지 못하고, 야전에서 후백제군과 마주쳤다. 고려군은 장군 진경과 300명의 전사자를 내고 패배했고, 성을 지키던 장군 유문은 항복했다.

대야성과 진주의 손실은 고려 측으로서는 뼈아픈 것이었다. 이곳의 전략적 중요성은 말로 표현할 수 없을 정도였으므로 견훤은 둘째 아들 양검을 강주도독으로 임명하여 파견했다. 신라로서는 이제 후백제에 병합되는 것이 거의 확실해 보였다.

신라 전선의 상황이 최악으로 치닫자 왕건도 사태를 보고만 있을 수는 없었다. 왕건은 급히 남하해서 7월에는 보은에 도착했다. 고려는 천안의 기반이 튼튼하여 천안에서 출발해서 보은–상주로 들어올 계획이었던 것 같다. 그동안 계립령, 조령 길을 애용했으나 이미 여러 번 그 길로 군대가 지나갔고, 견훤에 의해 초토화되었다. 따라서 군대의 숙식과 지원을 감당할 능력이 고갈되었을 것이다.

그러나 보은이 후백제의 동맹군이었다. 고려군이 오자 보은군민이 삼년산성으로 들어갔다. 왕건은 성을 공격했으나 단기간에 떨어질 요새가 아니었다. 마음이 급한 왕건은 일단 청주로 물러났다. 소백산맥 외곽을 따라 괴산, 충주 등으로 올라가면서 계립령, 조령, 죽령 길을 모색할 수밖에 없었다.

『삼국지』에 제갈량이 적벽대전에서 패배한 조조의 퇴각로를 예상하고 가는 곳마다 복병을 미리 심어두었다가 조조를 습격하는 장면이 나온다. 이 유

진주성 진주성은 남강변의 절벽을 끼고 축성한 뛰어난 요새였다. 현존하는 성은 조선시대에 확장한 것으로 이전의 성은 절벽을 따라서만 축조되어 훨씬 작았다.

명한 이야기는 사실은 픽션이다. 그런데 적벽이 아닌 소백산 산지에서 꼭 그 비슷한 상황이 벌어진다.

견훤은 왕건의 보은 공격만이 아니라 청주 후퇴까지도 예측하고 덫을 파두었다. 고려군이 청주에 자리를 잡고 길을 탐색하기 위해 병력 일부를 괴산-충주로 파견하자 기다렸다는 듯이 김훤, 애식, 한장이 지휘하는 3천의 후백제군이 청주를 습격했다. 왕건은 이 직전에 충주로 가는 바람에 화를 면했지만, 청주에 주둔중이던 고려군은 낭패에 빠졌다. 위기의 순간에 온양에 있어야 할 유금필이 갑자기 나타나 후백제군을 습격했다. 후백제군은 300여 명의 사상자와 포로를 남기고 후퇴했다.

이때 유금필은 왕건의 명령을 받아 온양에서 성을 쌓고 있었다. 왕건이 경상도로 출전하려고 보니 후백제와 또 하나의 접경인 충남 지역의 방어가 걱정이 되었다. 견훤과의 맞대결이 예상되는 만큼 왕건은 최대한의 병력과 물자를 동원해야 했다. 그런데 모든 전력이 경상도로 출전한 사이에 견훤군이

삼년산성 보은은 후백제의 동맹군으로 고려군이 들어오자 삼년산성으로 들어가 공격을 견뎌냈다.

서해안으로 북상해서 오산, 평택, 천안 일대로 진출하면 왕건은 독 안에 든 쥐가 되고 만다. 하지만 이 지역을 방어할 병력은 부족했다. 양이 안 되면 질이다. 그래서 왕건은 충청 지역의 방어를 제일 믿을 만한 명장 유금필에게 맡겼고, 최대한 방어 태세를 강화해서 신라 전역이 끝날 때까지 버티라는 지침을 하달했다.

그러나 견훤은 언제나처럼 양동작전 따위에는 관심이 없었고, 신라 전역에 모든 것을 쏟아부었다.

만약 후삼국의 지도자들이 프로스포츠 팀의 감독처럼 매일같이 비평에 노출된다면 견훤은 과감하고 전투적이며 단기전에 강하지만, 전장을 넓게 쓸 줄 모르고, 사태를 자신이 직접 해결하려는 욕심이 강해 코치들의 활용이 부족하고, 전술가보다는 파이터형 지휘관이라는 평가를 받을 것이다. 그런데 마치 그런 평판을 불식시키기라도 하려는 듯, 견훤이 갑자기 변했다.

견훤은 이번 전역에 상당히 많은 준비를 했다. 그리고 마치 제갈량처럼 광범위한 전선에서 빈틈없이, 톱니바퀴처럼 작동하는 용병술을 풀어내기 시작했다.

전략가 견훤이 제갈량 수준의 면모를 보여준 결정적 작품이 청주 기습이었다. 그러나 이 결정적 순간이 유금필의 갑작스런 출현으로 어긋나고 말았다. 유금필의 등장에 대해 『고려사』는 그가 꿈에서 계시를 받았다고 한다.

> 이때 유금필은 왕명을 받아 탕정군(온양)에서 성을 쌓고 있었다. 꿈에 한 대인大人이 나타나 말하기를, "내일 서원西原(청주)에서 변란이 있을 것이니 빨리 가라"라고 하였다. 금필이 놀라 깨어서 바로 청주로 달려가서 후백제 장수와 싸워서 이를 패배시켰다. 독기진禿岐鎭까지 추격하여 죽이거나 사로잡은 것이 3백여 명이었다. (『고려사』 권92, 열전5 유금필)

독기진의 위치는 미상이지만 추격전을 펼쳤다는 것을 보면 유금필은 기병을 인솔하고 전 속력으로 행군해 온 모양이다. 온양에서 청주까지는 직선 거리로 40km 정도 된다. 기병이라도 말을 타고 달려오는 것이 아니라 보통은 말을 끌고 온다. 초원지대는 말을 타고 이동하기도 하는데, 우리나라는 산길이 많아 말을 타고 이동하기란 쉽지 않았을 것이다. 그래서 탔다 내렸다 하면서 말로 달리고, 두 발로 달리기를 반복해야 한다. 문제는 웬 꿈이냐는 것인데, 그건 후대의 이야기고 어디선가 정보가 누설되었을 것이다.

견훤의 걸작이 예기치 않은 사건으로 뒤틀렸다. 이 공격이 성공했다면 고려군은 소백산맥 횡단을 포기해야 했을 것이다. 그들이 고개로 진입하는 순간 후백제군이 뒤따라와 입구를 봉쇄해 버릴 것이 뻔했기 때문이다. 그랬더라면 견훤은 아무런 방해도 받지 않고 경북을 석권할 수 있었다. 싸울 필요조차 없을 수도 있었다. 왕건이 돌아갔다고 하면 경북의 친고려파 토호나 신라 조정도 저항을 포기했을지 모른다.

그러나 유금필의 출현으로 이 꿈 같은 상황이 망가졌다. 그뿐 아니라 왕건에게는 커다란 전화위복이 되었다. 왕건은 쓸데없이 견훤의 양동을 우려해서 견훤과 제대로 싸울 수 있는 제일 용맹한 장수와 최정예 부대를 엉뚱한 곳에 버려두고 오는 실수를 범했다. 이 실수를 견훤이 바로잡아 주고 만 것이다. 왕건은 실수를 인정하고, 유금필을 원정에 합류시켰다. 이때부터 고려 최고의 명장 유금필의 활약이 시작된다.

견훤으로서는 땅을 칠 일이었지만, 갑자기 제갈량처럼 변한 견훤의 톱니장치는 아직 끝나지 않았다.

청주 전투 후에도 왕건은 남진 루트를 결정하지 못했다. 그 사이에 소백산맥 남쪽으로 진입한 견훤은 두 가지 작전을 동시에 진행했다. 먼저 자신이 인솔하는 주력군을 동원해 경북 평정을 서둘렀다. 낙동강 서부 지역을 확보한 견훤군은 남쪽의 양산마저 함락하고, 이어 낙동강을 타고 북상해서 경북지역 공략에 나섰다.

서라벌은 공포에 떨었을 것이다. 작년 견훤이 서라벌에 주저앉지 못한 이유는 주변 군현이 거의 고려 편을 들었기 때문이다. 그러나 지금은 견훤군이 주변 군현을 거의 완벽하게 점령했다. 고려군은 작년에 대패를 당했고, 지금도 소백산맥으로 들어서지도 못하고 있다.

하지만 견훤은 왕건을 무시하지 않았다. 그가 서라벌을 덮치지 않고 있는 것은 927년의 경험을 통해 점령이 아니라 항복이 필요하다는 사실을 비로소 깨달은 탓이다. 그는 서라벌 주변을 완벽하게 포위하고 신라의 항복을 받아낼 작정이었던 것 같다. 그 포위는 거의 끝나 가고 안동 – 청송 – 진보가 중심이 된 서라벌 북동쪽 지구만 남았다. 이곳은 친고려파 토호들의 핵심 거점이었다.

이 지역을 향해 진군하면서 견훤은 별동대를 파견해 왕건의 경북 진입을 계속 방해했다. 이 역할을 담당한 장수가 관흔이다. 관흔은 928년 8월에 충북 영동으로 추정되는 양산에서 성을 쌓고 있었다. 왕건은 이 소식을 듣고 명지성 장군 왕충을 다시 불러 관흔을 축출했다. 밀려난 관흔은 대량성(대야

유금필의 사당과 비 충청남도 부여군 임천면 군사리 소재

성)으로 가서 전력을 정비하더니 대목군(천안)으로 가서 벼를 모두 베어 버렸다. 천안은 고려군이 반드시 거쳐야 하는 중간 경유지인데, 이곳의 보급 능력을 제거한 것이다. 그리고는 경북 예천으로 추정되는 오어곡을 차단했다.7 예천은 진정한 전략요충으로 고려군이 계립령, 조령, 죽령의 어느 길로 오든지 안동을 지나 서라벌로 가려면 반드시 거쳐야 하는 곳이다.

관흔을 추격한 왕충은 이 지역 출신인데다가 비슷한 재능의 장수로 보인다. 왕건은 관흔이 오어곡을 차단하자 왕충에게 조물성 부근을 정찰하고 루트를 찾는 임무를 맡겼다. 이런 임무를 맡기는 것을 보면 왕충 역시 수색, 정찰, 기동에 능숙한 기병대장이었던 것 같다.

이때의 상황은 조금 모호한데, 관흔이 오어곡을 차단함으로써 길만 막힌 것이 아니라 오어곡성에 있던 고려군이 본대와 단절되었던 것 같다. 왕충의 노력으로 고려군 일부가 오어곡성에 진입함으로써 루트가 다시 개통되었지만, 928년 11월까지도 왕건의 본대는 소백산맥을 넘지 못했다. 게다가 왕건은 지리한 전역을 이겨내지 못하고 8월 이후에 송악으로 돌아가 버렸다.

그 사이에 후백제군은 차분하게 진격했다. 10월에 현재의 군위군으로 추정되는 무곡성을 함락시켰다. 군위 북쪽 의성에서는 홍술이 주도하는 고려군이 강력한 방어선을 구축하고 왕건의 본대를 초조하게 기다리고 있었다. 홍술은 진보(청송)의 토호로서 왕건이 자신의 한 쪽 팔이라고까지 말했을 정도로 신임하던 인물이었다. 홍술은 922년 11월에 왕건에게 귀순했는데, 그것이 조물성 전투의 계기가 되었을 정도로 이 지역의 지정학적 중요성도 컸지만, 홍술 자신도 꽤 강력하고 명망있는 토호였다. 무엇보다 왕건에게 충실해서 고려가 이 일대를 지배하는 데 커다란 힘이 되었다. 지금 진주, 합천, 문경, 군위, 양산을 다 빼앗긴 상황에서 의성에서 진보로 이어지는 라인은 소백산맥 남쪽에 있는 거의 유일한 고려의 영역인 동시에 왕건의 남하를 지원할 수 있는 하나 남은 길이었다.

그런데 견훤군의 진행이 생각보다는 느렸다. 대야성을 떨어트린 것이 연초였는데, 5월에 진주를 떨어트리고 다시 양산과 군위를 함락하는 데 5개월이 걸렸다. 고려군의 주력이 도달하지 못한 상황에서 견훤의 주력을 이토록 저지할 수 있었던 것은 의성-안동-청송 일대를 거점으로 한 친고려파 세력이 의외로 굳세고 완강했기도 하지만, 견훤이 철기병 전술의 한계를 뼈저리게 느끼고 보병 전술, 즉 전선을 유지하고, 한 걸음씩 다지면서 전진하는 전술로 전환한 탓도 큰 것 같다.

그래도 너무 느렸다. 그것이 전체 작전을 망칠 수도 있었다. 그러자 견훤이 특유의 능력을 다시 발휘했다. 11월 견훤은 정예병사를 뽑아 오어곡성을 급습했다. 고려군 수비대 1천 명이 사망하고, 장군 양지, 명식 등 고려군 장수 6명이 성 밖으로 나와 항복했다. 이 소식을 들은 왕건은 구정毬庭(격구 경기를 하던 큰마당)에 군사들을 모아 놓고 항복한 장군의 가족을 군사들 앞에서 조리돌리고 처형했다. 이것은 『고려사』에서 늘 풍만한 인격자로 묘사되던 왕건이 잔혹한 면모를 보인 유일한 사건이다. 그만큼 왕건의 충격이 컸고 엄청난 타격이었다.

고려군의 진로가 완전히 막혔다면 서라벌과 경북 토호들의 다음 선택은 뻔한 것이었다. 그런데 왕건의 흥분이 무색하게 전황이 갑자기 소강 상태로 빠져들었다. 견훤은 예천과 군위를 점령한 채 꼼짝하지 않았다. 개경으로 돌아온 왕건은 12월에 태평하게 북방 순시에 나서서 서경까지 방문했다.

갑작스레 벌어진 이 황당한 정전 사태의 원인은 양국의 전쟁 수행 능력이 한계점에 도달한 탓이었다고 보인다. 927년의 경주 침공과 공산성 전투와 같은 격전을 제외하더라도 견훤의 928년 전역은 1월부터 11월까지 한 해 내내 계속되었다. 게다가 양군은 서로 수도에서 가장 먼 곳에 와서 싸우고 있다. 견훤은 여러 전선에 걸쳐 세심하고 빈틈없는 전략을 구사했지만, 그라운드를 넓게 쓰니 체력 소모도 그만큼 컸다.

왕건이 북방 순시에 나선 것도 사실은 태평해서가 아니고 이 지역의 여진족과 주민을 수습하고 지원병을 모집하기 위해서일 수도 있다. 고려군에는 여진족(말갈족) 부대도 포함되어 있었고, 이들은 꽤 용맹했던 듯하다.

929년 7월이 되어서야 전운이 다시 감돌기 시작했다. 929년 7월 왕건은 경북 풍기로 내려와 이 일대의 군현을 순시했다. 추수 후에 벌어질 결전을 준비하려는 조치였다. 그러나 이번에도 견훤의 속도가 한 수 위였다. 왕건이 전선을 순시하며 전의를 다지는 동안 견훤이 5천 병력으로 의성을 쳤다. 이 한 방은 강력해서 의성이 붕괴되고 홍술이 전사했다. 홍술의 전사 소식을 듣자 왕건은 내 양 손을 잃었다고 통곡했다.

홍술 같은 거물이 전사했으니 이 지역의 왕건 세력은 궤멸해 버린 것과 마찬가지였다. 아니나 다를까 홍술과 함께 고려로 귀순했던 순주(안동 풍산면)의 지도자 원봉이 싸우지도 않고 도망했다.

9월 왕건이 서둘러 영주에 도착했다. 그러나 차마 더 이상 내려오지는 못했다. 같은 달 견훤은 군대를 서진시켜 문경 지역의 고사갈이성을 공격하고, 자기 고향인 가은현을 포위했다. 가은현은 조령 출구를 막는 병마개 같은 곳이다. 조령을 막아 버리자는 의도였던 것 같다. 이 공격에서 고사갈이성의 함락 여부는 알 수 없지만, 항상 견훤을 배신하는 그의 고향은 이번에도 강력하게 저항해서 견훤에게 다시 한번 충격을 안겼다.

가은현의 선전도 견훤에게는 운명적 아이러니지만, 왜 여기서 또 힘을 낭비했는지 불가사의다. 고향에 대한 미련 내지는 원한이 견훤의 주의를 그리로 돌렸는지 모르겠지만, 히틀러가 스탈린그라드에 집착하다가 동부전선을 망친 것과 똑같은 실수였다.

조령 길을 막으려는 의도였다고 해도, 왕건은 이미 죽령을 넘어 풍기 - 영주로 들어왔다. 예천, 고창(안동) 쪽에 미리 병력을 집중시켜야 했다. 문경 공세로 인해 견훤은 7월까지의 연속된 승세를 이어가지 못하고, 시간을 낭비했

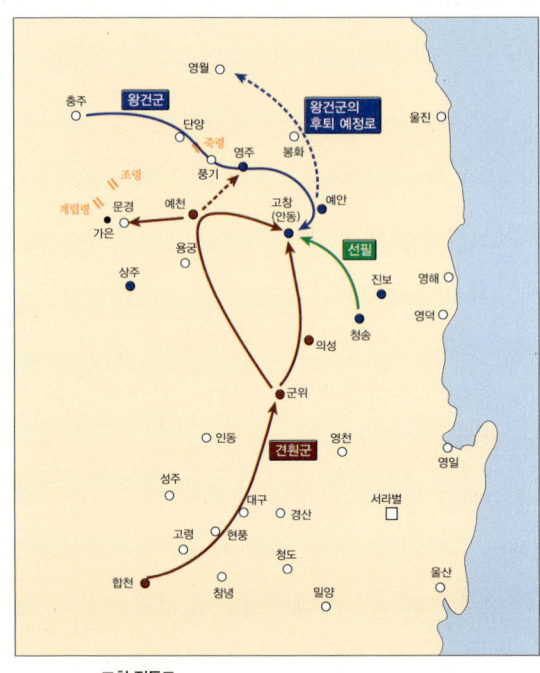

고창 전투도

다. 무려 5개월을 소모하고, 12월이 되어서야 견훤은 고려의 최대 거점인 고창을 포위한다. 왕건의 영주 도착이 9월이었으니 견훤이 9월에 가은현 대신 바로 고창을 공격했더라면, 왕건은 고창을 포기해 버렸을지도 모른다. 정말로 견훤답지 않게 결정적 순간에 그의 용병술이 너무 신중하고 산만해졌다.

고창성 포위는 이 길었던 전역의 절정이었다. 지금도 그렇지만 안동은 이 일대에서 제일 큰 도시이자 지배 거점이다. 견훤이 고창까지 점거하면 고창 - 청송 - 진보를 연결하는 고려의 삼각지대가 고사하고, 견훤의 포위망은 완성된다. 눈치만 보고 있던 경순왕과 신라의 늙은 귀족들도 왕건에 대한 기대를 접을 것이다.

930년 정월, 왕건은 비장한 각오로 남진을 결정했다. 사태를 방치하면 어차피 모든 것을 잃을 판이었다. 그래도 가슴과 다리가 떨리는 것은 어쩔 수 없고, 암울하고 불길했다. 견훤이 이미 예천 - 풍산 라인까지 점령해서 영주 - 안동 가도의 측면을 노리고 있다는 사실은 더욱 찜찜했다. 후백제군의 배치를 보면 고려군이 마치 항아리로 들어온 것 같았다. 안동을 구하려면 항아리의 맨 밑바닥까지 내려가야 한다. 지난 2년 동안 견훤은 왕건군의 행동을 언제나 예측하고 있었고, 고려군은 허둥지둥 휘몰리며 간신히 버텨 왔다. 그렇다면 지금도 더 잘 짜여진 덫 안으로 들어가고 있는지도 모른다.

서쪽 측방이 불안했던 고려군은 영주에서 안동으로 직진하지 못하고, 동쪽의 청량산과 지금의 도산서원 동남쪽에 있는 예안으로 빙 돌아 내려왔다. 더 중요한 이유는 고려군이 지나간 후 예천의 후백제군이 고창 - 영주 사이로 진출해서 고려군의 퇴로를 차단할지 모른다는 두려움 때문이었다. 예안 길은 좁은 산길이고 지금은 안동호가 생겨 하천의 모습을 제대로 볼 수 없지만 남북으로 하천이 흘러 고려군의 서쪽 측면을 방어해 주고, 견훤군이 고려군의 뒤로 진출하는 것도 어렵게 한다. 마지막으로 영주 - 죽령 길이 막혀도 청량산을 넘어 울진 쪽으로 내뺄 수가 있었다.

그러나 왕건군의 진로가 이렇게 비틀거린다는 자체가 벌써 고려군의 불안감을 반영하고 있다. 예안까지 왔을 때 고려군 지휘관들의 불안은 극에 달했다. 후백제군이 영주 - 예안으로 뒤따라올 수도 있었다. 왕건은 장군들을 모아 놓고 작전회의를 개최했다. 회의의 논제는 패배했을 때 도망칠 방법이었다. 공훤과 홍유는 절대로 죽령으로 되돌아가면 안 되고 샛길로 가야 한다고 말했다. 영주로 돌아가지 말고 봉화 - 울진의 산길로 도주하자는 것이었다.

전쟁에서 모든 상황을 가정하고 대책을 준비하는 것은 상식이지만, 자세가 문제였다. 고려군 지휘부가 도망칠 궁리에 몰두하자 유금필이 호되게 다그쳤다. 싸우기도 전에 패배할 걱정부터 해서야 되느냐, 지금 빨리 진군하지 않으면 고창군의 병력 3천을 견훤에게 내주게 된다. 이렇게 나서면 그 다음에 꼭 되돌아오는 말이 있다. "그럼 당신이 앞장서시오."

유금필은 선봉이 되어 고창으로 빠르게 진군했다. 유금필 부대는 저수봉에서 후백제군을 만나 깨트렸다. 저수봉은 현재의 와룡면 서지동 서남쪽에 있는 봉우리라고 한다. 와룡면은 예안에서 지금의 안동호 수몰지구를 따라 안동으로 내려오는 길목이다. 저수봉의 후백제군은 예안 길을 감시하고 고려군을 저지하기 위한 선봉대였던 모양이다.

왕건이 고창에 입성하면서 견훤과 왕건이 다시 만났다. 927년 공산성 전투 이후 근 3년 만이었다. 그래도 떨리는 쪽은 왕건이었을 것 같은데, 930년 신년이 되자마자 재암성(청송)의 실력자인 선필이 왕건을 찾아와 합류했다. 그의 지위가 전사한 홍술과 똑같이 진보장군이었던 것으로 봐서 안동과 청송 사이에 있는 진보면 출신으로 홍술과도 잘 아는 사이였을 것이다. 그는 이전에 고려와 신라 사이를 중재해서 외교관계를 성립하게 한 적이 있었다. 『고려사절요』에서는 왕건이 신라와 통교하려고 했는데, 도둑이 일어나 길이 막혔다고 한다. 그때 선필이 기이한 계책을 써서 고려 사신을 인도해서 신라와 통교하게 했다고 한다. 하지만 이때만 해도 선필은 신라의 신하로서 이 일을 한 것 같고, 여태까지 정식으로 고려에 귀순하지는 않고 있었다.8 그런데 홍술마저 전사한 이 어려운 때에 왕건 측에 가세한 것이다. 그가 데려온 병력은 기록에 없지만, 위성도 지도도 없던 시절에 이런 토호의 가세는 지리와 현지 정보를 얻을 수 있다는 것만으로도 큰 도움이 되었다.

왕건은 너무나 감격해서 선필에게 상보尙父라는 칭호를 하사했다. 상보는 주나라 문왕이 강태공으로 알려진 태공망 여상을 존중해서 부여한 칭호다. 왕건이 상보라고 부른 사람은 평생에 셋뿐으로 나머지 두 사람은 경순왕과 견훤이었다. 그러니 후삼국의 왕에게나 주던 영예를 선필에게 준 것이다.

결전의 날, 양군의 주력은 각각 병산과 석산에 주둔하고 마주보았다. 양군 진영 간의 거리는 500보(약 900m)였다. 여기서 이 고창 전투의 현장이 어디냐가 문제가 된다. 안동 지역에서는 그 장소가 와룡면 가수내라고 하며 가수내를 중심으로 합전교(안동시 송현동) 등 그와 관련된 지명과 전설이 전해져 오고 있다.

> 견훤은 원래 지렁이의 화신이었다고 하는데, 전시戰時에는 모래땅에 진을 쳐 신변이 위태롭게 되면 모래 속으로 들어가 웬만해선 그를 물리칠 수 없었다고 한다. 삼태사三太師(왕건을 도운 안동지역의 3호족)가 현재의 안동군 와룡면 서지동에 진을 치고 있을 때, 견훤은 그 동쪽 낙동강변 모래땅에 진을 쳐 대전하

안동 가수내 사진 왼쪽의 도로를 따라가다 가운데 재를 넘으면 안동 시내가 나온다.

였는데, 싸움이 수십 번 계속되어도 끝이 나지 않고 견훤은 싸우다가 불리해지면 모래 속으로 들어가니 어찌할 도리가 없었다. 이에 삼태사 군사들은 전략을 세워 흐르는 강을 막아 못을 만들고 물속에 소금을 수없이 넣어 염수鹽水를 만들어 놓고 접전을 했다.

견훤은 싸움이 점점 불리해지자 당황하여 지렁이로 둔갑해서 모래 속으로 기어들었다. 삼태사군軍은 이때다 하여 염수의 못물을 터뜨렸다. 소금물이 흘러내리니 아무리 둔갑한 지렁이일지라도 견딜 재주가 없었다. 견훤은 겨우 목숨만 건져 패주하여 안동 땅에서 물러갔다고 한다. 지금도 이 내를 소금물이 흘러갔다고 하여 간수내(가수내)라 부르고 견훤이 숨은 모래를 진모래(진몰개, 긴모래)라고 한다. 지금은 안동댐 수몰로 모래를 볼 수 없다. (『경상북도 지명유래총람』, 63쪽)

한편 김정호의 《대동여지도》에도 병산이 표시되어 있는데, 앞서 고려군이 안동으로 들어오면서 후백제군을 격파했던 저수산의 바로 북쪽이다.

현지의 지명과 구전은 의외로 정확한 경우가 많아서 함부로 무시하면 안 된다. 하지만 전혀 맞지 않는 경우도 종종 있다. 지명과 전설이 만들어지는

안동 풍산 들판 끝에 풍산읍이 자리하고 있고 그 뒤로 펼쳐지는 산들 중 가장 높게 보이는 것이 학가산이다. 저자가 비정하는 고창 전투 지역이 이곳이다.

데는 굉장히 다양한 요소가 있기 때문이다. 많은 분들이 지명은 쉽게 변하지 않는 상당한 보수성을 지닌다고 생각하는데, 그런 것도 있고 그렇지 않은 것도 있다.

와룡면 서지리 일대를 결전장으로 비정하면 한 가지 문제가 생긴다. 고려군은 북쪽 예안에서 출발해서 서지리에서 후백제군의 포위를 뚫고 안동에 진입했다. 후백제군은 남쪽 의성과 서쪽 예천에서 왔다. 그런데 견훤이 서지리로 들어오면 남쪽 안동의 고려군과 예안 쪽에 있었을 고려군의 후위 사이에 끼어 버린다. 일부러 이렇게 불리한 위치에서 싸울 필요가 없다. 그렇다고 남쪽에서 안동을 공격하면 강을 건너는 도하작전을 수행해야 한다. 안동 시내의 남쪽은 낙동강이 동서로 완전히 가로지르고 있다. 그러므로 안동을 공략하려면 강북 쪽에서 공격해야 하는데, 견훤의 입장에서 가장 바람직한 공격로는 강북의 서쪽 지역 즉 예천 - 풍산 - 안동으로 오는 방향이다. 여기서 왕건과 견훤에게 예천(오어곡성)이 중요했던 이유가 더 명확해진다. 예천은 문경에서 안동으로 오는 통로를 방어한다는 의미도 있지만, 강북에서 안동을 공격하기에 가장 바람직한 코스다. 그렇게 하지 않고 안동의 북쪽으로 올라가 서지리로 다시 내려온다면 스스로 군대를 고립시키고 싸우는 셈이 된다. 소규모 기습부대도 아니고 양군의 주력이 격돌하는 상황에서 이런 이상한 포진을 할 수는 없다.

고려와 후백제가 대결한 병산과 석산의 실제 위치는 알 수 없지만 양쪽의 결전장으로는 안동에서 풍산으로 나오는 계곡 평야나 풍산들을 감싸고 있는 산지의 한 곳을 가정하는 것이 합리적일 듯하다. 다만 짧은 기록으로는 전황을 정확히 파악하기에 무리가 있고, 우리가 알 수 없는 변수도 많으므로 정말로 와룡면 지역에서 재대결이 벌어졌을 가능성을 완전히 배제할 수는 없다.

신라 지역의 패권, 나아가 고려와 후백제의 운명을 두고 벌어진 이 결전은 아침부터 저녁 늦게까지 하루 종일 계속되었다. 벌판은 피로 물들었다. 양측의 병력은 알 수 없으나 각기 1만이 넘었던 것은 분명하다. 지금까지 벌어진 전투 중 가장 규모도 크고 격렬한 전투였다.

상황이 달라진 것은 고려군도 견훤의 철기병에 상응하는 기병대를 준비했다는 점이다. 유금필의 기병대가 저돌적으로 돌진해서 후백제군을 깨뜨렸다. 아마 반대쪽에서는 고려의 창병과 궁수가 견훤의 철기병을 저지했을 것이다. 마침내 견훤군이 물러섰다. 후백제군은 무려 8천의 전사자를 냈고, 시랑 김악金渥이 사로잡혔다. 견훤은 일부 부대를 보내 풍산읍을 약탈하고는 철수했다. 그가 풍산을 약탈했다는 것은 예천 방면으로 후퇴했음을 암시한다. 그곳에서 보은으로 빠졌을 것이다.

이번에는 927년과 정반대로 후백제군이 승리를 거두기 일보 직전에 전세가 역전되었다. 양측이 서로 상대를 벤치마킹해서 이기고 졌다는 것도 아이러니다. 견훤은 927년의 전역에서 점령지를 도배하는 전술과 부대의 광역 운용, 정치적 점령의 의미를 배웠고, 고려군은 전투에서 이기려면 강력한 돌격기병이 필요하다는 사실을 깨달았다. 다만 이 배움을 실현하는 과정에서 고려는 유금필 부대와 여진 기병을 투입하는 것으로 비교적 간단하게 해결했지만, 견훤은 전술을 바꾸려니 배울 것이 너무 많았다.

고려군의 승리 요인을 딱 꼬집어 말할 수는 없다. 그러나 선필로 대표되는 청송과 안동 일대의 토호, 특히 견훤에게 불만이 있었던 친신라계 세력들의 가세가 큰 힘이 되었다. 견훤은 의외로 병력이나 물자가 별로 만족스럽지 못했다. 도시 하나를 떨구면 몇 달씩 쉬면서 재충전을 해야 했다. 그것은 그만큼 지역 토호들의 지원도 부족했다는 의미다. 견훤이 고창 전투에서 패배하자마자 부장을 보내 풍산읍을 약탈하고 후퇴한 것도 그의 곤궁한 사정을 말해 준다. 이 약탈도 화풀이 약탈이 아니라 말 그대로 회군 길에 필요한 보급 투쟁이었을 것이다.

너무 오랜 전역으로 병사들도 상당히 지쳐 있었을 것이 틀림없다. 고려군은 안동의 3천 수비대에 왕건의 주력, 주변의 토호들까지 가세했다. 어쩌면 전투의 사상자는 고려군이 더 많았을 수도 있다. 그러나 절대 병력에서 고려군이 우위였다. 후백제군은 하루 종일 계속된 전투로 병사들이 지치고, 예비대까지 바닥나 버린 상태였다. 이럴 때 저쪽에서 싱싱한 군대를 투입하면 더 이상 방법이 없다.

기록에는 나오지 않지만 고려 측의 승리에는 발해 유민의 유입이라는 요인도 컸다고 생각된다. 926년 발해가 거란에게 멸망하면서 발해 유민들이 대거 고려로 유입되었다. 그 중에는 발해의 왕족과 고위층들도 많았다. 나중에 거란 전쟁에서 발해 유민들이 상당한 활약을 하지만, 쓸 만한 무사와 군인들도 꽤 따라왔을 것이다. 위기의 순간에 고려에게 떨어진 복이었다.

견훤에겐 그런 운이 따라주지 않았을 뿐 아니라 큰 실수를 저질렀다. 927년에 행한 서라벌 약탈은 정말로 근시안적인 행동이었다. 그 사건은 신라의 운명이 다했다는 사실을 만천하에 알려주었다. 그동안 신라에 대해 의리를 지키거나 신라의 힘을 두려워하던 군현들이 이제 신라를 포기하고 고려와 후백제를 두고 저울질을 하기 시작했다. 고창 전투가 끝나자마자 140여 개 군현이 왕건에게 투항했다는 사실이 이에 대한 증거다. 이 군현들은 모두 통일전쟁 이전부터 신라의 영토였던 곳들로, 신라 중의 신라라고 할 수 있는 곳들이다.

이렇게 견훤은 신라인의 마음을 허물었다. 그러나 진짜 문제는 그 다음이었다. 다음을 생각하지 않은 견훤의 대책 없는 약탈은 허물어진 마음이 고려로 향하게 만들었다. 서라벌 약탈은 견훤에 대한 악명과 두려움을 높여 놓았다. 그 결과 고창 주민들은 성을 포위한 견훤군에게 끝까지 저항했고, 고려군이 진출하자 청송의 호족들은 홍술의 전사에도 좌절하지 않고 즉시 왕건 편에 서서 견훤군과 싸웠다. 이들의 지원이 왕건이 고창에서 승리할 수 있었던 중요한 요인의 하나였을 것이다. 견훤은 신라의 군현들이 서라벌을 포기하고 고려로 돌아서게 해준 셈이 되어 버렸다. 고려의 기록들은 이를 왕건의 인덕과 덕치의 소산으로 극구 칭찬했지만, 신라인들은 견훤에 대한 두려움과 복수의 감정 때문에라도 왕건 편에 붙었을 것이다. 930년 견훤의 고창 전투 패배는 누적된 피로와 정치감각의 부재가 야기한 결과였다.

6 역전과 반전

고려군이 승리하자 주변의 영천·하양·안동·청송 등 30여 군이 일제히 고려에 투항했다. 다음 해에는 강릉에서 동해 연안을 따라 내려오는 110여 개 군이 고려에 붙었다. 왕건은 끝까지 고려 편에 서준 고창을 안동부로 승격시켰고, 안동을 사수해준 안동의 성주 김선평金宣平을 대광으로, 권행權幸과 장길張吉을 대상으로 임명했다. 이 세 사람을 기념하는 사당인 태사묘가 지금까지

안동 태사묘 경북 안동시 북문동 소재

유지되고 있다.

고려, 백제, 신라로 통하는 삼거리가 교차하는 곳이 천안이다. 이런 지정학적 관계로 천안 일대는 늘 행군로 아니면 전쟁터가 되었다. 930년 8월 왕건은 몸소 이곳에 행차해서 후백제군에게 자주 약탈당하던 대목군과 동서 두솔(兜率)을 합쳐 천안부라는 광역행정구역을 만들고, 도독을 주둔시켰다. 이로써 개경에서 천안을 지나 청주-보은, 또는 김천-상주를 지나가는 통로가 확고하게 고려의 제공권 아래 들어갔다.

932년 6월, 지금껏 굳건하게 후백제를 지지하던 매곡성의 지도자 공직이 고려에 투항했다. 매곡성은 지금의 보은군 회인면으로 보은 – 상주 길은 천안에서 서라벌로 가는 최단 코스다. 이런 지정학적 관련 때문인지 공직의 정치 역정도 복잡했다. 궁예 시절에 청주는 궁예와 돈독한 관계에 있었다. 이

때 공직도 태봉에 복속하거나 우호관계를 맺었던 것 같다. 공직의 처남인 경종景宗은 궁예에게 발탁되어 철원에 거주했는데, 왕건이 집권한 뒤 임춘길의 난에 연루되어 처형되었다. 임춘길의 난 때 청주인이지만 왕건 편에 섰던 현률은 경종을 처형하면 매곡성주인 공직이 배반할 테니 용서하고 회유하자고 했다. 왕건은 이 충고를 무시했는데, 그 대가가 커도 너무나 컸다. 조물성 전투 때부터 고창 전투까지 보은이 고려 편에 섰다면 우리는 고려의 환상적인 전술과 견훤의 상식을 깨는 돌파를 볼 수 없었을지도 모른다.

공직은 후백제로 투항하면서 큰아들 직달과 둘째 아들 금서, 딸 하나를 모두 전주로 보냈다. 인질로 잡아가두는 것은 아니고, 관직을 주어 이주시킨 것이지만, 좋게 보면 출세고 나쁘게 보면 볼모였다.

그 공직이 과거의 원한을 묻고, 자녀들의 안전까지 희생하면서 고려 편으로 돌아선 것이다. 공직은 자녀들에게 미리 연락해 탈출계획을 세웠지만, 세 자녀가 탈출하는 게 쉬울 리가 없다. 견훤은 공직의 두 아들과 딸을 잡아 다리의 힘줄을 끊었다. 이 고문으로 큰아들은 죽었다. 둘째 아들은 나중에 나주에서 생포한 후백제 장군과 교환해서 생환할 수 있었다. 딸은 기록이 없다.

공직은 귀순 후에 바로 옆 고을인 일모산성(충북 문의)을 공격해 함락시켰다. 공직의 열전에서는 공직이 견훤의 잔인무도하고 사치스러움에 실망해서 왕건에게 투항했다고 하지만,9 소백산맥 남쪽을 고려가 완전히 장악함에 따라 받게 되는 압박감도 적지 않게 작용했을 것이다. 아무튼 공직이 자식까지 희생시켜 가면서 왕건에게 투항했다는 것은 견훤에게도 충격이었다.

시간을 다시 앞으로 돌려서 931년 2월 고창에서 승리를 거두고 경주 북방의 군현에 대해 모조리 복속을 약속받은 왕건은 의기양양하게 서라벌로 입성했다. 신라왕이 왕건에게 면담을 요청하자, 왕건은 그야말로 점잖게 50여 기의 부하만 거느리고 서라벌을 방문했다고 한다. 그리고 왕건은 서라벌에서 지극한 환대를 받고 수십 일을 머물렀다. 그러나 이것은 분명한 무력시위였다.

동해안 지역이 고려로 넘어오자 왕건은 즉시 지금의 영일군 신광면에 있던 일어진昵於鎭에 성을 쌓았다. 그리고 백성을 이주시켜 이곳을 채웠다. 신라가 북쪽 길을 통해 동해안으로 진출할 가능성을 완전히 차단한 것이다. 모자를 눌러씌우듯 서라벌 북쪽이 모조리 고려의 영토가 되었다.

『고려사』에는 이 역사적인 정상회담의 내용에 대해서 언급이 없지만, 그 후에 벌어진 사태를 보면 대략 짐작은 할 수 있다. 이때 왕건은 경순왕에게 나라가 없어져도 경순왕 일가의 지위와 권력은 보존시켜 주겠다는 언질을 준 것 같다. 고려군은 의성 등지에 주둔군을 남겨두고 철수했다. 경주에도 능장영能丈英, 주열周烈, 궁총희弓悤希 등을 주재시켰다. 신라를 사실상 보호국화한 것이다.

그러나 경순왕은 쉽게 태도를 결정하지는 못했다. 일단은 싸움은 아직 끝나지 않았다. 그는 경애왕이 서둘러 고려에 붙었다가 비명횡사한 것을 보았다. 후백제의 열세가 확연해진 듯했지만, 고창 전투의 패배는 원정 전투의 패배였다. 후백제의 본토는 흔들림이 없었다. 오히려 후백제 정권이 나이가 들어감에 따라 견훤의 친위군에 대한 의존도가 완화되고, 내지의 치안과 인력 활용은 탄탄해지는 모습도 보이기 시작했다. 그 증거가 수군이다.

후백제 수군은 열세를 면치 못했다. 왕건의 수군이 우수하기도 했지만, 진짜 이유는 여러 번 말했듯이 전라·충청 지역에 대한 견훤의 지배력의 한계였다. 수군력을 좌우하는 요소는 지휘관, 전함(재정과 물자), 그리고 우수한 선원의 확보다. 전라·충청 지역의 해안은 섬이 많고, 조운과 무역의 중심지여서 조선시대까지도 가장 우수한 선군 자원을 보유하고 있었다. 청해진도 이곳에 있다. 왕건보다도 조건이 훨씬 좋다. 그럼에도 불구하고 견훤은 해전에서 심지어 홈그라운드에서 벌어진 해전에서조차 쩔쩔맸다. 아직 선군 자원을 장악하여 흡수하지 못했기 때문이다.

그러나 920년대 후반부터 후백제 수군이 견실해지기 시작했다. 그들은 최소한 홈그라운드의 제해권은 되찾았다. 예전처럼 고려의 선단, 수송선, 연락선이 자기 집처럼 서해안을 나다닐 수는 없게 되었다. 929년부터는 고려와 나주 간의 해로가 아예 단절되었다.[10]

932년 9월 견훤은 더 놀라운 선물을 고려에게 안긴다. 후백제의 함대가 고려 수군의 본거지였던 예성강까지 들어와 3일 동안 연안·배천·풍덕을 유린하고 고려 선박 100척을 불살랐다. 이것은 견훤의 서라벌 습격보다도 더 대담하고 극적이며, 아무도 예상치 못한 반격이었다.

후백제 수군의 고려 기습

고려와의 전쟁에서 후백제가 고전한 결정적인 요인이 고려 수군이었다. 수군과 수군의 지원을 받는 전남 남부의 세력 때문에 후백제는 늘 포위 상태였다. 이 전쟁의 격전지와 전략요충지는 합천, 진주, 목포와 나주, 청주, 보은, 문경, 웅진(공주)이었다. 지도상에 이 지점을 찍어 보면 후백제의 동서남북 사방으로 분포해 있음을 알 수 있다. 포위되었다는 것은 그만큼 방어선이 넓고 경계가 분산된다는 것을 의미한다. 게다가 서해상을 오르내리는 그놈의 함대는 언제 어디로 상륙할지 알 수 없었다.

건국한 지 20년이 지나도록 후백제군의 병력이 늘어날 줄 모르는 이유는 견훤의 장악력 탓도 있지만, 고려 수군 때문에 전라·충청 연안의 병력이 해안 경계로 돌려진 것도 중요 원인이 되었을 것이다. 그럼에도 불구하고 지금껏 후백제의 수군은 감히 고려군에 도전해 보지를 못했으며, 고려의 수군은 나주에서 곡식을 싣고 후백제 연안을 유유히 지나다녔다.

이런 때에 견훤이 자신의 함대를 과감하게 북상시켜 예성강을 기습했다. 기습함대의 지휘관은 일길찬 상귀相貴였다. 그들이 고려의 초계선과 경계망을 어떻게 따돌리고 그곳까지 진출했는지는 알 수 없지만, 만약 이 시대의 전쟁에 대해 자세한 기록이 남아 있어 '제2차 세계대전'과 같은 다큐 프로그램을 제작한다면 분명히 한 편의 명장면이었을 것이다. 이 공격으로 고려 수군은 잠시 마비 상태에 빠졌던 것 같다. 다음 달에 해군장군 상애尙哀 등이 지휘하는 별도의 후백제 수군 부대가 대우도를 공략했다. 왕건은 사촌 만세를 파견해 구원하게 했으나 후백제군에게 격파당했다.

대우도는 평북 용천 앞바다에 있는 섬으로 보고 있는데, 이 시점에서 평북까지 북상한다는 것은 무리이기도 하고, 굳이 그래야 할 전술적 의미를 부여하기도 어렵다. 경기만 일대의 어느 섬일 가능성이 높다.

이 일격으로 고려가 받은 타격은 대단했다. 신라에게 항복을 교섭할 정도로 다된 전쟁이라고 생각하던 고려는 숨을 죽였고, 다급해진 왕건은 곡도(백령도)로 귀양을 보냈던 유금필을 석방하여 복직시켰다.

930년 신라 전역의 영웅이었던 유금필은 전장에서 개선한 후 승승장구하기는커녕 유배를 당했다. 모함을 받아 유배되었다고 하는데, 왕건이 사태가 다급해지자 당장 유배를 풀고 내가 참소에 속았다고 반성했다는 것을 보면 참소에 당한 것 같지도 않다. 쿠데타로 집권한 사람은 쿠데타가 더 두려운 법이다. 유금필은 싸움만 잘하는 무장이 아니라 왕건도 인정했듯이 지도력이 있는 인물이었다. 왕건의 무장들 중에서 이 두 가지 능력을 갖춘 장수는 거의 없었다. 출생 연도는 알 수 없지만, 나이도 꽤 있었다. 유금필의 명성이 높아지자 왕건은 궁예 시절 자신의 모습이 떠올랐는지도 모른다.

유배형은 여러 종류와 의미가 있는데, 제일 느슨한 형태는 중앙정계에서 잠시 빠지는 것이다. 이런 경우 유배 생활도 상당히 자유롭다. 유금필의 경우 나이도 있고 후백제도 크게 눌렀으니 이제는 쉽게 해주어도 되겠다 싶어서 밖으로 돌렸을 수도 있다. 그 증거가 유금필이 후백제 수군의 공격 소식을 듣고 곡도에서 곡도와 포을도(대청도)의 장정으로 수군을 편성하고 전함까지 만들었을 정도로 권력과 자유를 누렸다는 것이다.

933년 견훤은 더 세게 나와 신라로 치고 들어갔다. 견훤 대신 큰아들 신검이 지휘하는 후백제군은 거의 서라벌까지 육박해 들어갔으나 이번에도 의성에 미리 파견되어 있던 유금필의 결사적인 활약으로 뜻을 이루지 못했다. 휘하 병력이 부족했던 유금필은 장교급 무사 80명만을 거느리고 후백제군의 포위를 뚫고 서라벌로 잠입했다. 사탄이라는 곳에 도착했을 때 유금필은 약간의 쇼맨십을 발휘하여 휘하 무사들에게 이렇게 말했다. "여기서 적을 만나면 나는 살아서 돌아갈 수가 없다. 다만 너희들은 같이 죽을 필요가 없으니 각자 살 도리를 강구해라." 적이 나타나면 자신을 버리고 알아서 도망치라는 의미였다. 부하들은 한목소리로 죽으면 같이 죽어야 한다고 대답했다. 조금 찝찝한 이야기지만 이런 수법도 아무나 쓴다고 되는 것이 아니다. 평소에 덕망과 존경을 받아야 가능하다. 얼마 후 유금필 일행은 후백제군에 발견되었는데, 후백제군은 유금필 일행의 대오가 정연한 것을 보고 싸우지 않고 달아났다.

서라벌로 들어간 유금필은 7일 후 아마도 신라의 병력을 보강해서 후백제군을 찾아나왔다. 양군은 자도에서 격돌했는데, 유금필은 대승을 거두고 후백제의 장군 금달과 환궁 등 7명을 사로잡았다. 전투 보고를 받은 왕건은 놀라서 유금필이 아니면 누가 이렇게 하겠느냐고 감탄했다고 하는데, 사실 왕건 자신이 유금필의 이런 통솔력과 인망을 껄끄러워하여 전쟁 초기에는 그를 계속 외곽으로 돌리고 백령도로 쫓아내기까지 했다. 그 감탄이 자신의 과거 처신에 대한 반성인지, 왕건의 처치를 두고 고민하던 궁예의 고민을 반복하는 것인지는 모르겠다.

이후 3년 동안 양국의 전쟁은 소강 상태에 빠졌다. 나주는 935년까지 고립되었는데, 나주도 유금필의 활약으로 겨우 구출되었다. 다시 힘 고르기가 시작된 것이다. 당연히 신라도 태도를 유보했다.

다시 시작된 긴장 상태는 엉뚱한 사건들로 뒤흔들렸다. 934년 7월에 발해 태자 대광현이 수만의 유민을 이끌고 고려로 투항했다. 거란에게 멸망당한 후 발해의 유민이 고려로 투항한 것은 이때가 처음은 아니지만 대광현 일행은 지금까지 겨우 수십 명, 수백 명씩 오던 것과는 수준이 달랐다. 왕건은 그들을 백주로 보내 예성강 하구의 방어력을 강화했다. 왕건과 견훤이 인솔하던 병력이 5천 내지 1만 명에 불과하던 시기에 이들의 귀화는 커다란 힘이었다.

이 덕분이었을까? 두 달 후인 9월에 왕건은 그간의 침묵을 깨고 홍성으로 치고 나왔다. 홍성과 공주 지역은 후백제와의 접경지역이자 전략요충으로서 이전에 궁예가 자신의 용사들을 배치해 놓았던 곳이다. 왕건의 쿠데타 후 공주와 홍성을 포함한 10여 군현이 후백제로 투항했다. 왕건은 이곳을 탈환했지만 또 빼앗겼고, 이런 사정으로 이 지역의 인심은 늘 유동적이었다.

9월의 공세에서 왕건은 압승을 거두고 홍성에 입성했다. 늘 저돌적이었던 견훤은 사태의 심각성을 깨닫고 바로 정예군사 5천 명에게 경장갑을 착용시키고 빠르게 응전해 왔다. 조물성에서의 악몽이 되살아났는지 고려군은 결전을 피했다. 기록에는 점잖게 여기서 결전을 벌이면 승부를 예측할 수 없고 병사들이 희생이 클 것을 우려하여 강화를 맺으려고 했다고 한다. 그러나 유금필이 이미 전투는 피할 수 없다고 강경론을 폈다.

견훤의 신속한 기동과 결연한 의지는 충분히 고려군을 놀라게 했지만, 막상 자신도 그 위력에 방심했던 것 같다. 아니면 고려가 정말로 겉으로는 화친을 제의하여 견훤을 방심하게 만들었던 것인지도 모른다. 하여간 견훤이 홍성에 접근했으나 미처 진을 치기 전에 유금필이 정예기병대 수천 명을 이끌고 돌진했다.

유금필의 기병은 대승리를 거두었다. 후백제군 3천 명이 전사하고, 견훤의 용장 상달·최필이 사로잡혔다. 견훤의 측근인 술사 종훈과 주치의 훈겸까지 사로잡힌 것으로 보아 견훤의 최측근 부대까지 심한 타격을 입었던 것 같다. 이 승리로 공주를 포함한 이 지역 30여 성이 마침내 왕건에게 항복했다. 바둑으로 치면 왕건은 좌측에 이어 우측 가운데의 대마마저 잡은 것이다.

패전은 장군의 명예와 지도력에 손상을 입힌다. 그러나 이때의 패전은 그 정도가 아니었다. 주치의까지 포로가 될 정도였으니 견훤은 물리적으로 상당한 힘의 손상을 입었던 것 같다. 결과는 잔인했다. 반년쯤 지난 935년 3월에 후백제에서 쿠데타가 발생하여 견훤은 왕좌에서 쫓겨났다. 주동자는 그의 아들들이었다.

견훤도 부인과 자식이 꽤 많았다. 자식은 10여 명을 두었다고 하는데, 그

홍주성 홍성 패배는 견훤을 좌절케 만들었다. 충남 홍성에 홍주성의 흔적이 남아 있다. 아래는 홍주성의 모형

중에서도 적자로서 큰 활약을 한 아들은 신검·양검·용검 3형제였다. 이들은 일찍부터 후백제군의 장수로 전쟁터를 뛰어다니며 많은 공을 세웠다. 그런데 견훤이 말년에 젊은 부인에게 빠졌던지 그 사이에서 태어난 금강을 총애하다가 나이 어린 금강을 후계자로 세웠다. 여기에 반발한 신검 형제가 쿠데타를 일으켜 견훤을 축출하고, 신검이 새 왕으로 즉위했다. 금강은 살해되었고, 견훤은 금산사에 유폐되었다.

홍성에서의 패배가 없었다면 이 쿠데타는 불가능했을지도 모른다. 어쩌면 갑작스런 금강의 대두마저도 그 패배의 후유증이었을 가능성도 있다. 견훤의 혼인관계는 자세하지 않아서 신검 형제와 금강의 외가가 누구인지 모른다. 신검의 외가를 광주, 금강의 외가를 전주 지역의 토호로 보는 견해도 있다.11 혹시 금강의 모친이 전주나 충청 지역 세력가의 딸이었다면, 견훤이 갑자기 신검 형제를 배척하고 금강을 후계자로 삼으려 한 것은 그들의 지원이 절실했기 때문은 아니었을까?

금산사에 가면 그곳 대웅전 마루 밑, 즉 지하실에 견훤이 감금되었다는 전설이 전한다. 하필 마루 밑인 것은 보통 대웅전의 구조가 대웅전에 안치하는 불상의 무게 때문에 대웅전 마루 밑에 큰 돌을 놓고 그 위에 마루를 얹으므로 땅과 마루 사이에 공간이 생기기 때문이다. 하지만 견훤은 혼자 감금된 것이 아니고, 막내아들 능예能乂와 딸 애복哀福, 애첩 고비姑比와 함께 이곳으로 왔다. 시종과 하인들도 많았을 것이다. 그러므로 마루 밑은 과장이고 금산사 경내에 거주했을 것이다.

그러나 후백제의 지도부와 군지휘관의 상당수는 오래 전부터 견훤과 생사고락을 같이해 온 인물들이었다. 다른 면은 모르겠으나 군 지휘관으로서 견훤은 쾌도난마快刀亂麻형이었다. 한쪽으로 개성이 강하면 적도 많아지지만, 그만큼 응분의 카리스마도 따라온다. 아마도 견훤은 장교나 고참 무사들로부터는 상당한 추앙을 받았을 것이다. 젊은 왕 신검으로서는 그들의 오랜 의

금산사 견훤 등은 이 금산사의 대웅전 마루 밑에 감금되어 있었다고 전한다. 대개 법당은 지면보다 높은 위치에 마루를 설치하고 무거운 불상을 받쳐야 하므로 마루 밑에 석재를 깔았는데 이런 구조 때문에 법당 밑에는 튼튼한 지하 공간이 생긴다(아래 사진은 감은사지 대웅전의 지하 공간). 하지만 견훤과 함께 감금된 인원이 꽤 많았을 것임을 염두에 두면 아마도 금산사 경내에 거주하였던 것의 과장일 것이다.

리와 충성심까지 통제할 수는 없었다.

  3개월 후인 6월 견훤은 능예 등을 모두 거느리고 금산사를 탈출했다. 『삼국유사』에 의하면 견훤을 지키기 위해 신검이 30명의 무사를 배치해 두었는데, 견훤 측에서 술을 빚어 그들을 취하게 한 후 달아났다고 한다. 그러나 그 이야기는 이 탈주극의 일부분일 뿐이다. 금산사는 대찰이라 승려도 많았다. 경비원 30명이 모두 취해 쓰러졌다고 해도 견훤이 번 시간은 겨우 하루 정도에 불과하다. 60대 중반의 노인과 아녀자가 자신들의 힘만으로 얼마나 멀리 달아날 수 있었겠는가? 이 정도 탈주극이면 꽤 많은 사람의 도움을 받았던 것이 분명하다. 유력한 조력자의 한 사람으로 추정되는 인물이 광주 남쪽 승주의 호족인 견훤의 사위 박영규다. 정말 도움을 주었거나 이 탈주극으로 의

견훤 석성 김제에 있는 석성 문으로 견훤이 쌓았다고 전해진다.

심을 받았던지 박영규도 다음 해 2월에 고려로 귀순했다.

　금산사를 탈출한 견훤은 나주로 달아나 고려로 투항했다. 평생 눈엣가시 같던 나주가 이때는 구원처가 되어 준 셈이다. 금산사는 김제시 모악산에 있다. 이곳의 위치는 후백제 땅의 거의 한복판이지만, 굳이 따지면 북쪽 국경이 나주보다는 조금 가깝다. 그래도 견훤이 나주로 달아난 것은 추격군의 의표를 찌르고, 아무래도 북쪽 국경에는 군대가 밀집되어 있었기 때문일 것이다.

　견훤이 나주로 투항해 들어왔다는 소식에 고려 조정의 흥분은 대단했을 것이다. 왕건은 당장 군함 40여 척으로 구성된 함대를 파견하여 견훤을 호송해 오게 했다. 인솔 책임자는 장군 유금필과 대우도 해전에서 고려의 구원군을 지휘했던 만세萬歲였다. 육군과 수군에서 최고의 장수를 파견한 것이다.

　하지만 이 함대는 이때 새로 파견한 함대가 아니라 4월에 파견한 유금필의 원정군이 귀환길에 견훤까지 호송해 온 것이 아닌가 싶다. 고려는 신검의 쿠데타가 나자마자 6년간 단절되었던 나주와의 연결을 복구하기 위해 유금필을 파견했다. 유금필은 이번에도 기대를 저버리지 않고, 흔들리던 나주를 안정시켰고, 후백제군까지 격파했다.[12] 견훤이 나주로 탈출한 것도 이 전역이 계기가 되었을 것이다.

　왕건은 귀순한 견훤을 극진히 대접하고 상보(尙父)로 대접했다. 견훤의 거처로 남궁을 내주고, 조회를 할 때는 견훤을 어떤 관료보다도 제일 앞에 세우고, 그에게 양주를 식읍으로 주었다.

　이 대접에 넘어갔기 때문일까? 아들에 대한 복수심에 이성을 잃었기 때문일까? 아니면 왕건을 만만히 보고 나름대로 계획을 세웠기 때문일까? 견훤은 왕건에게 협력하기 시작한다.

　견훤의 투항으로 고려와 후백제의 전력에 큰 변화가 생겼다. 다음 해인 936년 2월 견훤의 사위 박영규도 고려로 귀순하지만, 평생 동안 견훤과 함께 싸워 왔던 그의 친위군 출신의 장군과 무사들도 동요하기 시작했을 것이다.

　상황의 변화를 제일 먼저 감지한 쪽은 역시 눈치를 보고 있던 신라였다. 전세가 완전히 고려로 기울었다고 확신한 경순왕은 고려로 투항할 결심을 굳히게 된다. 아마도 신라 조정에서는 이 기회에 신라가 힘을 써서 잃어버린 땅을 탈환하고 세력을 회복하자고 생각하는 측도 있었을 것이다. 그러나 경순왕으로서는 자신의 가치가 높을 때 고려로 투항하는 게 낫다고 생각했을 것이다. 고려의 우위가 확실해질수록 자신의 가치는 하락할 것이기 때문이다. 이해 10월 1일 경순왕은 고려에 투항하기로 결정한다. 경순왕의 행차는 11월 3일에 출발했는데 그 행렬의 길이가 30여 리에 달했다.

　경순왕은 11월 12일에 개경에 도착했다. 준비할 것이 많았는지 항복의식은 한 달 후인 12월 11일에 개최되었다. 항복의 대가로 경순왕은 경주를 식읍으로 받고 경주의 사심관이 됨으로써 경주에 대한 지배권을 유지했다.

　또한 왕건은 장녀로서 제3비인 신명순성왕후 황보 씨의 소생인 낙랑공주와 경순왕을 결혼시키고, 경순왕의 위계를 태자(혜종)보다도 높였다. 고려의 3대, 4대 왕이 되는 정종과 광종은 낙랑공주와 친남매다. 나중에 왕건의 손자로 광종의 아들인 5대왕 경종은 경순왕의 딸과 또 결혼했다.

중원 미륵리사지 석불입상 미륵사지는 마의태자와 동생 덕주공주의 신라 회복에의 염원이 담긴 곳으로 여기에는 마의태자가 조각했다는 미륵리 석불입상이 서 있다.

● 마의태자의 전설

935년 경순왕이 조정에서 중신회의를 열고 왕건에게 항복하기로 결정하자 왕자가 충신과 의사를 모으고, 백성의 마음을 하나로 모아 스스로 지키다가 힘이 다한 후에 포기하는 것이지, 어떻게 1천 년의 사직을 하루아침에 남에게 줄 수 있느냐고 말하며 반대했다. 그러자 경순왕은 "이미 더 강해질 수도 없고, 더 약해질 것도 없다. (끝까지 싸워서) 죄없는 백성의 간과 뇌를 땅에 바르는 것이 내가 차마 할 수 있는 일이 아니다"라고 말했다고 한다.

왕자는 울면서 왕을 하직하고 개골산(금강산)에 들어가 바위에 집을 짓고, 베옷을 입고 살면서 일생을 마쳤다고 한다. 이 왕자가 나중에 마의태자로 불리게 되었다. 『삼국유사』권2, 기이편 경순왕편에는 경순왕의 막내아들도 화엄사로 들어가 중이 되었다고 한다. 그의 법명은 범공梵空이며, 경북 성주에 있는 법수사와 해인사에서 살았다고 한다.

마의태자 이야기는 민중의 감성을 자극했는지 전국 곳곳에 마의태자의 전설이 생겨났고 소설과 영화로도 만들어졌다. 용문사 은행나무도 마의태자가 심은 지팡이에서 싹이 난 것이라고 하고, 금나라 황제의 선조인 신라인 김행이 마의태자라는 전설도 있다. 그런데 『삼국사기』 기록에는 태자라고 하지 않고 단지 왕자라고만 했다.

경순왕의 아들들에 대한 기록은 전혀 알려진 것이 없어서 마의태자의 정체는 오랫동안 베일에 가려져 있었다. 그런데 1784년(정조 8) 개성시 오룡산에서 김은설과 김은설의 후손 김경보의 묘지명이 함께 출토되었다. 이 묘지명에 따르면 김은설은 경순왕의 넷째 아들로서 경순왕에게는 모두 8명의 아들이 있었다고 한다. 아들들의 이름은 김일金鎰, 김굉金鍠, 김명종金鳴鍾, 김은설金殷說, 김중석金重錫, 김건金鍵, 김선金鐥, 김종金鍾이다.13

만약 마의태자가 경순왕의 첫째 아들이라면 김일이 마의태자가 될 것이고, 범공은 김종이 된다. 그러나 이 추정에 대해서는 현재도 찬반양론이 나뉘어 있고 확인하기가 어렵다. 바위에 집을 짓고 삼베옷을 입고 살았다는 말도 벼슬을 하지 않고 은거했다는 말의 관행적인 표현일 수도 있다.

어쨌든 불운하게 각인된 마의태자의 이미지와 달리 경순왕은 그 내면까지는 알 수 없지만 겉으로 드러난 것으로 봐서는 행복한 여생을 보냈다. 경순왕은 978년(고려 경종 3)에 사망했다. 태어난 해가 미상이어서 나이는 알 수 없다. 경종은 경순왕의 사위였으므로 나라는 망했지만 자신의 후손이 다시 왕통으로 이어지는 것을 보기는 했다. 김은설은 부친보다 앞선 968년(광종 19)경에 사망한 것으로 추정된다. 사망할 때의 관직이 최고 재상급인 시중 시랑이고, 개성에 묻힌 것으로 봐서는 개경에 올라와 살고 있었던 것이 분명하다. 경순왕이 경주의 사심관이었다고 하지만, 그 후손들은 개성에서 고관이 되어 살았음을 말해 준다. 능의 진위가 조금 불확실하기는 하지만 경순왕릉도 경주가 아닌 파주 고량포 북쪽에 있는 것으로 봐서는 개경에서 생활한 것 같다.

『삼국사기』를 편찬한 김부식은 삼국사기 신라편의 서술을 마치면서 경순왕이 고려에 귀순한 것은 고려의 조정만이 아니라 백성에게도 큰 덕을 끼친 것으로서 경순왕의 복과 고려 왕실이 결국은 그의 외손들에게로 이어진 것은 그 음덕의 보답이라고 평했다.

용문사 은행나무 수명이 1000년이 넘은 나무로 마의태자가 꽂은 지팡이가 자라난 것이라는 이야기가 전한다.

한편 경순왕이 투항하면서 왕건도 경순왕의 큰아버지인 김억렴의 딸과 결혼했다. 신라 왕실과 이중으로 혼인동맹을 맺은 것이다. 이 부인이 신성왕후다. 마음씨와 용모가 다 아름다웠다고 한다. 신성왕후가 낳은 아들이 나중에 안종으로 추존되는 욱(郁)이고 욱의 아들이 고려의 8대 왕인 현종이 된다.

경순왕 개인으로서는 손해 보지 않은 투항이었다. 그러나 이렇게 해서 천년왕국 신라도 막을 내리게 된다. 『고려사』의 기록대로 진평왕의 옥대를 바친 것이 이때라고 하면, 옥대를 둘러싼 갈등은 박씨 왕과 김씨의 대립이 아니라 신라 항복을 둘러싼 갈등의 표출이었을 것이다. 마의태자를 위시해서 항복 반대론자들은 경순왕이 신라왕으로서의 자존심을 망각하고, 개인의 영화를 위해 모든 것을 가져다 바친다고 생각했을 것이다. 그래도 경순왕은 제보자와 협력자를 찾았고, 마침내 황룡사 승려의 도움을 받았다. 황룡사의 고승도 단순한 고승이 아니라 진골쯤 되는 신분이 높은 사람이었을 것이다. 원래 망해 가는 집안의 특징이 철저한 이기주의와 분열 아닌가?

7 일리천의 함성

다시 936년으로 돌아오자. 왕건에겐 이제 후백제와의 최후의 결전만이 남았다. 왕건은 신중하게 결전을 벌이려고 했으나 견훤이 후백제 정벌을 강력하게 요청했다고 한다.

6월에 견훤이 왕(왕건)에게 부탁했다. "노신이 파도를 헤치고 고려에 투항한 것은 전하의 위세에 의지하여 반역한 아들을 주살하기 위해서입니다." 왕이 처음에는 때를 기다려 신중히 움직이려고 했으나 견훤의 요청이 강고해서 응락했다. 먼저 맏아들 무(혜종)와 장군 술희를 시켜 보병과 기병 1만을 거느리고 천안으로 보냈다. (『고려사』 권2, 태조 19년 6월)

이 기록은 고려왕조에게 소위 '난신적자亂臣賊子(나라를 어지럽히는 신하와 어버이를 해치는 자식)'를 토벌한다는 명분을 주기 위해 가져다붙인 이야기일 수도 있다. 견훤이 아무리 자식에게 원한이 있다고 해도 고려가 후백제를 정복하고 나서 자신을 왕으로 복위시켜 줄 리도 없다는 사실을 몰랐을까? 상식적으로 보면 그런데 상식과 이성이 통하지 않는 부분이 부와 권력의 세계고, 세계사적으로도 그런 사례가 너무나 많아서 이 기록의 진위를 이성으로 판별하기는 어렵다.

하여간 936년 여름, 후삼국 시대의 개창 이래 최대의 결전이 준비된다. 뜨거운 여름이 지나고 추수철인 9월이 되자 왕건도 송악을 떠나 천안에 도착했다. 다른 병력들도 일단 천안에서 집결했던 모양이다. 최후의 대업을 위해 왕건은 있는 대로 병력을 긁어모았다. 왕건과 견훤이 함께 참전한 고려군의 병력은 무려 8만 7천 500명. 예전의 열 배에 달하는 병력이었다. 갑자기 이런 대군을 동원할 수 있었던 것은 발해 유민과 신라군의 가세도 가세지만, 지금까지 눈치를 보며 마지못해 복종하던 많은 지방 세력들이 고려 측의 확실한 우세를 예상하고 적극적으로 참전했기 때문일 것이다. 왕건에게 항복한 후 반인질로 아들과 600명의 군사를 송악으로 파견했을 뿐 지금까지 내내 강릉에서 꼼짝도 않던 김순식마저도 왕건에게 알리지도 않고 3천이나 되는 병력을 인솔하고 달려왔다.

최후의 대전이 벌어진 장소는 지금의 경상북도 구미시 선산읍 해평면 일대인 일리천一利川이었다. 고려군은 일단 천안에 집결했다가 선산 지역으로 진입했다. 천안에서 선산으로 오는 길은 충북 지역을 지나 추풍령을 넘는 방

일리천 전경

법과 천안 – 괴산 – 진천을 지나 계립령을 통과해서 일선군으로 오는 길이 있다. 후백제 지역이 가까운 추풍령 길보다는 계립령을 통과하는 것이 안전했을 것이라고 보는 견해가 우세하다.[14] 추풍령은 후백제의 수도 전주에서 가까워 바로 측면을 공격당할 우려가 있다. 그러나 이렇게 대병력이 모였다면 한 가지 루트로 진행하기가 곤란하다. 중간에 지나가는 고을에도 너무 큰 부담이 되기 때문이다. 따라서 계립령, 죽령, 남한강 조령 등을 다 이용했을 가능성도 있다.

고려군이 후백제 지역으로 진입하지 않고 일선군으로 온 이유는 신라 지역의 병력과 물자를 끌어모으기 위해서가 아닌가 싶다. 이곳은 낙동강을 끼고 있어서 낙동강 수운을 이용하기도 쉬웠다.[15]

그런데 고려는 그래서 일선군으로 왔다고 치고, 후백제군이 여기까지 나와서 결전을 벌인 것은 이해가 되지 않는다. 가능하면 자기 땅에서 싸우는 것이 인력이나 물자 동원에도 유리하다. 병력에서 열세라면 더더욱이 적을 홈으로 끌어들이고, 게릴라전을 펴면서 적을 괴롭히는 것이 정석이기 때문이다. 자국의 피해를 줄이기 위해서 선산을 택했다는 추정도 있는데,16 나라의 운명을 결정하는 전투에서 그건 정말로 사치스러운 고민이 아닐까?

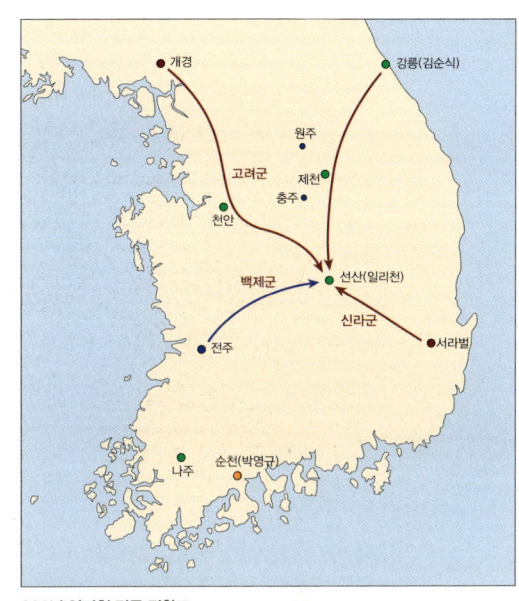

936년 일리천 전투 전황도

따라서 그 원인으로는 두 가지 추정이 가능하다고 생각된다. 하나는 후백제군이 신라의 병력과 물자가 합세하기 전에 승부를 지으려고 서둘렀다는 것이다.

두 번째는 후백제군에게 정석 플레이를 펼칠 수 없는 사정, 즉 후백제 지역에서 방어전을 수행할 수 없는 사정이 있었다는 것이다. 두 번째 이유가 보다 근본적인 원인이었다고 생각된다. 고려군이 후백제의 도성으로 직행하지 않고, 후백제의 외곽 지역을 휩쓸면 어떻게 될까? 왕건의 진영에는 견훤이 동행하고 있었다. 고려군의 압도적인 위세, 신라의 항복으로 가뜩이나 뒤숭숭한 판에 아들에게 배신당한 그들의 옛 군주가 나타나 설득한다면.

왕건이 8만이 넘는 대병력을 동원한 이유도 되짚어볼 필요가 있다.

최후의 결전이니까 무조건 최대한 동원했다고 쉽게 생각할 수도 있다. 그러나 병력은 전술 목표에 맞게 적절한 것이 중요하지, 맹목적으로 많다고 좋은 것이 아니다. 소리와 깃발로 통제하는 옛날 전쟁은 통신수단에 결정적인 애로가 있다. 괜히 병력을 벌려 놓으면 통제가 흐트러지고, 보급의 어려움과 물량소비만 증가할 수도 있다. 고려군이 처음부터 후백제 영토를 광범위하게 훑고, 반 신검 세력의 복속을 유도하려는 목표를 세웠기에 신라군까지 동원하는 대병력이 필요했던 것이 아닐까? 그래서 후백제는 고려군이 백제 땅으로 들어오기 전, 기왕이면 고려와 신라군이 합세하기 전에 승부를 내려고 했던 것이다.

양군이 만난 곳은 선산의 일리천. 일리천은 선산을 흐르는 낙동강 줄기로 『동사강목』에서는 여차니진余次尼津에서 일리천을 사이에 두고 대치했다고 한다. 이 여차니진은 지금의 선산읍 해평면 낙산동 원촌 마을 앞에 있는 여지나루라고 한다.[17]

〈일리천 전투 당시의 고려군 편성〉

좌군 기병 10000 보병 10000 총 : 20000	마군: 견훤·견권(堅權)·술희(述熙)·황보금산(皇甫金山)·강유영(康柔英) 보군: 능달(能達)·기언(奇言)·한순명(韓順明)·흔악(昕岳)·영직(英直)·광세(廣世)
우군 기병 10000 보병 10000 총 : 20000	마군: 김철(金鐵)·홍유(洪儒)·박수경(朴守卿)·연주(連珠)·훤량(萱良) 보군: 삼순(三順)·준량(俊良)·영유(英儒)·길강충(吉康忠)·흔계(昕繼)
중군 기병 20000 만주기병 9500 보병 3000 총 : 32500	마군: 왕순식(王順式)·긍준(兢俊)·왕렴(王廉)·왕예(王乂)·인일(仁一) 만주기병: 유금필(庾黔弼)·관무(官茂)·관헌(官憲) 보군 1: 정순(貞順)·애진(哀珍)　　　보군 2: 종희(宗熙)·견훤(見萱) 보군 3: 김극종(金克宗)·조간(助杆)
삼군원병(三軍援兵) 기병　　300 기타　14700 총 : 15000	공훤(公萱)·능필(能弼)·왕함윤(王含允) 등

고려군은 좌군·중군·우군으로 구성했다. 좌군과 우군은 각기 마군 1만, 보군 1만이었다. 좌군에는 견훤과, 궁예의 경호원 출신이지만 왕건이 극히 신뢰했던 박술희, 청주 사람으로 청주 반란의 진압에 공을 세웠던 능달, 황보

금산, 견권 등을 배치했다. 우군에는 반정공신인 홍유와 조물성 전투의 영웅 박수경 등이 포진했다. 유금필과 강릉에서 찾아온 김순식(왕순식)과 홍성에서 반란을 일으켰다가 왕건에게 사로잡혔던 긍준 등 낯익은 인물들은 모조리 중군에 배치했다.

중군의 병력은 마군 2만에 보군 3천, 여기에 말갈족 중에서도 제일 사납고 강력했던 흑수말갈에 달고·철륵 부족병으로 구성된 이민족 기병대 9천 5백 명을 유금필이 거느렸다. 후위대에는 기병 300에 여러 성에서 뽑아온 1만 4천 700명을 배치했다. 이들은 병사의 질이 떨어지거나 작은 군현에서 소규모로 응모하여 하나의 단위로 편성하기가 곤란한 병사들을 한데 모은 것이라고 생각된다.

이에 대항하는 백제군의 병력은 1만이 넘었던 것은 분명한데 정확한 숫자는 나와 있지 않다. 병력 차이도 차이지만 이미 견훤의 입김이 작용했던 것 같다. 견훤을 왕건과 함께 중군에 배치하지 않고 마군을 주어 좌군에 배치했다는 사실에 주목

정토사지 법경대사비 정토사에 세운 법경대사비에 일리천 전투에 참전한 중군의 장수 "인일(仁一)"과 동일한 이름이 적혀 있다. 이 두 사람이 동일 인물이라고 한다면 고려군에는 지방호족 출신의 승군까지 참전했다고 볼 수 있다.[18]

할 필요가 있다. 견훤은 옵서버로 참전한 것이 아니라 왕건군의 선두에 서서 활약했다. 왕건이 그만큼 견훤을 믿어주었다는 것도 대단한 일이지만 견훤도 왕건을 신뢰했다는 이야기가 된다. 두 사람 사이에 어떤 약속이 있었던 것일까?

후백제의 좌군을 거느리던 장수 효봉·덕술·명길 등이 싸우지 않고 견훤에게 나와 항복했다. 고려군의 군세를 보고 저항을 포기했다고 하지만 이미 견훤의 사위 박영규도 왕건과 내통하고 있었다. 아마 그들은 견훤의 심복들로 사전에 연락이 오갔거나 견훤에 대한 충성심과 의리가 전투를 포기하게 만들었을 것이다.

왕건은 그들에게 신검이 있는 곳을 물었고, 그들은 중군에 있다고 대답했다고 한다. 이것도 참 애매한 기술이다. 적의 대장이 중군에 있는 것은 당연하다. 정작 이들이 묻고 대답한 내용은 보다 구체적인 정보, 후백제군의 편성과 위치, 작전에 관한 내용이었을 것이다. 그들은 견훤이 누구보다 잘 아는 사람들이었으므로 누구는 공격하여 처치하고, 누구는 위협만 하면 항복할 것이고, 누구는 내버려둬도 공격하지 않을 것이라고 일일이 코멘트를 했을 것이다.

적진의 상황을 완전히 파악한 왕건은 3군을 일제히 전진시켜 총공격을 감행했다.『손자병법』에도 아군이 적보다 강할 때는 집중공격을 해서 단숨에 승부를 내라는 말이 있다. 왕건은 이 말씀대로 후위부대까지 중군에 합쳐 한꺼번에 후백제군을 몰아쳤다.

이미 서로를 신뢰할 수 없게 된 후백제군은 쉽게 붕괴했다. 일부는 자신들끼리 싸웠다고 하는데, 그것은 일부 부대가 반란을 일으킨 것일 수도 있고, 도주하거나 항복하려는 군대를 다른 군대가 저지하다가 자중지란에 빠진 것일 수도 있다. 어느 경우든 고려군의 대승리였다. 후백제군 5천 7백 명이 전사하고, 3천 2백 명이 사로잡혔다. 후백제군의 지휘부는 도망쳤으나 고려군은 그들을 추격하여 후백제 영내로 진입했다. 이 진격로는 옛날 김유신의 신라군이 진격했던 그 길로, 고려군은 탄현을 넘어 황산벌을 지나 마성에 주둔했다. 여기서 후백제군은 저항을 포기하고 항복했다.

왕건은 특유의 정치감각을 발휘하여 신검 형제를 죽이지 않고 유배만 보냈다. 특별히 신검은 쿠데타의 주동자가 아니고, 형제들에게 강제로 추대된 것이라고 하여 관작까지 내려주었다. 다만 쿠데타를 충동질했다는 능환能奐만 현장에서 살해했다.

그러나 이것은 잠깐의 정치적 쇼였을 뿐이다. 후백제 지역을 아직 평정하지 못했으므로 남아 있는 사람에게 항복하면 죽는다는 두려움을 주어서는 안 되기 때문이었다. 조금 후에 왕건은 유배보냈던 양검과 용검도 살해했다.[19] 신검은 용서해 주었다고 하지만 『삼국사기』는 그도 살해했다는 얘기가 있다고 전해주고 있다. 실제로 그에게 관작을 주었다면 일국의 왕이었으니 꽤 높은 작위를 주었을 텐데, 나중에 그가 병사했다거나 무슨 일을 했다는 기록이 일체 없는 것으로 보아 살해된 것이 분명한 것 같다.

며칠 후인 9월 8일 견훤도 황산黃山의 어느 절에서 의문의 죽음을 당한다. 그의 나이 일흔이었다. 고령이긴 했지만 아무래도 고려 측에서 살해했을 가능성이 제일 높다. 기록에는 왕건이 신검을 살려주었기 때문에 우울해서 등창이 나서 죽었다고 한다.

그러나 뭔가 이상하다. 일리천 전투와 신검의 항복으로 자신이 세운 후백제는 사라졌고, 아들들은 망국의 왕 또는 왕자가 되었다. 이런 판에 당장 신검을 죽이지 않았다는 사실이 그를 그것도 며칠 만에 우울해서 스스로 죽음에 이르게까지 할 정도의 사건이었을까?

옛 사가들은 가끔 블랙유머를 발휘한다. 진실을 밝힐 수 없는 상황이라 거짓말을 해도 단서를 남겨줄 때가 있다. 필자는 그의 죽음의 원인인 우울함과 등창에 주목하고 싶다.

우선 견훤이 왜 우울해졌을까를 생각해 보자. 기록대로 왕건이 신검을 살려주었기 때문이라면 견훤의 감정은 우울함이 아니라 분노여야 한다. 왕건의 배신에 화를 내다가 등창이 악화되었다거나 갑자기 등창이 발병해서 사망했다고 해도 문맥은 전혀 이상하지 않다. 그러나 사가는 분노 대신 우울증이란 단어를 집어넣었다. 견훤은 왜 우울해졌을까?

막상 자신의 나라가 망하고 아들이 살해되는 광경을 보니 우울해졌던 것일까? 그러나 자신이 고려에 투항하여 참전했을 때부터 그 정도는 예상했을 것이다. 어쩌면 왕건이 협력의 대가로 견훤에게 경순왕과 같은 대우를 약속했고, 그 약속을 믿고 견훤은 그의 옛 부하들을 회유하기 위하여 적극적인 공작을 했을 가능성도 있다. 그러나 경순왕과는 달리 위험한 견훤에게 그 약속

‖ 개태사 ‖

견훤이 죽은 황산의 절이 논산 개태사라는 설이 있다. 황산의 위치는 불명인데, 안정복의 『동사강목』에 견훤이 죽은 절이 연산현 동쪽 5리에 있다는 기술이 있어서 그 절을 개태사로 추정한다. 고려시대에 이곳은 왕건의 초상화를 봉안했던 대찰이었다(위의 거대한 무쇠솥 사진은 개태사의 규모를 짐작케 해준다). 단 『고려사』에 개태사는 견훤이 죽은 후인 태조 19년(936)에 창건했다는 기록이 있어서 시간이 맞지 않는데, 개태사가 창건이 아니라 중건일 수도 있다.[20] 개태사가 태조와 관련이 깊었다는 것은 견훤을 이곳에 머물게 했을 개연성을 더 높여준다.

견훤능 『고려사』 지리지에 따르면 견훤능은 공주 덕은군에 있다. 덕은군은 조선시대에 덕은현과 시진현을 합쳐 은진현이 되었다. 『신증동국여지승람』에서는 은진현 중에서도 풍계촌에 있다고 했다. 현재 논산군 연무읍 금곡리에 견훤묘라고 전하는 무덤이 있다.[21]

을 지킬 리가 없다. 견훤은 배신감에 병이 났거나 이 배신에 분노했다가 살해당했을 것이다.

게다가 등창과 우울증은 아무 관계가 없다. 아무리 우울증이 만병의 근원이라고는 하지만 우울증이 등창의 발병 원인이 될 수는 없다. 원래 등을 찔린다는 건 배신이나 암살을 의미한다. 하필 등창이라고 말한 것도 이런 암시가 있는 건 아닐까?

이 참에 잠깐 최후의 승리자 왕건에 대해 살펴보자. 『고려사』에서는 당연히 그들의 태조 왕건을 미화했다. 그러나 그런 점을 감안한다고 해도 궁예나 견훤에 비해 왕건의 정치력이 보다 뛰어나고 세련되었다는 사실은 분명하다.

그렇다고 그를 덕치와 지역화합의 상징적인 존재처럼 몰아가는 데는 분명 문제가 있다. 그는 도덕군자가 아니라 난세를 살면서 승리를 쟁취한 장군이다. 그는 숙청도 했고, 기만과 배신, 암살, 강압도 사용했다. 정치적 능력이 뛰어났다는 것은 권력의 속성을 알고, 인간의 약점을 파고들고, 충분히 이용했다는 뜻도 된다.

심지어 왕건이 유언으로 남겼다는 〈훈요십조〉가 그의 유언이 아니라 후대인, 구체적으로는 현종대 이후 정계를 장악한 신라계 인사들의 조작이라는 설도 있다. 〈훈요십조〉 중에 있는 차령 이남, 즉 지금의 금강 남쪽 사람은 등용하지 말라는 구절 때문인데, 나주 호족의 도움을 받고 그곳 출신인 장화왕후의 소생을 후계자로 삼은 왕건이 그런 말을 했을 리가 없다는 것이 이유다.

그러나 그건 이유가 되지 못한다. 조선의 왕들도 본관은 전주고 자신들의 세력 기반은 함경도였지만, 양쪽 지역 모두에 대해 철저한 배신을 했다. 지역차별과 신분차별은 중세정치의 기본이다.

그렇다면 왕건이 최후의 승자가 된 진정한 비결은 무엇이었을까? 여기에 대해서도 그가 민심을 잡을 수 있는 개혁을 시행했기 때문이라든가 반대로 궁예의 민중적 노선을 벗어나 사회의 지배세력이었던 호족층과 결탁했기 때문이라고 보는 견해도 있다. 왕건이 신라의 체제를 극복한 새로운 사회체제를 지향한 것은 사실이다. 그러나 그가 살았던 시대는 난세이며 전시였다. 특별히 가시적인 제도개혁을 행한 흔적이 없고 할 수도 없었다. 그는 궁예의 제도를 그대로 사용했다. 설사 어떤 개혁을 했다고 해도 효과를 볼 수 있는 상황이 아니었고, 신문·방송이 없던 시대라 지금처럼 개혁안을 홍보하여 지지세력을 모을 수도 없었다.

왕건의 승리는 세 사람, 세 나라의 상대적인 비교를 통해 추적해야 한다. 왕건은 장기적인 전략과 정치력에서 우위를 보였다. 궁예와 견훤이 민중적·급진적 개혁가였는지는 현재로서는 판단할 근거가 없다. 그러나 이 시대에 민중노선을 기대하는 자체가 장밋빛 환상이다. 그들이 백성의 고통에 좀 더 동정적이고, 신분제에 대한 반감이 심하고, 측근 중에 하층민 출신 관료와 장수들이 좀 더 많았다고는 해도 그들이 이룬 사회는 그 후 고려사회의 모습과 크게 다르지 않았을 것이다.

두 사람이 세력 확산에 실패한 원인은 반군 지도자에서 통치자로의 변신에 실패했기 때문이다. 자신의 개인적인 경험과 감정의 벽을 뛰어넘지 못했기 때문이다. 그들은 자신의 친위세력과 동료집단에 지나치게 의존했고, 국가의 구조와 운영방식을 이해하지 못했다. 그들은 자신의 감정과 개인적인 경험으로 세상을 보았고, 무대가 바뀌었음에도 이전의 방식을 바꾸지 못했다. 궁예가 신정정치를 추구한 것이나 견훤의 맹목적인 신라 공격과 서라벌 약탈이 대표적인 사례다. 그것이 그들을 파멸로 몰았다.

왕건과 장화왕후 오씨 부인의 로맨스
나주 완사천에 기념 동상이 서 있다.

주

제1장

1 『삼국사기』 권7, 문무왕 11년 7월 답설인귀서(서인한, 『나당전쟁사』, 국방군사연구소, 1999, 93쪽).

2 일연, 이가원·허경진 옮김, 『삼국유사』 권5, 의해, 의상이 화엄종을 전하다(한길사, 2006, 370쪽).

3 『삼국사기』 권7, 문무왕 11년 답설인귀서.

4 『삼국사기』 권37, 지리지4.

5 『신당서』 권111, 설인귀전(노태돈, 「나당전쟁기 신라의 대외관계와 군사활동」, 『군사』 34, 1997, 4~5쪽).

6 이병도, 『한국고대사연구』, 박영사, 1977, 458~462쪽.

7 『삼국사기』 권7, 문무왕 14년 9월.

8 노태돈은 이 작전의 의도가 평안도 지역을 차지하고 오골성을 차지해서 예상되는 당군의 침입을 저지하기 위한 전방 방어선을 구축하기 위한 것이거나 요동 지역의 고구려 유민들의 상황을 탐지하기 위한 탐색전이나 교란전, 신라의 주목표인 백제 지역 점령을 위해 당군의 주의를 돌리기 위한 양동작전일 것이라고 보았다. 그 근거로는 병력이 2만에 불과했으며, 670년 신라의 주목표가 백제로의 진출이기 때문이라고 하였다(노태돈, 위의 논문, 6~7쪽). 탐색전의 의미가 있다는 것에는 필자도 동의한다. 다만 필자는 좀 더 적극적인 목표를 가지고 있었을 것이라고 보는 편이다. 특히 백제 지역을 점령하기 위한 교란작전이었다는 점에 대해서는 좀 회의적이다. 2만이라는 병력은 충분한 병력은 아니지만 『삼국사기』의 표현대로 정예부대였고, 고구려 유민의 가담을 감안한다면 결코 적은 병력은 아니다. 이후 전쟁에서 당군의 주력도 4만을 넘지 않았다.

9 『발해국지장편』 권16, 족속고.

10 왕승례 저, 송기호 역, 『발해의 역사』, 한림대학 아세아문화연구소, 1987, 49~51쪽.

11 『삼국사기』 권47, 열전 취도.

12 『신당서』 권111, 열전 36, 설인귀.

13 설인귀 열전에서는 대비천 전투의 참패가 설인귀의 책임이 아니라고 강변한다. 후방에서 보급 책임을 맡은 곽대봉의 실수로 군량이 소실되었고, 보급이 끊긴 당군 주력이 굶주린

채 후퇴하다가 몰살했다는 것이다. 대부분의 열전이 본인을 비호하는 입장에서 쓰여지는 것이 관례여서 이 기록의 진위는 파악하기 곤란하다. 설인귀의 전술이 잘못되었다고 단정할 수는 없다. 청해 고원에서는 속전속결이 올바른 방법이었다. 그러나 토번의 명장 가르친링의 노련한 전술은 설인귀도 예상하지 못한 것이고, 그 부분은 변명할 방법이 없다. 가르친링은 설인귀의 작전을 예측해서 후퇴와 수비작전으로 그의 돌격을 무력화시켰고, 당군의 약점을 공략했다.

14 『삼국사기』 권7, 신라본기7 문무왕 11년 10월.

15 『삼국사기』 권7, 문무왕 12년 9월. 이해에 식량이 귀해서 많은 사람들이 굶주렸다는 기록이 있다.

16 『삼국사기』 권40, 직관(하) 9서당.

17 『삼국사기』 권43, 김유신 부 원술.

18 물론 이렇게 이해하는 장수도 있었다. 보덕국 군대와 싸우다 전사한 김영윤은 지연작전을 써서 적을 지치게 하자는 지휘부의 결정에 대해 임전무퇴를 이유로 철수 명령을 거부했다(『삼국사기』 권47, 열전 김영윤).

19 국방부전사편찬위원회, 『병장설, 진법』, 1983, 220~222쪽.

20 한국정신문화연구원, 『역주 삼국사기 4 주석편(하)』, 1988, 684쪽.

21 진골의 의미는 아직도 명확하지 않다. 과연 신라의 김씨왕족을 비롯한 상위 지배층을 진골이라는 의미로 포괄할 수 있을지도 의문이다. 그러나 아직 뚜렷한 대안이 없어서 진골로 표현하였다.

22 『삼국사기』 권7, 문무왕 19년 1월.

23 이종욱 저, 『대역 화랑세기』 25세 춘장공, 소나무, 2005(이하 『대역 화랑세기』로 약칭), 342~343쪽.

24 『삼국사기』 권7, 문무왕 12년 9월.

25 서인한, 『나당전쟁사』, 122쪽.

26 서인한, 『나당전쟁사』, 121~122쪽.

27 누노메 조후·구리하라 마쓰오 외 지음, 임대희 옮김, 『중국의 역사-수당오대-』, 혜안, 2001, 205쪽.

28 위의 주.

29 감찰·사법을 담당하는 관원이 조세를 징발하고, 반대로 조세징수를 담당하는 관원이 재판까지 한다면 관료제도가 엉성하거나 감찰관이나 법관으로 포장해서 내려보내지만 실제로는 조세징수를 노리는 정부의 기만적인 행동으로 이해하기 쉽다. 그러나 이 구조에는 합리적인 이유가 있다. 어떤 경우도 국가가 일방적으로 수취하고 착취할 수는 없다. 세금을 걷

는 명분은 보호(군사·경찰력)와 공공사업, 복지, 사회문제 해결이다. 그러므로 중앙에서 파견된 관원은 목적이 무엇이든 지방사회의 갈등, 사회문제를 해결하는 임무를 수행해야 했다. 그것이 감찰과 사법권이다. 조세를 징수하기 위해서도 이 권한은 필요했다. 옛날이나 지금이나 세금을 거두려면 억울하고 불공정한 배분, 다른 사람이나 집단에게 부당하게 전가하는 사례가 발생한다. 그들은 관원에게 와서 호소할 것이고, 이 문제를 해결하기 위해서도 감찰권과 사법권은 반드시 필요했다(임용한, 「고려후기 수령의 사법권 및 행형범위의 확대와 그 성격」, 『한국사론』 33, 국사편찬위원회, 2002).

30 서영교, 『나당전쟁사연구』, 아세아 문화사, 2006, 201~206쪽.

31 이 이야기는 『삼국유사』 권2, 기이 문무왕 김법민편에도 기록되어 있다.

32 『신당서』 권220, 열전145 동이 신라.

33 『구당서』 권199, 말갈전.

34 『발해국지장편』 족속고. 토번의 역사와 나당전쟁 전후 토번과 당나라와의 관계는 서영교의 『나당전쟁사연구』에 아주 상세하게 다루어져 있다. 이 책에서는 나당전쟁에서 신라가 당군의 침략을 막아내고, 전쟁이 영구휴전 상태로 애매하게 끝나게 되는 데는 토번의 반란이 결정적인 요인이었다고 지목하고 있다. 토번의 영향을 결코 무시하려는 것은 아니다. 그러나 당군의 전술 역량의 한계는 이미 673년 임진강-한강 전투 직후부터 확고히 감지되고 있다. 근본적인 원인은 지방군벌에 대한 의존도가 높아져 가는 당나라의 전쟁 수행 방식이 지닌 본질적 한계와 불완전한 통일이기는 하지만 통일신라가 삼국의 힘을 결집하는 데 성공한 데서 찾아야 할 것이다.

35 이상훈, 「나당전쟁기 기벌포 전투와 설인귀」, 『대구사학』 90, 2007.

36 위의 글.

제2장

1 이하 흑치상지 이야기는 『구당서』와 『신당서』의 흑치상지 열전, 흑치상지 묘비명을 참조했다. 연구논저는 다음과 같다. 지배선, 「고구려·백제 유민 이야기」, 혜안, 2006 ; 강종원, 「백제 흑치가의 성립과 흑치상지」, 『백제연구』 38, 2003 ; 이문기, 「백제 흑치상지 부자 묘지명의 검토」, 『한국학보』 64, 1991 ; 이도학, 「백제장군 흑치상지 평전」, 주류성, 1996 ; 유원재, 「백제 흑치씨의 흑치에 대한 검토」, 『백제문화』 28, 1999 ; 문동석, 「백제 흑치상지의 성씨에 대한 신고찰」, 『백제연구』 47, 2008.

2 이문기, 앞의 「흑치상지 부자 묘지명의 검토」, 145~146쪽.

3 이빨에 검은 칠을 하는 일본의 습속은 조선 후기의 학자 허목이 쓴 『기언(記言)』 권36, 외편, 동사외기에 기록되어 있다(이문기, 위의 글, 162쪽에서 재인용). 흑치 풍속이 중국 남부에 있었다고 보는 견해도 있다(문동석, 앞의 「백제 흑치상지의 성씨에 대한 재고찰」,

164~165쪽).
4 지배선, 앞의 『고구려·백제 유민 이야기』, 373쪽.
5 한국브리태니커, 『브리태니커 백과사전 23』, 31쪽.
6 『신당서』 권106, 열전31 이경현.
7 지배선, 앞의 책, 391쪽.
8 척계광, 『기효신서』 기고정법, 암령.
9 『구당서』 권38, 지리1.
10 스티븐 암브로스 저, 신기수·북순채 공역, 『밴드 오브 브라더스』, 월간베스트인코리아, 2002. 이 대사는 원작과 영화에 다 나온다.
11 『삼국유사』 권2, 기이(하) 효소왕대 죽지랑.
12 『대역 화랑세기』 23세 군관공, 319쪽.
13 『대역 화랑세기』 22세 양도공, 315쪽.
14 흠돌의 난을 왕권과 진골귀족 세력의 대립으로 이해하고, 전제정치를 추구하는 국왕이 6두품 세력과 손을 잡고 진골세력을 숙청한 사건으로 보는 견해도 있다(이기백, 「신라 집사부의 성립」, 『신라정치사회사연구』, 일조각, 1974 ; 김수태, 「전제왕권의 확립과 흠돌난」, 『신라중대정치사연구』, 일조각, 1996). 『화랑세기』는 이 반란이 진골과 가야파의 대립에 기인한다고 설명하고 있다. 흠돌의 난의 해석은 『화랑세기』를 인정하느냐에 따라 달라질 것이다.
15 『대역 화랑세기』 32세 신공, 363쪽.
16 『삼국사기』 권8, 신라본기 신문왕 원년 8월 16일 신문왕 교서.
17 『삼국사기』 권8, 신문왕 원년 8월 28일 신문왕 교서.
18 임용한, 『전쟁과 역사2-거란·여진과의 전쟁』, 2004, 혜안.
19 왕승례 저, 송기호 역, 『발해의 역사』, 한림대학 아세아문화연구소, 1987.

제3장

1 이기백, 『신라정치사회사연구』, 218쪽.
2 혜공왕대의 정변은 신라사 이해에 중요한 소재다. 이기백은 이 부분에 선구적 연구를 남겼다(이기백, 「신라 혜공왕대의 정치적 변혁」, 『사회과학』 2, 1958 ; 『신라정치사회사연구』 재수록). 이기백은 이 반란을 신라 중대에서 하대로 넘어가는 전환기라는 관점에서 보았고, 반군을 친혜공왕파와 반혜공왕파, 전제주의 왕권의 지지자와 귀족의 대립 구도로 이해했다. 그러나 상대등, 시중들을 반혜공왕파라고 하기는 곤란한 점이 있다. 이후로 추

정 가능한 정황은 다 제시되었다고 할 정도로 많은 연구가 양산되었다. 연구가 너무 많아 소개는 생략한다.

3 『삼국유사』 권2, 기이 혜공왕.

4 『신당서』 권220, 열전145 신라전, "幷母金爲太妃. 會其宰相爭權相攻, 國大亂, 三歲乃定. 於是, 歲朝獻. 建中四年死, 無子, 國人共立宰相金良相嗣."

5 『삼국유사』 권1, 기이 미추왕 죽엽군.

6 『삼국사기』 권9, 신라본기9 선덕왕 6년 정월.

7 선덕왕이 사망했을 때 신하들이 김경신을 선덕왕의 아우라고 했다. 그러나 선덕왕은 내물왕의 10세손이고 김경신은 12대손이라고 했으며, 부친의 이름도 효방과 효양이다. 다만 부친 이름이 비슷한 것으로 봐서는 동일 인물이거나 형제일 가능성도 있다.

8 『삼국사기』 권10, 신라본기10 헌덕왕 11년 7월.

9 816년 신라에 흉년이 심해 178인이 절강 지역으로 건너가 식량을 구했다는 기록이 있다. 이들이 난민인지 식량을 사러 온 상인인지는 모르겠지만 절강 지역과 항로가 개설되어 있었음을 알 수 있다(『삼국사기』 권10, 신라본기10 헌덕왕 8년 1월).

10 헌덕왕이 애장왕을 제거할 때, 동생 제옹이 유력한 협력자였다. 그런데 그 뒤로 제옹은 등장하지 않는다. 제옹이 헌덕왕 즉위 후 바로 사망했거나 이복동생일 가능성도 있지만, 그 후손도 전혀 등장하지 않는다. 그래서 제옹이 흥덕왕일 가능성이 제기되었다.

제4장

1 부락성(傅樂成) 저, 신승하 역, 『중국통사(하)』, 우종사, 1981, 556쪽.

2 김상현, 「9세기 후반 해인사와 신라왕실의 후원」, 『신라문화』 28, 2006.

3 이홍직, 「한국군사사논문선집1-고대편」, 국방군사연구소, 1996, 531~532쪽.

4 이홍직, 「나말의 전란과 치군(緇軍)」, 『사총』 12·13, 1968 ; 『한국군사사논문선집1-고대편』, 529쪽.

5 김상기, 「견원의 가향에 대하여」, 『이병도박사기념논문집』, 간행위원회, 1966 ; 박경자, 「견원의 세력과 대왕건관계」, 『숙대사론』 11·12합, 1982 ; 노동명, 「견원의 출신지 재론」, 『진단학보』 90, 2000. 이 전설로 인해 광주에서는 견원의 출생지를 생룡마을로 비정하고 있다(문안식, 『후백제 전쟁사 연구』, 혜안, 2008, 36쪽).

6 『삼국유사』 권2, 기이(하) 후백제와 견원.

7 문안식, 앞의 『후백제 전쟁사 연구』, 31쪽.

8 일연 저, 이가원·허경진 역, 『삼국유사』, 190쪽.

9 문안식, 위의 책, 51쪽.
10 문안식, 위의 책, 48~49쪽.
11 죽주산성의 구조와 특징에 대해서는 임용한, 『전쟁과 역사 3-전란의 시대』, 혜안, 2008, 176~180쪽.
12 안정복, 『동사강목』 부록 상권 중, 괴설변증(怪說辨證).
13 『삼국사기』 열전 궁예전에서는 국원성 주변 30여 성의 군대를 모았다고 했고, 『삼국사기』 본기에서는 국원 주변 10여 성의 성주와 모의를 했다고 했다. 이 두 기사를 합쳐서 해석했다. 단 열전에서는 둘의 결전이 897년의 사건으로, 본기에는 899년의 사건으로 기록되어 있다. 궁예와 양길과의 결전이 2년에 걸쳐 벌어졌고 그래서 성의 수가 달랐을 수도 있다.
14 한국정신문화연구원, 『역주 삼국사기-주석편(상)』, 365쪽.
15 이도학, 「궁예의 북원경 점령과 그 의의」, 『동국사학』 34, 동국사학회, 2007 ; 『고려사』 권94, 열전7 지채문.
16 이도학, 위의 글.
17 『삼국사기』 권50, 궁예전.

제5장

1 『삼국사기』 권12, 신라본기 효공왕 9년 8월.
2 전기웅, 『신라의 멸망과 경문왕가』, 혜안, 2010, 46~47쪽.
3 『고려사』 권1, 세가 태조 즉위년.
4 『삼국사기』 권50, 궁예.
5 이희관, 「견훤의 후백제 건국과정상의 몇가지 문제」, 『후백제와 견훤』, 서경문화사, 2000.
6 신호철, 『후백제견훤정권연구』, 일조각, 1993.
7 문안식, 앞의 『후백제 전쟁사 연구』, 86쪽.
8 위의 책, 87쪽.
9 조인성, 『태봉의 궁예정권』, 푸른역사, 2007, 136쪽.

제6장

1 『고려사』 권127, 열전40 반역1 이흔암.

2 문안식, 앞의 책, 118~119쪽.

3 『고려사』 권92, 열전5 박수경.

4 강돈구, 「포석정의 종교사적 이해」, 『한국사상사학』 4·5합집, 1993 ; 이종욱, 『화랑세기-신라인의 신라 이야기』, 소나무, 1999.

5 『삼국사기』 권12, 경순왕 2년 ; 『고려사절요』 권1, 태조 11년 1월.

6 『고려사』 및 『고려사절요』 권1, 태조 11년 5월.

7 『고려사』 권1, 태조 11년 8월.

8 『고려사절요』 권1, 태조 13년 1월.

9 『고려사』 권92, 열전5 공직.

10 『고려사』 권92, 열전1 유금필 ; 문안식, 『후백제 전쟁사 연구』 168쪽. 문안식은 이때 나주가 후백제에게 점령되었다고 보고 있으나 점령된 것은 아니라고 본다.

11 신호철, 『후백제 견훤정권 연구』, 일조각, 1993, 151~161쪽.

12 『고려사』 권92, 열전5 유금필.

13 『경주김씨 족보』, 고양, 1985 ; 김용선, 「신자료 고려 묘지명 17점」, 『역사학보』 117, 1988.

14 정경현, 「고려 태조의 일리천 전역」, 『한국사연구』 68, 1990, 8쪽 ; 유영철, 「일리천 전투와 후백제의 패망」, 『대구사학』 63, 2001, 19쪽.

15 정경현, 앞의 「고려 태조의 일리천 전역」, 7쪽.

16 유영철, 앞의 「일리천 전투와 후백제의 패망」, 22쪽.

17 이 지명과 위치에 대한 고증은 유영철, 앞의 「일리천 전투와 후백제의 패망」, 23쪽.

18 채상식, 「정토사지 법경대사비 음기의 분석」, 『한국사연구』 36, 1982, 39쪽.

19 『고려사』 권2, 태조 19년 9월.

20 김갑동, 「후백제의 멸망과 견훤」, 『한국사학보』 12, 2002. 3, 85쪽.

21 위의 글, 88쪽.